통일운동시대의 역사인식

統一運動時代의 歷史認識

**증보판**
## 통일운동시대의 역사인식

**초판 1쇄 인쇄** 2008년 7월 25일
**초판 1쇄 발행** 2008년 8월  1일

**지은이**  강만길
**펴낸이**  이영선
**펴낸곳**  서해문집
**편집장**  강영선
**편집**  김정민 김문정 최수연 임경훈
**디자인**  오성희 김민정 김현주
**마케팅**  김일신 박성욱
**관리**  박정래 손미경

**출판등록** 1989년 3월 16일 (제406-2005-000047호)
**주소** 경기도 파주시 교하읍 문발리 파주출판도시 498-7
**전화** (031)955-7470 | **팩스** (031)955-7469
**홈페이지** www.booksea.co.kr | **이메일**  shmj21@hanmail.net

ⓒ 강만길, 2008
ISBN 978-89-7483-356-5 93910

값은 뒤표지에 있습니다.

통일운동시대의 역사인식

강만길

統一運動時代의 歷史認識

증보판

서해문집

## 증보판을 내면서

『통일운동시대의 역사인식』이 출간된 지 18년이 지났다. 그 동안 세계적으로는 물론 우리 사회에도 많은 변화가 있었다. 분단 반세기 만에 남북의 정상들이 자리를 같이 하여 한반도의 평화를 논의할 수 있게 되었고, 민간단체들의 남북교류도 1980년대에는 상상할 수 없을 정도로 활성화되어 상호간의 적대와 불신의 골을 좁힐 수 있게 되었다.

하지만 20세기의 현실사회주의가 실패하고 신자유주의의 광풍으로 불평등의 골이 더욱 깊어지는 역사의 굴곡도 경험하게 되었다. 더욱이 통일문제를 비롯한 남북관계는 정권의 향배에 따라 불안정한 모습을 보이며 제도화되지 못한 한계를 보여 왔다.

이 책은 1980년대 후반 시점에서 식민지시대 민족해방운동과 해방 직후 민족통일운동의 역사성을 살펴보고 민족운동으로서의 통일운동의 방향을 모색하기 위해 출간되었다. 분단을 극복하기 위한 민족주의 운동의 방향을 생각하면서 썼던 『한국민족운동사론』에 이어, 통일의 민족사적 위상을 자리매김해 보고자 했던 것이다.

이 책은 출판사 사정으로 일찌감치 절판되어 보급될 기회가 적었는데, 이번에 『한국민족운동사론』 증보판을 내면서 이 책도 함께 증보판을 내게 되었다. 역사학 전공자로서는 유일하게 참여했던 2000년의 남북정상회담에서 발표된 '6·15 남북공동선언'과 관련된 부분을 추가했다. 남북통일에 대한 생각들은 '우리 통일, 어떻게 할까요'에 정리되어 있으니, 통일문제에 대해 좀 더 구체적인 내용을 알고 싶은 독자들은 참조하기 바란다.

초간된 지 오래된 책의 증보판이 나오게 해 준 서해문집 출판사에 감사해마지 않는다.

2008년 6월
강만길 씀

## 책을 내면서

　이 책은 『분단시대의 역사인식』과 『한국민족운동사론』에 뒤이은 사론史論적인 글들을 모은 세 번째 것이 된다.
　『한국민족운동사론』의 서문에서 이미 말한 것과 같이 『분단시대의 역사인식』은 1970년대의 이른바 유신시대에 살면서 우리의 시대가 분단시대임을 정확히 인식할 필요가 있다는 생각에서 쓴 글들을 모은 것이었고, 『한국민족운동사론』의 글들은 주로 1980년대 전반기 이른바 5공시기에 분단극복의 방향 문제를 생각하면서 쓴 글들을 모은 것이었다. 따라서 이 책의 제목을 『분단극복의 역사인식』이라 할까도 생각했다.
　이 『통일운동시대의 역사인식』의 중요한 부분은 1980년대 후반기에 일어난 민족운동으로서의 통일운동의 방향과 위상, 그리고 이 시점에서 다시 본 8·15 직후 민족통일운동의 명암과 식민지 시기 민족해방운동의 역사성 등을 다룬 글들이다.
　8·15 후의 분단시대를 민족운동사의 측면에서 보면 곧 민족통일국가 수립운동의 시대이며, 그 이데올로기적 대립의 극복을 위한 운동은 이미 8·15 이전의 민족해방운동 과정에서도 꾸준히 계속되어

왔었다. 어떤 의미에서는 통일민족국가 수립운동이 식민지 시대에서 분단시대에 걸친 민족운동으로 계속되고 있는 것이다.

그러나 민족운동으로서의 통일운동도 1980년대 후반기 이후에는 또 다른 하나의 시점을 맞게 된 것 같다. 이 책에 실린 글들이 쓰인 1980년대 후반기에 국내에서는 이른바 제5공화국에서 제6공화국으로 넘어가는, 즉 그 역사성의 판단에 혼돈을 줄 수 있는 일정한 변화가 있었고, 세계사적으로는 소련을 비롯한 동유럽 사회주의권을 진원지로 하는 놀라운 변화가 일어났다.

국내의 변화에 대해서도 그것을 옳게 이해하기 위한 예민한 시각이 필요하지만, 세계사의 변화는 20세기를 마무리하고 21세기의 방향을 미리 제시한 것으로서 거시적이고도 투철한 역사인식을 우리에게 요구하고 있다.

시대의 변화에 따라 역사를 보는 눈도 당연히 달라지기 마련이지만, 1980년대 이후의 이 세계사적 변화가 우리에게 어떻게 작용하고 있으며, 그것과 관련하여 우리 현대사를 보는 눈은 또 어떻게 변해야 하는가 하는 문제들이 가능한 한 객관적으로 또 정확하게 파악되어야 할 필요가 절실하다.

　이런 문제에 관심을 가지면서 쓴 글들이 이 책에 실린 셈이지만, 그러나 필자의 지적 역량이 가진 한계성도 실감하지 않을 수 없다. 더구나 이 책에 실린 글들은 일관된 논리를 근거로 한, 일정한 분량을 가진 논문들이 못 되고 청탁에 밀려 그때 그때 쓴 단편적인 글들이 대부분이어서 책을 내면서도 무거운 자책감을 느낀다.

　이 글들은 또 4년간의 공백이 있은 후 학교로 다시 돌아와 역사인식 면에서 크게 성장하고 변화한 학생들과 같이 생활하면서 쓴 것들이다. 글로 써야 할 문제들이 많다고 생각했지만 뜻대로 되지 않았다. 더구나 그 사이에 세상이 변해서 사회주의국가인 중국을 다녀왔고, 여기에서도 역사를 공부하는 사람의 밝은 눈이 요구된다는 생각을 절감했지만 불과 두어 편의 글밖에 쓸 수 없었다.

　전문적인 논문만이 아닌, 지식대중의 역사인식을 높이는 데 조금이라도 도움이 될 수 있는 글을 써야 한다는 책무감에서 쓴 글들이면서도 그것을 모아 책을 만들 때마다 언제나 불만스러움을 금할 수 없다.

청사의 함영회 사장에게 진 오랜 빚을 갚는 일이 이 책을 내는 기쁨의 하나다.

1990년 7월 20일

강 만 길

차례

증보판을 내면서 4
책을 내면서 6

## 1980년대 민중민족운동의 위상

1. 통일운동의 단계 높임을 위한 제언　14
2. 1980년대 우리 역사의 의미　29
3. 5·18 광주 민중 항쟁의 민족사적 의의　40
4. 1980년대 민중민족운동의 위상　57
5. 분단 45년, 그 극복의 길은　74
6. 한반도중립화안과 평화　85

## 통일과 분단의 갈림길에서

1. 해방전후사 인식의 방향　104
2. 8·15의 민족사적 위치　113
3. 대한민국임시정부와 신탁통치문제　130
4. 김구·김규식의 남북협상을 다시 본다　143
5. 오늘에 보는 4·19　171
6. 5·16은 역사인가, 현실인가　177
7. 소설 『태백산맥』과 분단인식의 변화　188

## 민족해방운동의 또 다른 관점들

1. 민족해방운동사 연구 현황과 과제　200
2. 신채호의 영웅·국민·민중주의　218
3. 신간회운동의 민족사적 의의　251
4. 잊혀진 조선독립동맹의 항일무장투쟁　265
5. 민족해방운동의 폭력·비폭력 노선　289
6. 연변 조선족 자치주의 우익독립운동 인식　312
7. 중국 동북지방의 항일유격전적지를 보고　338

## 우리 역사학의 오늘과 내일

1. 역사를 어떻게 볼 것인가  346
2. 역사의 현재성이란 무엇인가  355
3. 우리 현대사, 어떻게 쓸 것인가  365
4. 새로운 한국사학 정립을 위한 제언  379
5. 대학 한국사교육, 현대사 강의가 없다  393
6. 남북한 역사인식의 같은 점, 다른 점  405
7. 역사진행의 방향을 찾아서  430

## 역사를 보는 눈의 이모저모

1. 민족분단, 그 또 하나의 원인  450
2. 오늘의 중국대륙은 세계사의 실험장인가  456
3. 서대문형무소와 우리 근·현대사  466
4. 일왕日王 히로히토의 죽음  482
5. 중국 속의 조선족  486
6. 일본이 식민지화를 면한 이유  490
7. 노예가 되기보다 죽음을  501
8. 대한제국과 일본 차관  507
9. 이완용의 매국 흥정  518

## 통일로 가는 길

1. 20세기 동북아·한반도 역사의 반성과 21세기 전망  528
2. 6·15남북공동선언이란 무엇인가  550
3. 6·15정상회담 이후 민간통일운동의 과제와 전망  559
4. 냉전세력의 정체와 그 극복의 길  566

주註  586

# 1980년대 민중민족운동의 위상

統一 運動 時代 의 歷史 認識

1. 통일운동의 단계 높임을 위한 제언
2. 1980년대 우리 역사의 의미
3. 5·18 광주 민중 항쟁의 민족사적 의의
4. 1980년대 민중민족운동의 위상
5. 분단 45년, 그 극복의 길은
6. 한반도중립화안과 평화

# 1 | 통일운동의 단계 높임을 위한 제언

**통일운동의 역사성**

20세기 후반기, 즉 8·15 이후 우리 민족운동의 과제를 민주주의운동과 민족통일운동의 일체화라 말하지만 이 시기의 역사진행은 그 중요한 시점에서마다 그것을 실증해주고 있다.

4·19의 결과로 성립된 장면 정권이 4·19 자체를 민주화운동으로만 파악했다면 뒤이어 일어난 강력한 민족통일운동 앞에 당황한 것은 당연한 일이며, 1987년의 6월민주화운동이 바로 민족통일운동으로 연결되어 노태우 정권에게 역사적 선택을 강력히 요구한 것도 너무나 자연스러운 일이다. 이 시기 우리 민족운동사 진행의 이와 같은 필연성은 당연히 역사인식 자체에 큰 변화를 주고 있다. 한 가지 예를 들면 8·15의 역사적 의미가 '해방' 일변도에서 자연스럽게

'분단의 기점'으로 변해가고 있는 것은 민족통일운동의 활성화가 역사인식의 변화에 얼마나 큰 영향을 주고 있는가를 실감하고도 남게 한다.

8·15 후 40여 년이 지난 지금에 와서 그것을 주로 해방으로만 보던 역사인식에서 분단의 기점으로 보는 역사인식으로 변해가는 이유를 피상적으로만 생각해보면, 식민지 시대에 살았던 기성세대에게는 그것이 일본의 식민지배에서 벗어나는 직접적인 계기였기 때문에 해방으로만 인식되었으나, 일본의 식민지배 아래 직접 살지 않았고 8·15 후의 분단시대에서만 살아온 젊은 세대에게는 그것이 해방이 아닌 민족분단의 기점으로만 인식될 수밖에 없는 것이라 말할 수도 있다. 그러나 8·15에 대한 역사인식의 변화가 그렇게 단순한 연유에서 온 것만은 아니다. 8·15를 분단의 기점으로 보는 '8·15분단론'은 통일민족주의 차원의 현대사 인식을 바탕으로 한 결과라 할 수 있다.

분단국가주의에 한정된 역사인식은 8·15 후의 역사전개를, 다시 말하면 그 정치·경제·사회·문화적 상황을 분단국가의 최고성과 절대성을 앞세우는 분단체제적 테두리 안에 한정하여 이해하는 것이다. 따라서 그것은 은연중에 분단 불가피론이나 나아가서 분단 당연론을 바탕으로 한 역사인식이라 할 수 있다. 이 때문에 이 시기의 정치·경제·사회·문화적 제반 상황이 민족사적 지도원리의 큰 흐름으로서 분단극복 민족통일의 방향과 상치된다 해도 분단체제 유지 목적 안에서 일정한 변화나 발전을 보이면 그것을 곧 민족사 전체의 변화 차원에서 이해하려는 속성을 가지기 마련이다. 반대로 통일민족주의적 차원의 현대사 인식은 8·15 후의 역사전개 전체를 분단국가사적 한계가 아닌 전체 민족사적 위치에서 바라본다. 그 때문에 설령 분단체제 안에서 어느 정도의 변화와 발전이 인정된다 해도 그것이 통일민족주의의 방향과 합치되지 않을 때 그 가치평가에 유보가 따르기 마련이며, 더구나 그것이 분단체제의 강화·지속을 뒷받침하는 것이라면 반역사적인 것으로 평가되기 마련이다.

지금 우리 사회의 격심한 역사인식상의 괴리와 갈등은 바로 이 분단국가주의적 한계성과 통일민족주의적 지향 사이의 괴리요, 갈등이라 할 수 있다. 이와 같은 심한 괴리와 갈등이 드러나게 된 근본적인 원인은 어디에 있는가? 그것은 8·15 후 40여 년이 지나면서 지금의 젊은 세대가 기성세대 일반이 빠져 있던 분단체제적 역사인식, 분단 불가피론이나 분단 당연론적 역사인식에서 벗어나기 시작했기 때문이다. 그것은 또 기성세대가 지금까지 거의 포기했거나 기피하다시피 한 8·15 전후의 민족사 연구에 주력한 결과로 얻은 객관적 8·15관에 기초한 것이기도 하다.

식민지 시대의 민족운동전선, 특히 1930년대 이후의 민족운동전선에서는 좌우익을 막론하고 민족해방투쟁은 단순한 독립운동이 아니라, 곧 혁명 그것이었다. 한 가지 예를 들면 1932년에 좌우익 노선의 통일전선으로서 성립된 '한국대일전선통일동맹'은 그 강령에서 "우리는 혁명의 방법으로써 한국의 독립을 완성코자 한다." "우리는 혁명역량의 집중과 지도의 통일로써 대일전선의 확대·강화를 기한다."고 선언했다.

민족해방운동전선 전체를 두고 보면 정치적인 면에서의 이 혁명의 담당 주체는 독립운동 추진세력에 한정된 경우도 있었고, 독립운동 세력과 노농운동 세력의 결합을 지향한 경우도 있었으며, 그 비중을 노농운동 세력에 더 무겁게 둔 경우도 있었다. 그러나 어느 경우건 식민지배의 해방을 혁명으로 인식한 점은 같았다. 그리고 민족해방을 혁명으로 인식한 식민지 시대 민족운동전선의 가장 중요한 실천적 과제의 하나는 좌우익을 막론하고 반민족적 친일세력에 대한 철저한 정치적 숙청이었다. 민족해방을 혁명으로 인식한 민족운동전선의 또 하나의 공통된 실천적 과제는 역시 좌우익을 막론하고 토지의 국유화와 농민에의 무상분배, 그리고 대기업의 국유화와 그것의 국민 자산화였다. 그리고 이 과제는 좌우익 민족운동전선이 민족해방을 반봉건주의·반제국주의 혁명이라 강조한 중요한 근거이기도 했다. 이 경우 반제국주의 노선은 일본제국주의에 한정되는 경우도 있었고 세계제국주의로까지 확대 인식된 경우도 있었지만, 일본제국주의에 한정된 경우라 해도 혁명으로서의 민족해방은 곧 국제관계에서의 민족자결주의가 강하게 뒷받침된 것이었다.

이와 같은 민족운동전선이 추구한 민족해방의 혁명성은 8·15 후의 분단국가 성립과정에서 좌절되었다. 먼저 혁명 주체 문제에서 노농계급의 정권참여, 예를 들면 노농계급 중심의 정당성립과 그것의 의회진출 정도도 실현되지 않았음은 물론 식민지 시대 민족운동전선의 핵심세력에게마저 분단체제의 성립으로 인해 정권참여의 기회가 주어지지 않았다. 식민지배에서 해방된 민족사회에 처음 성립된 정치권력에서 민족운동세력이 배제된 결과는 결국 민족운동전선이 혁명의 주요 실천과제로 제시했던 반민족세력 숙청의 실패를 가져왔고, 그것은 식민지 시기의 지배구조가 그대로 연결되는 결과를 가져왔다.

한편 경제적인 면에서도 식민지 지배체제 아래서 온존되었던 지주세력의 분단국가 지배로, 민족운동전선의 혁명과제였던 토지의 국유화와 농민에의 무상분배는 좌절되었다. 중요 기업체 역시 식민지 시대의 연고자, 즉 비혁명 세력의 소유가 되고 국민 자산으로의 길이 막힘으로써, 혁명세력으로서의 민족운동전선이 지향한 경제정책은 실현되지 못한 것이다.

다른 한편 국제관계 부분에서는 미·소 양군의 분할점령이 혁명과제로서의 통일민족국가 수립에 가장 중요한 장애요인의 하나로 등장했고, 이 때문에 식민지 시대 민족운동전선의 연장선상으로서의 남북협상 세력은 외국군의 즉시 철수, 외국군 철수 후의 내전 발생 부인, 임시정부 수립, 남북한 총선거 실시, 통일정부 수립에 합의했다. 그러나 소련 측이 미군과의 동시 철군을 주장하고 미국 측이 결과적으로 분단국가 수립 후의 철군이 될 수밖에 없는 유엔 감시하 총선거에 의한 정부수립 후 철군을 주장함으로써 통일민족국가 수립은 좌절되었다.

식민지 시대 민족운동전선의 좌우익을 막론한 혁명으로서의 민족해방의 과제는 모두 좌절되고 분단국가가 성립되었지만, 이후의 분단체제적 역사인식에 한정된, 분단체제에 매몰된 시각에서는 그 좌절과 실패가 제대로 보이지 않았거나 보였다 해도 분단체제의 계속적인 강압으로 그 실패를 바로잡으려는 노력마저 번번이 좌절되었다.

그러나 분단시대 40여 년간의 민족운동적 자산이 축적된 지금은 8·15 후의 민족사적 실패에 대한 객관적 관심이 크게 확대되었고, 그 때문에 그 시기의 역사적 진실이 한층 더 부각되었다. 그리고 그것은 또 8·15 해방론을 8·15 분단론으로 바뀌게 한 원인이 된 동시에 이 시기 민족통일운동의 큰 원동력이 되고 있는 것이다.

## 통일정책과 통일운동

역사학은 일반적으로 시대마다 그것을 지배하는 지도원리가 있다고 보고 그것을 찾아내는 것이 역사학 연구의 최고 과제라 생각하지만, 그런 측면에서 말하면 20세기 전반기 우리 민족사의 지도원리는 민족의 독립이었고 그 후반기의 지도원리는 민족의 통일이라 할 수 있다. 따라서 그것을 거역한 지배권력은 반역사적인 권력으로 평가되기 마련이다.

식민지 시대의 반독립 정치세력이 반민족적·반역사적 정치세력인 것과 같이 분단시대의 반통일 정치권력도 역시 반민족적·반역사적 정치권력으로 될 수밖에 없었다. 이 때문에 분단국가가 성립된 후에도 그 지배체제 측에서조차 적어도 표면상으로는 민족통일의 당위성을 계속 강조해왔다. 이승만 정권은 아예 북진통일·무력통일을 내세워 그 방법론 자체에 대한 다른 논의의 여지가 없었고, 평화통일론은 곧 이적론利敵論으로 간주되어 철저히 탄압, 봉쇄되었다. 조봉암의 죽음은 그것을 실증해주는 가장 뚜렷한 예의 하나다.

지배체제 측의 통일정책과 민중 측의 통일운동이 지향하는 통일방안 사이의 괴리가 다시 본격적으로 드러난 것은 장면 정권 때부터였다. 거대한 민중운동의 결과로 성립된 장면 정권이었지만, 그 통일정책은 평화통일 상대로서의 북한 측이 이미 거절한 바 있는, 따라서 전혀 수용될 가능성이 없는 '유엔 감시하의 남북한 총선거를 통한 통일안'을 다시 제시하는 데 그쳤다. 그러나 혁신정치세력과 학생층이 앞장서고 민중세력이 뒷받침한 통일운동은 유엔이나 강대국의 개입을 배제한 민족 주체적 통일, 남북 간의 협상을 통한 평화적 통일, 국제적 중립화를 지향한 통일, 체제 측 주도가 아닌 민간 주도의 통일을 주장했다.

박정희 정권 이후에는 이와 같은 민중운동의 주체적·평화적 통일 요구에 밀려 무력통일론이나 유엔 개입의 통일론을 그대로 유지할 수 없게 되어, 민중 측의 요구로서의 주체적·평화적 통일론을 일단 수용했다. 그러나 이후에도 체제 측 통일정책과 민중 측 통일운동 사이의 괴리는 계속 심화되기만 했다.

체제 측의 통일정책은 비록 평화통일을 표방하기는 했지만 상대측보다 경제·군사·외교적으로 월등한 위치를 차지하고 상대방의 경제·군사·외교적 처지는 최악의 상태에 빠지게 함으로써 이에 견디지 못한 상대측이 스스로 대립과 경쟁을 포기하고 귀순하거나 내부來附하게 하는 방법, 즉 상대를 흡수·병합하는 방법 정도에 머물러 있었다. 이런 방법의 통일이 실제로 가능하느냐 하는 것도 문제지만, 설령 그것이 가능하다 해도 이와 같은 흡수·병합이 옳은 의미의 평화통일이냐, 사실상의 정복이냐 하는 문제도 있었다. 결국 이런 통일방안은 무력통일론의 위장이거나 아니면 통일거부론이 될 수밖에 없었다. 실제로 이와 같은 평화통일론이 통일 그 자체보다 독재정권 유지책으로 이용되었다는 사실은 그것을 한층 더 확실하게 말해준다.

체제 측 평화통일론은 또 경제·군사·외교적 우세화를 추구하기 위한 시간을 얻는 방편의 하나로 다소 실질적인 몇 가지 긴장완화책을 제시하기도 했는데, 그것은 대체로 이른바 독일식 긴장완화책이 참고된 경우가 많았다. 이 경우 같은 분단민족이면서도 독일과 우리 사이에는 많은 역사적, 현실적 차이점이 있다는 사실은 될 수 있으면 논외에 두려 했다.

우리는 그쪽보다 역사적으로 훨씬 더 긴 세월을 동일한 정치·경제·문화권 속에 살아온 민족이어서 분단 그 자체로 전체 민족경제 및 민족문화를 파탄으로 몰아넣는 정도가 훨씬 심각하다거나, 독일의 분단은 그 책임이 우리보다 훨씬 더 그 민족 자체에게 있다는 등의 차이점도 있지만, 현실적으로도 독일의 통일은 아직도 세계평화를 위해 위협이 될 요인이 전혀 없다고 장담할 수 없다. 그에 반해 우리의 통일은 오히려 극동지역의 전쟁 위험을 제거함으로써 세계평화에 기여하는 일이며, 따라서 그것은 세계사적 정당성을 가진다는 사실 등을 논외로 하고 평화통일론 자체가 긴장완화에 한정되는 경우가 있었던 것이다. 통일정책의 긴장완화 방법론에의 한정은 이른바 평화공존론으로 연결되고, 이 평화공존론이 분단고착론, 분단체제유지론으로 연결되기 쉽다는 문제를 가지고 있었지만 그것을 평화통일론이라 강변하는 일 역시 지금까지의 체제 측 통일정책이 가지고 있는 함정이기도 했다.

이와 같은 체제 측 통일정책에 대해 민중 측 통일운동의 방향은 큰 차이가 있었다. 박정희 정권 이후 체제 측의 갖은 탄압에도 불구하고 민중 측 통일운동은 무엇보다도 먼저 주체적·평화적 통일의 기초조건으로서 북측에 대한 증오와 대립의 해소를 강조했다.

무력통일론이 극복되고 평화통일론이 정착된 이상 그 대상으로서의 북측에 대한 적대 인식의 해소는 당연한 귀결이었다. 그러나 체제 측 평화통일정책이 흡수·병합론의 위장이었던 단계에서는 적대 인식의 해소 자체가 이른바 이적론으로 간주될 수밖에 없었고, 이 때문에 옳은 의미의 평화통일운동에는 많은 희생이 따를 수밖에 없었다. 1960년대에서 1980년대 전반기에 걸치는 시기의 많은 희생에도 불구하고 민중 측 평화통일운동은 그 방법론적 측면에서 계속 발전해가고 있었다. 증오심 해소, 적대인식해소론은 민족동질성회복론으로, 민족공동체론으로 나아가고 있었으며, 그것의 실천을 위한 방법으로 통일논의 및 정책수립에 대한 체제 측의 독점에 반대하는 운동이 전개되어간 것이다.

분단체제 아래서 옳은 의미의 평화통일은 궁극적으로 분단체제 자체의 와해를 의미한다. 그 때문에 옳은 의미의 평화통일방안이 체제 측에서 산출되기는 어려운 일이었으며, 그것은 결국 체제 외적 측면에서 도출될 수밖에 없는 것이다. 따라서 평화통일방안의 체제 측 독점은 부인되지 않을 수 없었던 것이다.

한편 민간 측 평화통일운동이 민족공동체회복론으로 발전해간 사실은 당연히 사회 일반의 민족 인식에 상당한 변화를 가져다주었다. 분단체제의 성립과 함께 체제 측은 민족 인식의 범위를 은연중에 남쪽에만 한정하면서 다른 한쪽을 적대집단으로 인식시켜왔고, 사회 일반의 민족 인식도 부지불식간에 그 영향을 받아왔다.

그러나 민중 측 통일운동은 남북 간의 적대감 해소, 민족공동체 인식의 확대를 통해 한반도 지역의 주민 전체를 하나의 민족으로 인식시키는 데 공헌했다. 그것은 체제 측의 의도와는 달리 남북 간의 외교적·군사적 대립을 지양해야 한다는 생각과 특히 한반도 지역의 핵무장을 반대하는 운동을 유발했다. 이와 같은 생각과 운동은 핵무장이 북한의 군사적 침략을 방지하는 큰 요인이 된다는 종래의 생각을, 핵무장이야말로 강대국의 세력권 유지를 위해 한반도 전체 주민의 안전을 위협하는 일이 될 수밖에 없다는 생각으로 점점 바뀌어가게 했으며, 이 경우 한반도 전체 주민은 하나의 민족공동체 구성원으로 인식되고 있는 것이다.

민족의식의 변화는 또 한반도를 둘러싸고 있는 국제관계에 대한 인식에도 일정한 변화를 가져다주었다. 남한과 일본, 미국을 묶어 하나의 동맹세력으로, 북한과 중국, 소련을 묶어 그것에 대한 적대세력으로 인식하게 함으로써 남북한 주민의 민족공동체 인식을 희석하려는 체제 측의 노력이 특히 제도교육을 통해 계속되어왔다. 그러나 민중 측 평화통일운동은 적대감의 해소, 민족공동체 인식의 확산을 통해 그것을 깨뜨려왔고, 그 결과는 상대적으로 미국이나 일본에 대한 친밀감보다 북쪽에 대한 그것을 회복해간 것이다.

이상과 같이 8·15 직후의 통일민족국가 수립운동이 실패하고 분단체제가 성립된 후에는 체제 측 통일정책 내지 방안과 민중 측 통일운동의 지향 사이에 큰 괴리가 있어 왔지만, 역사 진행으로서 민주주의의 발달은 체제 측 통일정책의 비현실성·반역사성을 하나하나 노출하고 또 도태시키면서 민중 측 통일운동의 지향을 역사의 전면에 나서게 했다.

큰 안목으로 보면 8·15 후 우리의 민족운동은 언제나 민주주의 운동과 통일운동이 같은 보조로 진행되어왔다. 4·19 후 장면 정권의 통일문제에 전진이 없는 민주화의 취약성, 5·16 후 박정희 정권의 민주화가 수반되지 않은 통일문제 추진의 허구성이 즉각 노출된 역사 경험을 가지고 있지만, 1987년 6월 이후의 민주화운동도 바로 통일운동으로 연결되었고 그것은 종래의 체제 측 통일방안을 도태시키고 민중 측 통일운동을 전면에 나서게 하는 또 하나의 결정적 계기가 되었다.

오랫동안 지속되어오던 체제 측 통일방안의 상당한 부분이 도태되고 민중 측 통일운동의 지향이 표면화하여 민족공동체 인식이 회복되고 체제 측의 통일론 독점이 무너지게 되었음을 말해주고 있다. 다시 말하면 민중 측 통일운동이 체제 측 통일방안의 반역사성을 지적하고 스스로의 지향을 선명히 하던 단계를 넘어서서 도태되어 가는 체제 측 통일방안을 대신할 구체적 방안을 제시할 수 있을 때, 통일 주체로서의 위치를 한층 더 확고히 할 것이며 통일운동 자체의 단계 높임을 가져오게 될 것이다.

### 통일운동의 단계 높임

40여 년간 정치·경제·사회·문화 면에서 전혀 다른 체제를 성립하고 유지해온 두 개의 지역이, 한 체제가 다른 체제에 굴복을 요구하는 무력통일이나 흡수 및 병합적 통일이 아닌 진정한 의미의 평화적 통일을 이루어 나가는 것이 얼마나 어려운 일인가는 더 설명할 필요가 없다.

전혀 다른 두 개의 체제가 평면적으로 합쳐지는 방법은 무력을 사용하는 방법일 수밖에 없다. 무력을 사용하지 않으면서 어느 한쪽 체제가 고스란히 유지되고 다른 하나의 체제가 소멸됨으로써 두 체제가 합쳐지는 방법은 국제적 역관계나 민족 내적 조건 등으로도 실현 가능성이 극히 희박할 뿐이다. 설령 실현된다 해도 역시 흡수·통합이 될 수밖에 없으며 그 결과는 정복과 다를 바 없다.

전쟁이나 흡수·병합이 아니면서 두 개의 지역, 두 개의 체제가 합쳐질 수 있는 우리 민족통일론의 대전제가 된 평화통일의 실질적인 방법은 결국 기존 두 체제의 단점을 극복하고 그 장점을 상승적으로 결합한 제3의 체제일 수밖에 없을 것이다. 이때의 통일 담당 주체세력 역시 제3의 정치세력일 수밖에 없을 것이다.

8·15 후 40여 년이 지난 지금에는 분단고착적 정치문화를 극복하고 통일지향적 정치문화를 수립해가려는 젊은 정치세력이 급격히 성장해가고 있다. 이들 새로운 정치세력은 분단체제적 정치권의 우측에서 보면 좌측 경향으로 보일 수 있고, 그 좌측에서 보면 우측 경향으로 보일 수 있을 것이다. 그러나 분단 40여 년의 역사는 이들을 분단체제 속의 제1정치세력과 제2정치세력의 평면적 중간인 1.5의 위치에 머무르게 한 것이 아니라, 제1정치세력과 제2정치세력을 상승적으로 극복하고 제3의 위치로 나아갈 소지를 마련해가고 있다.

되돌아보면 8·15 후 분단과정에서의 좌우 세력의 극단적 대립 속에서 그것의 해소에 의한 분단 저지를 목적으로 한 정치세력, 이른바 중간세력이 상당히 있었다. 이들의 분단 저지 노력은 역사적으로 큰 평가를 받아야 마땅하지만 그것은 시대적·역사적 제약 때문에 제1정치세력과 제2정치세력의 사상적·정치적 차이를 평면적으로 중화하려는 1.5적 위치의 노력에 한정되었다. 따라서 이념적인 면에서나 정치환경 면에서 남북을 통일한 하나의 시대를 담당할 정치 주체로서의 위치를 확립하지 못한 채 좌우 두 세력의 양극 분화작용에 휘말려 분해되고 말았다.

그러나 이후의 분단시대 40여 년을 통해 간단없이 지속된 체제

외적 통일운동은 민주화운동의 진전과 보조를 같이하면서 1.5적 세력이 아닌 제3의 정치세력을 생산해왔다. 이들은 또 같은 시기에 양적·질적으로 크게 성장한 노농대중 특히 노동자층의 민족사적·정치적 요구를 수용·결합하여 거대한 정치세력으로 등장하면서 통일운동의 최전방에 나서고 있다. 이들이야말로 분단시대 40여 년의 민족사가 낳아놓은 값진 결실이라 할 수 있을 것이다.

그러나 이들 제3정치세력의 양적·질적 성장에도 불구하고 민족문제의 평화적 해결을 위한 그들의 노력이 아직까지는 당위성을 강조하는 단계에 머물러 있는 것이 아닌가 한다. 다시 말하면 통일지향 세력으로서 그들이 몸담을 수 있는 통일과정에 합당한 제3의 정치체제가 어떤 것이어야 하는가를 구체적으로 연구하는 단계에까지는 나아가지 못하고 있다는 것이다. 이 부분에서의 진전이야말로 현 시점 통일운동의 단계 높임을 위한 가장 중요한 계기의 하나가 될 것이다.

이 점은 통일지향 경제체제 문제도 마찬가지다. 8·15 후의 분단과정에서 토지문제에만 한정해봐도 우익 정치세력은 유상몰수·유상분배를 고집한 데 반해 좌익세력은 무상몰수·무상분배를 주장했다. 이에 대해 분단 저지 세력이면서도 1.5적 위치에 한정될 수밖에 없었던 중간파 정치세력은 그것을 평면적으로 절충한 유상몰수·무상분배라는 그야말로 중간파적 대안을 제시할 수밖에 없었다.

분단시대 40여 년을 통해 분단국가들 사이의 경제관, 경제체제, 경제적 조건의 차이는 벌어질 대로 벌어졌고 서로 전혀 다른 방향으로 진행을 계속하고 있다. 무력통일이나 흡수·병합 통일을 추구하지 않는 한 각각의 방향을 돌려 상승적으로 접합할 수 있는 방법론이 모색되지 않을 수 없으며, 이 일 역시 현 단계의 통일운동을 심화하는 중요한 과제의 하나다.

한편 우리의 분단은 당시의 한반도를 둘러싼 국제적 역관계의 산물이기도 했고 분단상태의 지속 역시 그 연장선상이기도 하다. 따라서 통일과정에도 당연히 국제적 역관계가 작용하지 않을 수 없으며, 특히 한반도의 지정학적 위치 문제는 그 작용을 대단히 예민하게 하는 부분이다. 한반도의 통일과정이, 또 통일된 한반도 지역이 국제관계 속에서 어떤 위치에 있어야 할 것인가 하는 문제에 대한 이론 정립 역시 통일운동의 단계 높임을 위한 중요한 부분이 될 것이다.

분단체제의 제도교육이 전혀 가르치지 않고 있지만, 식민지 시대 말기의 민족운동전선은 좌우를 막론하고 혁명으로서의 민족해방이 전체 민족사 위의 어떤 단계여야 할 것인가를 진지하게 연구했다. 그 결과 해방 후에 건설할 민족국가에 대한 청사진을 제시했다. 그리고 그 작업은 곧 민족운동 자체의 단계 높임과 연결되었다. 지금의 우리에게도 통일의 민족사적 단계 설정이 곧 통일운동 자체의 단계 높임을 위한 작업이 될 것이다.

다행하게도 최근에 와서 젊은 연구자들, 특히 사회과학 분야의 연구자들이 스스로 제3세대 연구자임을 자각하고 나섰다. 이들이 스스로의 학문사적 위치를 8·15 전의 일본식 연구방법론과 그 후의 미국식 방법론을 극복한 제3세대의 위치로 자처하고, 학문의 민족화·민중화를 지향하는 것은 곧 식민지 시대와 분단시대적 학문 방법론을 극복해야 할 제3세력 연구자로서의 사명을 자각한 것이기도 하다. 통일지향의 제3정치세력에 속하는 이들 연구자들이 옳은 의미의 주체적·평화적 통일을 위한 정치·경제체제 등을 창조적으로 도출해 나갈 수 있을 것이며, 그것은 또 통일운동의 단계를 높이는 중요한 기반이 될 것이다.

 요컨대 지금까지의 민중 측 통일운동이 통일의 당위성을 강조함으로써 분단고착화 정책을 분쇄하고 민족공동체 인식을 높임으로써 흡수·병합적 통일정책을 거부해왔다면, 앞으로의 그것은 통일주체로서의 제3정치세력의 사회·경제적 기반 구축을 위한 이론정립 자체를 운동의 중요한 부분으로 포함함으로써 운동 자체의 단계를 또 한 번 높여가게 될 것이다.

# 2 | 1980년대 우리 역사의 의미

**1980년대의 세계사적 변화**

인류의 역사는 20세기에 들어와서 제국주의전쟁으로서의 세계대전을 두 번이나 겪으면서 엄청난 희생을 치렀지만, 이들 두 번의 전쟁을 통해 인간의 역사에서 반드시 청산되어야 할 두 가지 큰 장애물을 제거하는 데도 어느 정도 성공했다.

제1차 세계대전은 인간의 역사에서 절대군주나 전제군주의 대부분을 제거했다. 이란이나 일본과 같은 극히 일부의 군주국에서 전제주의체제가 남아 있기는 했지만, 제1차 세계대전 후 많은 국가에서 군주제 자체가 무너지거나 일부 남았다 해도 그것은 지배하는 군주가 아닌 군림하는 군주에 지나지 않게 된 경우가 많았다.

제1차 세계대전과 제2차 세계대전 사이에 독일·이탈리아·일본의 제국주의가 파시즘으로 변함으로써 치열한 식민지 쟁탈전이 다시 한 번 벌어졌고 그것이 제2차 세계대전으로 연결되고 말았지만, 제2차 세계대전은 또 인간의 역사 위에서 근대사 이후의 유물이던 직접 식민지를 없애는 결정적인 계기가 되었다.

물론 제2차 세계대전 후에도 이른바 신식민주의가 존속하고 있긴 하지만, 제2차 세계대전 이전에 있었던 형태의 직접적인 식민지 경영은 거의 청산되었다. 20세기 전반기까지 식민대국이던 영국·프랑스·네덜란드 등이 그 식민지에 대한 직접지배를 포기하지 않으면 안 되는 역사가 펼쳐진 것이다.

그뿐만 아니라 제2차 세계대전 후 식민지배에서 해방된 민족국가들이 불과 20~30년 동안에 국제사회의 새로운 세력으로 성장하여 과거의 식민 모국들에 맞설 만한 위치로 나아가고 있음은 20세기 후반기 세계사의 가장 고무적인 부분의 하나이기도 하다.

한편 제1차 세계대전을 겪으면서 전제군주제를 청산하고 제2차 세계대전을 통해 직접 식민지배를 청산한 인간의 역사는 20세기의 마지막 부분, 대체로 그 80년대로 들어서면서 인류사회의 이상의 하나인 군사력과 무기를 감축, 폐기하는 길로 들어서고 있다.

이 문제는 제2차 세계대전을 통해 전쟁무기가 원자무기화하여 대량살상이 가능하게 됨으로써 인간의 경각심을 높인 데도 원인이 있지만 두 번의 세계대전을 겪은 인류사회가 그 본래의 이성을 회복해가는 모습이기도 하며, 그것이 사회주의권에서 출발하고 있다는 사실도 우연은 아닌 것 같다.

어떻든 두 차례의 제국주의 세계대전을 교훈으로 하여 20세기의 마지막 부분에서 군사력과 전쟁무기를 감축 혹은 폐기하는 큰 길로 들어서게 된 인간의 평화 추구 노력은 여러 차례의 우여곡절을 겪겠지만 필연적으로 21세기로 이어질 것이며, 그것은 20세기보다 한층 더 평화로운 세기로 만들어갈 것이다.

이렇게 보면 1980년대에 일어나고 있는 세계사적 변화는 20세기 인류사가 도달한 하나의 결론이며, 나아가서 21세기 인류사의 하나의 도입 부분이다. 그리고 그것은 또 20세기 80년대 이후의 우리 민족사 및 그 21세기의 방향과도 깊이 연관되어 있다.

너무도 일반적인 말이지만, 어느 한 민족의 역사는 언제나 그 민족사 자체로서의 특수성을 가지기 마련이지만, 그러나 그 민족사적 특수성이 그 시대 세계사 일반의 발전 변화와 동떨어져 있는 것은 아니며 대치되는 것은 더욱 아니다. 민족사적 특수성은 언제나 세계사적 흐름의 울타리를 벗어나지 않는 그 속에서의 특수성이며, 오히려 세계사적 발전을 보완하고 촉진하는 의미에서의 특수성이다. 그리고 1980년대의 우리 역사가 당면한 그 위치와 의미도 물론 예외는 아니다.

### 1980년대의 역사적 전제

제주도4·3사건을 비롯한 치열한 반대를 무릅쓰고 성립된, 그럼으로써 불안하게 유지되던 이승만 정권은 6·25전쟁을 통해 반공주의를 기반으로 하는 독재체제, 분단체제를 확립할 수 있었다. 그러나 1950년대를 겨우 넘기면서 민주주의의 확대와 민족문제의 평화적 해결을 추구하는 민족주의적 요구에 의해 이승만 정권은 무너지지 않을 수 없었다.

그 스스로의 역량으로 성립된 것이 아니었던 장면 정권은 폭발한 민주주의의 요구와 민족문제의 평화적 해결에 대한 요구를 함께 감당하면서 1960년대를 담당할 만한 정권은 되지 못했고 결국 박정희 정권 성립의 길을 열어놓았을 뿐이었다. 박 정권은 경제개발을 내세워 민주주의적 요구 및 민족주의적 요구를 철저히 탄압했지만 그 탄압 아래서도 민주주의적·민족주의적 역량은 계속 커져갔고, 그것은 결국 1970년대로 들어서면서 박 정권으로 하여금 정권유지를 위한 비상수단을 강구하지 않을 수 없게 했다.

1970년대는 또 대외정세도 박 정권의 유지를 위협하는 방향으로 나아가고 있었다. 미·소, 미·중의 화해 분위기는 북쪽과의 강력한 대결을 정권유지의 안전판으로 삼아오던 박 정권에 위협이 되지 않을 수 없었고 베트남 전쟁에서 미국의 패퇴도 박 정권에는 큰 타격이었다. 화해 분위기에 대한 대응책으로 7·4남북공동성명을 발표하고 유신체제로 넘어가는 데 성공했지만 유신체제는 또 베트남 전쟁 후유증의 호도를 위해서도 유효했다.

이렇게 보면 1970년대에 들어와서 이른바 유신체제가 성립된 것은 박 정권으로서는 어쩔 수 없는 정권유지책이기도 했지만 그 스스로가 이미 파멸의 길로 들어서는 것이기도 했다. 유신체제는 박 정권 자체에게는 세계정세의 불리한 변화에 대응하면서 민주운동 및 민족운동 세력을 탄압하고 정권을 유지하기 위한 불가피한 길이었지만, 그것은 반대로 민주·민족운동 세력의 양적 확대와 질적 심화를 함께 가져오는 계기가 되기도 한 것이다.

1979년의 박 정권의 종식은 권력 내부의 알력에 의한 암살이 직접 원인이긴 했으나 이 암살은 부마항쟁釜馬抗爭 등의 민주·민족운동이 뒷받침된 것이었다. 이 시기의 민주·민족주의적 역량은 이미 박 정권의 연장을 더 이상 용인하지 않을 만한 단계에 이르고 있었지만, 박 정권 종식의 직접 요인이 민주·민족주의운동 그 자체가 아니고 한걸음 앞선 권력 내부의 알력 그것이었던 점에 바로 1980년대의 역사를 어둠 속으로 몰고 간 원인의 하나가 들어 있었다.

### 1980년대의 역사적 위치

1960년대 초에 박정희 정권이 성립되는 과정에서는 민주·민족운동 세력이 직접적인 저항을 보이지는 않았다. 저항할 수 있는 준비와 조직을 갖출 만한 여유가 없었다고 할 수 있을지 모르지만, 그 점에서는 1980년 5월에 전두환 세력이 계엄령을 전국적으로 확대하면서 그 권력을 강화해간 과정도 같았다. 그러나 이 과정에서는 광주항쟁이라는 거대한 항쟁이 감행되었다.

이 점에서 두 차례의 군사정변에 대한 민주·민족운동 세력의 대응이 달랐음을 볼 수 있지만, 이 차이는 역시 20년에 가까운 박 정권 통치기간을 통해 그 가혹한 탄압 아래서도 민주·민족운동의 역량이 그만큼 질적·양적으로 높아지고 확대된 결과이며, 전두환 세력은 이렇게 확대 강화된 민주·민족운동 역량을 탄압하면서 성립됨으로써 그 당초부터 어느 정권보다도 역사적 정당성을 가질 수 없는 정권이 될 수밖에 없었다.

하나의 정권이 역사적 정당성을 가지느냐 못 가지느냐 하는 문제가 쉽게 판별되는 것은 아니다. 어떤 과정을 밟아서든 일단 성립된 정권은 스스로 정당성을 주장하기 마련이며, 국민 일반은 수의 차이는 있다 해도 그것을 인정하는 사람도 있을 수 있고 그렇지 않은 사람도 있을 수 있기 마련이다. 이 때문에 어느 한 정권의 역사적 정당성에 대한 판별은 흔히 후세의 역사가에게 넘겨지기도 한다.

그러나 1980년대의 우리 역사는 이런 상식적인 과정을 완전히 벗어나는 하나의 특수한 경우를 보여주었다. 즉 후세 역사가의 판별을 기다릴 것도 없이 이 시기의 통치자 자신이 이른바 국민에 대한 사과성명을 통해 그 통치행위 자체의 정당성을 스스로 부인하고 국민의 처분만을 바라며 대죄하는 일이 벌어진 것이다.

역사의 연구와 교육을 생활수단으로 하는 사람의 입장에서 말하면, 정당성 없이 성립되었거나 성립된 후 정당성을 상실한 정권은 보복의 두려움 때문에 순순히 물러나는 경우가 드물고 대개 혁명에 의해 무너지기 마련이지만, 그렇지 않은 경우도 결국 스스로 그 정당성을 부인하게 될 만큼 역사가 정직한 것임을 실증해준 경우라 할 수도 있을 것이다.

우리 역사에서는 물론 다른 역사에서도 보기 드문 이런 상황이 벌어지게 된 가장 중요한 원인의 하나는 두말할 것 없이 1987년의 6월민주화운동에 있었다. 박정희 정권에서 전두환 정권으로 이어지는 기간의 민주·민족운동은 대체로 학생을 중심으로 하고 여기에 이른바 재야 혹은 운동권으로 불린 세력이 주축이 되어 진행되었고 부마항쟁, 광주항쟁과 같은 대규모 항쟁에는 도시노동자·소시민층 등이 합세했다.

그러나 1987년의 6월운동은 이들 이외에 도시지역의 중산층까지 합세한 운동으로 발전했고, 권력 측은 더 이상의 비상수단을 쓰지 못한 채 이른바 6·29선언을 내놓을 수밖에 없었으며, 대통령직선제를 통해 집권세력이 다시 권력을 이어받게 되었는데도 전 정권이 스스로 부당성·반역사성을 자인하지 않으면 안 되는 상황이 된 것이다.

이 점은 1980년대의 우리 역사가 가지는 특징을 집약적으로 드러내고 있는 부분이지만, 그것으로만 끝나는 것이 아니라 전 정권을 이어받은 노태우 정권의 역사성 확보의 문제가 있다. 노 정권이 분명히 전 정권의 태내에서 생겨난 정권이면서도 전 정권과의 단절 및 '5공청산'을 내세우지 않고는 자신의 역사성을 확보하기 어렵게 되었다는 사실에도 1980년대의 우리 역사가 가지는 또 하나의 의미가 깃들어 있다.

노 정권의 어려움이 이 점에만 있는 것은 아니다. '5공단절'을 통해 스스로의 역사성을 일정하게 확보하기 위해서는 민주주의의 발전 부분에도 전 정권보다 일정한 진전을 보여야 하지만, 그것에 못지않게 민족문제의 평화적 해결에도 전 정권에 비해 획기적이라 할 만한 성의를 보여주지 않을 수 없는 상황이 되었다는 점이다.

민족문제의 평화적 해결을 위한 민간 측의 요구가 계속 높아져 왔음에도 불구하고 박 정권과 전 정권은 북쪽과의 이른바 평화통일 방안제의 경쟁만을 해왔다 해도 과언이 아니지만, 그동안에 성장한 국민의 평화통일 의지와 1980년대 중반기 이후, 특히 소련의 주도에 의한 동서화해의 급진전 및 동구사회의 변화 등이 노 정권으로 하여금 민족문제의 해결 부분에서 전 정권 때의 방법에 그대로 머물지 못하게 했다는 점이 중요하다.

이와 같은 안팎의 요구에 의해 도출된 것이 노 정권의 7·7선언 (민족 자존과 번영을 위한 대통령특별선언)이며 그것은 확실히 과거 어느 정권의 이른바 북방정책보다도 진전된 것이었다. 그러나 7·7선언의 현실화는 보수세력·반공세력으로부터 강한 반발을 받게 되었고 그것은 나아가서 민주주의 발전 부분에도 연쇄적으로 제동작용을 하게 되었다.

1980년대의 우리 역사는 1960년대 이후의 군사독재체제를 청산하고 민주주의적 발전과 민족문제의 평화적 해결 문제에서 획기적인 진전을 가져옴으로써 민족문제의 완전한 해결을 전망하는 세기로서의 21세기에 대비해야 하는 시점이라 할 수 있으며, 노태우 정권도 그 한 부분을 담당할 때 비로소 전 정권과 달리 스스로의 역사성을 확보할 수 있을 것이다.

이렇게 보면 1980년대 후반기에서 1990년대 초엽으로 넘어가는 시기에 걸친, 정권의 역사성이 부인된 전 정권의 권력층 내부에서 산출된 노태우 정권이 당면한 문제는 전 정권 및 역사발전 제약 세력과의 유착관계를 얼마나 철저히 단절하고 1980년대의 민족사적 그리고 세계사적 요구에 얼마나 부응해갈 수 있느냐 하는 문제가 가로놓여 있지만, 여기에서 노 정권 자체의 역사성은 물론 1990년대를, 나아가서 21세기를 바라보는 우리 역사의 방향이 잡혀지게 될 것이다.

## 1990년대의 역사적 전망

20세기 후반기 이후 우리 역사의 당면과제는 민주주의의 발전과 민족문제의 평화적 해결이었으며, 이 시기에 성립된 정권들은 모두 그 진실성 여부는 차치하고라도 표리관계에 있는 이 두 가지 문제의 해결을 표방함으로써 제 정권의 정당성과 역사성을 확보하려 해왔다.

　40여 년간에 걸친 정권 측의 표방은, 특히 평화적 통일문제에 관한 한 모두 표방 그것으로만 끝나고 1980년대를 넘긴 시점에서도 아무런 구체적 진전이 없을 뿐만 아니라 오히려 노태우 정권의 역사적 정당성 강화를 위해 필요했던 7·7선언 자체를 정권 스스로가 감당하기 어려워하는 혼돈상태에 빠진 것 같은 느낌마저 주는 실정이다.

　정권 측의 민족문제 해결을 위한 조처에는 아무런 구체적 진전이 없었지만, 그러나 다른 쪽에서는 두어 가지 점에서 일정한 진전이 있었음을 확인할 수 있다. 그 하나는 정권 측의 계속적인 탄압에도 불구하고 민간 측의 평화통일 의지 및 그 운동은 계속 확산되어왔을 뿐만 아니라 그것이 정권 측의 '통일방안'에 일정한 변화를 주어왔다는 점이며, 또 하나는 우리를 둘러싸고 있는 국제정세가 아직까지는 우리 민족문제의 평화적 해결을 위해 크게 방해되지 않을 뿐만 아니라 다소나마 유리한 방향으로 전개되고 있다는 점을 들 수 있다.

　지금까지 정권 측은 민간 측 통일운동에 밀려 그 자체의 통일방안을 일정하게 변화해 가다가도 때로는 민간 통일운동의 전진을 심하게 제동, 탄압하는 일을 반복해왔지만, 제동을 받으면서도 민간 측의 통일운동은 또 한걸음씩 전진하면서 정부 측의 '방안'에 영향을 주고 다시 탄압받는 식의 기복을 거듭해왔다.

　이런 기복의 반복은 1990년대로 넘어가서도 계속될 것이며, 그것은 결국 정권 측 방안과 민간운동 측 방안의 차이를 점점 좁혀가고, 그럼으로써 이른바 창구단일화 문제도 저절로 해결되어갈 것이다. 그리고 정권 측의 민족문제 해결방안과 민간 측의 그것 사이의 차이를 급격히 좁혀가는 정권이 한층 더 높은 민족사적 정당성을 확보할 것임은 더 말할 나위가 없다.

한편 1990년대로 들어서면서 우리를 둘러싼 국제환경이 우리 민족문제의 평화적 해결을 위해 특별히 나쁜 방향으로 전개될 것이란 징후는 아직은 나타나지 않고 있다. 핵무기를 줄이거나 폐기하려는 인간의 노력은 계속될 것으로 기대되며, 그 경우 특정국의 군대가 남의 지역에 주둔함으로써 그 지역 민족문제의 주체적 해결을 저해할 이유도 줄어들게 될 것이다.

20세기로 들어설 당시의 인류사회는 제국주의가 난무하는, 전쟁 위험이 각각으로 다가오던 때였고, 결국 전에 없던 두 번의 세계대전을 겪었지만, 두 번의 전쟁은 전체 인류를 멸망으로 몰아넣을 만한 가공할 무기를 생산하여 인류사회 전체에 큰 경각심을 불러일으키면서 인간의 이성 회복에도 크게 도움을 주었다.

그 결과 20세기를 넘기는 시점의 세계사는 화해와 무기감축의 시대로 접어들고 있는 것 같으며, 이 추세는 약간의 곡절이야 있을 수 있겠지만 그 큰 방향은 21세기에도 그대로 계속될 것으로 전망해도 좋을 것 같다.

1980년대 이후 세계사의 이와 같은 변화 추세를 분단민족으로서의 우리 민족이 어떻게 민족사 자체의 전개와 연결해 나갈 것인가 하는 문제가 있다. 그것은 민족 내부의 대립과 분쟁을 평화적으로 해결하여 21세기의 민족사를 평화와 번영의 역사로 만들고 극동지역에서 화약고의 하나를 제거하여 세계사의 평화적 발전에 이바지하는 길이어야 함은 너무도 명백하다.

한 시대의 정권이 그리고 그 통치자가 자기 시대에 대한 역사적 정당성을 확보하는 길은 그 통치행위 자체를 시대사조에 합치시키는 것이며, 20세기에서 21세기로 넘어가는 시기의 세계사는 화해와 무기 및 무력 감축이란 인류사회 본래의 이상, 그것과 일정하게 합치되는 방향으로 나아가고 있다.

같은 시기 한반도에 성립된 정권도 이 세계사적 흐름을 제 민족사회의 흐름으로 수용할 수 있을 때 비로소 그 역사성을 인정받게 될 것이며, 만약 그 흐름을 수용함으로써 정권 자체의 존립을 위협받을 우려가 있다면 그 정권은 이미 역사적 정당성을 상실한 정권일 수밖에 없을 것이다.

# 3 | 5·18 광주 민중 항쟁의 민족사적 의의

**광주사태에서 민중항쟁으로**

모든 역사적 사실은 그 이름 자체에 이미 그것이 가진 역사적 의미가 깃들기 마련이지만, 특정 역사적 사실의 이름이 처음부터 올바르게 붙여지는 경우가 흔치 않고 이 때문에 시대의 변화에 따라 그 이름이 변하는 경우가 허다하다.

우리 역사에서도 하나의 역사적 사실이, 특히 권력에 저항한 민중항쟁이 처음부터 그 본래의 역사적 의미를 찾기란 그리 쉬운 일은 아니었다. 예들 들면 권력 측에서 동학난, 즉 동학교도들의 반란으로 이름 붙인 역사적 사실이 갑오농민전쟁이란 제 이름을 찾기까지 반세기 이상 걸렸고, 소요사건으로 불린 3·1운동이 민족운동으로서 제 의미를 찾기까지 사반세기란 세월이 걸렸으며, 4월혁명 역시 혁명에서 의거로, 다시 혁명으로 변하는 과정을 거쳐야 했던 사실이 그것을 잘 말해주고 있다.

전두환 정권 7년간 계속 그 역사성이 부인된 채 '사태'로만 되어 있던 1980년의 광주항쟁이 전두환 정권의 퇴진과 함께 바로 민주화운동·민족운동으로서의 본래 의미를 찾게 되었다는 사실은 이 시대 우리 역사의 흐름이 얼마나 빠른 격류를 이루고 있는가를 쉽게 알 수 있게 한다.

특히 전두환 정권의 탯줄 속에서 나온 노태우 정권이 광주 '사태'를 스스로 민주화운동으로 정의하지 않을 수 없게 되었으며, 그렇게 하지 않고는 노태우 정권 자체의 정당성을 수립할 수 없게 되었다는 사실이 중요하다. 그 이유는 광주항쟁 탄압에서 그 성립기반을 확보했던 전두환 정권이 퇴진한 후 바로 이른바 대국민 사과성명을 통해 그 통치시기 전체의 정당성 및 역사성을 완전히 부인하지 않을 수 없게 된 데 있었고, 그 가장 중요한 원인의 하나가 바로 광주항쟁의 탄압 그 자체에 있었다는 사실은 이 항쟁의 역사적 의의가 얼마나 큰 것인가를 극명하게 증명해주고 있다.

광주 '사태'가 왜 그것의 탄압을 통해 성립했던 정권이 퇴진함과 동시에 민주화운동·민족운동으로서의 역사적 정당성을 찾게 되었는가 하는 문제를 제대로 이해하기 위해선 이 거대한 항쟁이 어떤 민족운동사적 맥락 속에서 폭발했고, 그것이 가지는 역사적 성격이 무엇인가를 정확하게 분석할 필요가 있으며, 그것을 위해선 먼저 그 사실 자체에 대한 구체적 자료의 수집 분석을 통한 학문적 접근이 필요하다.

이 때문에 흔히 역사적 사실에 대한 학문적·객관적 분석을 위해

선 일정한 시간적 간격이 필요하다는 논리가 있을 수 있기도 하다. 그러나 한 사람의 연구자가 스스로 겪은 자기 시대의 역사적 사실에 대해 나름대로의 관점에서 논평하는 사실 자체도 뒷날의 객관적·학문적 분석을 위해 일정하게 공헌하는 일이기도 하다.

지금의 시점에서 우리가 보는 광주민중항쟁은, 첫째 우리의 근·현대사를 통해 꾸준히 이어져온 피지배 민중의 부당한 권력, 포학한 권력에 대한 항쟁의 연속선이며, 둘째 그것은 역시 우리 근·현대사 속에서 지속적으로 추진되어온 민족운동의 일환으로서 민주화운동의 폭발이며, 셋째 그것은 또 우리 근·현대사를 통해 반일운동에 한정되다시피 한 반외세운동에 하나의 새로운 전환점이 되었고, 넷째 그것은 또 이 시대 민족운동의 중요한 요소로서의 민족통일운동을, 특히 그 민간운동을 활성화하는 하나의 계기가 되었으며, 다섯째 이 항쟁은 또 이 시대의 종합적인 의미에서 민중민족운동의 하나의 표본이라 할 수 있을 것이다.

### 민중항쟁사 속의 광주항쟁

우리의 긴 역사를 통해 피지배 민중의 포학한 권력에 대한 항쟁은 꾸준히 일어나고 있었다. 조선왕조 500년만을 두고 보아도 지배권력에 대한 전국 각지에서의 크고 작은 항쟁이 간단없이 일어나고 있었음을 역사는 충실히 전해주고 있다.

다만 이들 항쟁은 근대 이전의 경우 대단히 지역적이며 분산적인 것이 될 수밖에 없었다. 정치적으로는 비록 중앙집권체제를 이루고 있었으나 교통의 불편, 화폐경제의 미발달 등으로 사회·경제적으로 전국적 통일체제를 이루지 못하고 있어서 어느 한 지역에서 관료나 토호들의 횡포 및 수탈에 대항하는 민중항쟁이 일어났다 해도 그것이 전국적인 항쟁으로 발전하기는 어려운 조건이었다.

이 때문에 각 지방에서 일어나는 민중항쟁은 언제나 중앙권력 자체를 그 적으로 설정하는 데까지 나아가지 못하고 항상 그 대상이 지방권력에 한정되었던 것이다. 따라서 특정 지방에서 민중항쟁이 일어나도 중앙권력은 그 지방권력만을 교체하거나 응징하는 것만으로 사태를 수습하고 스스로는 언제나 책임권 밖에 있을 수 있었다.

부단히 일어나는 지방 단위의 민중항쟁이 중앙권력이나 지배체제 자체를 제거해야 할 대상으로 인식하고 전국적으로 확대되기 위해선 그것을 정확하게 인식할 수 있는 지도층의 형성이 요청되었지만, 근대 이전의 경우 그 역사적 조건이 그런 지도층의 생성을 기대하기란 어려운 것이었다.

그러나 근대 이후로 오면서 역사적 조건의 변화에 따라 사정이 크게 달라졌다. 국내의 사회·경제적 조건의 변화와 외국 자본주의의 침입으로 서서히나마 국내시장이 형성되어갔고, 민중세계 자체가 외세에 타협하거나 굴복하면서 봉건체제의 유지에 급급하는 중앙권력 자체의 반역사성을 투시하게 되는 한편, 그런 민중의 의식 성장을 배경으로 하여 새로운 항쟁 지도층이 형성되어갔다.

근대 이전의 실학자들은 농민층에 동정적이면서도 농민항쟁의 지도부가 될 수 없었지만 근대 이후에는 이필제李弼濟, 전봉준 등 몰락 양반층에서 민중항쟁의 지도부가 형성된 것이다. 이와 같은 역사적 조건의 변화는 고부古阜라는 한 지방에서 일어난 민란이 거의 전국에 걸치는 거대한 농민전쟁으로 발전하여 반봉건·반제국주의의 민중항쟁으로 발전하게 했고, 각 지방에서 분산적으로 일어난 의병항쟁이 쉽사리 전국 규모의 민중항일전쟁으로 발전하게 했다. 식민지 시기에 들어와서도 서울에서 발생한 3·1운동이 삽시간에 방방곡곡에 걸친 민족운동으로 확대되었고, 광주학생운동 역시 곧바로 전국적 항쟁으로 번져가게 되었다.

8·15 후에도 상황은 같았다. 마산·대구에서 발단된 이승만 정권에 대한 반독재운동은 바로 4월혁명으로 연결되었고, 부산·마산에서 불붙은 반독재·반유신항쟁은 전두환 정권의 성립과정에서 광주민중항쟁으로 확대되었으며, 이 항쟁을 지역감정에 의한 한 지방의 소요사태로 한정하려는 권력 측의 계략을 극복하고 독재권력의 재생에 항쟁한 치열한 민족운동으로 발전한 것이다.

근대 이후의 경우도 어떤 하나의 운동이 지방 차원의 운동으로 한정될 수도 있다. 그러나 광주민중항쟁은 그것을 탄압하면서 성립된 정권이 그 때문에 정당성 자체를 스스로 부인하는 결과가 되었고, 이와 같은 사실은 이 항쟁이 이 시대 민족운동의 하나의 핵을 이루고 있음을 잘 말해주고 있다. 이렇게 보면 광주민중항쟁은 비록 광주를 중심으로 하는 그 일원에 한정된 항쟁이었긴 하지만, 부정한 권력·비민주적 권력에는 언제나 항쟁해온 우리 근·현대사 속 민중항쟁사의 하나의 연장이라 할 수 있을 것이다.

그러나 같은 민중항쟁이면서도 1980년의 광주항쟁은 또 다른 특성을 가지고 있다. 3·1운동의 경우 그 지도부가 어느 정도의 조직을 가지고 있었으나 자위수단을 가지지 못한 비폭력운동에 한정되었고, 식민지 시대의 광주학생항일운동은 비조직적·비폭력항쟁에 그쳤으며, 4·19혁명 역시 비조직적·비폭력항쟁에 그친 데 비해,

1980년의 광주항쟁은 비조직적 항쟁이면서도 자위수단으로서 무장을 갖춘, 그 유례가 흔치 않은 항쟁으로 발전했다는 점이다.

광주항쟁이 비조직적 항쟁이면서도 무장항쟁으로 발전하게 된 중요한 원인의 하나가 정권 측의 무자비한 탄압방법에 있었지만, 그러나 우리 근·현대사에서 일제에 대항한 무장독립운동을 제외한 피지배층의 권력에 대한 항쟁으로서는, 또 8·15 후의 사회주의계 무장항쟁을 제외하고는 19세기 말의 갑오농민전쟁 후 광주민중항쟁에서 다시 나타난 희귀한 현상이었다.

광주항쟁의 무장화는 민중항쟁사 자체의 하나의 진전이기도 하지만, 한편으로 다른 나라의 경우 한 지역의 민중항쟁이 일정한 기간 그 지역 일원을 자위수단을 갖추어 장악하고 기존 권력의 행정권 일체를 정지시킨 경우 항쟁군 자체에서 자치적 권력이 형성되어 이른바 '코뮌'을 형성하는 경우가 있었다. 그러나 광주항쟁의 경우 앞으로 구체적·실증적 연구가 진행되어야 하겠지만, 수습위원회가 조직되었으나 그것이 자치권력적 성격을 가지지는 않았던 것 같고 따라서 무장항쟁으로까지 갔으면서도 코뮌적 성격을 가지지는 못한 것이다.

이 점은 우리 역사상 집권적 중앙권력이 오랫동안 강화, 유지되어와서 분권제적·지방자치적 역사 경험이 부족했던 데서 온 것이라 할 수 있겠지만, 그러나 광주민중항쟁은 앞으로 지역감정이 아닌 지방의 특성을 살리면서 정치·경제·문화적 지방자치화와 분권화를 촉진하여 민주주의를 정착시킬 큰 계기를 마련한 정치운동의 출발점의 하나로 해석될 수도 있을 것이다.

한편 분단시대적 상황 때문에 8·15 후에 일어난 민중항쟁은 마산데모사건(3·15항쟁)도 그러했지만 흔히 그 진실을 호도하기 위한 정권 측의 책략에 의해 공산주의 세력의 사주로 선전되는 경우가 있었다. 광주항쟁도 처음에는 권력 측의 그런 책략이 적용되었으나 곧 불식되고, 전두환 정권은 '사태'로만 불렀지만 노태우 정권은 민주화운동으로 정의하지 않을 수 없게 되었다. 이 점은 이 항쟁 자체의 성격과도 관련된다.

이 항쟁은 도시인구를 형성하는 학생·지식인·노동자·도시빈민 등 넓은 의미의 민중에 의해 감행된 순수한 의미의 민중항쟁이었으며, 따라서 그것은 근대 이후 반역사적 권력에 대항하여 꾸준히 일어난 민중항쟁의 성격을 더욱 선명히 드러낸 것이라 할 수 있을 것이다.

**민주주의운동으로서의 광주항쟁**

우리 역사는 근대사회로 접어드는 길목에서 식민지로 전락함으로써 민주주의적 정치훈련을 쌓을 기회를 박탈당했다. 식민지 시기의 20세기 전반기는 우리 역사상 국민혁명을 실현하고 민주주의적 정치경험을 쌓아야 할 중요한 시기였으나 이 기간을 일본제국주의의 무단통치와 파쇼 체제의 지배를 받음으로써 그런 기회를 상실했다. 식민지 시기 전체를 통해 추진된 민족독립운동도 정치운동이긴 했지만 직접 국민을 대상으로 하는 정치운동은 되지 못했다.

이렇게 보면 8·15는 식민지배로 정체됐던 정치·경제·사회·문화 면의 민주주의를 획기적으로 발전시켜야 할 계기가 되어야 했으나 분단체제의 성립과 반공주의를 앞세운 이승만 정권의 독재로 크게 제약되었다. 4·19혁명은 이승만 정권에 의해 제약된 민주주의적 요구의 폭발로 발발했고 그것이 어느 정도 충족되는 것 같았지만 5·16군사정변으로 다시 압살되다시피 했다.

그러나 박정희 정권의 탄압이 강해지면 강해질수록 상대적으로 민주화운동도 치열해져서 그 시기를 통해 민중의 민주화운동 역량은 양적·질적으로 확대 심화되었고, 그 결과는 박정희 정권으로 하여금 이른바 유신체제로 빠져들지 않을 수 없게 했지만 민중의 민주화 요구는 그것마저 무너뜨릴 만큼의 역량을 갖추어가서 부마항쟁으로 폭발했고, 그것이 중요한 원인이 되어 박정희 정권은 무너졌다.

이렇게 보면 분단시대적 상황을 감안해도 박정희 정권이 무너질 무렵 민중의 민주주의 요구는 박 정권을 무너뜨리고 더 이상 군사독재정권의 성립을 용인하지 않을 단계에 이미 나아가 있었다고 할 수 있으며, 따라서 이른바 12·12사태와 5·17계엄 확대, 광주민중항쟁 탄압을 통해 성립된 전두환 군사독재정권은 다음과 같은 몇 가지 점에서 그 성립 자체의 반역사성이 과거 어느 정권보다 한층 더 뚜렷한 정권이었음을 알 수 있다.

우선, 박정희 정권 말기에 이미 민중의 민주주의적 요구 및 우리의 역사적 단계가 군사독재정권의 계속을 더 이상 용납하지 않을 만큼 높아져 있었음에도 불구하고 그것을 거역하면서 또 다른 군사독재정권을 만들려 함으로써 광주항쟁과 같은 거대한 저항을 받게 되었고, 그것을 무자비하게 탄압하고 정권을 만듦으로써 정권 자체의 정당성을 완전히 상실하게 되었다. 광주민중항쟁은 1970년대까지 축적된 민중의 민주화 역량의 집중적 표출이었던 것이다.

둘째, 광주민중항쟁을 탄압하고 성립된 전두환 정권은 독재체제를 계속 강화함으로써만 유지될 수 있었고 임기 후에도 독재체제를 유지한 채 정치적 영향력을 행사하려 했으나 1987년 6월민주화운동으로 물러나지 않을 수 없었으며, 물러난 후에는 이른바 국민에 대한 사과성명을 통해 그 통치시기 전체에 대한 정당성과 역사성을 스스로 완전히 부인하고 국민의 처분만을 기다리지 않을 수 없게 되었다.

1987년의 6월민주화운동이 광주민중항쟁의 연장선상에서 일어났고 전두환 정권의 반역사성 자체가 광주항쟁의 탄압에서 배태된 것이라면 전두환 군사독재정권의 퇴진을 가져오게 된 불씨는 바로 광주항쟁에 있었고, 그런 점에서 광주항쟁은 8·15 후 우리 민주주의 역사 위에 하나의 큰 분수령이 되지 않을 수 없다.

셋째, 광주민중항쟁을 불씨로 한 6월민주화운동의 결과 대통령 직선제가 쟁취되었으나 야당세력의 분열 등이 원인이 되어 노태우 정권이 성립되었다. 그러나 노 정권은 전 정권의 탯줄 속에서 나왔으면서도 이른바 5공청산을 통해 전 정권의 역사성을 부인하고 그것과의 단절을 내세우지 않고는 스스로의 정당성을 확보할 수 없는 상황이 되었다. 노 정권의 이른바 민주화 의지가 시험받고 있는 부분이 바로 5공청산 문제지만, 이 점에서 광주항쟁·6월운동으로 이어지는 일련의 민주화운동이 가지는 역사적 의의는 또한 큰 것이다.

넷째, 광주민중항쟁은 또 우리 역사에서 군사정권의 등장을 종식하고 문민정치의 정착을 가져올 하나의 기점이 될 수 있을 것이다. 우리 역사는 오랜 문민통치의 전통을 가지고 있었다. 불행하게도 식민지로 전락하면서 일제의 무단통치 및 파쇼 통치를 받기는 했으나 식민지배에서 해방되면서 일단 문민정치체제를 회복했다. 그러나 제2차 세계대전 후 식민지에서 해방된 민족사회가 흔히 그러했던 것처럼 우리 역사도 군사정권시대를 겪지 않을 수 없었고 지금은 그것을 청산해야 할 고비에 와 있다.

광주항쟁이 전두환 군사정권의 성립에 반대한 치열한 항쟁이었고 전두환 정권 퇴진의 직접 원인이 광주항쟁과 그 연장으로서의 6월운동에 있었으며, 노태우 정권이 전두환 군사정권의 통치행위를 부정하는 데서 스스로의 존재이유를 찾지 않을 수 없게 되었다는 사실은 광주항쟁이 우리 역사에서 군사정권 청산을 위한 중요한 하나의 계기가 될 것임을 시사해주는 것이다.

우리는 흔히 8·15 이후 우리 민족운동의 당면 과제로 민주화운동과 민족통일운동의 결합을 들고 있다. 이 시대 민주화운동에서 광주민중항쟁이 차지하는 중요성과 그 위치를 정리해보면 이 항쟁이 민족운동의 하나의 핵심 부분을 이루고 있음을 쉽게 이해할 수 있을 것이다.

### 민족통일운동과 광주항쟁

광주민중항쟁은 언뜻 민족통일운동과는 직접 연결되지 않는 것같이 보일 수 있다. 그러나 그것은, 첫째 이 시대 민족문제의 주체적·평화적 해결을 위해 반드시 거쳐야 할 미국과의 새로운 관계 정립을 위한 중요한 하나의 계기가 되었고, 둘째 이 항쟁이 불씨가 되어 폭발한 1987년의 6월민주화운동이 바로 민족통일운동, 그것도 민중 차원 운동의 활성화를 가져왔다는 점에서 깊은 연결고리를 이루고 있다.

우리 근·현대사에서 미국과의 관계는 한마디로 말해서 기복이 많았다. 강화도조약으로 일본이 한반도에 상륙한 후, 그곳이 일본의 독점지역이 될 것을 두려워한 청국의 알선으로 조선과 처음 조약을 맺게 된 미국은 19세기에는 한반도에 대한 영토 야심이 없는 나라인 것처럼 인식되었고, 이 때문에 조선왕조와의 궁정외교에서 상당한 이익을 보았다. 그러다가 청일전쟁 후 한반도가 러시아와 일본 사이의 각축장으로 변하게 되자 미국은 일본의 편을 들어 한반도를 일본의 식민지로 만드는 데 일정한 역할을 다했다.

그러나 '만주사변'으로 일본의 대륙침략이 본격화함에 따라 미국과 일본의 이해관계가 상충하지 않을 수 없었다. 따라서 우리 독립운동전선의 일부는 미일전쟁을 전망하면서 미국의 승리에 의존한 민족해방을 기대하게 되었고, 그것은 일단 현실화됐다. 그러나 한반도의 해방은 미·소 양군의 분할점령으로 이어졌고, 미국이 모스크바 3상회의 결정에 의한 한반도문제의 해결을 포기하고 그것을 유엔으로 가져감으로써 분단국가의 성립으로 이어져 민족상잔의 전쟁을 가져왔다.

분단국가의 성립과정에서 그것을 반대하는 운동은 반미운동의 성격을 띠었으나 모두 좌익운동으로 처리되었고 민족운동으로는 거의 간주되지 않았다. 한 가지 예를 들면 1948년의 제주도4·3항쟁과 같은 단독정부수립 반대운동의 성격이 짙은 항쟁도 분단체제적 역사인식에서는 좌익운동으로만 취급된 것이 그것이다.

남한에서 자본주의체제를 성립하고 6·25전쟁을 같이 치름으로써 그 체제 유지에 성공한 미국은 계속 우방 혹은 이른바 혈맹의 나라로만 인식되었고, 따라서 미군의 주둔과 그 핵무기의 보유도 북한의 침략을 저지하기 위한 최선의 장치로만 인식되었으며, 이 때문에 상당한 기간 이 지역에서 반미의식 내지 반미운동이 일어날 상황은 아니었다.

이와 같은 분단체제적 인식체계는 민족운동의 추진과정에서도 일정한 기간 그대로 유지되었다. 예를 들면 4월혁명 과정에서 민주화운동·민족통일운동이 함께 추진되었지만 아직 반미운동이 본격적으로 표출되지는 않았고, 미국이 배후에서 작용한 한일회담반대투쟁에서도 반외세운동은 반일운동에 한정되었다. 더구나 박정희 정권과 북한 정권이 주체적·평화적 민족통일방안을 천명한 7·4남북공동성명 발표 당시에도 반미운동이 표면화되지는 않았다.

그러나 박정희 정권이 무너진 후 폭발한 국민의 민주주의적 여망을 탄압하고 전두환 정권이 성립되는 과정에서 미국의 작용이 두드러지게 나타나게 되자 국민의 반미감정은 급격히 확산되어갔다. 특히 광주항쟁 기간에 진압군이 광주 일원을 포위하고 무력으로 진압할 태세를 갖추었을 때 항쟁군 측에서는 오랜 분단체제 속에서 길러진 타성 때문에 미국이 군사권력의 폭력적 진압을 막아주리라는 무망한 기대를 할 정도였지만, 미국이 오히려 군부의 항쟁 진압을 뒷바라지했음을 알게 되고 전두환 정권 성립을 원조하는 과정을 보게 되었을 때 항쟁군과 국민 일반의 반미운동은 본격화하게 된 것이다.

광주민중항쟁을 계기로 높아진 반미운동은 1982년의 부산미문화원 방화사건에서부터 구체적으로 나타나게 되었고, 이후 서울을 비롯한 각 지역에서의 미문화원 및 미대사관 점거로 연결되면서 민주화운동·민족통일운동의 당연한 한 부분으로 정착되어갔다. 그리고 이 운동은 또 반핵운동과도 연결되었고 마침내 미군철수론으로 발전해갔다.

8·15 후 다시 성립된 남한과 미국의 관계는 6·25전쟁을 겪으면서 이른바 신식민지 관계로 불릴 만큼 밀접해졌고 한미상호방위조약에 의한 미군의 주둔과 작전권 이양문제, 그리고 정치·경제·외교적 유착관계는 한반도 지역 민족주의의 위상 및 민족문제의 평화적·주체적 해결 문제와 깊은 함수관계를 가지는 것이었다. 그럼에도 불구하고 항상 분단체제적 역사인식에 묶여 미국과의 관계에서 객관적 관점이 자리할 수 있는 공간이 거부되어왔으나 광주항쟁은 이 공간이 확보되는 결정적 계기가 된 것이다.

한미관계는 8·15 이후의 민족운동, 특히 주체적·평화적 민족통일운동과 언제나 연관되기 마련이며 두 문제는 따로 떼어 해결할 수 없는 문제였지만, 그것이 정확하게 인식되기 시작한 것은 역시 광주민중항쟁을 계기로 해서였고 이 때문에 광주항쟁이 가지는 민족사적 의의는 그만큼 높아진 것이다.

광주항쟁은 겉으로 보기에는 군사독재정권의 성립에 저항한 항쟁이었고 그런 의미에서는 민주화운동에 한정된다고 볼 수도 있다. 그러나 8·15 후 우리 민족운동은 언제나 민주주의운동과 민족통일운동이 일치해 있었다. 4월혁명이 민주화운동으로 시작되었으나 이승만 정권이 무너지고 장면 정권이 성립된 후에는 바로 민족통일운동으로 연결된 것이 그 좋은 예이며, 광주항쟁도 당초 민주화운동으로 폭발하여 그 자체는 더 이상의 진전 없이 일단 탄압되었고 심지어 항쟁군 측에서도 미국이 이 항쟁을 위해 일정한 도움이 되리란 환상을 가진 경우도 있었으나 곧 민족운동에서의 외세의 역할, 특히 미국의 역할을 정확하게 이해하고 이 항쟁을 반미운동의 하나의 새로운 계기로 만들어간 것이다.

그뿐만이 아니다. 광주항쟁을 불씨로 한 1987년 6월운동이 처음에는 전두환 정권의 연장과 이른바 5공체제의 연장에 반대하는 민주화운동으로 폭발했으나 일단 6·29선언을 받아낸 다음에는 바로 또 민족통일운동의 활성화로 연결되었고, 이 때문에 노태우 정권도 일단은 민족문제의 평화적 해결을 위해 일정한 전향성을 보이지 않을 수 없게 되어가고 있다.

이렇게 보면 광주민중항쟁은 민주화운동뿐만 아니라 민족통일운동에도 기여한 이 시대 민족운동의 요소를 두루 갖추고 있는 항쟁이었다. 그것은 민족문제의 주체적·평화적 해결을 위해 반드시 거쳐야 할 미국과의 새로운 관계 정립을 위한 하나의 획을 그은 항쟁이었고, 지금 추진되고 있는 민중 차원 민족통일운동의 활성화를 가져온 원인이 되었던 것이다.

### 민중운동으로서의 광주항쟁

광주항쟁이 민주화운동·민족통일운동으로서의 성격을 함께 가진 민족운동이라 이해하면서 그것을 민중항쟁이라 하는 이유는 이 항쟁의 주체를 민중으로 본다는 뜻이 들어 있다. 따라서 항쟁의 주체인 민중에 대한 역사적 이해가 있어야 이 항쟁 자체에 대한 역사성을 올바로 알게 된다고 말할 수 있다.

민중이란 개념 자체를 두고 생각해보면 그것은 우선 서양적인 개념은 아니며 아시아적, 나아가서 아시아·아프리카적 개념이라 할 수 있지 않을까 한다. 그리고 또 그것은 근대적 개념이라 할 수도 있다. 우리 역사의 경우 전근대사회에서는 피지배층을 일반적으로 백성이라 불렀다. 문호개방 후 백성이란 개념은 인민 혹은 국민으로 변했는데, 식민지 시기에 들어와서 식민지배 당국은 대체로 국민이라 불렀지만 민족운동전선은 인민이라 부르는 한편 민중이란 용어를 쓰기도 했다.

장담할 수는 없지만 역사적 용어로서의 민중이란 말을 비교적 빨리 쓰기 시작한 논설은 신채호申采浩가 1923년에 쓴 『조선혁명선언』이 아닌가 한다. 여기서의 민중은 그것에 속하는 구체적 사회계층을 일일이 지적하지는 않았지만 대체로 3·1운동을 계기로 형성된, 첫째 식민지배의 정치적·경제적·사회적 압박으로 '살려니 살 수 없고 죽으려 하여도 죽을 바를 모르는' 계층이며, 둘째 그럼으로써 '독립을 못 하면 살지 않으리라.' '일본을 쫓아내지 못하면 물러서지 않으리라.' 결심한 사람들로 설명되어 있다.

즉 이 경우 민중은 서양식 개념의 부르주아지나 프롤레타리아트 등의 어느 특정 계급이 아니라 아시아적 식민지 피압박 민족사회에서 식민지배 당국의 편에 서지 않고 그것과 맞섬으로써 피해를 입은 사람들, 그러면서 식민지배의 종식과 민족의 자립과 독립을 위해 투쟁하는 사람들이다. 이 경우 민중에는 필자 자신, 즉 신채호와 같은 식민지배에 저항하는 진보적이며 민족주의적인 지식인과 식민지 사회·경제구조의 폐해로 영락해가는 노동자·농민·도시빈민층, 그리고 식민지배에 협조하지 않고 오히려 그 재력을 민족운동을 위해 바칠 수 있는 중소 상품생산자층까지 포함된다고 할 수 있지 않을까 한다.

이 가운데 민족자본가라 할 수 있을 민족운동의 재원財源으로서의 중소 상품생산자층은 식민지배 기간이 길어지면서 거의 소멸했고, 결국 민족적이며 진보적인 지식인층, 노동자·농민층, 도시빈민층만이 신채호가 말하는 민중으로 남아 후반기 민족운동의 주체세력이 되었던 것이며, 이들이 8·15 후의 민족분단 과정에서 외세와 그것에 영합한 세력의 분단 책동 및 그 고착화, 그리고 그들이 만든 독재체제에 저항하여 민주화와 민족의 주체적·평화적 통일을 위해 투쟁하는 주체세력으로 연결된 것이라 할 수 있을 것이다.

8·15 후의 민족분단 과정에서 계속된 통일운동의 핵심세력, 그리고 4월혁명의 주체세력, 박정희 정권 아래서의 반독재 민주화운동 세력, 그리고 부마항쟁세력도 모두 일제 식민지 시기 이래 민족운동 주체세력으로서의 민중세력의 연장선이었으며, 지식인·학생·노동자·도시빈민 등으로 형성된 광주민중항쟁의 주도세력도 바로 이들이었던 것이다.

광주민중항쟁의 주도세력이 바로 포학한 권력에는 언제나 저항해온 우리 근·현대사의 민중항쟁 주도세력 그들이었고, 이 때문에 광주 일원에 한정된 이 항쟁에 민족운동의 한복판에 위치하는 민중항쟁으로서의 역사성을 부여할 수 있었으며 권력 측에서도 공산주의 세력이 뒷받침한 계급투쟁적인 것으로 호도하여 탄압하려던 책략을 버리고 민주화운동으로 정의할 수밖에 없었다.

우리 역사에서 식민지 시기부터 형성되기 시작한 반봉건주의·반제국주의 그리고 비타협주의 노선에 선 민족적·진보적 지식인, 노동자, 농민, 도시빈민 등의 사회계층으로 구성된 이 민중은 계속 반식민투쟁·반독재투쟁·반분단투쟁을 수행해온 민족운동의 주체세력이었으며, 역사의 진전에 따라 그 양이 확대되고 또 질이 높아져 가고 있지만 광주항쟁은 이 민중세력이 그 실체와 본질을 철저히 드러낸 장場이었다 할 수 있을 것이다.

# 4 | 1980년대 민중민족운동의 위상

**우리 근·현대사 속의 민중민족운동**

민중민족운동의 주체로서의 민중은 우리 근·현대사에서 독특한 위치를 차지한다. 근대로 들어서면서 식민지로 전락한 민족사회가 대체로 그러하지만, 우리 역사에서도 근대사회의 역사 담당 주체로서의 서구식 개념의 부르주아지가 그 역사적 역할을 다할 수 있을 만큼 성장하지 못함으로써 부르주아 민족운동에 그만큼의 한계가 드러났고 그것이 민족사회를 식민지가 되게 한 가장 중요한 원인의 하나이기도 했다.

한편 부르주아지의 역사적 역할에 한계가 있었다고 해서 서구식 개념의 프롤레타리아트가 바로 식민지 시기 민족운동의 주체로 등장할 단계가 된 것도 아니었다. 식민지가 되기 이전의 시대는 더 말할 것 없고 식민지 시기의 사회·경제적 조건도 부르주아지에 대신해서 민족운동의 담당 주체가 될 만한, 조직되고 훈련된 노동자층을 중심으로 하는 프롤레타리아트를 성장하게 한 것은 아니었던 것이다.

이런 조건, 즉 서구식 개념의 민족 부르주아지나 프롤레타리아트의 어느 쪽도 독자적으로 식민지 시기 민족운동을 주도적으로 수행하는 주체가 될 수 없었던 역사적 조건 아래서 그 다른 주체로서의 민중 개념이 형성되었다. 따라서 민중이란 개념은 우리 역사의 경우 20세기 전반기 식민지 시기에 일단 민족해방운동의 주체로 등장했고, 따라서 이 시기 우리의 민족운동은 부르주아 운동도 프롤레타리아 운동도 아닌 민중민족운동이 되었다. 그리고 이 경우의 민중은 처음부터 하나의 독립된 계급 개념이 아니라 일종의 계급연합적 개념으로 성립된 것이었다.

우리 역사의 20세기 전반기, 민족의 절대독립을 최대과제로 한 일제 식민지 시기 민족운동의 주체로서의 민중은 몇 가지 속성을 가진다. 첫째, 식민통치 아래서 그 피해를 직접 받는 피지배층이었다는 점이다. 다시 말하면 식민지 지배권력과 타협한 세력은 민중 범주에서 제외되었다. 부일적附日的이거나 타협주의적인 자산계급 및 넓은 의미의 지식인층이 제외된 것이다.

둘째, 일제의 식민통치에 피해를 입었을 뿐만 아니라 그것에 적극적으로 대항하는 세력이 민중의 핵심을 이루는 것으로 이해되었다. 이 경우 적극적인 항쟁세력은 아니면서도 식민지배정책의 피해를 송두리째 입고 있는 광범위한 피지배 대중이 민중에서 제외되는 것은 아니었지만, 신채호의 경우를 예로 들면 적극 항쟁세력이 아닌 이른바 실력양성론자, 문화주의자까지도 혁명으로서의 민족해방운동의 주체인 민중에서 제외되어야 한다고 생각한 것을 볼 수 있다.

이렇게 보면 일제 식민지 시기 민족해방운동의 주체로서의 민중은 민족해방운동에 적극 참여한 독립운동가 중심의 정치인과 반일적 지식인, 그리고 식민지배정책의 피해를 직접 받는 노동자·농민과 식민정책의 결과 형성된 광범위한 도시와 농촌의 빈민층으로 형성되었다고 할 수 있다. 그리고 이들은 전체 식민지 시기를 통해 민족해방운동전선이 꾸준히 추구한 반제反帝·반파쇼 민족통일전선의 대상이었다고 할 수 있으며, 이들이 주체가 된 민족운동은 부르주아 민족운동도 아닌, 그렇다고 해서 프롤레타리아의 독자적 민족운동도 아닌 민중민족운동이었던 것이다.

일제 식민지 시기 우리 민족운동의 과제가 민주주의의 발전을 토대로 한 민족의 절대독립이었고 8·15 후의 그것도 역시 민주주의의 발전을 토대로 한 민족의 재통일이라 할 수 있지만, 8·15 후 민족운동의 주체도 또한 민중이다. 8·15 후의 민족분단 과정과 그후 성립된 분단체제 아래서 민족의 재통일을 과제로 하는 민족운동의 주체도 무력통일을 지향한 때는 대체로 부르주아라는 개념으로 사용되었다고 할 수 있을 '국민' 혹은 프롤레타리아트라는 개념으로 사용되었다고 할 수 있을 '인민'으로 대립되었으나 평화통일론이 자리 잡게 되는 4·19민족운동을 통해 민중이 다시 통일 지향 민족운동의 주체로 부각되기 시작했다.

4·19 이전의 분단체제 아래서도 진보당進步黨의 성립에서 보는 것과 같이 평화통일 지향의 활동이 없었던 것은 아니지만 그것은 민중운동 차원이 아닌 정치활동에 한정되었고, 4·19를 계기로 20세기 후반기 우리 민족운동의 방향이 북진통일이나 무력혁명통일

이 아닌 민주주의의 발전을 토대로 한 평화적 통일로 잡혀지면서 그 운동 주체가 다시 서구적 개념의 부르주아지도 프롤레타리아트도 아닌 민중으로 정착된 것이라 할 수 있다.

일제 식민지 시기 민족해방운동의 주체가 민중으로 된 이유가 서구식 부르주아지나 프롤레타리아트가 독자적으로 민족해방운동 추진 주체가 될 수 없었던 역사적 조건에 있었다면, 8·15 후의 민족운동, 즉 민주주의의 발전을 토대로 한 민족통일운동의 주체가 역시 민중으로 된 것은 공산주의적 지배체제와 자본주의적 지배체제가 양립된 조건 속에서도 무력통일이 역사적 당위성을 잃고 평화통일론이 정착된 역사적 조건 때문이라 할 수 있다.

그렇다고 해서 20세기 전반기 일제 식민지 시기 민족해방운동 주체로서의 민중과 20세기 후반기 분단시대 민족통일운동 주체로서의 민중이 같은 평면선상에 있는 것은 물론 아니다. 식민지 시기 민족해방운동 기반의 하나였던 노동계급의 양적·질적 성장도에 비해 8·15 후, 특히 1970년대 이후의 그것은 같은 선상에서 비교할 수 없을 만큼 급성장하고 있으며, 민중세력의 지도부 역시 식민지 시기와 같은 기층민중과 일정하게 유리된 지도부가 아니라 바로 기층 그 속에서 분출된 지도부로 형성되어가고 있는 것이다.

더구나 식민지 시기 민족운동 지도부의 상당한 부분이 기층민중을 직접 지도할 수 없는 해외에서 활동함으로써 그 민족운동을 실질적인 민중민족운동으로 확립하기 어려웠던 데 비해 8·15 후, 특히 1970년대 이후의 그것은 지도부의 상당한 부분이 스스로 노농계급화하여 기층민중과 깊이 결합됨으로써 민중민족운동으로서의 의미를 확실히 하고 있다는 점에서도 큰 차이가 있다.

## 1980년대 이전 단계 - 박정희 정권과 민중민족운동

8·15 공간의 민족분단 과정을 거친 후 20세기 후반기에 와서 역사적 개념으로서의 민중, 민족운동 주체로서의 민중, 역사변화 주체로서의 민중이 4·19운동을 계기로 다시 역사 표면에 떠올랐다고 했지만, 4·19운동은 아직 민중민족운동으로서의 위치를 확고히 한 단계는 아니었다. 기층민중의 역사변혁 주체로서의 참여가 적극적이지는 못했고 아직 기층민중에 뿌리박지 못한 지식인층 중심의 운동이었다 할 수 있으며, 그것은 그 시기 우리 사회의 자본주의 발달 정도와도 관계되었다.

1960년대와 1970년대를 통한 박정희 정권의 경제개발을 내세운 군사독재체제의 강화는 민중세계에 몇 가지 큰 변화를 가져오게 했다. 첫째, 외채 도입에 의한 경제개발정책을 통한 자본주의의 급성장으로 노동자 수, 그것도 공장노동자 수가 급증했고, 비록 이들 노동자가 자본주의 발전에 희생된 농촌에서 갓 분출된 1세 노동자이긴 했으나 외채에 의한 독점자본 형성 과정에서의 열악한 노동조건 때문에 그 계급적 자각이 급성장할 조건을 갖춘 노동자로 되어갔다.

둘째, 4·19를 좌절시키면서 성립된 박정희 정권은 곧 민주세력의 강한 도전에 직면하게 되어 그것을 극복하기 위해 독재체제를 계속 강화하면서 군부 파쇼 정권으로서의 성격을 선명히 해갔고, 이 과정에서 보수야당과 진보적 지식인의 연합으로 형성된 반파쇼 세력 또한 계속 성장해갔다. 특히 박정희 정권의 군부 파쇼 정권화와 그 아래서의 일정한 자본주의적 발달은 그것에 대한 도전세력으로서의 보수야당 이외에 진보적 지식인을 양산하는 결과를 가져왔고 그들은 또 질적으로도 단련도를 높여갔다.

박 정권 파쇼 체제 아래서 양산된 진보적 지식인층의 일부는 그 활동범위를 반파쇼 정치운동에 한정하지 않고 직접 노동현장에 가서 스스로 노동자가 되어 노동운동을 조직하고 지도하는 방향으로 나아갔다. 박 정권 아래서의 진보적 지식인의 이와 같은 동향은 우리 근·현대사를 통해 전에 없던 새로운 현상이라 해도 과언이 아니다.

역사적으로 보아 조선 후기의 진보적 지식인으로서의 실학자들은 피지배계급의 생활조건을 개선하기 위한 이론을 일정하게 정립해갔지만 그들 스스로가 피지배계급의 범주에 들지 않았음은 물론 사회개혁운동을 실천한 지식인은 아니었다. 그리고 개항 후의 전봉준과 같은 농민전쟁의 지도층도 농민과 같은 처지로까지 되었지만 그 자신이 농민은 아니었다.

일제 식민지 시기 민족해방운동에 투신한 진보적 지식인도 정치활동과 노농운동의 지도에 한정되었지 스스로 노농계급 그 자체가 된 경우는 극히 드물었고, 8·15 후 민족분단 과정에서의 진보적 지식인도 역시 정치세력으로서 노동운동을 지도했을 뿐 그들 스스로 노동계급이 된 것은 아니었으며, 4·19 후의 진보적 지식인도 그 점에서는 같았다.

이렇게 보면 1970년대 박정희 정권기를 통해 상당수의 진보적 지식인이 직접 기술을 습득하고 스스로 노동자가 되어 노동운동을 조직하고 지도한 사실은 우리 노동운동사뿐만이 아닌 전체 역사에서도 특기할 만한 일이었으며, 이와 같은 진보적 지식인의 노동자화는 1980년대에도 계속 확대되었다.

1960년대와 1970년대에 걸쳐 박정희 정권이 지속되었지만, 그것을 세분하면 1960년대의 일반적 의미의 군사 파쇼 통치기와 1970년대의 그 변형으로서의 유신독재시기로 나눌 수 있다. 박정희 정권이 1970년대에 들어와서 유신체제로 전환한 것은 그 지배체제의 모순이 한층 더 심화된 결과였다. 민주화운동을 철저히 탄압하면서 유지된 박 정권이 이제 어쩔 수 없는 한계에 도달한 것이기도 했지만 사회·경제적으로도 노동운동에 대한 가혹한 탄압 위에 지속된 이른바 성장경제체제가 하나의 한계점에 온 것이었다.

그 결과는 1970년대를 마무리하는 1979년에 정직하게 나타났다. 노동자의 누적된 불만이 폭발한 YH사건은 박 정권에 저항하는 노동운동의 집약이었고 박 정권의 민주세력에 대한 탄압의 결산은 야당 당수 의원직 박탈 사건으로 나타났다. 그리고 이 두 가지 사건의 종합적 결과로서 부마항쟁이 폭발했다.

1960년대와 1970년대의 반파쇼 항쟁 일반이 그랬던 것같이 부마항쟁은 진보적 지식인, 도시노동자, 도시빈민 등의 민중세력과 보수야당세력의 연합적 성격에 의한 항쟁이었다. 그리고 그것은 유신체제를 직접 끝막음하는 항쟁으로 발전한 형세였지만, 그것을 두려워한 내외로부터의 공작에 의해 권력 내부의 일종의 암살사건으로 축소되면서 박 정권은 무너졌다.

민중세력과 보수야당의 일종의 반파쇼 연합전선이 직접 박 정권을 무너뜨리지 못하고 한걸음 앞선 권력 내부의 암투로 박 정권이 무너진 사실은 1980년대의 역사가 전두환·노태우 정권으로 이어지게 되는 중요한 원인이 되지만 그것만이 원인의 전부는 아니다.

박 정권이 무너졌을 때 민중민족운동으로서의 민주화운동·노동운동·농민운동을 주도한 진보적 지식인을 중심으로 하는 민중세력의 지도부가 아직 정치세력화되어 있지는 않았고, 분단체제의 지속적 탄압으로 노동운동과 농민운동이 진보정치세력의 재정적 기반이 될 만한 조건은 더욱 아니었다.

따라서 1980년대의 정권은 박 정권의 후계 세력과 보수야당세력 중에서 성립될 가능성이 높았지만, 이른바 유신 잔존세력으로서의 박 정권 후계 세력은 정권을 재창출할 수 없을 만큼 반역사적 세력으로 낙인 찍혔고 5·16쿠데타로 정권을 잃은 보수야당에 의한 민간정권의 성립이 기대되었으나 보수야당은 전열을 갖추지 못한 채 고질적인 분열작용을 다시 일으킬 조짐을 보이고 있었다.

이런 조건 아래서 전두환을 중심으로 하는 군부의 일부 세력이 12·12쿠데타를 통해 다시 군부독재정권의 수립에 나서게 되었고 이에 저항하는 광주민중항쟁을 무력으로 진압하면서 정권 수립에 일단 성공했다. 1960년대로 들어서면서 성립된 박 정권의 군사독재체제 자체는 1970년대 말기로 오면서 이미 한계점에 다다랐지만, 새로운 군사독재체제의 등장을 저지하는 힘은 광주민중항쟁으로만 나타났고 그것이 진압됨으로써 1960년대 이래의 군사독재체제는 그대로 이어졌다.

분단체제 성립 이래 반공 이데올로기 체제의 끈질긴 탄압 속에서 진보적 지식인 및 진보적 정치세력과 노동운동·농민운동 세력과의 연결이 철저히 저지되어 1980년대로 들어설 무렵까지도 노농운동을 기반으로 한 진보세력의 정치세력화 자체가 불가능했고, 보수야당의 전열에 일부 균열이 생긴 위에 미국을 중심으로 하는 외세의 뒷바라지에 의해 박정희 정권의 뒤를 전두환 군사독재정권이 이은 것이다.

## 1980년대 전반기-전두환 정권과 민중민족운동

1960년대 초 박정희 정권이 성립되는 과정에서도 민중민족세력에 대한 광범위한 탄압이 있었지만 그 세력의 직접적인 저항은 없었다. 그러나 1980년의 전두환 정권 성립 과정에서는 거대한 광주항쟁이 있었고 이 항쟁은 전두환 정권의 역사적 정당성을 박탈하는 결정적 원인이 되었다.

두 경우의 차이는 20년에 가까운 박정희 군사독재정권 아래서의 민중민족세력의 양적·질적 성장의 결과이며, 전두환 정권은 그것을 무릅쓰고 같은 군사독재정권을 수립함으로써 어느 정권보다 정당성이 결여된 정권이 될 수밖에 없었다. 이와 같은 전두환 정권의 역사적 정당성 결여 문제는 뒷날 그 정권이 퇴진한 후의 상황 전개가 실증적으로 증명하게 되었다.

실제로는 8년여에 걸친 전두환 정권기의 공포 분위기 속에서도 꾸준히 추진된 반파쇼 투쟁은 1960~1970년대의 그것과 같이 민중세력과 보수야당세력의 연합전선적 성격으로 추진되었다. 그러나 이 연합전선 속에서도 민중민족세력의 양적·질적 성장은 그야말로 괄목할 만한 것이었다.

전체 공장노동자 수의 증가와 함께 그 운동역량도 높아져서 노동자 출신의 젊은 운동 지도층이 일부 형성되어갔고 지배체제 측에 의해 위장취업으로 불린 진보적 지식인의 공장노동자화도 치밀하고 조직적인 탄압을 이기면서 계속 증가해갔다. 이런 추세와 함께 1980년대에는 몇 가지 주목할 만한 현상이 나타났다. 진보적 세계관을 가진 정신노동자층이 증가해간 사실, 그리고 사회과학계를 중심으로 진보적 학풍이 진작되고 그 연구자들이 민중민족운동의 역사성을 정립하면서 민중민족주의론을 수립해간 일이다.

이와 같은 1980년대 전반기 민중세계의 변화는 마침내 1987년의 6월민주화운동을 폭발하게 하여 전두환 정권의 군사독재체제 유지 책동을 분쇄하고 이른바 6·29선언을 받아낼 수 있었다. 다만 6월운동에 뒤이어 7~8월에 전국적으로 일어난 노동운동이 경제투쟁에 한정됨으로써 1980년대 전반기 민중민족운동의 일정한 한계성을 실감 나게 하는 결과가 되었음을 지적할 수 있다.

그러나 전두환 군사독재정권의 지속을 저지한 6월민주화운동은 1980년대 전반기 민중민족운동의 발전상을 잘 드러낸 운동이었다. 1980년대 전반기에는 전두환 정권의 공포정치 때문에 민중민족운동의 범위는 이른바 운동권에 한정되었고 부마항쟁이나 광주민중항쟁과 같은 대규모 저항운동의 폭발은 없었다. 그러나 이런 조건 아래서도 민중민족주의적 현실인식·역사인식이 정신노동자층이나 도시소시민층에게까지 확대되어 이들을 6월운동의 주체가 될 수 있게 한 것은 1980년대 전반기를 통한 민중민족운동의 확산을 실증한 것이었다.

6월운동에 뒤이은 7~8월 노동운동이 정치투쟁으로 발전하여 전두환 정권 후계 세력의 차기 정권 참여기회를 원천적으로 봉쇄하는 상황으로까지 가지 못하고 경제투쟁에 한정된 사실, 전두환 정권의 탄압으로 이 시기에도 노동운동을 기반으로 하는 진보세력의 정치세력화가 불가능했던 사실 등이 원인이 되어 1980년대 후반기 정권은 전 정권의 후계 세력과 보수야당세력 사이의 경쟁으로 될 수밖에 없었다.

독자적 정권 담당 조건을 갖추지 못한 민중민족운동세력은 6월 운동의 승리를 자산으로 군사정권적 흔적을 완전히 씻은 보수야당에 의한 민간정권 성립의 길을 택했으나 보수야당은 예의 분열작용을 되풀이했고 민중민족세력 자체도, 그 지도부에 한하지만, 이 분열작용에 빨려든 결과 전두환 정권의 후계 세력이 직선제를 거친 만큼의 정당성을 가지면서 정권을 계승하는 결과가 되었다.

전두환 정권 시기 최대의 민중민족운동이었던 6월운동이 그 주체세력 자체의 정권은 말할 것도 없고 연합전선 대상이었던 보수야당 정권을 성립하는 데도 실패했지만, 그러나 그것이 가진 역사적 의의는 컸다. 그것은 전두환 정권의 연장을 저지했을 뿐만 아니라 그 집권자로 하여금 국민 앞에서 제 정권의 정당성을 스스로 부인하지 않을 수 없게 했는가 하면, 그 후계 정권으로 하여금 제 정권의 정당성을 확보하기 위해서는 그 모태인 앞 정권과의 단절을 내세우지 않을 수 없게 만든 것이다.

한편 1980년대 전반기 전두환 정권기의 민중민족운동은 민족문제 해결에서 반드시 넘어야 할 고비로서의 외세문제, 특히 미국과의 관계 문제에서 종래적인 인식 일반에 변화를 주는 데 큰 진전을 가져오게 했다. 그리고 이 문제는 민중민족운동 발전사만의 문제가 아니라 우리 현대사 전체에서의 큰 변화라 할 수 있다.

어떤 의미에서는 8·15 후 민중민족운동의 출발점이라 할 수 있을 4·19운동 때도 민족문제의 해결과 미국과의 특수관계에 대한 재인식 문제가 적어도 표면상으로는 바로 연결되지 않았다. 1960~1970년대를 통한 박 정권기에는 정권 자체가 경우에 따라 미국과의 사이에 일정한 거리를 나타내는 경우가 종종 있어서 민중민족운동세력의 연합전선 대상이었던 보수야당세력이 미국을 민주화운동세력의 원군으로 인식하는 경우도 있을 정도였고 민중민족운동세력 자체의 대미국 인식도 상당한 한계가 있었던 것이 사실이었다.

그러나 전두환 세력이 광주항쟁을 진압하고 정권을 차지해가는 과정에서의 미국 측의 뒷바라지를 정확하게 알게 되고 전 정권 성립 후의 정권 유지를 위한 미국과의 유착관계를 보면서, 또 민족문제 해결을 위한 방법론적 모색이 심화하면서 민중민족운동세력의 대미국 인식은 반미주의로 확실하게 자리 잡아갔고 그 파장은 계속 확대되어갔다.

이렇게 보면 1980년대 전반기 전두환 정권 아래서의 민중민족운동은 보수야당과의 연합전선 형태를 유지하면서 한편으로 노농운동 쪽은 물론 도시소시민층과 지식인층에까지 그 영역을 꾸준히 확대해 나갔다. 그리고 안으로는 제 운동의 역사성 정립을 위한 이론적 연마에도 전에 없던 진전을 보인 시기라 할 수 있다.

### 1980년대 후반기-노태우 정권과 민중민족운동

일반적으로 반대세력의 강한 도전을 받고도 유지될 수 있는 지배체제가 스스로를 지탱하는 방법으로, 또 도전세력의 전선을 분열시킬 목적으로 일정한 기간이나마 유화정책을 채택하는 경우를 역사 속에서 흔히 볼 수 있다.

우리 역사에서도 3·1운동이란 거대한 도전을 받고도 유지될 수 있었던 일제의 식민지배체제가 제 체제의 지속적 유지를 위해, 또 우리 민족운동전선을 분열시키기 위해 이른바 문화정치라는 일시적 유화정책을 썼고 그것을 통해 민족운동전선의 일부를 개량주의로 전환한 예를 우리는 알고 있다.

1987년 6월민중민족운동의 도전을 받고도 민중민족운동세력의 정권 담당 조건 미숙과 보수야당세력의 내부분열 및 정세 오판 등으로 성립될 수 있었던 전두환 정권 후계 세력으로서의 노태우 정권은 6월민주항쟁의 요구를 감안하여 민주화를 내세우면서 일정한 유화정책을 썼고, 그 결과 일부 진보세력을 흡수한 보수야당세력을 제 체제 안으로 더 깊이 끌어들이는 데 성공할 수 있었다.

한편 민중민족운동세력 쪽은 보수야당세력과 노태우 정권의 일정한 타협에 대한 대응책으로, 또 노 정권의 일정한 유화정책을 틈타 보수야당세력을 제외한 진보세력 연합전선체로서 '전민련(전국민족민주운동연합)'을 결성하여 민중민족운동의 총지휘부로 삼으려 했다. 민중민족운동세력의 '전민련' 결성은 1970년대와 1980년대 전반기를 통해 꾸준히 추진해온 그 기반 확대의 결과지만, 한편으로는 1980년대 전반기까지 유지되어온 보수야당과의 연합전선을 청산하는 의미도 있으며 또한 민중민족운동세력 정치세력화의 출발점일 수도 있었다.

그러나 보수야당과의 일정한 타협에 성공한 노태우 정권은 한편으로 진보세력, 민중민족운동세력에 대해서는 전가의 보도를 써서 예의 좌경용공세력으로 몰아 탄압함으로써 '전민련' 결성으로 일단 벌어진 민중민족운동세력과 보수야당세력 연합전선의 틈을 한층 더 넓히는 데도 큰 성과를 거둘 수 있었다.

민주화를 내세운 노 정권이 민중민족운동세력과 보수야당세력의 연합전선을 파괴하고 민중민족운동세력에 대한 탄압을 가중하게 되자 이 세력은 한때 유보해오던 제 세력의 정당화政黨化, 즉 '전민련'의 정당화를 통해 그 운동의 새로운 활로를 여는 문제와 직면하지 않을 수 없게 되었다. 여기에 분단체제 아래서의 또 한 번의 진보세력 정당화가 기도되게 된 것이지만, 그것은 또 동유럽 지역과의 관계 진전 및 이른바 북방정책의 추진을 위한 지배권력 쪽의 진보정당 필요성과도 서로 맞물린 것이었다.

뒤돌아보면 8·15 공간에서는 남한에서도 농도 차濃度差가 다양한 많은 진보정당이 생겼다. 그러나 그것들은 분단국가 권력의 성립과 특히 6·25전쟁을 겪으면서 모두 소멸했다. 그러나 진보당進步黨의 성립을 또 다른 하나의 출발점으로 하여 이후 정치적 상황의 변화가 있을 때마다 진보정당의 부침浮沈이 거듭되었고 심지어 독재권력의 뒷바라지에 의해 성립된 진보정당도 있었다.

그러나 8·15 공간에서부터 1980년대 전반기까지에 명멸한 진보정당과 1980년대 후반기 민중민족운동세력의 정당화 사이에는 크게 다른 점이 있다. 그리고 이 다른 점이야말로 1970년대, 1980년대를 통한 민중민족운동 발전의 결과이기도 하며 또 그 정당화 문제의 당위성 하나가 그 속에 들어 있기도 하다.

1970년대 이후 급성장한 민중민족운동세력 중 어느 정도가 정당화에 참여할지 아직 의문이지만, 지난날의 진보정당이 대체로 노농운동에 깊은 뿌리를 내리지 못한 진보적 정치인의 집합체적 성격이 강했던 데 비해—물론 1980년대 후반기 이후의 진보정당 성립에도 일부 그런 면이 없는 것은 아니지만—1980년대 후반기의 민중민족운동세력은 노농운동과 진보적 지식인사회에 비교적 깊은 뿌리를 내리고 있으며 이런 점에서 그 정당화가 지난날의 진보정당과 다른 점을 가졌다고 할 수 있다.

그러나 1980년대 후반기 민중민족운동세력 정당화가 여러 가지 문제점을 가지고 있음도 또한 사실이다. 우선 1980년대 후반기에 와서 민중민족운동세력과 보수야당의 연합전선이 와해되어가고 있다는 사실은 민중민족운동세력으로서는 보수야당을 제외한 진보세력의 광범위한 연합전선 형성의 필요성이 강조됨을 말하는데, 그 정당화가 진보세력 연합전선 형성의 방향에서 이루어질 수 있는가 하는 문제다.

둘째, 민중민족운동세력의 정당화 문제에서 가장 난점의 하나는 그 재정적 기반을 어디에서 구할 것인가 하는 문제다. 민중민족운동세력의 정당이 그 재정적 기반을 보수정당과 같이 재벌세력에게서 구하지는 못할 것이며 또 구할 수도 없을 것이다. 그것은 결국 중소기업이나 자영업자층에서 구하거나 노농운동세력에서 구할 수밖에 없을 것이다.

그러나 정치 및 경제체제의 구성상, 또 민중민족운동 주체로서의 노동자층과의 이해관계 때문에 중소기업은 물론 자영업자층에서도 구하기가 쉽지 않을 것이며, 노농운동세력에서 구하는 일도 집권세력과 보수야당의 동의가 필요한 노동법 개정이란 지난한 문제가 가로막고 있다.

1980년대 후반기 이후 민중민족운동의 새로운 활로로서의 그 정당화가 안고 있는 더 중요한 난점은 이상의 문제들보다 오히려 그것이 진보세력의 연합전선적 방향에서 이루어질 수 있는가 하는 데 있는 것 같다. 1970년대, 1980년대의 반파쇼 투쟁을 통해 형성된 새로운 진보세력의 상당한 부분이 정당화에서 이탈하려 할 뿐만 아니라 노농운동 현장에서 활동하고 있는 진보세력의 어느 정도가 이 정당화에 동조할 것인가 하는 문제도 있다.

특히 스스로 노동자가 되어 그 운동을 조직, 지도하는 진보세력의 정당화에 대한 향배는 새로 생길 진보정당의 정치적·재정적 기반문제와 깊은 연관을 가질 것이지만, 민중민족운동세력의 일부는 1980년대 후반기적 상황이 아직도 제 세력의 정당화 단계가 아니라 그대로 운동권으로 남아 있어야 할 단계라는 시각을 갖고 있는 것이다.

이 시각에서의 민중민족운동세력의 정당화는 심하게는 일종의 체제내화로, 아니면 일종의 개량주의화로 될 가능성이 있다는 생각일 것이다. 따라서 민중민족운동세력 일부의 정당화는 이런 시각의 우려를 벗어야 할 만큼의 부담이 있으며, 그것은 정당화 이후의 문제로도 연결될 것이다.

### 민중민족운동의 방향

민중민족운동세력은 특히 1970~1980년대를 통해 전에 없던 양적·질적 성장을 이루었고, 그것이 자산이 되어 1980년대 후반기에는 보수야당세력과의 연합전선을 청산하고 독자적 방법을 수립해야 할 단계에 이르렀다고 생각하고 그것을 실천하려는 움직임이 나타나고 있다.

민중민족운동세력의 보수야당과의 연합전선 청산은 불가피한 일이 되었지만, 그 대응책으로서 정당화 문제에는 큰 한계가 있다. 보수정치세력 쪽에서도 보혁 양립구도의 필요성을 인정하는 경우가 있지만 그것도 어디까지나 진보정치세력의 위치가 보수정치세력의 일종의 보완적인 수준에 한정되는 구도이지 그 이상은 아닐 것이다.

민중민족운동세력 정당화의 일차적 목적은 중앙의회와 곧 구성될 것으로 예상되는 지방의회에서의 의석 확보에 있겠지만, 분단체제적 정치구조 아래서의 진보정치세력의 의회 진출은 1970~1980년대 민중민족운동세력의 급격한 성장에도 불구하고 결코 낙관적일 수 없음은 정당화 노선을 택한 쪽에서도 잘 알고 있는 일이다.

1980년대 후반기의 민중민족운동은 하나의 큰 갈림길에 섰다. 다시 말하면 정당화를 통한 의회주의를 택할 것인가, 종전대로 제도정치권 밖의 '운동주의'를 택할 것인가 하는 갈림길에 선 것이다. 이런 갈림길은 언제나 있기 마련이며 우리 역사의 경우 특히 식민지 시기 민중민족운동전선이 그것에 자주 부딪쳤고 그때마다 치열한 노선논쟁도 있었다. 대체로 이 노선논쟁이 분열로 이어지는 경우가 많았지만 그러나 오히려 전선연합의 계기가 되는 경우도 있었다.

식민지 시기의 노선논쟁이 이미 역사 속으로 들어간 지금에 와서 보면 언제나 운동 본래의 목적에 가장 충실한 노선이 가장 옳은 노선이었음을 알 수 있다. 20세기 후반기 이후 민중민족운동의 큰 목적은 역시 민주주의의 발전과 평화적 민족통일의 달성이다. 그리고 그것에 충실하는 길은 민중민족운동세력의 지속적인 기반 확대의 길이며, 그것은 현실적 조건과 역사적 당위를 토대로 한 전체 진보세력 연합전선의 확대, 강화에 있을 것이다.

# 5 | 분단 45년, 그 극복의 길은

**무엇이 독일통일을 진전시켰는가**

꽤 오래된 이야기지만, 일본의 어느 저명한 역사학자가 평생 중국사를 전공했으면서도 문화대혁명의 성공을 예측하지 못하여 자기 연구가 헛된 것이었다고 자탄했다는 말을 들은 적이 있다. 내 민족의 근·현대사를 전공하면서 그 통일문제는 말할 것도 없고, 비슷한 처지의 독일문제에도 상당한 관심을 가졌다고 생각했던 필자에게도 지금 전개되고 있는 독일통일의 빠른 진전은 정말 의외라고 할 수밖에 없게 되었다.

    독일통일문제가 한반도의 그것에 비해 그 민족 내부적 조건은 일정하게 앞선 면이 있었다. 그렇다 해도 민족 외적 조건이 훨씬 불리하다고 보고 그 통일이 한반도의 그것보다 더 쉽지 않을 것이라 전망한 것이 사실이었다.

  독일민족에게는 나쁘게 들릴지 모르지만, 제1차 세계대전과 제2차 세계대전의 도발, 600만 유태인 학살 등의 '전과'를 가진 독일민족의 재통일이 지금의 시점에서도 세계평화에 반드시 도움이 된다고 장담하기 어려운 면이 없지 않으며, 그 때문에 피해를 입었던 주변 민족들이 쉽게 용납하지 않을 것이라는 생각은 웬만한 상식이면 가질 만했다.

  그러나 이런 상식을 깨고, 독일통일은 누가 무어라 해도 그 장애들을 극복하면서 현실화하고 있다. 더구나 한반도의 군사독재정권들이 지향해왔고 양심적 상식들이 비판하거나 거부해왔던 방법, 즉 평화통일을 내세운 일방적 흡수통일에 의한 통일이 독일에서 실현되고 있으며, 그것을 우리의 상식들이 적어도 현 시점에서는 부러워하고 있는 것이 또한 사실이다.

  이것을 보는 우리 사회의 상식 일반이 가지는 우리 통일문제에 대한 관심의 초점은, 우리에게도 독일식 방법이 그대로 적용될 수 있을 것인가, 그렇다면 언제쯤이면 우리 문제가 지금의 독일 수준까지 진전될 것인가, 정부 쪽에서 1990년대 안에 달성될 것이라 장담하고 나서는 그 통일이란 것이 지금 진행되고 있는 독일 방식으로 되는 것을 말하는가 등으로 집약될 수밖에 없게 되었다.

  이런 물음에 대한 해답은 이른바 독일 방식이란 것의 진실이 무엇인가를 이해하는 데서 출발할 수밖에 없을 것 같다. 독일식 통일의 진행 과정에서는 우리가 주목해야 할 몇 가지 문제가 있는 것 같다. 물론 이들 문제점 역시 관점에 따라 차이가 있고 그 모두가 우리 문제의 해결에 그대로 적용되는 것은 아니지만, 일단 참고가 될 것임은 부인할 수 없다.

흔히 지적되는 바와 같이 독일통일문제 진전의 출발점의 하나가 그 적극적인 동방정책에 있었고, 그것을 선도한 것이 독일 사회민주당 세력이었다. 독일의 사회민주주의는 그 뿌리가 깊고 제1차, 제2차 세계대전을 통해 그 역사적 역할에 상당한 기복이 있었음은 우리가 다 아는 일이지만, 특히 20세기 후반기에 와서 분단된 제 민족의 통일을 위해 중요한 역사적 역할을 다하고 있는 것이다.

독일통일을 진전시킨 또 하나의 요인은 그 사회민주주의의 역할이 뒷받침된 서독 자본주의의 적극적인 사회복지정책 추진에 있음을 지적하지 않을 수 없다. 사회주의체제 아래 있는 동독 주민들이 통일을 통해 오히려 자본주의체제가 추진해온 서독 사회복지정책의 혜택을 받음으로써 그 생활을 향상시킬 수 있다고 생각할 만큼, 서독의 사회복지정책이 앞서가 있었던 사실을 간과하고 독일통일문제를 논할 수 없을 것이기 때문이다.

그 전과를 염두에 두면서 통일독일의 경제력이 뒷받침될 군사력을 어떻게 통제하여 유럽, 나아가서 세계평화를 보장할 것인가 하는 문제가 21세기 세계사의 하나의 과제가 되겠지만, 서독의 경제력에 의한 동독 흡수통일이 반드시 바람직한 방법인가, 그것이 우리 민족문제의 해결에도 그대로 적용될 수 있겠는가 하는 문제는 다시 한번 냉정히 음미해보지 않을 수 없다.

**독일통일 방식에 문제는 없는가**

며칠 전 베를린발 연합통신의 한 기사가 지금 흡수방법에 의해 통일이 추진되고 있는 독일에서의 문제점을 다음과 같이 쓰고 있음을 볼 수 있었다. 좋든 싫든 앞으로 그 과정을 어느 정도 참고해야 할 처지에 있는 우리에게는 하나의 관심거리가 되지 않을 수 없겠다.

> 급격한 체제변화에서 비롯된 동독인들의 허탈감과 새 체제에 대한 불안감 등이 심리적 괴리감의 원인이 되고 있으며, 여기에 동독인의 과거 상황을 무시한 채 이들에 대한 우월감을 행사하려는 일부 서독인들의 인식이 문제를 더욱 어렵게 만들고 있다.
>
> 동독의 사회심리학자 루트베르거는 동·서독인 사이에 '주인과 충복의 관계'로 비유될 수 있는 불균형관계가 형성되고 있다고 개탄하고 있다.

사회민주주의 세력을 중심으로 한 서독 측의 역사적 민족적 입장에서의 동방정책 추진과 사회주의체제를 능가할 만한 사회복지정책의 진전에 의한 '자연스러운' 흡수통일이 진행되는 과정에서도 일종의 '정복과 피정복 관계'와 같은 현상이 나타나고 있으며, 그것이 짧은 시일 안에 해소될 것인지를 아무도 장담하기 어려운 점에 독일식 흡수통일이 가진 심각한 문제점의 하나가 있다.

통일된 독일을 북대서양조약기구NATO 체제 안에 둠으로써 그 군사적 위험을 통제할 수 있을 뿐 아니라 일정량으로 제한된 통일독일의 군사력이 소련에 대한 방위력으로 이용될 수 있다는 서방 측의 속셈과, 그 흡수통일을 허용하는 대가로 막대한 경제적 원조를 받아냄으로써 제 나라의 경제발전을 도모하려는 소련 측의 속셈이

맞물려서 외부의 큰 방해 없이 서독에 의한 흡수통일이 급진전되고, 그것이 우리 상식 일반의 부러움의 대상이 되고 있으나, 그 결과 '주인과 충복의 관계'가 이루어지고 있다는 사실 또한 우리에게는 중대한 관심거리가 되지 않을 수 없다.

설령 주인과 충복의 관계가 이루어지더라도 현실적으로는 그런 방법 이외에 다른 방법이 없다는 생각도 있을 수 있겠고, 그것은 역시 정복과 피정복 관계의 변형에 지나지 않으며 그런 방법이 아닌 대등한 관계에 의한 옳은 의미의 평화적 통일이 강구되어야 한다는 생각도 있을 수 있겠다. 그리고 가령 독일의 그 방식이 불가피하다고 생각할 경우에도 과연 우리의 민족문제가 독일 방식으로 해결될 수 있을 가능성이 있는가, 있다면 그것은 언제쯤인가 하는 생각도 있을 수 있겠다.

**우리도 독일식이어야 하겠는가**

제2차 세계대전 후 같이 분단된 지역이면서도 그 통일문제를 두고 볼 때 우리와 독일 사이에 여러 가지 차이점이 있음은 흔히 지적되고 있다. 우리의 경우 그 분단 원인이 독일의 경우보다 외세의 작용이 더 컸다든지—사실은 민족 내부적 원인도 그 못지않게 컸다고 생각되지만—독일이 겪지 않았던 민족내전을 우리는 겪었다든지 하는 역사적 사실들이 그것이다. 그러나 이 문제들을 두고 보아도 통일문제에 당면한 시점에서는 그것들이 절대적인 장해조건이 되지는 않는다고 말할 수도 있다.

첫째 문제, 즉 분단 원인의 내인內因 외인外因 문제를 통일문제와 연관해 생각해보면 적어도 지금의 시점에서는 분단 원인과 통일의 추진력 사이에 일정한 거리가 생겼다고 할 수 있다. 우리의 경우도 분단 원인 중 외인이 더 강했다고 해서 통일문제의 현실적 저해요인도 반드시 민족 외적 문제가 더 강하다고만 볼 수 없는 면이 있기 때문이다.

현 시점에서의 우리 통일문제가 민족 외적 장해를 전혀 받지 않는 것은 물론 아니지만, 그것이 내적 요인보다 더 강하다고만은 말할 수 없을 뿐 아니라, 우리보다 외적 장해요인이 더 강하다고 일반적으로 인정되어온 독일의 경우 그것이 민족 내적 조건의 진전에 의해 극복되고 있는 현실을 우리가 보고 있기 때문이다.

다음으로, 우리의 경우 민족내전을 겪었다는 사실이 통일의 가장 큰 장해요인으로 작용하고 있음은 부인할 수 없다. 그리고 민족내전으로 생긴 감정적 앙금이 청산되지 않은 상태에서는 설령 독일 방식의 통일이 이루어진다 해도 '주인과 충복의 관계'가 독일의 경우보다 더 강하게 나타날 것임은 쉽게 예측할 수 있다.

따라서 민족내전을 겪은 민족의 통일방식일수록 독일식의 흡수통일 방법은 오히려 바람직하지 않으며, 먼저 서로의 적대감과 증오심을 청산하고 중화적이고 대등하며 호혜적인 통일방법이 마련되어야 할 필요성은 더 절실하다. 그리고 그것이 옳은 의미의 평화통일을 달성하는 지름길이 될 것임은 더 말할 나위가 없다.

분단 원인이 더 민족 외적인 부분에 있었다는 점, 내전을 겪었다는 점 이외에도 지금 시점에서 독일과 우리의 통일문제에는 현실적 조건의 현격한 차이점들이 있다. 그 하나로 경제력문제를 들 수 있다.

독일통일은 서독의 엄청난 경제력을 바탕으로 이른바 파산상태에 빠진 동독을 '구제'하는 상황에서의 통일작업이 진행된다고 하며, 동독을 서독이 흡수하는 방식의 통일을 저지할 가능성이 있는 소련에게 서독은 물론 다른 자본주의국가들까지 나서서 막대한 경제원조를 약속하는, 마치 동독을 서독이나 서방 측이 '매입'하다시피 하는 통일방식이라고 한다.

이런 통일방식이 옳은가 그른가 하는 문제나 북한도 동독처럼 그렇게 응해올 가능성이 있는가 없는가 하는 문제들은 차치해두고라도, 그것이 남북한의 통일에도 그대로 적용될 수 있는가 하는 문제를 생각하지 않을 수 없다.

첫째, 지금 남한의 경제적 조건이 서독의 그와 같은 방식을 흉내 낼 만한 처지에 있는가 하는 문제와, 둘째 지금 당장은 그렇지 못하더라도 남한경제가 반드시 서독처럼 돈으로 사다시피 하는 통일을 할 수 있게 된다는 보장은 있는가 하는 문제가 있으며, 셋째 설령 그런 보장이 있다 하더라도 돈으로 사다시피 하는 통일만을 고수하기 위해 언제까지나 기다려야 할 것인가, 그것이 민족사의 현실 및 장래를 위해 바람직한 일인가 하는 문제들이 있다.

그리고 이런 기우 아닌 기우도 있을 수 있다. 가령 정말로 남한의 경제적 조건이 북한을 구제하거나 매입하는 방식의 통일을 할 수 없는데도 불구하고 흡수통일을 절대적이고 유일한 방법으로 고집하고 그것을 기필코 이루기 위해 그 배후의 다른 경제대국, 이를테면 일본 같은 나라가 구제와 매입을 위한 뒷돈을 대어주는 상황이라도 된다면 그 결과는 어떻게 되겠는가. 생각하는 것만으로도 끔찍하기 짝이 없다.

20세기 전반기에 일제의 군사력에 의해 식민지가 됐던 전체 한반도가 21세기로 들어서면서 통일을 이유로 일본의 경제력에 의한 식민지가 되지 않는다는 보장이 있겠는가. '구제'나 '매입'식 통일이 절대 유일의 방법으로 고집되는 경우 말이다. 이런 기우를 해보면 우리의 상식들이 부러워하고 있는 독일 방식의 흡수통일이 과연 우리도 고집할 만한 것인가 다시 한 번 냉정히 생각해보지 않을 수 없게 된다.

## 우리 방식이 따로 있어야 하지 않겠는가

　내전을 겪은 민족의 통일방식일수록 가능한 한 '주인과 충복의 관계'와 같은 후유증이 최대한으로 예방될 수 있는 방법이 강구되어야 할 것이며, 그러기 위해서는 독일식의 흡수통일방식을 넘어선 대등하고 호혜적이며 체제상승적이고 중화적인 통일을 이루기 위한 우리나라의 새로운 방식이 개발되어야 할 필요가 절실하다.

　우리의 경우도 독일 방식과 같은 흡수통일방안이 내세워진 것은 이미 박정희 정권 때부터이며 따라서 그 역사가 30년이나 되었다. 이 30년간 정부 측의 통일방안이 여러 번 수정, 발표되었지만, 솔직히 말해서 그것들은 흡수통일이 가능한 조건을 만들기까지의 시간을 벌기 위한 일종의 지연책에 지나지 않았다고 해도 과언이 아니다.

　당연한 결과로 그동안 남북관계는 한걸음의 진전도 없었고, 최근에는 독일 쪽의 문제 진전에 자극되어 우리의 통일문제에 대한 모든 상식은 '구제'나 '매입' 방법이 당연하며 그 이외에 다른 방법이 없다는 쪽으로 합일되어가는 느낌마저 들게 되었다. 그러나 분명한 것은 독일의 경우도 반드시 경제력의 우세를 이용한 구제나 매입만은 아니며, 설령 그렇다 해도 우리와 같이 내전을 겪은 민족의 경우 그 방식조차 적용되기 어렵다는 사실이다.

우리가 알다시피 제2차 세계대전 후 그 영토의 넓이나 인구수에서 어느 정도 대등한 형세 아래 분단된 민족은 독일과 베트남 그리고, 우리 민족이었다. 그 가운데 베트남은 한쪽에 의해 무력통일 되었고 독일은 한쪽에 의해 흡수통일 되어가고 있다. 이제 무력통일이 불가능한 조건 속에서 우리 통일문제의 유일한 교과서는 독일 방식인 것같이 되어가고 있다.

그런데 처참한 민족내전을 겪고 40년이 지난 지금까지 그 앙금이 가시지 않고 있다는 점이 독일과 우리 사이의 넘지 못할 차이점이며, 이 점이 바로 독일 방식이 아닌 우리 방식을 따로 개발해야 할 가장 중요한 이유다. 그 방식이란 어떤 것이어야 하겠는가.

내전을 겪었다는 사실이 통일의 가장 중요한 장해요인이라면, 먼저 내전의 상처를 치유하는 일에서 문제를 풀어가야 하는 것이 순리다. 그 상처를 치유하는 길은 거듭 말해서 적개심과 증오심을 버리고 양보하며 관대해지는 길이다. 그리고 흔히 말하는 민족적 동질성의 회복도 그런 연후에만 가능한 일이다.

분단국가에서 경제적으로 다소 나아지고 외교적으로 약간 유리해진 쪽이 있다면 그것으로 다른 한쪽을 구제하거나 매입해서 '충복'으로 만들려 할 것이 아니라, 나아진 만큼 관대하고 유리해진 만큼 양보하는 것을 우리식 통일방법의 기본자세로 삼으려는 '신사고'가 요청된다. 그것이 곧 통일을 앞당기는 지름길이 될 것이다.

도덕군자 같은 말이 될지 모르지만, 조건이 상대보다 진실로 유리할 경우 그것은 과시와 교만과 위압으로 나타나는 것이 아니라 오히려 겸손과 양보와 타협으로 나타나기 마련이다. 여기에 문제 해결의 실마리가 있으며, 그 점은 개인 간의 문제나 국가 간의 문제가 다르지 않다. 하물며 민족문제의 평화적 해결을 위한 길에서야 더 말할 나위가 있겠는가.

생각에 따라서는, 독일의 전례가 우리 민족문제의 해결에 또 하나의 장해요인이 되리라는 우려도 있을 수 있다. 한쪽은 독일식의 흡수통일이 가능해질 때까지 마냥 지연시킬 수도 있으며, 다른 한쪽은 민족내전의 앙금이 남아 있는 한 흡수통일만은 결단코 거부할 수도 있기 때문이다.

독일통일의 진전은 경제력의 우세를 이용한 매입만이 아닌 그 정치·경제·사회적 민주주의 발전의 결과이기도 하며, 또한 20세기 후반기 세계사 발전의 결과로서의 민족자결주의의 승리라는 측면도 있다. 이렇게 생각해보면 현 시점에서 우리 통일문제의 장해요인은 민족 외적 조건보다 민족 내적 문제에 더 크게 있다는 판단도 가능하다. 그 민족 내적 문제란 바로 남북 사이의 이데올로기와 체제의 대립 및 그 쟁취문제라 할 수 있겠다.

이데올로기의 종언이란 말이 나온 지 오래되었지만 그 사실 여부는 차치하고라도, 인간 역사의 긴 노정 위에서 보면 옳은 의미의 이데올로기 투쟁이란 결국 정치·경제·사회적 민주주의 단계를 한층 더 높이기 위한 투쟁 그것이었다고 할 수 있다. 이렇게 보면 분단된 남북의 대립된 두 이데올로기와 체제가 평화적인 방법에 의해 하나로 만나는 지점은 우리 민족사회 전체의 정치·경제·사회적 민주주의가 지금의 두 체제가 가진 수준보다 한층 높은 지점 그것일 뿐이다.

분단 45년, 그 극복의 옳은 길은 어디에 있는가. 먼저 내전의 앙금을 청산하는 길이다. 그것은 적개심과 증오심을 버리고 이해하고 사랑하고 양보하고 용납함으로써만 가능하며 희생마저 아끼지 않는 용기가 필요하다. 민족내전을 겪지 않은 독일의 경우에도 '주인과 충복의 관계'를 생기게 한 '구제', '매입'의 길을, 우리가 뒤쫓으려 급급할 필요가 있겠는가.

그 둘째 길은 역시 우리의 정치·경제·사회적 민주주의의 단계를 적극적으로 높이는 길이다. 민주주의 발전을 뒷전에 둔 채 경제력의 우세만을 확보하여 그것으로 민족문제를 해결하려는 방법은 설령 그것이 가능하다 하더라도 '주인과 충복의 관계'가 생길 수밖에 없는 정복이 될 뿐이다.

우리는 지금 분단된 민족을 평화적인 방법으로 통일하자는 것이지 민족의 다른 한쪽을 '매입', '정복'하여 '충복'으로 만들자는 것이 아니지 않은가.

# 6 한반도중립화안과 평화

**머리말**

한반도 지역은 중국대륙에 연결되고 또 해양으로 돌출한 반도로서의 그 지리적 위치 때문에 역사시대 이래로 중국대륙의 정세변화와 해양 쪽 일본의 대륙침략정책 및 그 배후세력이었던 미국·영국 등의 극동정책에 많은 영향을 받아왔다.

근대 이전의 경우 중국대륙에서 끊임없이 전개된 중국민족과 새외민족塞外民族 사이의 쟁투의 여파로 여러 차례 치명적인 침략을 받은 것이 사실이며, 아직은 일본 단독세력이었던 해양으로부터의 간헐적인 침략도 받아왔다.

대개의 경우 침략에 맞싸워 이를 극복하거나 그것에 굴복할 수밖에 없었지만, 간혹은 특히 중국대륙에서의 두 세력의 쟁패 속에서 중립을 고수함으로써 일시적으로나마 평화를 유지한 경우도 있었다. 그 하나의 예로 광해군의 대후금정책對後金政策을 들 수 있다.

국내의 정변으로 그것이 중단됨으로써 또 한 번의 전쟁을 겪게 되지만 호란胡亂 후, 17세기 중엽부터 19세기 중엽까지 한반도지역은 아시아 지역의 중세적 국제질서 속에서 중국대륙 측 권력과의 밀접한 관계 아래 일정한 평화를 유지할 수 있었다.

19세기 중엽 이후 대륙 측에서의 청국의 노쇠화와 새외민족을 대신한 러시아의 극동진출, 해양 측에서의 영국과 미국에 의한 일본의 이른바 헌병화憲兵化는 2세기 넘게 유지되어오던 한반도지역의 평화를 깨고 주권을 위협하며 그 지역을 국제분쟁의 중심지로 만들 조건을 조성해갔다.

이런 조건 아래서 한반도지역의 주권과 평화를 유지하기 위한 대책이 강구되었고 그것은 대체로 이 지역의 영세국외중립화안永世局外中立化案으로 나타났다. 청일전쟁을 방지하기 위한 불더Bulder, 유길준兪吉濬, 김옥균金玉均 등의 한반도중립화안이 그것이며, 러일전쟁을 방지하기 위한 러시아 측 및 이용익李容翊 등의 중립화안이 그것이다. 19세기 말엽과 20세기 초엽에 걸치는 시기의 국제적 대립 속에서의 평화유지책, 주권유지책으로서의 중립화안은 한국정부 측의 역량 부족과 일본을 앞세운 영국·미국 등 해양세력의 반대로 무산되고 한반도지역은 결국 해양세력 일본의 식민지로 전락했다.

러일전쟁 전 약 10년간 한반도지역을 둘러싼 대륙세와 해양세, 즉 러시아와 일본 사이에 일종의 세력균형이 이루어졌을 때 두 세력 사이에는 한반도를 분단하거나 완충지대, 중립지대로 만들어 세력균형을 유지하려는 움직임이 있었다가 영일동맹 및 미국의 친일정책으로 그 균형이 깨어짐으로써 한반도지역은 일본의 식민지가 되었다.

40년 후 일본의 식민지배에서 벗어날 때도 한반도지역은 국제적 역관계에만 한정해서 보면 대륙세력 소련과 해양세력 미국 사이의 일종의 세력균형상의 필요에 의해 다시 분단되거나 완충지대가 되어야 할 조건에 있었다고 할 수 있다.

불행히도 이 지역은 내외의 악조건 때문에 두 가지 길 중 분단의 길을 걷게 되었고 그 결과 전쟁으로 치닫게 되었으며, 그 때문에 이후 반세기 가까이 분단은 고착화되었고, 세계에서 전쟁위험이 가장 높은 지역의 하나가 되었다.

그러나 한편 분단이 고착화하고 전쟁위험이 높을수록 이 지역을 평화적으로 통일하여 극동지역에 평화를 정착시키고 이 지역 주민의 안전과 발전을 도모하려는 노력도 꾸준히 있어 왔고, 그것을 위한 가장 설득력 높은 방법의 하나로 이 지역의 영세국외중립화안이 계속 제시되어왔다. 그리고 앞으로도 지정학적 위치 문제를 이점利點으로 살린 이 지역의 평화정착과 평화적 통일을 통한 그 주민의 역사적 발전, 그리고 그것의 세계평화에의 공헌 등을 목적으로 하는 중립화론은 계속 추구될 것이라 전망할 수 있다.

돌이켜보면 19세기 말엽과 20세기 초엽의 한반도중립화안은 이 지역에서의 전쟁방지와 주권수호를 위한 방법으로 주장되어왔고, 20세기 후반기 이후의 그것은 역시 이 지역에서의 전쟁방지와 민족의 주체적, 평화적 재통일 방법으로 주장되어왔다. 어느 경우건 그것은 민족사적, 세계사적 정당성을 가지는 것이었다.

그러나 19세기 말엽과 20세기 초엽의 그것은 한반도에 대한 제국주의의 직접 침략으로 좌절되었고, 20세기 후반기의 그것은 냉전체제와 이데올로기의 대립으로 아직 실현되지 못하고 있다.

## 명·청 대립과 한반도의 중립·평화정책

근대 이전의 경우 한반도지역의 역대 정권은 대륙에서의 중국민족과 새외민족 사이의 정세변화에 민감하지 않을 수 없었다. 역사적으로 선진문명을 받아들이는 유일한 길이 중국일 수밖에 없었던 한반도지역은 대체로 중원지방中原地方에 성립되는 역대 정권과 밀접한 관계를 유지해왔지만, 그것은 한편으로 새외민족 사회에 정복국가가 성립되고 그것이 중원지방으로 진출을 기도하는 경우 뒷걱정을 미리 없애기 위해 한반도지역으로 침략을 감행하는 원인이 되기도 했다.

거란·몽골·청나라 등의 한반도 침략은 바로 이와 같은 조건 아래서 감행된 것이었지만, 그 결과 한반도 측 정권은 거란 침략의 경우와 같이 끝까지 항쟁하여 침략을 극복하거나 몽골 침략의 결과와 같이 패전하여 그 간접 지배를 받게 되었다. 그러나 일시적인 일이기는 했지만 중원지방 쪽 정권과 새외민족 정권 사이에서 중립적 입장을 취함으로써 침략을 방지하여 평화를 유지한 경우도 있었다. 광해군의 대후금정책이 그것이다.

조선과 명나라가 임진왜란을 겪으면서 새외민족에 대한 통제력을 상실한 사이 '만주'지방에서 여진족의 세력이 성장하여 후금이란 통일국가를 수립하고 중원지방 진출을 위해 명나라를 공격했을 때, 임진왜란 때 원병을 보냈던 명나라는 조선에 원병 파견을 요청했고 후금은 조선이 중립을 지킬 것을 요청해왔다.

이때 왕이었던 광해군은 명나라와의 정치적 종속관계 때문에 그 파병 요청에 응하기는 하면서도, 대륙의 정세변화를 예민하게 파악하면서 명나라에의 원병 파견이 부득이한 일임을 후금에 미리 알리는 한편, 원병의 총지휘관 강홍립에게는 형세를 보아 후금 측에 항복해도 좋다는 밀령을 내렸다.

조선의 파견군과 후금군이 대치했을 때 후금의 왕은 사람을 보내어 조선과는 원한이 없음을 말했고, 강홍립도 조선의 파병이 부득이했음을 거듭 알려 마침내 화의가 성립되었다.

이후에도 후금은 명에 대한 공격을 계속하면서도 조선에는 원한이 없음을 다시 알려왔고, 조선정부도 명나라와의 관계상 파병이 부득이했음을 강조하면서 명과 후금의 충돌은 불행한 일이므로 각각 자기 영토를 지켜 화의하기 바란다는 회신을 보내면서 후금과의 평화관계를 유지했다.

반면 명나라 측에서는 조선정부의 후금에 대한 평화정책에 불만을 품어 외교적인 압박을 가해왔지만, 조선정부가 전쟁을 피해야 할 필요성을 들어 설득하려 노력했고 명나라 자체가 계속 쇠퇴해가는 과정이었으므로 조선의 이런 외교정책에 대해 어떤 제재를 가할 사정에 있지 못하기도 했다.

이에 광해군 정권은 명나라와의 관계 때문에, 또 문서의 형식문제 등에 어려움이 있어 후금과의 외교문서 교환에는 신중했으나 그것으로 인한 관계 악화를 막기 위해 두 나라 사이의 물자교역을 확대해갔고 이에 대해 후금 측에서는 명나라 원군으로 파견되어 억류되어 있던 조선군사들 대부분을 귀환시키기도 했다.

이런 과정에서도 명나라는 계속 조선과 연합하여 후금을 공격하기 위한 외교공세를 강화했고, 국내에서도 명분론자들이 명나라에 대한 의리를 강조하면서 대금척화對金斥和를 주장하는 논의가 많았으나, 광해군 정권은 명나라의 외교적 압박을 물리치고 국내의 대금척화론을 누르면서 후금과의 평화관계를 그대로 유지함으로써 전쟁을 방지할 수 있었다.[1]

그러나 이른바 인조반정仁祖反正으로 광해군 정권이 무너짐으로써 그 외교정책도 무너졌다. 광해군 정권의 후금에 대한 평화정책은 우리 중세사회 외교정책의 일반적 경향이던 명분주의 일변도의 외교에서 어느 정도 벗어난, 보기 드문 실리외교의 한 본보기였고 전쟁방지책이기도 했다. 따라서 국내의 정권교체와는 상관없이 지속되어야 할 정책이었지만 정변세력이 그것을 오히려 정변의 명분으로 삼아 중립정책을 포기하고 멸망의 길에 접어든 명나라를 편들고 신흥의 후금, 즉 청나라를 적으로 삼음으로써 전혀 승산 없고 대비책 없는 전쟁을 자초하여 혹심한 전쟁피해를 입고 무조건 항복하는 결과를 가져왔던 것이다.

병자호란은 우리 역사상 유례가 없는 철저한 패전이어서 왕위계승권자를 포함한 두 사람의 왕자와 무려 50만 명의 남녀 백성이 포로로 잡혀가고 임진왜란의 피해가 복구되기도 전에 또 한 번의 혹심한 전화를 입어 백성을 도탄으로 몰아넣은 전쟁이었다.[2]

이 시기 청나라와의 관계는 조선이 그대로 중립정책, 우호정책을 유지했다 해도 청나라가 명나라를 멸망한 후에는 조선에 대해 종속관계로의 전환을 요구해왔을 것이며 조선은 이에 응하지 않을 수 없었을 것이다. 그러나 중립·평화정책을 지속한 경우 종속관계로의 전환은 전쟁피해 없이 이루어졌을 것이며 종속관계로의 전환조건, 구체적으로 예를 들면 조공으로 인한 경제적 부담 등도 훨씬 가벼웠을 것으로 전망할 수 있다.

그뿐만 아니다. 승산 없는 전쟁을 자초하여 철저히 패배한 조선왕조 정권은 실추한 권위를 회복하고 백성들의 불만을 밖으로 몰아내기 위해 실현성 없는 이른바 북벌론을 주장하면서 청나라에 대한 적개심을 조장하고 그 문화의 선진성을 부인함으로써 역사시대 이래의 유일한 선진문화 수입로를, 18세기 후반기 북학론이 나올 때까지 약 150년간 봉쇄하다시피 하여 이미 탄력성을 상실한 반역사적 지배권력을 유지해 나갔다.

### 청·일의 대립과 한반도 중립·평화론

19세기 후반기로 접어들면서 조선은 구미 자본주의 열강의 문호개방 요구에 시달리는 한편, 열강과의 불평등조약으로 한걸음 앞서 문호를 개방한 일본의 정치·외교·경제적 필요에 의한 개방압력에 직면하게 되었다가 결국 일본의 요구에 굴복했다.

아직도 조선에 대한 종주권을 가지고 있던 청국으로서는 일본에 의한 조선의 개방이 두 가지 면에서 위협이 되지 않을 수 없었다. 그 하나는 조선의 문호개방에 의한 근대적 외교무대에의 등장으로 그 종주권이 침해되는 문제였으며, 둘째는 조선에의 일본 진출이 자국의 방위에 위협을 주는 문제였다.

일본의 조선에 대한 문호개방 요구에 부득이 동의했던 청국은 조선을 계속 그 세력권 속에 두기 위한 방법의 하나로 1882년에 조선이 그 종속국임을 인정하는 조건으로 구미 열강 세력을 끌어들여 일본의 조선 독점을 방지하려는 조미수호통상조약 등을 알선했으나 종속국 인정에는 실패했다. 그후 임오군란壬午軍亂을 기회로 조선에 출병하여 한때는 조선을 그 하나의 성省으로 만들어 영토로 편입하려는 계획도 있었으나 포기하고 대신 조선의 정치·군사·외교·경제를 철저히 장악함으로써 종래의 종속국을 근대적 식민지로 바꾸려 했다.

한편 일본은 막번체제幕藩體制에서 천황체제로 넘어가는 과정에서의 정치적 필요성, 초기 자본주의화 과정에서의 경제적 필요성, 구미 열강과의 불평등조약 개정을 위한 외교적 필요성 등으로 조선에의 진출이 절실히 요구되었다.

이 때문에 군사력을 동원하여 조선의 문호개방에 일단 성공했으나 임오군란으로 후퇴하지 않을 수 없었고, 그것을 만회하기 위해 청국에 대한 종속관계 단절과 국정개혁을 목적한 김옥균 등의 정변을 도왔다가 다시 좌절했지만 조선문제를 둘러싼 청국과 일본의 충돌은 불가피하게 되어갔다.

1884년 갑신정변의 실패로 일본의 적극적 조선 진출 계획이 실패한 후 일본이 다시 조선 진출을 위해 청일전쟁을 도발하기까지 10년이 걸리지만, 조선문제로 청국과 일본 사이에 전쟁이 발발할 것을 미리 내다보고 그 전쟁을 방지하기 위한 방안으로서의 한반도 중립화안이 처음 제시된 것은 1885년이었다.

이때 조선 주재 독일 부영사였던 불더는 조선의 지정학적 위치로 보아 장차 청국과 일본 사이에 조선문제를 둘러싼 분쟁이 일어날 것이라 하고 그것을 미리 막기 위해 조선이 영세국외중립화해야 한다고 조선정부에 공식 외교문서를 통해 건의했다.

그것에 의하면 "조선은 중국의 뒤뜰에 해당하면서도 또 한편으로 러시아 및 일본과 국경이 닿아 있어서 그 형세가 어쩔 수 없이 분쟁지가 되게 되어 있다. 비록 1000만 명을 조선에 주둔한다 해도 무슨 이익이 있겠는가. 이에 나의 의견을 말하면 서양에서 실시하고 있는 법에 따라 청국·러시아·일본 3국이 서로 조약을 맺어 영원히 조선을 보호하는 것이 바람직하다."고 했다.[3]

동북쪽에서의 자국의 안전을 위해 조선과의 중세적 종속관계를 근대적 식민지관계로 바꾸려는 청국과 정치·외교·경제적 요구 때문에 조선을 반드시 세력권 속에 넣으려는 일본, 그리고 장차 조선을 통해 그 남하정책을 실현하려는 러시아 사이에 반드시 전쟁이 발발할 것이라 전망되지만, 조선이 스스로 3대 강국의 군사력을 극복 못할 조건에서 전쟁을 방지하고 조선의 주권을 보호하는 방법은 3대 강국의 조약에 의해 조선을 영세국외중립지대로 만드는 것이 바람직하다는 제안이었다.

이 제안은 조선정부가 청국과 일본이 남의 영토에서 전쟁을 할 이유가 없다 하여 받아들이지 않음으로써 더 이상 거론되지 않았다. 그러나 갑신정변 후 청일전쟁까지의 10년간은 일본이 조선을 그 세력권에 넣기 위한 청국과의 전쟁을 준비하던 기간이었고, 이 때문에 불더뿐만 아니라 내국인 중에도 전쟁방지책으로서 조선의 국외중립화를 생각한 사람들이 있었다.

개화파의 한 사람으로 미국에 유학했다가 갑신정변 실패로 귀국하면서 유럽 지역을 돌고 온 유길준은 귀국 직후인 1885년 말에 「중립론」이란 논문을 썼다. 그는 이 글에서 먼저 "우리나라는 지리적으로 아시아의 인후咽喉에 위치하고 있다." 하고 "중립화만이 우리를 지키는 방책인데 그것은 우리 스스로가 제창할 수 없는즉, 중국에 청하여 처리하게 해야 할 것이다. …… 중국이 맹주가 되어 영국·프랑스·일본·러시아 등 아시아에 관계 있는 나라들이 회합하고 우리나라가 참석하여 함께 중립조약을 체결하게 할 것이다. 이것은 우리나라만을 위하는 것이 아니라 중국의 이익도 될 것이고 여러 나라가 서로 보전하는 계책도 될 것이다."[4]라 하여 조선중립화의 국내외적 의의를 강조하고 있다.

유길준의 조선중립화론이 청국의 역할을 중요하게 보고 있는 이유는 임오군란 이후 청국이 군대를 조선에 주둔하면서 식민지적 지배를 하고 있는 현실적 조건을 감안한 것이라 볼 수 있다. 따라서 유럽 열강의 침략에 시달리고 있는 청국은 조선이 일본이나 러시아와 같은 강대국의 영향권 속에 들어가지 않고 중립지대화하는 경우 군대를 주둔하면서까지 종속관계를 강요하지는 않을 것으로 보았다고 할 수 있을 것이다.

한반도를 둘러싼 청국과 일본 사이의 전쟁방지를 위한, 청국이 주도하는 조선중립화론은 유길준 이외에도 같은 개화파로 갑신정변에 실패한 후 일본에 망명해 있던 김옥균에 의해서도 제의된 바 있다. 1886년에 김옥균이 청국의 이홍장李鴻章에게 보낸 편지에서 청국이 맹주가 되어 구미 각국과 함께 조선을 중립화시킬 때 조선의 안전이 보장될 뿐 아니라 청국을 위해서도 득책이 될 것이라 한 것이 그것이다.[5]

그러나 유길준의 중립론은 개화파이던 그가 귀국 후 수구파에 의해 연금된 상태에서 집필한 글이어서 세상에 알려지지 못한 채 사장될 수밖에 없었고, 김옥균의 중립론 제의 역시 더 진전되지 못했다. 일본이 청일전쟁을 도발하기 직전에 이홍장과 조선문제를 담판하기 위해 중국으로 갔다가 조선정부가 보낸 자객에 의해 살해된 것이다.

결국 19세기 후반기의 조선을 둘러싼 청국과 일본의 대립과 그것이 가져올 전쟁을 미리 방지하기 위한 방책으로서의 조선중립화론이 내외국인들에 의해 제의되었으나 조선정부와 청국의 무관심 및 반대로 구체적 진전을 보지 못하다가 1894년에 일본이 청일전쟁을 도발함으로써 한반도는 전쟁터가 되었고, 청국이 패전함으로써 조선에는 일본 세력이 독점적으로 침투할 조건이 마련되었으며, 이에 대한 대응책으로서 러시아 세력의 조선에의 진출을 가져왔고 그것은 또 러일전쟁으로 연결되는 결과를 가져온 것이다.

### 러·일 대립과 한반도의 중립·평화론

청일전쟁의 결과 청국군은 조선에서 철수했고 조선에 대한 그 종주권도 취소되었다. 이제 조선이 일본의 독점무대가 될 길이 열린 것 같았지만, 그것을 견제하려는 조선왕실의 친러시아 정책과 조선을 통해 남하정책의 또 하나의 길을 열려는 러시아의 조선정책이 맞물려서 청국을 대신한 대륙세력 러시아의 조선 진출이 적극화됐다.

청일전쟁 후 러일전쟁까지의 10년간은 조선에서 청국을 대신한 러시아와 일본 사이에 세력 확보를 위한 경쟁이 벌어진 시기였다. 친러시아 정책의 장본인 민비 살해 사건과 그 결과로서의 아관파천 俄館播遷은 이 경쟁을 러시아 측에 유리하게 했고 이에 당황한 일본이 조선에서 러시아의 양보를 받아내어 일종의 세력균형을 이루기 위해 맺은 협정들이 '웨베르-고무라 각서'(1896), '로바노프-야마가타 의정서'(1896), '로젠-니시 협정'(1898) 등이었다.

그러나 러시아의 '만주' 점령으로 일본을 비롯한 구미 열강의 러시아에 대한 견제가 강해졌고 러시아는 그 대책으로서 일본에 조선중립화안을 제시했다. 일본은 이에 대해 '만주'를 먼저 중립화하면 조선의 중립화도 무방하며 그것이 불가능한 경우에는 일본은 한국을, 러시아는 '만주'를 점령할 수밖에 없다는 의견을 제시했다.[6]

'만주'를 세력권 내에 두기 위한, 그리고 일본과의 전쟁을 피하기 위한 방책으로서의 러시아의 조선중립화안은 영일동맹의 체결을 앞두고 다시 한 번 제의되었다. 1900년 9월에 당시의 주駐조선 러시아 공사 파블로프Pavlov가 러시아와 일본 그리고 미국의 3국 공동보장에 의한 한국의 중립화안을 제의한 것이 그것이다.[7]

이 조선중립화안은 파블로프가 귀국하는 길에 주일·주미 러시아 공사들과 파리에서 만나 협의하여 러시아 정부에 제출할 예정이었으나, 이 소식을 들은 일본 측이 긴장하여 주미 일본공사로 하여금 미국의 국무장관을 만나 러시아가 조선중립화안을 제의하더라도 미국이 응하지 말 것을 교섭하게 했다.

일본은 미국 측에 대해 러시아가 "여순旅順과 블라디보스토크 사이의 연락을 유지하기 위해 마산포馬山浦를 점유하려는 사실은 세상이 다 아는 일이지만, 전체 한반도를 중립으로 할 경우 이 목적을 한층 더 완성하게 될 뿐만 아니라 한국의 중립화는 일본의 육군을 중립화하려는 뜻이 있다."[8]며 반대할 것을 종용했다.

결국 러시아의 조선중립화정책은 한반도를 일본과의 사이에 완충지대로 둠으로써 '만주'를 그 세력권 내에 두는 한편 현해탄을 자유롭게 왕래하여 블라디보스토크와 여순 사이의 항로를 연결하려는 데 있었지만, 이 경우 일본군은 그 본토에 갇히는 결과가 된다는 것이었다. 동북아시아에서 한반도의 지정학적 위치의 중요성을 여실히 말해주고 있는 것이다.

일본의 종용에 대해 미국 국무장관은 "러시아가 한국의 중립과 동시에 만주 중립을 보장할 뜻이 있다면 이 문제를 결정하는 방법의 하나가 될 수 있다, 하고 말했으나 이후 러시아 측이 이 문제에 대해 아무런 발의가 없는 것으로 보아 만주중립화에 반대인 것 같다."[9]고 대답했다.

러시아가 전쟁을 피하기 위해 한반도와 '만주'의 동시 중립화를 제의했을 경우 당시로는 한반도 이외의 진출로가 없었던 일본자본주의가 그것에 응할 수 있었을까 하는 의문이 있지만, 어떻든 러시아는 이후 한반도중립론을 더 제의하지 않았고 영국과 미국의 도움을 받은 일본은 전쟁 도발의 길로 치닫게 되었다.

러일전쟁의 전운이 짙어지게 되자 그 국토가 전쟁터가 될 것을 내다본 대한제국정부는 이용익을 중심으로 유럽과 일본, 러시아에 대해 전시중립戰時中立을 보장받기 위한 교섭을 벌였다. 일본은 이에 대해 "중립국이 되려면 스스로 그것을 보지保持하려는 결심과 실력이 요한다. 그러므로 한국의 최대 급무는 국력충실, 국가부강을 도모하는 데 있다."[10] 하고 한국 황실을 보호해줄 것이라 강조했다.

그러나 한국정부는 1904년 1월 21일에 실제로 중립을 선언했고 이에 대해 영국·독일·프랑스·이탈리아 등이 지지했으나 러시아는 방관적 태도를 취했고 일본은 거부했다.[11] 일본은 곧 전쟁을 도발하여 강제로 이른바 한일의정서韓日議定書를 체결하여 대한제국정부의 중립선언을 무효화하고 전쟁협력을 강요함으로써 한반도 식민지화의 길을 열었다.

요컨대 20세기 초 한반도와 '만주' 문제를 두고 치열해진 러시아와 일본의 대립 속에서 전쟁을 피하기 위한 방법의 하나로 러시아에 의해 한반도중립화안이 제기되었으나 거기에는 '만주'를 세력권 내에 두려는 책략이 들어 있었고, 일본은 한반도뿐만 아니라 '만주'까지 넘겨다보고 있었으므로 그것을 받아들이지 않았다.

일본의 전쟁 도발이 임박해서 선언된 대한제국정부의 중립선언은 스스로 지킬 수 있을 만한 조건을 갖추지 못했을 뿐만 아니라 국제협약에 의해 보장된 것도 아니어서 일본에 의해 거부되고 결국 러일전쟁과 한반도 식민지화의 길로 치닫고 말았다.

### 평화통일방안으로서의 한반도중립화론

한반도지역은 해양세력 일본의 35년간의 식민지배에서 벗어나면서 바로 대륙세력 소련과 일본을 대신한 해양세력 미국 사이의 일종의 힘의 균형을 유지하기 위한 전초지역으로 변하게 되었고, 그 결과는 이 지역을 남북으로 분단하기에 이르렀다. 식민지화 직전에 일단 나왔던 분단론이 식민지에서 벗어나면서 현실화한 것이다.

한반도에 분단국가가 성립되는 과정에서 그것을 막고 평화적인 방법으로 통일민족국가를 건설하기 위한 노력, 예를 들면 좌우합작운동, 남북협상 등이 있었고, 이 과정에서 특히 남북협상에 참가한 일부의 정치지도층에 의해 중립화론이 거론되었으나 일반에는 널

리 알려지지 않은 채 소멸되고 말았다.¹²

이후 한반도지역을 중립화함으로써 이 지역을 평화지역으로 만들자는 발상은 6·25전쟁의 휴전과정에서 다시 나왔다. 주로 미국에서 논의된 이 중립화안은 "중립화된 기초에서도 대한민국 체제하에서의 한국의 통일은 아마도 더 건설적인 전쟁의 결과로 널리 인정되며…… 통일된 중립한국을 확보하는 것이 미국의 이익이며 미국의 목표가 되어야 한다."¹³고 한 것과 같이 대체로 남한의 체제와 미국의 이익이 보장되는 조건에서의 한반도중립통일안이 논의된 것이다.

이 밖에도 6·25전쟁의 휴전과정을 전후해서 주로 해외에 거주하는 한국인들에 의해 평화적 통일방법으로서의 한반도중립화론이 제기되었다. 예를 들면 김용중金龍中, 김삼규金三奎 등이 그 대표적인 사람들이다.

1952년에 제의된 김용중의 중립화안은 한반도의 지정학적 위치로 보아 중립화만이 그 정치적 독립과 영토적 보전이 보장된다 하고, 그 방안으로서 인도·스위스 등 9개국의 "비동맹국가로 구성되는 중립국위원단의 선거 감시 아래 인구비례대표제에 의해 전국적으로 실시되는 자유선거를 통해 한국이 단일정부 아래 통일을 달성해야 하며 이 중립국위원단은 이외에도 외군철수 감시, 남북협상 알선, 중앙정부 수립 시까지의 임시 국가기관으로서의 권한을 대행하는" 방법이었다.¹⁴

또한 1955년에 제안된 김삼규의 중립화안은 한반도의 모든 정당과 지역인으로 구성된 한국중립화위원회가 "한국에 어떤 직접적 또는 간접적인 이익을 갖지 않은 중립국위원회 또는 비회원국이 종국적으로 참여하는 국제연합의 한 위원회가 그 주목적인 통일한국을 위한 헌법을 제정하는 대표단의 선출 준비를 위해" 형성되고, 이 위원회가 잠정적으로 행정권을 위임받아 지역군대의 무장해제, 양측 외국군의 철수, 통일경찰군 창설, 국제원조에 의한 재건계획 실행 등을 맡는 것으로 되어 있었다.[15]

이들의 중립화통일론은 한반도 내의 두 분단국가가 직접 그 통일문제 해결의 당사자가 되는 것이 아니라 한반도문제에 직접 관계가 없는 국제세력으로 구성되는 '중립국위원단' 혹은 '중립화위원회'의 주관에 의해 중립화 통일문제가 다루어지는 방법을 택하고 있는 점이 같다. 6·25전쟁 무렵의 중립화통일안이어서 민족 주체적 평화통일방안이 되지 못했지만 외군철수와 남북한 총선거에 의한 통일정부수립안이라는 점에서 전쟁 전 남북협상에서 제의된 평화통일론의 맥을 잇고 있다고 할 수 있다.

북진통일, 무력통일을 표방하던 이승만 정권 아래서는 평화통일론 자체가 이적론利敵論으로 간주되었고 이들 중립평화통일안도 국외에서 제의된 것이었다. 그러나 4·19로 이승만 정권이 무너진 후에는 국내에서도 평화통일론, 나아가서 중립화통일론이 활발하게 대두되었다.

4·19로 집권한 장면 정권은 '유엔 감시하 자유선거'[16]를 통일방안으로 제시했지만, 혁신계 정당인 사회대중당·한국사회당·혁신동지총동맹 등과 천도교·유도회·민주민족청년동맹·통일민주청년동맹·4·19혁명학생연합회 등이 참가한 민족자주통일중앙협의회의는 ①즉각적인 남북 정치협상, ②남북 민족 대표들에 의한 민족통일건국최고위원회 구성, ③외세 배격, ④통일협의를 위한 남북대표자

회담 개최, ⑤통일 후 오스트리아식 중립 또는 영세중립을 택할 것이냐 또는 다른 형태를 택할 것이냐를 결정해야 한다고 결의했다.[17]

이 시점에 와서 중립평화통일안은 이제 외세의존 방법이 아닌 주체적인 방법으로 돌아왔지만, 이 시기 중립화통일안은 요컨대 선통일 후중립화 방안으로 나타나 있음을 볼 수 있다.

장면 정권을 쿠데타로 무너뜨리고 성립한 박정희 정권은 4·19 후 강력히 대두한 자주적·평화적 통일론을 일단 수용하고 북한 정권과 7·4남북공동성명을 발표하기에 이르렀지만 이 성명에서의 통일방안에 중립화안은 포함되지 않았다. 그러나 북한 정권이 1980년에 제의한 통일방안인 '고려민주연방공화국안'에는 "고려민주연방공화국이 중립국가로 되는 것은 필연적인 것이며, 또 현실적으로 가장 합리적인 것이다."[18]라고 하여 통일이 중립화로 이루어져야 함을 말하고 있다.

무력통일이 아닌 평화통일방안으로서의 중립화통일안이 대체로 선통일 후중립화안이거나 통일과 중립의 동시안인 데 비해 선중립화 후통일 방안을 제의한 경우도 있다. 즉 황인관黃仁寬이 1987년에 북한의 '고려민주연방공화국안'에서의 중립화통일론을 두고 "이 정책은 선통일 후중립을 의미하는 것이며 본말을 전도하는 것과 같다. 옳은 순서는 선중립 후통일이 되어야 한다. 이것이 중립화통일이다."[19]라고 한 것을 그 예로 들 수 있다.

8·15 이후, 특히 6·25전쟁 후 한반도지역의 평화정착과 통일방안으로서의 중립화안은 흔히 그 지정학적 위치 때문에 불가능하다는 논리가 있어 왔다. 강대국으로 둘러싸인 지역이기 때문에 그 중립이 침략적인 국제세력에 의해 보장될 수 없다는 논리가 그 주류

를 이루어온 것이다.

  그러나 한편으로 강대국에 둘러싸여 있는 그 지역이 어느 한 강대국의 세력권 안으로 들어가는 방법에 의해 통일되기란 다른 강대국들의 반대 때문에 불가능할 것이며, 설령 그런 방법으로 통일을 이룬다 해도 그 지역의 완전한 민족적 독립과 평화가 유지되기 어려울 것이라 보고, 제국주의가 난무하던 시기에는 국제분쟁의 중심지가 되었던 한반도지역이 민족자결주의가 어느 정도 정착해가는 세계사적 진행과 함께 그 지정학적 위치를 오히려 이점利點으로 살려 중립화하는 것이 민족적 주체성을 유지하면서 평화통일을 달성하는 지름길이 된다는 생각이 바로 중립화통일론의 근거라 할 수 있을 것이다.

# 통일과 분단의 갈림길에서

統一運動時代의 歷史認識

1. 해방전후사 인식의 방향
2. 8·15의 민족사적 위치
3. 대한민국임시정부와 신탁통치문제
4. 김구·김규식의 남북협상을 다시 본다
5. 오늘에 보는 4·19
6. 5·16은 역사인가, 현실인가
7. 소설 『태백산맥』과 분단인식의 변화

# 1 | 해방전후사 인식의 방향

**해방의 국제관계적 위치 문제**

우리 역사학계의 현대사 연구 기피증 때문에 해방전후사解放前後史에 대한 연구가 극히 부진한 현상은 이미 많이 지적되어왔다. 역사학계의 연구 부진에 비해서 사회과학 쪽에서는 정치·경제·사회 등의 각 분야에 걸친 어느 정도의 연구 성과가 있어서 지금까지의 해방전후사 인식에 많은 도움을 주어왔다. 그러나 이와 같은 사회과학 쪽의 연구도 대체로 해방 후의 부분에 집중되어 있으며 식민지 시기, 특히 그 말기의 역사적 상황과의 연결성이 부족하여 식민지 시대사의 연장선상에서의 분단시대사, 좀 더 적극적으로 말해서 식민지 시대사의 결과로서의 분단시대사라는 관점이 희박하고 식민지 시대사와 분단시대사가 서로 동떨어져서 이해되고 있는 감이 없지 않다.

해방 후 민족분단의 가장 중요한 요인으로 나타난 미·소 양군의 분할점령과 38선 문제는 물론 식민지 시대에는 전혀 고려되지 않았던 새로운 변수임이 틀림없다. 현재까지 우리에게 알려진 자료 범위 안에서는 연합국이 처음부터 한반도를 분할할 계획을 가지고 있었던 것은 아니며, 한반도의 분단은 결국 연합국의 전후戰後문제 처리 과정에서 빚어진 일이라 할 수 있다.

그러나 제2차 세계대전 후 한반도가 남북으로 분단된 요인은 미·소 양군의 분할점령 이외에도 여러 가지가 있었다. 예를 들면 그 지정학적 위치에도 요인이 있었고, 제2차 세계대전 중에 연합국 일각에서 나타난 전쟁 후 한반도의 국제공동관리문제, 그리고 정확하게 미·소 양군의 한반도 분할점령이 가능한 시점에서 단행된 일본의 항복시기 문제, 임시정부를 비롯한 각 독립운동전선의 해방을 전후한 시기의 국제정세에 대한 인식문제 등에도 한반도 분단의 요인은 있었던 것이다.

19세기 말기와 20세기 초엽에 걸쳐 결국 식민지화로 치닫게 한 한반도를 둘러싼 국제정세가 보호국시기와 식민지 시기 40년을 지나고 난 해방 당시에는 어떻게 변하고 있었는가, 1945년 시점의 한반도를 둘러싼 동북아시아의 국제적 역관계는 어떠했으며, 한반도 지역에 형성된 정치세력들은 그것에 적절하게 대응할 만한 방법론을 얼마나 가지고 있었는가 하는 문제 등에 대한 객관적인 분석이 필요하다.

청일전쟁과 러일전쟁을 통해 대륙세가 후퇴하고 일본을 앞장세운 영국, 미국 등의 해양세가 한반도를 식민지화한 하나의 시대가 지나고, 영국을 대신해서 자본주의 종주국이 된 미국이 패전국 일본을 완전 점령하고 한반도의 남쪽에 상륙한 한편 러시아가 공산주의의 종주국 소련으로 변해 한반도의 일부를 점령했고, 중국이 전승국이면서도 혁명을 앞두고 있던 주변정세 속에서, 식민지에서 해방된 한반도지역, 패전국 일본의 식민지로서 정통성이 인정된 정부를 가지지 못한 한반도지역이 그 역사의 주체적 발전을 위해 채택했어야 할 가장 효과적인 국제관계상의 위치는 어떤 것이었는가 하는 것을 지금에 와서 냉엄하게 되돌아볼 필요가 있는 것이다.

**해방의 민족사적 단계 문제**

해방전후사의 인식 문제에 있어서 한반도를 둘러싼 국제적 역관계가 어떻게 변해 있었는가 하는 문제가 중요한 한편, 민족사 내적으로는 1945년의 민족해방이 우리 역사의 어떤 단계에 해당하는가 하는 점을 해명하는 일이 또한 중요하다.

식민지 시대의 민족운동전선에서는 민족해방이 민족사의 어떤 단계가 되어야 하는가 하는 문제에 대한 일정한 견해가 있었다. 즉 우익전선의 임시정부는 대체로 해방 후에 정치적 의회민주주의와 경제적 사회주의를 절충한 체제를 수립하려 했던 것 같고, 공산당 재건운동의 좌익 측은 해방의 역사적 단계를 부르주아 민주주의혁명 단계라고 보되 그 혁명의 주체는 프롤레타리아가 되어야 한다고 생각했던 것 같다.

우리 역사는 20세기 초엽에 민족 부르주아지의 성장이 대단히 미미하거나 아니면 거의 이루어지지 않았던 시기에 일본제국주의의 침략을 받아 그 식민지가 되었고, 이후 40년 가까이 계속된 식민지 시대를 통해서 그 지배정책은 민족 부르주아지의 성장을 철저히 봉쇄했다.

식민지 농업정책은 자영농민의 성장을 가혹하게 저지하고 농업인구를 소수의 지주와 절대다수의 소작농민으로 양분하여 농촌 부르주아지가 성장할 여지를 두지 않았다. 또한 산업분야에서도 회사령의 실시 등으로 민족기업의 성장을 저지한 후 1920년대에 매뉴팩처 단계를 겨우 넘어선 민족계 산업이 일부 발달했으나 1930년대 이후 한반도의 군수기지화 정책 이후 일본의 독점자본이 본격적으로 침투함으로써 모두 몰락하고 말았다. 민족적 산업 부르주아지가 성장할 여지도 완전히 박탈된 것이다.

한편 식민지 시대, 특히 1920년대와 1930년대를 통해서 노동운동과 농민운동이 거세게 일어났으나 식민지 산업구조의 취약성 때문에 노동자의 대다수는 비조직적인 토목공사장 노동자거나 일용노동자였고, 공장 종사자는 1925년의 경우 조선인은 7만 3000여 명에 지나지 않았고 1935년에 와서도 총 16만 8000여 명에 지나지 않았다. 이들이 끈질기게 노동운동에 참가함으로써 사회의식은 높아졌으나 1930년 이후 파쇼 체제화한 일본제국주의의 철저한 탄압 때문에 조직화될 수는 없었다.

이와 같은 식민지 시기의 사회·경제적 조건은 식민지 시대 자체의 역사적 단계 및 그 성격을 규정하는 데도 중요한 조건이 되지만, 해방을 민족사의 어떤 단계로 이해해야 할 것인가, 따라서 해방 후 민족국가 수립의 방향을 어떻게 잡았어야 했는가, 더 구체적으로는 해방 후의 사회·경제체제를 어떤 체제로 하는 것이 바람직했는가 하는 문제와도 연결되지 않을 수 없는 것이다.

식민지 시대의 사회·경제적 조건은 당시의 민족운동전선에서도 좌우익을 막론하고 나름대로 파악하고 있었고 그것을 바탕으로 하여 각 민족운동전선은 제각기의 사회정책 및 경제정책을 세웠다. 그리고 그것은 또 대부분 그대로 해방 후 정당, 사회단체의 정강이나 강령으로 연결되어 통일민족국가 수립을 위한 방안으로 제시되었다.

　식민지 시기의 사회·경제적 조건을 바탕으로 하여 독립운동전선의 우익 측은 임시정부의 건국강령에서 나타난 것과 같이 대체로 부르주아적 사회계층의 주도에 의한 사회민주주의적 정권을 수립하려 했고, 좌익 측은 재건 조선공산당의 이른바 8월 테제에서 나타난 것과 같이 프롤레타리아 독재를 지향하는 인민정부의 수립을 목표로 했다.

　해방전후사의 인식에는 이와 같은 식민지 시대 민족운동전선이 설정한 해방의 민족사적 단계가 얼마나 정확한 것이었는가 하는 문제에 대한 객관적인 분석이 필요하며, 나아가서 독립운동 과정에서 설정된 이들 역사적 단계가 해방 후의 정국政局 및 민족분단 과정에서 어떻게 적용되고 또 굴절되었는가 하는 문제 등을 세밀히 분석하는 일이 그 중요한 밑받침이 될 것이다.


### 분단체제의 객관적 인식 문제

해방 후의 민족사는 보는 각도에 따라서는 분단체제가 성립·고정·강화되는 과정이라 할 수 있으며, 그것은 식민지 시대와 함께 전체 민족사의 부정적인 부분이다. 따라서 분단으로 성립된 분단체제도 그것의 성립·고정·강화 과정 자체는 부정적인 과정으로 규정하지 않을 수 없었고, 이 때문에 그것에 대한 스스로의 현실적·역사적 책임을 극력 회피하거나 전가하지 않을 수 없었다.

분단에는 민족사 외적 원인도 있었지만 분할점령에 편승하여 분단국가만이라도 만들어서 집권하려는 민족 내적 분단책동이 크게 작용했다. 그러나 분단과정에서 민족 내적 책동은 정당화되거나 아니면 엄폐되었고 그렇지 않은 경우라 해도 분단의 민족사 내적 책임은 언제나 다른 분단체제 쪽에 전가되기 마련이었던 것이다.

해방 직후 정국이 양극화하면서 민족분단으로 치닫고 있을 때 양극화를 막고 통일된 민족국가를 수립하기 위해 노력한 정치운동이 있었지만, 이후의 분단체제들은 그 역사성을 전혀 부인했다. 결국 분단체제를 성립한 정치세력만이 민족적·정치적 정당성을 가지는 것으로 분단 이후의 역사는 각각 정리해갔던 것이다.

다시 말하면 분단 이후의 민족사에 대한 인식은 분단체제의 틀 속에서 세워지기 마련이었고, 그것은 은연중에 분단불가피론을, 그리고 분단외세결정론을 앞세우거나 분단체제를 합리화하는 방향으로 이끌려갔다. 따라서 민족분단 과정에서 역사적 진실은 묻히거나 왜곡되는 경우가 많았고, 분단과정을 객관화하려는 시각은 봉쇄되기 마련이었다. 해방 후 상당한 기간 역사학은 말할 것도 없고 사회과학 분야에서도 분단과정이 학문의 연구 대상으로 부각될 수 없었던 이유도 바로 여기에 있었다.

분단체제의 성립기를 거쳐서 그것이 고정·강화되는 과정에서 분단체제들은 제각기 스스로의 정통성을 강조하기 마련이었고, 이 과정에서 분단체제의 합리화가 더욱 강조되어 그것을 객관화하거나 비판하는 시각은 더욱 봉쇄되었다.

폭력적인 분단극복 방법론이 공공연하게 내세워지던 시기가 가고 비폭력적인 방법론을 내세울 수밖에 없게 된 시점에 와서는 분단극복을 위한 전제조건으로서 분단체제 객관화의 지적知的 공간의 성립이 불가결했지만 분단체제들은 계속 모든 시각의 체제내화를 강요했고, 이 때문에 분단극복을 위한 합리적 방법론을 도출하기 위한 학문적 노력은 어디에서도 일어날 수 없었다.

요컨대 해방전후사의 인식에서 가장 중요한 문제의 하나는 민족의 분단과정과 분단체제의 고정·강화 과정을 그 체제 밖에 선 자세로 객관화할 수 있는 역사의식을 얼마나 가질 수 있는가 하는 점에 있다 할 것이다. 다시 말하면 분단체제 내적 시각을 넘어서서 전체 민족적 시각에서 이 시기의 역사를 바라볼 수 있느냐 하는 문제다. 그것은 곧 분단국가주의적 시각을 통일민족주의적 단계로 높일 수 있느냐 하는 문제인 것이다.

다행히 근년에 와서 해방전후사, 특히 해방 후 3년간의 미군정시기에 대한 연구가 비교적 활발하게 일어나고 있다. 아직도 객관성 높은 원자료를 손쉽게 구할 수 없는 제약성은 있지만, 이와 같은 연구의 추진은 분단과정에 대한 객관적 인식을 높이는 일에 크게 기여하게 될 것이며, 그 결과는 또 분단시대사 및 분단체제를 객관화할 수 있는 길잡이 노릇을 하게 될 것이다.

### 통일 지향적 역사인식의 문제

문호개방 이후의 우리 역사를 통틀어 통일된 근대민족국가 수립 과정으로 볼 수 있으며, 그것은 민족통일이 이루어지는 시기까지 계속될 것이다. 문호개방부터 민족분단 이전까지의 시기는 근대민족국가를 수립하는 일이 민족사적 과제였으나, 그 이후에는 통일된 민족국가의 수립이 과제가 된 것이다.

따라서 분단 이후에 일어난 정치·경제·사회·문화적 현상을 역사적 사실로 인식할 때는 무엇보다도 그것이 통일민족국가 수립 문제와 관련하여 긍정적인 역할을 다했는가 아니면 부정적인 역할을 했는가 하는 문제에다 가치판단의 기준을 두어야 한다고 할 수 있다.

예를 들면 식민지 시대의 민족사적 과제는 식민지배를 벗고 독립된 민족국가를 수립하는 데 있었다. 이 시기에도 식민지 지배체제는 많은 근대적 교육기관을 세웠지만, 그 목적은 식민지 지배체제에 순화될 수 있는 인간을 양성하는 데 목적이 있었지 해방 후의 민족국가 수립에 이바지할 만한 인간을 양성하려는 것은 전혀 아니었다. 그 교육을 받고도 민족해방운동에 참가한 사람이 없었던 것은 아니지만, 식민지 시대에 근대적 교육기관이 설립되고 교육인구가 증가했다 하여 그것이 곧 역사적으로 긍정적인 측면이 되는 것은 아니었던 것이다.

경제적인 면에서도 식민지 시대를 통해 산업시설이 증가하고 철도가 부설되고 쌀 생산량이 증가했지만 그것이 민족자본의 형성과 연결되고 나아가서 민족독립운동의 자금원이 된 것은 아니었다. 오히려 식민지 지배체제를 유지, 강화하는 재원의 역할을 다함으로써 식민지배를 연장하는 데 이바지했던 것이다.

식민지 시대사의 인식 및 연구방법론이 식민지 지배체제가 이루어놓은 성과를 확인하는 데만 그칠 수 없음은 물론, 식민지 사회구조의 문제점 그 자체만을 들추어내는 데 머물 수도 없으며, 그것이 해방 후의 민족국가 건설에 얼마나 부정적인 작용을 했는가 하는 데까지 추구하지 않을 수 없지만, 그것은 분단시대사 인식 및 연구 방법론의 경우도 마찬가지다.

해방 전후의 시대, 나아가서 분단시대의 정치사·경제사·사회사 및 문화사적 연구작업은 현상 분석으로만 목적을 다하는 것이 아니다. 그 현상이 민족통일문제와 연관하여 얼마나 부정적인 혹은 긍정적인 작용을 하는가, 부정적인 경우 이것이 통일문제에 이바지하기 위해서는 어떤 방향 전환이 필요한가 하는 점에까지 미치게 되었을 때 그 본래의 역할을 다하는 것이라 할 것이다.

그리고 그것을 위해서는 분단시대의 정치활동, 경제적·사회적 발전 그리고 문화활동 일반은 궁극적으로 민족통일에 이바지하는 길과 궤도를 같이할 때 비로소 그 역사성이 인정될 수 있다는 시대인식의 확립이 필요하며, 이 시기의 정치사·경제사·사회사·문화사 연구 역시 이와 같은 인식이 그 방법론의 밑바닥에 깔려 있을 때 옳은 방향을 잡게 될 것이다.

# 2 | 8·15의 민족사적 위치

## 머리말

어떤 역사적 사건이나 시대를 보는 눈은 결코 고정될 수 없다. 시대의 변화에 따라 하나의 역사적 사건이나 시대를 보는 눈은 변하기 마련이며, 그것은 역사 자체가 고정되거나 정체하지 않고 언제나 변하고 있다는 의미와도 같다. 그러나 '역사는 변한다. 역사를 보는 눈은 변하기 마련이다.'라는 말은 역사라는 것이 본래 귀걸이, 코걸이란 뜻은 결코 아니다. 역사가 변한다는 말은 그것이 법칙적인 발전을 하고 있다는 뜻이며, 역사적 사건을 보는 눈이 달라진다는 말은 그 사건이 가진 참뜻에 가까워져감을 말한다고 할 수 있다.

8·15 해방이 있은 지 40여 년이 지남에 따라, 8·15라는 것이 우리 역사 속에서 어떤 의미를 갖는가 하는 물음에 대한 답도 그동안

많이 변해왔다. 해방 직후 한때는 그것이 식민지배의 질곡에서 벗어나는 해방으로만 생각되어 환희에 넘쳤지만, 분단국가의 성립, 민족상잔, 독재체제의 횡포, 친일세력의 안존·득세 등을 겪으면서 8·15가 과연 진정한 의미의 해방이었는가를 다시 생각하게 되었고 나아가서 식민지배로부터의 옳은 의미의 해방이란 무엇인가를 되물어보게 되었다.

8·15가 무엇이었는가를 다시 생각해보려는 노력은 자연히 8·15 전후의 정치·경제·사회적 실정을 되돌아보고 그것을 객관적으로 평가하려는 자세로 나타나게 되었고, 그것은 또 8·15를 보는 눈을 한층 더 냉엄한 것이 되게 했다. 8·15를 환희로만 보던 눈이 어느덧 사라지고 그 참뜻이 무엇인가를 찾아내려 하게 된 것이며, 8·15를 보는 눈이 냉엄해져간 사실은 곧 8·15가 가지고 있는 역사적 진실에 한층 더 가까워지는 길이 열리기 시작했다고 할 수 있을 것이다.

8·15의 역사적 의의를 따지는 방법은 여러 가지가 있을 수 있겠지만 무엇보다도 8·15란 것이 우리 역사의 어떤 시점에서 일어났으며, 그것이 역사의 법칙적 발전을 위해서는 무엇이어야 했는데 실제로는 무엇이 되었는가 하는 문제 등을 일단 생각해볼 수 있을 것이다. 그러나 지금의 우리가 생각해볼 수 있는 8·15의 역사적 위치나 의의도 어디까지나 지금의 우리의 시각에서 보는 것에 한정되어 있으며, 시간을 달리할 때 또 달라질 것임은 더 말할 나위가 없다.

## 8·15의 정치사적 의의

8·15의 정치사적 의의가 무엇이었는가 하는 문제에 접근하는 길도

여러 가지 있을 수 있다. 측정하기가 대단히 어려운 일이지만, 8·15 당시 우리의 정치적 수준이 어느 정도에 이르러 있었는가 하는 문제를 생각해볼 수도 있고, 식민지가 되기 이전에는 정치적으로 어느 단계에 있었는데 독립운동 과정에서 그것이 어느 단계로까지 나아갔는가 하는 문제를 가늠해볼 수도 있을 것이며, 8·15 당시 각 정치세력이나 국민 일반이 지향한 정치체제는 어떤 것이었는가를 생각해볼 수도 있을 것이다.

또한 일정한 정치체제뿐만 아니라 좀 더 넓게 8·15 당시의 정치지도자나 국민 일반의 민족문제에 대한 이해가 어느 정도였으며, 통일민족국가 수립에 실패한 원인이 외세의 작용 때문이었는가 아니면 민족 내부의 정치의식 자체의 한계성 때문이었는가 하는 문제 등을 생각해볼 필요가 있다.

식민지화되기 이전의 개화기에는 조선왕조의 전제주의 체제가 유지되고 있는 가운데도 부르주아적인 국민주권주의운동이 일부 일어나고 있었다. 독립협회운동은 의회 설립을 주장하면서 독립협회 자체가 의원의 반수를 추천하려 했고 그 후 애국계몽운동의 일부는 공화제를 표방하기도 했다.

그러나 조선왕조는 부르주아적 국민주권주의혁명에 의해 무너지지 않고 일본의 침략으로 무너졌다. 그럼에도 불구하고 식민지 시기의 민족독립운동은 공화주의운동으로 전개되어 3·1운동 후의 상해 임시정부는 부르주아적 공화주의 정부체제로 구성되었다. 3·1운동 이전 독립운동 일부에 한인사회당(1918)과 같이 사회주의적 국가 건설을 목표로 한 운동이 이미 나타났으나 상해 임시정부는 사회주의 지향의 정부형태를 취하지는 않았다.

이후의 독립운동을 정치사적 측면에서 보면 해방 후에 어떠한 정치체제의 민족국가를 만들려 했는가 하는 문제로 압축할 수 있으며, 그것은 대체로 민주공화국체제의 국가를 건설하려는 정치세력과 인민공화국체제의 국가를 건설하려 한 정치세력으로 크게 나눌 수 있다. 그러나 민주공화국체제의 수립을 지향한 세력이 반드시 철저한 자본주의체제 지향 세력이라고 말할 수는 없다.

예를 들면 1925년 성립 당시 조선공산당은 '노동계급을 기초로 하고 도시의 소자본가 지식인 내지 불만을 가진 부르주아까지의 직접동맹'에 의한 민주공화국의 건설을 지향했고, 1940년대 중국공산당의 근거지인 연안에서 성립된 조선독립동맹은 '독립자유의 조선민주공화국' 건설을 지향하고 있는 것이다.

1910년에 전제주의 조선왕조체제가 멸망한 후 35년간의 독립운동 과정을 겪으면서 독립운동전선의 정치의식은 일단 높아져서 독립운동이 군주주권체제를 청산하고 공화주의체제를 정착시켰을 뿐만 아니라 식민지 시기 말기에 김구 중심의 한국독립당은 '어떠한 한 계급의 독재·전정專政을 요구하지 아니하고 오직 진정한 전민적全民的 정치균등을 요구'하는 민주공화국의 수립을 목표로 했고, 김규식·김원봉 중심의 민족혁명당은 '봉건세력 내지 일체 반혁명세력을 숙청함으로써 민주집권의 정권'을 수립하는 데 독립운동의 목적을 두었다.

또한 앞에서도 예를 든 김두봉 중심의 연안 독립동맹은 그 강령에서 "전국 국민의 보선普選에 의한 민주정권의 건립"을 내세웠고 국내에서의 공산당재건운동 세력은 8·15 직후에 발표한 박헌영의 이른바 8월 테제에서 8·15 당시의 혁명 단계를 부르주아 민주주의

혁명이라 하고 세워야 할 정부는 인민정부인데 그것은 "노동자·농민이 중심이 되고 또한 도시 소시민과 인텔리겐차의 대표와 기타 모든 진보적 요소는 정견과 신교와 계급과 단체 여하를 막론하고 모두 참가하여야 하나니, 즉 민족통일전선을 형성하여야 한다."고 했다. 그리고 이 정부는 점차 노동자·농민의 민주주의적 독재정권으로 발전해야 하며 프롤레타리아의 영도권이 확립되어야 함을 강조했다.

임시정부를 주도한 우익의 한국독립당이 제시한 전민적 정치균등에 의한 민주공화국과 공산당재건운동파가 제시한 노동자·농민이 중심이 되고 도시 소시민과 인텔리겐차가 참여하는 민족통일전선으로서의 인민정부 사이에는 언뜻 보기에는 연합전선적인 성격의 공통점이 없는 것은 아니나, 정권의 헤게모니 문제에서 보면 전자는 역시 부르주아 중심의 정권을 지향했고 후자는 프롤레타리아의 독재를 지향했다고 볼 수 있다.

결국 8·15해방 무렵 독립운동전선에 참가했던 정치세력들이 지향한 국가체제는 부르주아적 세력 중심의 민주공화제와 프롤레타리아적 세력 중심의 인민공화제로 대립된 셈인데, 앞으로 우리 역사학이 어느 쪽을 지향하는 것이 역사적 현실에 가장 알맞겠는가 하는 문제를 연구대상으로 삼을 수 있으리라 생각하지만, 한편으로 이 시기 우리 민족의 정치적 역량이 이 대립을 해소할 만한 수준에 있었는가 하는 문제도 있다.

다시 말하면 식민지 시기 35년을 겪고 난 후 우리 민족의 정치적 조건은 양자 중 어느 것이 알맞았는가, 식민지 시기의 민족운동이 어느 쪽에 의해 더 주도되었으며 해방 후의 정치체제는 어느 쪽이 주도하는 것이 옳았는가 하는 문제도 있지만, 어느 쪽도 스스로 민족을 해방할 수 없었다. 그리고 미·소 양군이 분할점령하게 되었지만, 그런 조건 아래서나마 좌우의 대립을 해소하고 통일된 민족국가를 수립할 만한 민족적·정치적 역량은 전혀 기대할 수 없었는가, 민족분단의 원인이 주로 연합국의 승리로 인한 해방과 그 결과로서의 미·소의 분할점령에만 있는가 하는 문제도 있는 것이다.

한반도에서 남북한을 통한 임시정부를 수립하기 위해 구성된 미소공동위원회가 1947년에 정국을 주도하고 있던 우익의 한민당, 좌익의 민주주의민족전선, 넓은 의미의 중간세력이라 할 수 있을 좌우합작위원회, 근로인민당, 미소공위대책협의회의 5개 정치단체에 통일정부 수립을 위한 자문을 구한 일이 있었다.

먼저 통일정부의 국호를 어떻게 정할 것인가 하는 문제에 한민당은 대한민국으로, 민주주의민족전선은 조선인민공화국으로 주장한 데 대해 중간세력인 좌우합작위원회와 공위대책협의회는 고려공화국으로 할 것을 주장하여 국호문제에서 좌우의 대립을 해소할 수 있는 길을 모색하고 있다. 다음 국체國體를 어떻게 할 것인가 하는 자문에 대해서는 한민당이 민주공화의 단일국가라 했고 나머지는 모두 민주공화제를 주장했다. 결국 5개 정치세력이 모두 민주공화제 국체를 주장한 것이다.

다음 정체政體 문제는 한민당이 3권분립제, 민주주의민족전선이 인민위원회 원칙의 3권귀일, 좌우합작위원회가 3권분립제, 근로인민당이 3권통일제, 공위대책협의회가 3권분립 중앙집권제를 주장하여 역시 크게 두 계통으로 나누어졌음을 볼 수 있다. 정치문제에서의 대립이 중요한 문제이긴 하지만, 임시정부 수립 방법에서는 한민당이 총선거를 주장했을 뿐 나머지 4개 단체는 모두 대표자 건의나 협의에 의한 정부구성을 주장하고 있다.

미·소 양군이 분할점령한 조건 아래서 또 좌우가 대립함으로써 민족이 분단될 위험이 높았지만, 그런 속에서도 좌우의 대립을 해소하고 분할점령을 종식시키면서 통일민족국가를 수립하려는 정치세력이 형성되었고 또 앞의 미·소공위의 자문 결과에서 본 것과 같이 국호, 국체, 정체, 정부수립 방법 등에서 일정한 공통분모가 있기도 했다.

이런 측면에서 보면 식민지 시기 35년을 겪고 8·15해방을 맞을 즈음, 식민지배의 공백을 극복하고 민족독립운동 과정에서 생긴 좌우의 대립을 해소하며 미·소 양군의 분할점령이란 악조건을 극복하면서 통일민족국가를 수립하려는 정치세력이, 정치적 역량이, 또 그 방법론이 일부 나타나고 있었다는 사실은, 민족의 주체적 재통일이 지향되고 있는 지금에 와서 되돌아보면 중요한 정치사적 의의를 가진다 할 수 있을 것이다.

### 국제관계 속에서의 8·15

일본의 패전과 함께 미·소 양군이 한반도를 분할점령했다는 사실을 8·15해방 당시에만 국한해서 보면 그것은 얄타협정에 의한 소련의 대일전 참전과 한반도로의 남하, 미국 측의 일본군에 대한 무장해제, 경계선으로서의 38도선 제의와 소련 측의 수락 결과에 지나지 않는다. 그러나 역사적 시각에서 보면 그렇게 일시적인 현상만은 아니다.

한반도지역은 근대 이후로 들어오면서 청일전쟁에서 대륙세력 청나라와 해양세력 일본의 세력다툼의 장이 되었고, 다음에는 러일전쟁에서 대륙세력 러시아와 해양세력 일본의 또 한 번의 전쟁터가 되었다. 러일전쟁 때는 또 다른 해양세력인 영국과 미국이 일본을 외교적으로, 경제적으로 도와줌으로써 일본이 유리한 상태에서 전쟁을 끝맺을 수 있었다.

영국과 미국이 일본을 도와준 이유는 러시아의 한반도를 통한 남하정책과 또 '만주'의 러시아 독점을 막기 위해서였으며, 전쟁 결과 일본이 한반도를 독점한 한편 '만주'는 영국과 미국에게 공개됐고 미국의 필리핀 지배가 확립되었다. 그러나 일본의 영국 및 미국과의 협조관계는 '만주사변'으로 일단 끝나고 중일전쟁, 태평양전쟁의 도발로 적대관계에 놓이게 되었다.

태평양전쟁이 막바지에 접어들었을 때 러시아의 후신 소련은 이 전쟁에 참전하여 다시 한반도지역으로 남하하기 시작했고 일본을 대신한 해양세력으로서 미국은 그것을 저지하기 위해 38도선의 분할을 제의했다. 19세기 말기에도 한반도는 러시아와 일본의 세력균형의 희생물로 분단될 뻔한 일이 있었으나 미국과 영국이 일본을 도와줌으로써 일본의 식민지가 되었는데, 식민지배에서 해방될 8·15 당시에는 이 지역에서의 대륙세 소련과 해양세 미국의 일종의 세력균형의 희생물로서 실제로 분단될 위험에 빠져 있었다.

한반도를 둘러싼 국제적 역관계의 흐름을 파악하고 국제세력의 분단책동을 저지하기 위해서는 무엇보다도 앞서 민족 내부의 사상적·계급적 대립과 분열요인을 해소하고 그것을 바탕으로 국제세력의 분단책동을 봉쇄하는 일이 요긴했지만, 오히려 국제세력의 분단

책동에 편승하는 분단주의가 강화되었고 그것을 저지할 만한 힘은 약화되기만 했다. 이 점 역시 8·15해방이 갖는 하나의 정치사적 위치를 말해준다 할 것이다.

한편 8·15해방 당시의 우리 민족이 연합국을 비롯한 세계 열강과 이때 새로 생긴 유엔으로부터 합법성을 인정받은 임시정부나 정치세력을 전혀 가지고 있지 못했다는 사실도 8·15의 국제정치상의 위치를 말해주는 중요한 요인의 하나라 하지 않을 수 없다.

대한제국이 이른바 합방조약의 체결로 멸망함으로써 한반도 안에 한민족이 가진 정부는 없어졌다. 식민지화한 이후 최초로 일어난 대규모 독립운동으로서의 3·1운동은 독립을 위해 정부를 수립했지만 국내에서는 존속할 수 없었고 중국의 상해에 임시정부를 둘 수밖에 없었다.

임시정부는 성립되었지만 국민을 직접 다스리는 정부가 아니었으므로 당시의 국제연맹이나 중요국들의 승인을 받지 않고는 합법성·정통성을 인정받을 수 없었다. 이 때문에 임시정부는 국제도시 상해에 위치하면서 당초부터 국제연맹과 열국의 승인을 받으려 노력했으나 실패했다. 더구나 1920년대 중엽 이후에는 먼저 좌익세력이 떠나고 다음에는 우익 중에서도 이른바 창조파創造派가 떠남으로써 임시정부는 독립운동전선의 대표성을 잃게 되었고 이 때문에 열국의 승인을 받기는 더욱 어렵게 되었다.

상해 임시정부가 국제연맹이나 열국의 승인을 못 받은 대신 국제기구나 열국의 승인을 받은 다른 정부가 있었던 것도 아니었으므로 결국 국제정치적 처지에서 보면 대한제국이 멸망한 후 전체 식민지시기를 통해서 한민족이 가진 합법적이고 정통적인 정부는 어디에도 없었던 것이다.

따라서 태평양전쟁이 일본에 불리하게 기울어진 후에는 전쟁 후 한반도의 통치를 당장 어떻게 할 것인가 하는 문제가 논의되지 않을 수 없었다. 그 지역을 독립시킨다는 데는 연합국들의 합의가 있었다 해도 독립정부를 만들기 위한 총선거를 담당할 임시정부가 없었고, 이 임시정부를 수립하기까지는 또 누가 어떻게 다스릴 것인가 하는 문제가 있었다. 따라서 미국 측에서는 1942년부터 이미 전쟁 후의 한반도 국제공동관리론이 나오고 있었다.

이 무렵 중경에 있던 임시정부는 스스로 합법정부로 인정을 받고 해방 후의 총선거를 주관할 임시정부의 역할을 담당하기 위해 국제공동관리론을 반대하면서 연합국의 승인을 받으려고 최선을 다했으나 결국 승인을 받지 못한 채 일본이 패망했다. 결국 한민족은 스스로 일본군을 물리치고 해방하지 못했을 뿐만 아니라 연합국의 승인을 받은 정부도 가지지 못한 채 해방된 것이다.

한편 국내에서는 여운형의 건국동맹이 모체가 되어 일본의 조선총독부로부터 정권을 이어받는 형식으로 조선건국준비위원회가 조직되었고 진주해오는 미군으로부터 승인을 받고자 조선인민공화국을 선포했으나 미국은 이것도 인정하지 않았다. 결국 군정을 실시하면서 미소공동위원회를 통해 남북한 단일 임시정부를 만들고, 이 임시정부를 미·소·영·중 4개국이 후견하면서 5년간 국제공동관리의 연장으로서 신탁통치를 한 후 총선거를 실시하여 남북한을 통한 정식 독립정부를 만든다는 안으로 결정되었다.

식민지 시기를 통해 끊임없는 투쟁을 벌여온 독립운동전선과 35년간 식민지 치하에서 시달려온 국민들로서는 해방과 함께 즉시 독립국가를 수립하여 독립국가의 국민이 되고 싶었지만, 35년간이나 정통성 있는 합법정부를 가지지 못했던 국제정치상의 냉엄한 조건은 그것을 허용하지 않고 독립이 되기까지 유예기간을 요구했던 것이다.

8·15해방 당시의 이 냉엄한 국제정치상의 위치를 인정하고 5년간의 유예기간을 둔 후 통일된 민족국가를 수립하는 것이 옳았는가, 또 유예기간을 인정했더라면 5년 후에는 통일된 민족국가를 만들 만한 정치적 역량이 우리에게 있었는가, 5년간의 유예기간을 받아들이지 않고 기어이 단독정부라도 수립하여 민족분단을 고정화할 수밖에 없었는가 하는 문제들이 앞으로 우리 현대사 연구의 쟁점들이 될 것이다.

8·15 당시는 물론 그 후 상당한 기간 동안 정치지도자들까지도 한반도의 이와 같은 국제정치적 위치 문제를 외면하고 오히려 전쟁에서 이긴 국민으로 자처했지만, 지금에 와서 되돌아보면 35년간이나 정통성 있는 정부를 못 가진 패전국의 식민지에 지나지 않았다는 사실이 어느 정도 보이게 되었고, 따라서 8·15 당시 우리의 국제정치상의 정확한 위치도 어느 정도 드러나게 되었다. 그것은 8·15 직후의 정치정세를 더 객관적으로 보는 눈을 가져다주게 될 것이다.

## 8·15의 경제사적 의의

식민지화되기 이전 대한제국시기의 우리 사회가 지향한 경제체제는 대체로 자본주의체제였다고 할 수 있다. 식민지로 전락하지 않았으면 아마 우리 역사의 20세기 전반기는 대체로 식민지 시대가 아닌 자본주의시대가 되었을 것이다. 지금에 와서 20세기 전반기의 식민지 시대가 본질적으로 식민지자본주의시대였는가, 이른바 식민지 반#봉건사회였는가 하는 논란이 있지만, 그것이 식민지사회로서의 굴절된 성격을 가진 시대였음은 사실이다.

우선 식민지지배정책은 민족 부르주아 계급의 성장을 철저히 저지했다. 식민지배 아래서의 민족자본의 성장은 그것이 곧 독립운동의 경제적 기반으로 연결될 가능성이 있었으므로 식민지지배 당국은 그 성장을 철저히 저지했던 것이다. 식민지 시대에도 한때 중소기업을 중심으로 하는 민족자본이 어느 정도 성장할 기미가 보였으나 역시 일본의 정책적 탄압으로 몰락하지 않을 수 없었고, 극히 일부의 예속자본만이 남을 수 있었다.

식민지농업정책은 또 농촌에서 중간층을 몰락시켜 농촌 부르주아가 성장할 수 있는 조건을 만들어주지 않았다. 식민지 시기를 통해 자작농과 자·소작농을 중심으로 하는 농촌 중간층은 계속 몰락하여 농업인구를 극소수의 지주와 대다수의 소작농민으로 양분해갔다.

한편 소작농의 증가와 소작 조건의 악화 등으로 해마다 이농민이 급증했지만, 일본의 식민지 산업구조는 이들을 공장노동자로 수용하지 못했다. 이 때문에 이들 이농민은 화전민이 되거나 도시지역 빈민층, 이른바 토막민土幕民이 되거나 걸인이 될 수밖에 없었으며 그 일부가 식민지 산업의 기초시설을 위한 토목공사장의 날품팔이 노동자가 될 뿐이었다.

식민지 시기를 통해서 민족 부르주아가 형성되지 못한 반면 일본 독점자본의 침투로 중요 산업의 대부분은 조선총독부의 소유가 되거나 아니면 예속적인 조선인 지주의 소유가 되어 국민의 대다수를 차지한 농민은 그들의 소작농민으로 남거나 아니면 소작지마저 잃은 빈민으로 전락했다.

중요 산업의 대부분이 적산敵産이 되거나 아니면 반민족적 예속자본가의 소유가 되었고, 농토의 대부분이 역시 적산이 되거나 예속적 지주의 소유가 됨으로써 극소수의 예속자본가와 지주를 제외한 대부분의 조선인은 노동자와 소작농민 그리고 화전민이나 토막민, 날품팔이의 빈민이 되어버린 것이 식민지 시기의 사회·경제적 실태였다.

이와 같은 조건 아래서 독립운동전선은 해방 후에 어떤 경제체제를 세울 것인가 하는 문제에 대해 일정한 합의를 이루어가고 있었다. 다시 말하면 35년간의 식민지 시기를 겪고 해방이 가까웠을 때에는 독립운동전선의 좌우익을 막론하고 식민지지배 아래서의 경제적 조건에 대한 견해와 해방 후의 그 타개방법에 대해 상당한 합의를 이루어가고 있었다는 것이다.

독립운동전선의 좌익 쪽, 국내 공산당재건운동파의 경우 역시 8월 테제에서 "일본제국주의와 민족적 반역자와 대지주의 토지를 보상을 주지 않고 몰수하여 이것을 토지 없는 또는 적게 가진 농민에게 분배할 것이요…… 조선의 전 토지는 국유화한다는 것이오."라고 했고, 또 "일본제국주의자 소유의 모든 토지, 사원, 산림, 광산, 공장, 항만, 운수기관, 전신, 은행 등 일체 재산에 대해 보상을 하지 않고 몰수하여 국유화할 것이다."라고 하여 토지와 중요 산업의 국유화를 제시했다.

해방 직후에 나온 이 테제는 좌익 측에서는 해방을 우리 역사의 어떤 단계로 보았는가 하는 문제를 시사해주고 있지만, 이보다 앞서 1941년에 성립된 연안의 독립동맹은 그 경제정책을 '일본제국주의자의 조선에 있어서의 일체의 자산 및 토지 몰수와 일본제국주의와 밀접한 관계에 있는 대기업의 국영화 및 토지 분배의 실행'을 내세우고 있으며, 해방 후 귀국하여 신민당이 된 후에도 "일본제국주의자 및 친일분자에게서 몰수한 대기업은 국영으로 하여 국민경제의 발전을 도모할 것", "일제 및 친일분자에게서 몰수한 토지는 경작하는 농민에게 줄 것을 원칙으로 근로 농민 대중에게 토지를 분여하고 소작제를 폐지할 것"을 강령으로 삼았다.

또한 김규식, 김원봉 중심의 조선민족혁명당도 독립운동시기의 정강이 "토지는 국유로 하고 농민에게 분급한다.", "대규모의 생산기관 및 독점적 기업을 국영으로 한다."라고 한 것에 이어서 해방 후 귀국해서도 당면 강령으로 "조선 경내의 일본 제국자, 매국적 친일반도의 일체 공사 재산을 몰수하여 대기업은 국영으로 하고 토지는 농민에게 분배할 것"을 그대로 제시했다.

이상과 같이 좌익 정치세력과 좌익 성향이 있는 정치세력의 모두가 토지와 중요 산업의 국유화정책을 제시한 것은 오히려 당연하다 하겠지만, 우익세력인 한국독립당의 경우도 독립운동시기의 정책에서 "토지와 대생산기관을 국유로 하여 국민의 생활권을 균등화한다."고 했고 한국독립당 중심의 임시정부도 그 건국강령에서 "대생산기관의 공구工具와 수단은 국유로 하고 토지, 어업, 광업…… 중요한 공용방산公用房産은 국유로 함"이라 하여 역시 토지와 대생산기관의 국유화를 명백히 했다. 한독당은 해방 후에 귀국했어도 "토지는 국유를 원칙으로 하고…… 토지는 인민에게 분급하여 경작케 하고…… 교통, 광산, 삼림, 수리, 운수, 어업, 농업 등 전국성全國性의 대규모 생산기관은 국가경영으로 할 것"이라 하여 국유화정책을 지속했다.

결국 독립운동전선의 경제정책은 좌우를 막론하고 토지의 국유화와 농민에의 분배, 중요 산업의 국유화로 합의되었으며, 그것은 식민지 시기를 겪은 민족이 독립운동 과정에서 민족해방을 보는 역사적 시각이 어느 정도 합치되었음을 말해준다 할 것이다. 그리고 이 점은 식민지지배정책이 토지와 중요 산업의 대부분을 스스로의 소유로 했거나 아니면 반민족적 세력의 소유로 되어 있었다는 점, 그리고 나머지 식민지 피지배 민족의 대부분은 가난한 노동자나 소작농민으로 되어 있는 결과이기도 했다.

이와 같은 독립운동시기의 경제정책에서의 합의가 8·15 후에는 정치세력에 변수가 생김에 따라 달라졌다. 앞에서 나온 미소공위 정책 자문에의 대답에 의하면 토지개혁 방법에서 한민당은 조선인 지주 토지의 유상매입·유상분배를, 민주주의민족전선은 무상몰수·무상분배를, 좌우합작위원회는 몰수와 매입 그리고 무상분배를, 근로인민당은 무상몰수·무상분배를, 미소공동대책협의회는 몰수와 매입 그리고 무상분배를 각각 주장하여 각 정치세력 사이에 상당한 차이를 보이고 있다.

그러나 8·15 후 각 정치세력 사이의 경제정책이 상당한 부분 합의를 이루어가고 있음도 볼 수 있다. 예를 들면 토지소유권에서는 한민당의 매매와 저당의 제한과 민주주의민족전선의 처분 금지라는 조건의 차이가 있지만 모두 사유권을 인정했고, 산업생산의 분배문제도 한민당은 자유매매 원칙하의 통제경제, 민주주의민족전선은 자유매매 인정하의 계획경제를 주장하여 큰 차이가 없었고, 산업기관 소유권도 대기업은 모두 국가경영, 중소기업은 대체로 사영私營으로 합의되고 있으며, 노동임금은 모두 최저임금제, 노동단체에는 모두 단체교섭권, 파업권 인정 등으로 나타나 있는 것이다.

해방 전 독립운동시기에 좌우익을 막론하고 상당한 합의점에 도달했던 경제정책적 부분이 8·15 후에는 합의점도 있지만 또 상당한 부분 혼선을 빚게 되었다. 이와 같은 혼선은 8·15 전의 민족운동전선이 완전한 단일전선을 이루지 못한 데서 빚어진 것이기도 했지만, 한편으로 식민지 시기의 민족운동에 합류하지 못했던 일부 세력이 8·15 후의 분할점령이란 예기치 못한 새로운 상황에 편승하여 정치세력으로서의 위치를 굳혀간 데서 나타난 것이기도 했다.

## 맺음말

8·15가 우리 민족사에서 무엇이었는가 하는 문제는 8·15 당시 우리 역사가 어디까지, 어느 단계까지 와 있었는가 하는 물음에 대한 해답으로 풀 수 있으며, 8·15 당시 우리 역사가 어느 단계에 와 있었는가 하는 문제는 민족해방운동전선이 어떤 형태로 해방되고자 했는가, 해방 후의 우리 역사를 어디로 가져가려 했는가 하는 문제로 압축해볼 수도 있을 것이다.

이를 요약해보면 먼저 정치적으로는 식민지기간을 통해서 군주주권체제는 청산되고 공화주의가 정착되었으므로 국체國體 문제에서는 좌우 세력이 모두 민주공화제를 채택했으나 정체政體 문제에서는 3권분립 지향과 3권귀일의 차이가 있었다.

다음 국제정치상의 위치 문제에 대한 인식의 차이는 곧 신탁통치 문제에 대한 찬성과 반대로 나타났다고 하겠다. 이 문제는 사실 대한제국 멸망 후 국제상의 정통 권력 부재 상황에서 정통 정부를 세우기까지의 과도정부 수립과 그것에 대한 연합국의 후견 문제였으나, 8·15의 국제정치적 위치 문제에 대한 이해의 차이로 결국 분단국가의 건설로 치닫고 말았다.

경제체제 문제에서 독립운동시기는 좌우익을 막론하고 식민지배 아래서 거의 적산화된 중요 산업과 토지를 국유화하는 정책으로 의견을 같이했으나, 8·15 후에는 공산주의세력과 자본주의세력의 분할점령에 편승해서 좌우익의 정책에 차이가 나타나게 되었고 분단과 함께 경제체제도 철저히 대립되는 방향으로 나아갔다.

결국 식민지 시기를 통한 민족운동전선이 지향한 8·15의 민족사적 단계는 독립운동 과정에서 빚어진 좌우익의 대립을 해소하고 통일된 민족국가를 수립하는 방법으로서의 정치적 공화주의와 의회주의체제, 경제적 사회주의체제를 지향했고 그것의 실현을 위한 중간세력도 어느 정도 형성되었으나, 분할점령 아래서의 좌익의 극좌화, 우익의 극우화 현상은 독립운동전선이 설정한 방향이 그대로 이어질 수 없게 했다.

8·15의 역사적 의의를 구명하려는 한국사학은 독립운동전선의 역사적 지향과 8·15 후의 분단체제가 만들어놓은 역사적 현실 사이의 괴리를 지적함으로써 하나의 답을 얻게 될 것이다.

# 3 대한민국임시정부와 신탁통치문제

### 해방 전의 국제공동관리론

해방 전후의 우리 역사를 이해함에 있어서 일반적으로 미·소 양군의 분할점령과 신탁통치문제는 해방과 함께 나타난 새로운 변수로 생각되는 경우가 많다. 그러나 그 가운데 신탁통치문제는 해방 전의 독립운동 과정에서 이미 나타난 전쟁 후 한반도의 국제공동관리 문제와 깊은 관계가 있다. 해방 무렵 우리 독립운동세력은 여러 갈래가 있었지만, 지금까지의 자료적 조건으로는 국제공동관리 문제에 관심을 가지고 반응을 나타낸 경우는 당시 중국의 중경에 있던 대한민국임시정부뿐이 아닌가 한다.

1943년 2월에 임시정부의 외교부장이던 조소앙趙素昻이 중국의 어느 일간지에 썼던 「전후 한국독립문제 불능찬동국제공관戰後韓國

獨立問題不能贊同國際共管이란 글이 지금도 그의 문집에 남아 있다. 그것에 의하면 1942년 4월에 미국에서 발행된 『행복幸福』, 『생활生活』, 『시대時代』의 세 잡지에서 전쟁 후의 태평양문제를 논하면서 한국독립문제를 국제공동관리로 해결해야 한다는 내용을 발표했고, 같은 해 7월에 역시 미국의 『아시아』 잡지에 오스트레일리아 기자가 쓴 전쟁 후의 평화원칙 9항에도 같은 내용이 있었다. 또한 같은 때 남캘리포니아 대학 국제협회에서의 국제문제 토론에서도 한국이 즉시 독립할 자격이 없다는 내용의 발언이 있었다.

앞서 제1차 세계대전이 끝난 후 세계문제를 논의하기 위한 파리강화회의가 개최되었을 때 당시 미국에 있던 이승만 등이 한국을 일본의 식민지배에서 벗어나게 하는 방법으로 이때 성립된 국제연맹의 위임통치지역으로 하려는 안을 제출하려 했다가 실패했고, 그것이 뒷날 그가 임시 대통령에서 물러나게 되는 원인의 하나가 되었지만, 제2차 세계대전 후의 한반도문제 처리방안을 두고 미국 측에서 국제공동관리론이 나오게 된 것이다.

한편 이 시기 미국에서는 전쟁 후의 한반도문제를 두고 민간 측에서뿐만 아니라 정부 측의 의견도 나오고 있었다. 1943년 3월에 영국 외상 이든이 워싱턴을 방문하여 미국 대통령 루스벨트와 회견했는데, 4월 7일자 『시카고 선』지는 런던발 기사로 "우리 대통령과 이든 영국 외상은 한국은 일본과 분리되고 제한된 기간 동안 국제신탁통치하에 둔 다음 독립국가로 선포한다는 데 의견이 합치된 것"이라 전하고 있었다.

이와 같은 미국 측에서 나온 전쟁 후 한반도의 국제공동관리론과 신탁통치론에 대해 대한민국임시정부는 즉각적인 반응을 나타냈다.

외교부장 조소앙은 연합국 측이 한반도의 국제공동관리론 및 신탁통치론을 내놓은 이유를 대체로 두 가지로 파악하고 있다. 그것은 첫째, 전쟁 후 일본의 한반도에 대한 재침략을 방지하기 위하여 한반도를 완충지대로 하고 국제공동관리를 실시해야 한다는 것이며, 둘째, 한국인의 자치능력이 부족하므로 국제 감호監護 시기를 경과한 후에 다시 독립하게 한다는 것이었다.

이에 대해 조소앙은 "만일 전쟁 후 일본의 침략을 방지하기 위한다면 무슨 이유로 일본을 공동관리하자고 하지 못하고 한국을 공동관리할 것인가. 만일 일본을 방비하기 위하여 한국을 공동관리하자는 이유가 성립된다면 독일을 방지하기 위해서는 유럽의 작은 나라들을 다 국제공동관리하여야 할 것이 아닌가." 하고 구체적으로 다음과 같은 여섯 가지 이유를 들어 한반도 국제공동관리론을 반박했다.

첫째, 근대 이후의 각종 국제적 선언들이 천명해온 세 가지 민족자결 원칙, 즉 병합된 국가들이 그 자유로운 결정에 의해 해방될 수 있는 권리와 해방된 국가가 자유롭게 건국을 결정하는 권리, 해방된 국가가 그 정치·외교·군사 문제를 자유롭게 결정하여 건국하는 권리, 해방된 국가가 다른 나라에 다시 부속되지 않을 것을 자유롭게 결정하는 권리 등에 비추어보면 한반도의 위임통치나 국제공동관리가 이 민족자결 원칙에 위배된다는 점.

둘째, 한국을 비롯한 베트남·필리핀·인도·버마(미얀마) 등 아시아의 피압박 민족이 전쟁 후에는 자주독립을 획득해야 하며, 그것은 유럽의 망명정부들에 소속되어 있는 각 민족들이 강대국에 의해 점령되거나 관리되어서는 안 된다는 것과 같다는 점.

셋째, 한국은 그 물산과 인구 및 영토의 자연적 조건이나 문화·역사·정치능력 및 민족적 능력 면에서 새로운 국가를 건설하기에 족하며 또 자립할 수 있으므로 외국인에 의한 관리가 불필요하다는 점.

넷째, 한국민족은 완전독립과 자유를 얻지 못하면 어떤 나라로부터의 어떤 종류의 관리에 대해서도 과거 30년간 계속해온 혈전을 그대로 계속할 것이며, 한국을 국제공동관리 아래 두는 것은 극동지역의 평화를 파괴하는 일이라는 점.

다섯째, 국제공동관리로 한국문제를 해결하려는 것은 적국 일본에게 선전 자료를 주는 결과가 되어 한국의 독립운동에 지장을 주며, 의외의 결과를 낳게 될 것이라는 점.

여섯째, 구식 제도인 위임통치로 전쟁 후의 약소민족 문제를 해결하는 방안은 미국의 여론을 대표할 수 없을 뿐만 아니라 중국·소련·영국 등 국가의 인정도 못 받을 것이며, 전쟁 후의 극동 정세를 안정시키는 유일한 방법은 한국과 중국의 완전독립과 그 영토의 보전이라는 점.

이후에도 임시정부는 전쟁이 끝날 때까지 계속 성명서·공포문公布文·대외선언 등을 발표하면서 한반도 국제공동관리론의 부당성을 강조했다. 그러나 임시정부 자체가 국제기구나 연합국의 정식 승인을 받지 못하고 있었기 때문에 이들 성명이 실제적인 효과를 거둘 수 없었다.

## 임정臨政의 국제적 지위와 공동관리론

제2차 세계대전이 끝날 무렵 연합국 일각에서 한반도의 국제공동관리론이 나오고 있었다는 사실은 곧 전쟁 후 한반도문제의 귀추와 직결되는 일이었고 그 때문에 임시정부가 날카로운 반응을 나타낸 것은 당연하다. 그러나 임시정부 측의 강경한 반대에도 불구하고 왜 연합국 측에서 꾸준히 국제공동관리론이 거론되고 있었는가 하는 문제는 지금에 와서도 냉정하게 되돌아볼 필요가 있다.

20세기 초엽에 한반도지역이 불행하게도 식민지로 전락했지만, 한국 정도의 문화 수준과 근대적 의미의 민족 형성이 이루어진 지역이 식민지 피지배 지역으로 전락된 경우는 세계사에서도 드물었다. 식민지로 전락될 무렵에 이른바 근대적인 의미로서의 민족 형성이 완성되었는가 하는 점에서 다소 관점의 차이가 있을 수 있다 해도 한국민족은 언어의 통일은 물론, 단일한 정치체제가 형성된 지 오래이며, 특히 중세 문화권에서는 높은 문화민족으로서의 위치를 가지고 있었던 것이다.

이와 같은 조건들 때문에 한국민족은 식민지배기간을 통해 어느 피지배 민족보다도 지속적이고도 치열한 민족해방운동을 벌여왔고 전체 식민지기간 35년 중 25년간 망명정부·임시정부를 유지해왔다. 따라서 한국민족은 비록 독자적인 힘으로 한반도에서 일본의 식민지배를 종식시키지는 못했다 해도 연합군의 승리로 전쟁이 끝나고 나면 즉시 독립을 할 수 있으리라 믿고 있었다. 특히 임시정부의 경우는 해방 후 정부 자격으로 귀국하여 총선거를 관리하고 그것에 의한 정식 정부의 수립을 주관하기를 바라고 있었다. 그러나 불행하게도 이와 같은 바람은 일종의 주관적 바람에 지나지 않았고 국제적·객관적 조건은 그보다 훨씬 냉엄했다.

대한제국이 일본에 의해 '합방'되고 한반도지역이 식민지로 전락할 때 그 국민들은 주권을 가지고 있지 못했다. 주권자는 대한제국의 황제였던 것이다. 그 때문에 '합방'조약이 체결될 때도 황제의 옥새 하나만으로 법적인 절차가 끝날 수 있었고 의회의 인준 절차 같은 것은 필요없었다. '합방'조약이 체결된 후 한국민족은 어디에서도 합법적인 정부를 가질 수 없었으며, 따라서 한반도에서 일본의 식민지배가 끝날 시점에 한반도지역은 적어도 법적으로는 권력의 공백지가 될 수밖에 없는 실정이었던 것이다.

거족적인 민족독립운동으로서의 3·1운동의 결과로 국외에서나마 임시정부가 성립된 것은 앞으로의 독립운동을 총지휘할 본부로서의 의미도 높은 것이었지만, 한편으로 해방된 후의 권력의 공백을 메우기 위한 장치로서도 중요한 의미를 가지는 것이었다.

임시정부가 중국의 상해에 세워질 때 이를 독립전쟁, 즉 무장독립운동의 총본산으로 해야 한다는 생각을 가진 독립운동세력은 임시정부를 교포들이 많이 살고 독립군 단체가 많은 만주나 노령지방에 두어야 한다고 주장했다. 그러나 임시정부는 독립전쟁을 직접 지휘하기보다 당시의 국제연맹에 가입하거나 중요 강대국들의 승인을 받아 망명정부로서의 국제적 합법성을 인정받는 일이 또한 중요하며 그것을 위해서는 국제도시인 상해에 두는 것이 유리하다는 주장에 따라 결국 상해에 두게 된 것이다.

결국 외교독립론 중심으로 세워진 임시정부는 이후 구미위원부 歐美委員部 등을 두고 국제적 승인을 받아 합법성을 가지고자 노력했으나 모두 실패하고 해방이 될 때까지 어느 한 나라의 정식 승인도 받지 못하고 말았다. 25년간이나 지속된 임시정부가 어느 나라의 정식 승인도 받지 못한 이유는 일본의 끈질긴 방해에 있었지만 한편으로 임시정부 자체에도 원인이 있었다.

임시정부가 처음 성립될 때는 각 지방의 독립운동세력과 좌우익 세력이 대부분 참가하여 민족독립운동을 총지휘할 본부로서의 역할이 기대되었다. 그러나 임시정부는 곧 지역적·사상적·독립운동 방법론적 대립을 그 안에서 해소하지 못하고 분열되기 시작했다. 먼저 이동휘李東輝를 중심으로 하는 좌익세력이 이탈했고, 다음에는 이른바 창조파와 개조파改造派로 분열되었다가 창조파가 이탈해버림으로써 민족독립운동의 총본부로서의 위치를 유지하지 못하게 된 것이다.

국제적 승인을 얻지 못한 채 침체상태에 빠져 있던 임시정부도 중일전쟁과 태평양전쟁이 일어나서 일본의 패전이 전망되자 이에 대비하기 위해 여러 가지 새로운 움직임을 보였다. 그것은 먼저 독립운동전선을 임시정부 중심으로 연합해가려는 노력으로 나타났다.

1930년대 후반기 이후 중국에서의 독립운동세력은 몇 번의 진통을 겪은 끝에 김구를 중심으로 하는 임시정부 여당의 한국독립당과 김규식·김원봉 중심의 민족혁명당, 그리고 김두봉 중심의 조선독립동맹의 세 세력으로 결집되었다. 이 가운데 한국독립당과 민족혁명당이 연합하여 임시정부를 강화해갔고, 나아가서 조선독립동맹 쪽과도 연합하려 노력했다.

또한 무장 독립군 부대를 직접 못 가졌던 임시정부가 1940년에는 장개석 정부의 도움으로 광복군을 조직하여 독립전쟁 방법으로 돌아섰고, 민족혁명당이 가지고 있던 조선의용대를 합쳐 그 세력을 강화하는 한편 영국군을 도와 인도·버마 전선에 참전하기도 했고 중국 주둔 미국군과 함께 특수부대를 만들기도 했다.

일본의 패망과 민족해방에 대비하는 임시정부의 노력은 또 한편으로 연합국의 정식 승인을 받아 그 합법적 지위를 획득하려는 방향으로도 나타났다. 미국과 영국이 1941년에 대서양헌장을 발표하여 전쟁 후의 세계구상을 표명하게 되자 임시정부는 즉시 미국 대통령에게 임시정부를 승인하고 외교관계를 개시할 것을 요청하는 서한을 제출했고 이후 계속해서 연합국의 승인을 얻기 위한 외교적 노력을 폈다.

일본의 패전이 목전에 온 1944년 7월에 임시정부는 외무부장의 이름으로 「대외선언」을 발표하여 "한국임시정부와 동맹국 간의 외교관계 수립의 필요를 절감한다. 더구나 한국독립의 국제보증이 카이로 회담에서 결정된 이상 한국임시정부의 국제승인을 우방 정부에 대하여 요구할 권리가 있다."고 주장한 후 다시 "한국임시정부는 정중하게 전쟁 후 한국은 무조건으로 완전하게 독립국가로서의 민주정부를 수립할 만한 능력이 한국인 자신에 성숙되었음을 자신하며 한국인의 단결과 자력으로써 능히 독립국가를 호유護維할 것을 확신한다. 그러므로 이미 누차 성명한 바와 같이 '상당한 정서程序' 또는 '국제감호' 운운의 의운疑雲이 전쟁 결말과 함께 청산될 것을 확신한다." 하고 국제공동관리론을 다시 거부하고 있다.

일본의 패망은 가까워오는데 연합국의 정식 승인을 받지 못해 합법적 망명정부로서의 국제적 인정을 받지 못할 처지에 놓였고, 그럼으로써 해방 후의 한반도문제가 국제공동관리의 방향으로 처리될 가능성이 높아진 데 대한 임시정부의 초조함과 안타까움이 이 성명 속에 드러나 있음을 알 수 있지만, 결국 임시정부가 연합국의 정식 승인을 받지 못한 상태에서 일본이 항복하고 말았다. 김구가 그 자서전 『백범일지』에서 "일본의 항복을 듣고 하늘이 무너지는 듯 했었다."고 말한 심정은 이런 면에서도 이해할 만하다.

임시정부는 일본이 항복하던 그날로 성명서를 발표하여 일본의 항복을 접수하는 회의에 한국 대표가 참가할 것, 정전협정 조인 후 1년 이내에 한국임시정부는 주한 연합군 당국과 협력하여 한국인민의 자유의사로 선출되는 합법 대표회의를 소집하고 그로써 헌법에 의하여 중앙정부를 조직함에 노력할 것, 정전 조인 후 한국 내 신정부 건립까지의 1년을 곧 카이로 회담의 '상당 시기'로 해석할 것 등을 주장했다.

그것은 연합국이 한국민을 전승국민으로 인정할 것과 임시정부를 총선거를 관할하는 합법정부로 인정해줄 것, 국제공동관리와 같은 단계를 거치지 않고 독립국가를 수립하게 할 것 등을 연합국 측에 요구한 성명이었지만, 국제승인을 받지 못한 임시정부의 이와 같은 요구를 연합국 측이 들어줄 리 없었다. 임시정부 요원들은 결국 개인 자격으로 귀국할 수밖에 없었고, 귀국한 임시정부는 정부가 아니라 하나의 정치단체로 될 수밖에 없었던 것이다.

### 귀국한 임정과 신탁통치문제

한반도의 해방이 연합국의 전쟁 승리로 이루어지고 해외의 임시정부가 해방을 가져오게 한 연합국의 승인을 얻지 못한 상황 아래서는 해방된 한반도에 한국민이 가진 합법적인 정부는 없었다. 해방 전에 국내에서 비밀리에 건국동맹을 조직했던 여운형이 조선총독부로부터 치안 유지를 위탁받고 건국준비위원회를 만들었다가 미국군의 진주를 앞두고 인민공화국을 선포한 것은 그것을 해방된 한반도 안의 합법정부로 인정받으려는 속셈도 있는 것이었지만 미국은 이를 인정하지 않고 군정을 실시했다.

38도선을 경계로 하여 남과 북에 미국과 소련이 군정을 실시했으나 적어도 해방 당시에는 어느 쪽도 한반도를 분단해서 그 한쪽만을 자신의 세력권 속에 두겠다고 책정하지는 않은 것 같다. 해방 당시 연합국 측의 한반도정책은 전쟁 말기에 거론된 일정한 기간 동안의 국제공동관리를 거친 후 남북을 통한 단일 독립국을 만든다는 방안에 머물러 있었고 그 방안을 구체적으로 협정한 것이 모스크바 3상회의의 결정이었던 것이다.

모스크바 3상회의가 결정한 한반도문제 결정안은 간단히 말해서 남북한을 통한 단일 임시정부를 만들어서 그 임시정부가 5년 동안 한반도를 다스리게 한 후 선거를 통해서 정식 정부를 수립하게 하되 임시정부가 통치하는 5년 동안은 미국·소련·영국·중국 4개국이 그 임시정부를 감독한다는 것이었으며, 이 4개국의 감독이 신탁통치로 표현된 것이다.

신탁통치기간 5년간은 카이로 선언에서의 '상당한 시기'까지에 해당하는 셈이며 국제공동관리의 기간에 해당하는 셈이다. 따라서 한반도의 신탁통치안은 모스크바 3상회의에서 처음으로 나온 것은 아니며 전쟁 중의 국제공동관리론의 연장이요, 구체화라 할 수 있는 것이었다. 8·15 전부터 국제공동관리론을 계속 반대해왔던 임시정부는 일제의 패망으로 귀국한 후에도 그것이 구체화된 신탁통치안에 대해 어느 정치세력보다 강한 반대운동을 폈다.

모스크바 3상회의 결정이 전해지자 임정은 곧 국무회의를 열어 신탁통치에 반대하는 결의문을 4개국 원수에게 보내고 탁치반대국민총동원위원회를 결성하여 시위와 파업을 지휘하는 한편 임정계 정치세력을 집결시키고 반탁운동을 확대하기 위해 이승만계의 독립촉성중앙협의회와 함께 비상국민회의를 결성했다.

임시정부의 공식 대변인이던 조소앙이 "신탁통치를 찬성하는 것이 곧 독립운동이냐 신탁통치를 반대하는 것이 독립운동이냐를 우선 생각하여주기 바란다. …… 우리는 지금 독립운동을 하고 있지 않은가."라고 한 것과 같이 임시정부 측은 반탁운동을 곧 독립운동의 연장으로 간주하고 있었던 것이다.

그러나 임시정부 요인이라 해서 모두 이 반탁노선에 섰던 것은 아니다. 먼저 임시정부 안의 민족혁명당계가 '임정은 당면 정책 제6항을 실현하기 위해서는 좌우 양 진영의 어느 일방에 편향 혹은 가담하지 않고 엄정 중립의 태도를 취하여 양 진영의 편향을 극복하면서 단결을 실현하는 것이 가장 정확한 노선임에도 불구하고 우익으로 편향하고 있는 추세에 처하게 되었다.'는 이유로 비상국민회의에서 탈퇴했고 곧이어 임정 부주석 김규식도 탈퇴했다.

이후 김원봉 등은 민주주의민족전선에 참가하여 좌익의 찬탁노선으로 가고 김규식은 여운형과 함께 좌우합작운동을 추진하는 주역이 되었다. 귀국한 임시정부세력은 결국 김구를 중심으로 하는 반탁노선과 김원봉을 중심으로 하는 찬탁노선, 그리고 김규식을 중심으로 하는 좌우합작운동의 중간노선으로 크게 3분된 것이다.

김규식 중심의 좌우합작노선은 신탁통치문제를 두고 좌우가 극한 대립을 할 것이 아니라 먼저 남북을 통한 단일 임시정부를 수립하고 그 후에 신탁통치문제에 대응하는 것이 민족의 분단을 막는 길이라 생각한 데 반해, 김구를 중심으로 하는 또 다른 임시정부세력은 이승만세력·한민당세력과 함께 반탁운동을 적극적으로 펴면서 찬탁의 좌익과 대립해갔다.

이들 세 정치세력이 이후 반탁운동의 주도 세력이 되었지만, 그러나 그 정치노선이 반드시 일치한 것은 아니었다. 남북을 통한 단일 임시정부를 수립하기 위해 개최된 미소공동위원회가 결국 실패하고 미국이 모스크바 3상회의 결정에 의한 한반도문제 해결방안을 포기하고 그것을 유엔으로 이관함으로써 남한에서의 단독정부 수립 가능성이 높아지자 임시정부계와 이승만·한민당계 사이에 노선의 차이가 나타났다.

이승만과 한민당계 세력은 반탁운동을 펴면서 한편으로 남한만의 단독정부 수립을 추진해 나간 데 비해서 임시정부의 김구세력은 신탁통치에도 반대하고 단독정부 수립에도 반대하는 노선을 취했다. 이승만계의 반탁운동은 좌익세력과 결별하고 남한만의 단독정부를 수립할 수 있는 정치운동인 데 반해서 김구계의 그것은 즉시독립 이외의 어떤 유예기간도 둘 수 없는, 그러면서 분단국가를 수립할 수는 없는, 민족분단을 막기 위해서는 좌익과도 협상할 만한 여유가 있는 민족독립운동의 연장이었던 것이다.

그 때문에 김구계는 남한 단독정부 수립안의 확정으로 민족분단이 고정화할 위기에 처하자 반탁운동을 함께해온 이승만과 결별하고 좌우합작운동을 펴온 김규식세력과 다시 노선을 같이하여 남북협상의 길로 나아갔으나 이미 성과를 기대할 단계는 지나고 있었다.

요컨대 임시정부 김구계열의 경우 해방 후의 반탁운동은 독립운동시기에 임시정부가 펴오던 한반도 국제공동관리 반대운동의 연장으로 볼 수도 있다. 평생 독립운동에 헌신한 그들을, 자기 민족의 자치능력을 인정하지 않고 완전독립까지 일정한 유예기간을 요구하는 국제세력에 저항하는 독립운동의 연장으로 볼 수도 있는 것이다.

그러나 임시정부가 국제공동관리를 반대하던 때와 신탁통치를 반대하던 때 사이에는 미·소 양군의 한반도 분할점령이라는 새로운 변수가 있었고, 그것은 장차 민족분단을 고정시킬 수 있는 가장 나쁜 조건의 하나가 되어 있었다. 그리고 해방 전의 국제공동관리 반대운동은 민족독립운동뿐일 수 있었지만 해방 후의 신탁통치 반대운동은 민족독립운동일 수만은 없었다. 경우에 따라서 특정 정치세력의 집권을 위한 정치운동이 될 수도 있었던 것이다.

# 4 | 김구·김규식의 남북협상을 다시 본다

**머리말**

1948년의 5·10총선거를 앞두고 남북협상이 감행된 지도 어언 40년이 되었다. 냉전주의·분단주의·북진통일론적 현실인식 및 역사인식이 강하게 작용했던 이승만 정권 시기에는 김구·김규식의 남북협상이 비현실적·이상주의적 발상과 행동으로, 실패할 수밖에 없는 공산주의자와의 무의미한 협상으로, 대한민국의 수립을 지연시키기 위한 정치적 방해공작의 일환으로 인식되기도 했다.

박정희 정권이 성립된 후 종래의 무력통일정책이 일단 물러서고 평화통일정책이 표방되었고 실제로 남북의 적십자회담·정치회담이 일부 진행되기도 했지만, 김구·김규식의 남북협상을 심층적으로 연구하거나 그 성격을 재평가하려는 움직임은 그다지 나타나지 않았다. 이 시기의 평화통일론이 가지고 있는 성격의 일단이 여기에서도 나타난 것이라 하겠다.

그러나 주체적 평화통일론은 이제 확고히 자리 잡아가고 있으며, 냉전주의·분단주의도 서서히나마 청산되어가고 분단국가주의에 대신해서 통일민족주의가 전면에 나서기 시작하고 있다. 그리고 이와 같은 역사적 변화와 함께 우리 근·현대사 속에서 민족통일전선운동을 보는 눈도 '간헐적으로 일어났으나 결국 실패할 수밖에 없는 운동'에서 '거듭된 실패에도 불구하고 간단없이 계속되고 있으며 반드시 달성될 통일민족국가 수립운동'으로 바뀌어가고 있다.

1948년의 남북협상도 근·현대사 위에 계속 일어난 통일민족국가 수립운동의 일환이라는 관점에서 볼 때 비로소 그 역사적 위치 및 성격을 정확하게 파악할 수 있지 않을까 한다. 김구·김규식에 의해 제의된 남북협상은 그 당시에도 정치협상적 의미보다 민족운동적 의미가 더 큰 것이었지만 40여 년이 지난 지금에 와서 보면 그 성격은 더욱 뚜렷해진다 할 것이다.


**남북협상의 배경**

**독립운동전선의 통일전선운동**

1948년의 남북협상을 단순한 일시적 정치협상으로 보지 않고 민족통일운동의 일환으로 보는 경우 그 배경은 역시 식민지 시기의 독립운동전선에서부터 구하지 않을 수 없다.

식민지 시기 독립운동전선에서의 좌우의 분립을 부인하려는 경우가 더러 있지만, 좌익운동도 독립운동으로 보는 이상 그 분립을 부인할 수는 없으며, 실제로 이 분립을 해소하고 전선을 통일하려는 움직임이 여러 번 있었다. 상해 임시정부의 수립도 어떤 의미에서는 좌우익 통일전선의 성립으로 볼 수 있으며, 1920년대 후반기의 민족유일당운동과 그 일환으로서의 신간회운동도 민족협동전선 내지 통일전선으로 볼 수 있다.[1]

1948년 남북협상의 주역인 김구·김규식이 독립운동전선에서 민족통일전선운동의 주역으로 등장하는 것은 1930년대 후반기 중국에서의 독립운동전선에 성립된 민족연합전선운동에서부터였다.[2] 독립운동전선을 연합하려는 노력은 김규식이 먼저 적극성을 띠었다.

1922년에 이미 독립운동에 도움을 얻고자 모스크바의 극동노력자회의極東勞力者會議에 참가한 바 있었던 그는 1932년에 중국 지방의 좌우를 막론한 우리 독립운동세력을 연합하기 위해 대일전선통일동맹을 결성하는 데 주역이 되었다.

독립운동을 효과적으로 수행하기 위해서라면 사상적 차이를 넘어설 수 있었던 김규식은 이 대일전선통일동맹을 발전시켜 좌익으로 지목된 김원봉, 우익의 조소앙, 지청천池靑天 등 당시 중국에 있던 독립운동세력을 거의 망라한 연합전선으로서의 조선민족혁명당을 1935년에 결성하고 그 주석이 되었다. 그리고 1937년에는 한때 민족혁명당이 중심이 되고 조선민족해방운동자동맹 등을 합쳐 조선민족전선연맹을 결성했다.

한편 김구는 민족혁명당에는 참여하지 않았으나 자신이 이끌던 한국국민당과 조선혁명당 등을 합쳐 1937년에 한국광복운동단체연합회를 결성했고 마침내 1937년에는 김규식·김원봉 중심의 조선민족전선연맹과 연합하여 임시정부를 강화함으로써 당시 중경에 있던 독립운동세력 전체의 연합전선을 형성하는 한편 연안에 있던 조선독립동맹과도 연합하기 위해 임정 요원 장건상張建相을 파견했으나 곧 해방이 되었다.

해방 후 귀국한 김규식은 이와 같은 연합전선운동의 연장선상에서 해방 직전의 국내에서 건국동맹을 조직하여 역시 임정 및 연안 독립동맹과 연합전선을 기도했던 여운형과 함께[3] 좌우익의 극한적인 대립을 해소하고 통일된 민족국가를 수립하기 위한 좌우합작운동을 펼쳤으며 다시 김구와 함께 그 연장선상에서 남북협상에 나아가게 되었다.

한편 김구의 경우 해방 후 귀국해서는 이승만과 함께 우익세력을 이끌면서 적극적으로 반탁운동을 펴다가 이승만이 단정수립노선으로 나아가게 되자 이탈하여 다시 김규식과 함께 남북협상노선으로 나아감으로써 민족통일전선으로 복귀했던 것이다.

**한독당 반탁론의 배경**

임정을 이끈 핵심세력으로서의 한독당韓獨黨이 해방 후의 정국에서 이승만계 및 한민당계와 가까워지면서 이 시기에 새로 형성된 우익집단의 한 부분으로 합류하게 되는 직접적인 동기는 역시 반탁운동에 있었다.

그러나 한독당이 반탁운동을 펴게 된 배경은 이승만계나 한민당계의 그것과 달랐다. 이승만계나 한민당계의 반탁운동이 즉시 독립을 명분으로 한 강력한 반탁운동을 폄으로써 우익세력을 규합하고 그것을 통해 좌익 측보다 약세에 있었던 정치정세를 만회하려는 데 상당한 목적을 두고 있었다면, 한독당의 그것은 독립운동시기부터

의 한반도 국제공동관리 반대의 연장이라는 의미가 더 크다고 할 수 있는 것이다.[4]

일본의 패망과 함께 권력상으로 공백지대가 되는 한반도를 국제공동관리 아래 두어야 한다는 논의는 1943년에 이미 미국에서 나왔다. 이 논의는 해방 후의 한반도를 일정 기간 국제신탁통치 한다는 뜻이며, 그것은 곧 연합국이 임시정부의 정통성을 인정하지 않는다는 사실을 한 번 더 명백히 한 것이었다.

25년간 유지되어온 망명정부이면서도 연합국의 승인을 받지 못했던, 따라서 해방 후 귀국해도 총선거를 담당할 정권이 되지 못할 처지에 있었던 임정은 이 국제공동관리론에 강력히 반대하는 한편 연합국의 승인을 받기 위한 노력을 다각도로 벌였다. 안으로는 민족혁명당과 연합을 이루고 연안의 조선독립동맹과 연합을 추진했으며, 밖으로는 연합군과 군사적 연계를 적극 기도한 것이다.

그러나 일본이 패망할 때까지 연합국의 승인을 받지 못하고 그 요원이 모두 개인 자격으로 입국할 수밖에 없었으며, 입국한 후 곧 모스크바 3상회의의 신탁통치안이 발표되었다. 독립운동시기의 국제공동관리문제와 해방 후의 신탁통치문제 사이에는 미·소 양군의 분할점령이란 대단히 큰 변수가 생겼지만 임시정부나 한독당 측으로서는 신탁통치론은 국제공동관리론의 연장으로 이해되었고 따라서 강력한 반탁론을 펴게 되었다.

독립운동시기의 임시정부나 한독당에게는 국제공동관리론 반대가 곧 독립운동의 일환이었으며 해방 후의 반탁운동 역시 그 독립운동의 연장이었다. 모스크바 3상회의 결과가 전해지자 임정은 곧 국무회의를 열어 반탁을 결의했고 공식 대변인 조소앙은 "신탁통치를 찬성하는 것이 독립운동이냐 신탁통치를 반대하는 것이 독립운동이냐를 우선 생각하여주기 바란다. 우리는 지금 독립운동을 하고 있지 않은가."⁵ 하고 강조했다.

같은 반탁운동 진영이었으면서도 이승만계나 한민당계는 단독정부수립론으로 가고 김구를 중심으로 하는 임정 내지 한독당계는 단정수립 반대 및 남북협상론으로 가게 되었지만, 이 차이는 바로 두 세력이 벌인 반탁운동의 목적과 성격의 차이에서 온 것이라 할 수 있으며, 따라서 남북협상의 배경을 생각할 때 반드시 짚고 넘어가야 할 부분인 것이다.

**한반도문제 유엔 이관과 양 김金**
연합국 측의 전쟁 후 한반도문제 처리 원칙은 미소공동위원회에 의한 남북한 단일 임시정부 수립과 5년간 4대국의 '후견'에 의한 이 임시정부를 통한 통치, 그리고 총선거에 의한 완전 독립정부의 수립을 내용으로 하는 모스크바 3상회의의 결정이었다.

그러나 우익 측의 신탁통치 반대와 미·소공동위원회의 결렬로 남북한을 통한 임시정부 수립의 가망이 없게 되자 미국은 모스크바 3상회의 결정을 포기하고 한반도문제를 유엔으로 가져갔다. 소련은 한반도문제의 유엔 이관이 3국외상회의 결정의 위배일 뿐 아니라 당시 유엔에서의 형세가 미국 측에 유리했으므로 유엔 이관 자체를 반대했다.

따라서 이 시기의 한반도문제가 미국의 일방적 의사에 의해 유엔으로 이관되고 유엔 감시하의 남북한 총선거에 의한 통일독립정부 수립안이 가결된다 해도 한반도문제의 유엔 이관 자체를 반대한 소련이 이에 응하리라고는 기대하기 어려웠고, 이 때문에 한반도문제의 유엔 이관 자체가 이미 단독정부 수립으로 갈 가능성이 높은 것이었다. 그러나 김구·김규식은 한반도문제의 유엔 이관에 일단 찬성했다가 단독정부 수립에는 반대했다. 따라서 그 경위를 밝혀야 양김의 남북협상 제의를 이해하는 데 도움이 된다.

한반도문제가 미국에 의해 유엔으로 이관되고 유엔 감시하의 총선거가 결의되었을 때 한독당은 이 선거에 적극 참여할 것을 결의했고, 김규식을 중심으로 하는 중간세력으로 좌우합작을 추진했던 정치세력의 집결체인 민족자주연맹 역시 유엔 감시하의 총선거에 찬성했다.[6]

김구·김규식으로 대표되는 한독당이나 민족자주연맹이 유엔 감시하의 총선거를 찬성한 것은 그것이 소련의 입북入北 거부와 단정 수립으로 연결될 것이라는 사실보다 신탁통치 없는 독립정부 수립의 길이라는 점이 더 크게 받아들여진 것으로 보인다.

김구는 이 문제에 대해 "먼젓번에 마샬안案이 유엔 총회에 제출되었을 때에도 나는 온 장안 동포와 같이 서울운동장에 나가서 목이 터지도록 마샬안 지지 만세를 부르고 미·소 양군 철회와 남북통일 자주정부 수립의 주장을 목이 터질 만큼 절규하였었고 유엔위원단 환영대회 때도 서울운동장에 나가서 성심으로 환영하였다. 메논 박사도 나에게 찾아와서 말하기를 3000만 한인이 기원하는 남북통일 총선거, 38선 취소, 남북요인회담, 내정간섭 없고 신탁 없는 통일정부 수립, 미·소 양군 철수 등등의 조건을 실시하러 온 것이라고 하기에 나도 그럴 듯싶어서 감사의 악수를 하였던 것"이라 했다.[7]

김구 등이 한반도문제가 미국에 의해 유엔으로 이관된 후에도 남북통일정부의 수립이 가능하며 그것이 곧 신탁통치를 거치지 않고 통일정부를 세우는 길이라고 생각한 것은 이 시기의 유엔의 권위를 너무 과신하고 있던 것이 아닌가 하는 생각을 가지게 한다.

유엔에서 총선거안이 결정되었으나 소련의 유엔위원단 입북 거절로 남북한을 통한 총선거가 어렵게 되었을 때 김구는 "북한에서 소련이 입경入境을 거절하였다는 구실로써 유엔이 그 임무를 태만히 하지 아니할 것을 요구한다." 하고, 소련의 입북 거절로 유엔이 한반도의 통일자주독립정부 수립을 포기할 경우 한반도의 분할 책임을 미·소로부터 유엔이 인계받게 될 것이며 유엔의 위신이 떨어져 세계질서가 다시 파괴될 것이라 했다.[8]

또한 김구는 미·소 양군의 철수를 주장하면서 '미·소 양군은 즉시 철수하되 소위 진공상태로 인한 기간의 치안 책임은 유엔에서 일시 부담하기를 요구'했다. 그는 소련의 입북 거절 후에도 유엔에 의한 통일정부의 수립이 가능하기를 기대하고 있었던 것 같지만, 유엔 소총회의 '가능한 지역 선거'로 그것이 무산되어버리자 그 대안으로 남북협상을 제안한 것이라 볼 수 있다.

한반도문제의 유엔 이관 자체가 곧 단정수립의 길임을 인식할 수 있었으면, 더 거슬러서 이승만계의 반탁운동이 결국 단정수립으로 가는 길임을 예측할 수 있었으면 최후 처방적인 남북협상과 다른 통일정부수립운동이 마련될 수 있었을지도 모른다.

**양 김의 단정반대 논리**

한반도문제가 미국에 의해 유엔으로 이관되고 이에 따라 1947년 11월의 유엔 총회가 총선거안, 유엔 조선위원단 설치안, 정부수립 후 양군 철퇴안을 가결한 후의 남한 정국은 유엔의 한반도문제 처리를 찬성하되 임시정부의 법통을 강조하면서 남북한 총선거를 통한 통일정부 수립을 주장하는 우익의 한독당 중심 국민의회 세력과 미소공위 및 좌우합작의 실패 등을 내세워 남한 단독정부 수립을 주장하는 우익의 독촉국민회獨促國民會 중심 한국민족대표자대회 세력, 그리고 한반도문제의 유엔 이관에는 반대하지 않았지만 단정수립에는 반대하는 민족자주연맹 중심의 이른바 중간파, 한반도문제의 유엔 이관 자체를 반대하고 단정수립에 반대하는 좌익세력으로 크게 4분되었다.

그러나 1948년 1월에 소련이 유엔 위원단의 입북을 거부하고 2월에 유엔 소총회가 남한만의 선거를 결의하게 되자 남한의 정계는 크게 남한 단정수립을 찬성하는 세력과 그것을 반대하는 세력으로 양분되었다. 김구를 중심으로 하는 우익 측의 단정반대 세력과 김규식 중심의 이른바 중간파 세력이 함께 단정반대 노선에 서게 되었고 신탁통치문제로 김구 세력과 격렬하게 대치되었고 좌우합작문제에 냉담했던 민주주의민족전선 중심의 좌익세력도 남한 단정반대 노선에서는 김구·김규식 세력과 일치하게 되었으며 여기에 남북협상의 길이 열리게 된 것이다.

김구·김규식의 남한단정반대론의 근거는 물론 민족분열을 방지하자는 데 있었다. 그러나 김구의 경우를 예로 들면 그에게 단독정부 수립은 민족분열일 뿐만 아니라 유엔의 이름으로 이루어지는 미국에 의한 신탁통치였고 세워질 남한정부가 미국의 예속 아래 들어가는 것이라 이해되었다.

"반쪽 정부에 대해서는 누차 언급한 바와 같이 첫째는 유엔의 이름을 빌려서 일국신탁—國信託을 실시하려는 궤계詭計를 철견徹見하여야 하며"[9]라고 한 것이나 "그들은 당장에 독립이나 되는 듯이 대통령도 내고 조각組閣도 하느라고 분망하지마는 프랑스 안남총독 밑에 안남황제가 있다는 것을 알면 그토록 흥이 날 것이 없는 것이다."[10]라고 한 것과 같이 남한 단독정부의 수립은 그에게는 독립이 아니라 미국에 의한 신탁통치요, 예속이었던 것이다.

결국 김구나 김규식에게 남한 단독정부 수립은 독립이 아닌 미국에의 예속이었으며, 그 때문에 그들에게 단정반대운동은 독립운동의 연장이었고 남북협상 역시 정치협상이라기보다 민족운동으로서의 통일민족국가 수립운동의 연장이었다고 할 수 있다.

김구는 "독립이 원칙인 이상 독립이 희망이 없다고 자치를 주장할 수 없는 것을 왜정하에서 충분히 인식한 것과 같이 우리는 통일정부가 가망 없다고 단독정부를 주장할 수 없는 것이다."[11]라고 하여 통일정부수립운동이 독립운동의 연장임을 확실히 인식하고 있지만, 귀국 후 특히 신탁통치문제·좌우합작문제에서 약간 처지를 달리했던 양 김兩金이 단정반대와 남북협상에서 행동을 통일할 수 있었던 것은 그것이 정치적 문제라기보다 독립운동의 연장으로 인식되었기 때문이라 할 수 있을 것이다.


## 남북협상의 논리

### 주체적 평화통일론

김구나 김규식과 같은 임시정부계로서는 귀국 후 독립정부 수립을 위한 총선거를 스스로 관리하고 싶었고 미·소 양군의 분할점령으로 생긴 38선을 철폐하고 통일정부를 세우는 역할도 스스로 담당하고 싶었다. 그러나 연합국에 의해 임정의 자격이 인정되지 않음으로써 이들 문제를 결국 미소공동위원회에다 맡길 수밖에 없었고 그것이 실패한 후에는 또 미국이 한반도문제를 유엔으로 가져가는 데도 찬성할 수밖에 없었다.

그러나 유엔을 통한 통일정부 수립이 실패하고 남한단독정부수립안이 확정되자 그들은 미소공동위원회나 유엔을 통한 통일은 외세에 의한 통일이며 남북협상이야말로 주체적 통일을 위한 일이라는 생각을 가지게 되었다.

김구는 "첫째로 자주독립의 통일정부를 수립할 것이며 이것을 완성하기 위하여 먼저 남북 정치범을 동시 석방하고 미·소 양군을 철퇴시키며 남북 지도자회의를 소집할 것이니 이 철과 같은 원칙은 우리의 목적을 관철할 때까지 변치 못할 것이다."라고[12] 하여 양군 철퇴와 남북회의에 의한 통일정부수립안을 강력히 제시했고, 김규식도 "남북회담의 첫 결과가 좋거나 나쁘거나 우리 일은 우리의 손으로 한다고 하였으니 흥해도 우리 힘으로 흥하고 망해도 우리 손으로 망할 것이다. 이제는 막다른 골목이니 한 번 해서 안 되면 열 번이고 백 번이고 계속하여 생명 있을 때까지, 성공할 때까지 하고야 말 것이며 할 수밖에 없다."[13]고 했다.

이와 같은 김구·김규식을 중심으로 하는 정치세력의 주체적 통일정부수립론으로서의 남북협상론은 또 사상적 차이를 넘어선 강력한 민족주의 의식을 바탕으로 하고 있음을 간과할 수 없다. 김구는 남북회담을 제의한 심정을 말하면서 "공산주의자나 여하한 주의를 가진 자를 불문하고 외각을 베이면 동일한 피와 언어와 조상과

도덕을 가진 조선민족이지 이색민족이 아니므로 이러한 누란의 위기에 처하여 동족과 친히 좌석을 같이하여 여하한 외부의 음모와 모략이라도 이것을 분쇄하고 우리의 활로를 찾지 않으면 아니 되겠다." 하고, 나아가서 "북조선에서 김구가 항복하러 온다느니 회개하였느니 여러 가지 말이 있는 듯하나 지금은 그러한 것을 탓할 때가 아니다."라고[14] 하여 남북협상론의 근거가 민족주의에 있음을 강조했다.

다음, 주체적 통일정부수립론으로서의 남북협상론은 또 민족주의 이외에도 평화통일론을 근거로 하고 있음을 확인할 수 있다. 이승만계와 한민당계가 단정수립을 추진해가자 김구·김규식을 중심으로 하는 우익 및 이른바 중간파 세력은 연합하여 단정반대운동의 모체로서의 통일독립운동자협의회를 1948년 4월 3일에 결성했다. 그 선언문은 "설혹 미·소전쟁이 나게 되더라도 거족적으로 반전태도를 취하여야 할 우리가 우리만을 위하여 전쟁할 리 없는 미·소 양국의 장래 전쟁을 바라고 일부러 전쟁의 길을 택할 까닭이 무엇이며 평화의 길이 광장대도廣壯大道와 같이 눈앞에 놓여 있는데 짐짓 못 본 체하고 굳이 전쟁의 길을 취할 까닭이 무엇이냐."[15] 하여 단독정부 수립 후의 통일론이 기어이 무력통일론으로 갈 것임을 내다보고 남북협상론·단정수립반대론이 곧 평화통일론임을 분명히 했다.

**통일운동세력의 통일전선론**

통일정부 수립을 포기하고 단독정부 수립을 획책하는 일을 김구가 식민지 시기의 절대독립을 포기하고 자치론自治論을 편 일과 비유했지만, 그는 남북협상의 제의를 1920년대 우익세력의 일부가 자치론을 펴고 타협주의를 표방했을 때 비타협적인 우익이 좌익과 통일전선을 형성했던 사실과 상통한다고 생각했던 것 같다.

> 우리가 자칭 '우익'이라고 하는 말부터 재검토하여야 합니다. 그런데 보통 말하는 이 땅의 소위 우익 중에는 왕왕 친일파 반역자의 집단까지 포함되는 것이 큰 문제입니다. 그들은 우익을 더럽히는 '군더더기' 집단입니다. '군더더기'들이 정당이니 단체니 하고 혁명세력에 붙어서 거불거린 것입니다. 혁명세력과 반역집단이 합작할 수는 없는 것입니다. 오늘날 내가 반성하는 것은 이 점입니다. 혁명세력끼리의 합작이나 협상이라면 성립되지 않을 하등의 이유도 없는 것입니다.[16]

위에서 김구가 말한 혁명세력이란 곧 독립운동세력을 가리키는 것이며 우익의 '군더더기'란 대체로 단정수립론자들을 가리킨다고 볼 수 있다. 통일민족국가의 수립을 독립운동·민족운동의 연장이라 이해한 그는 통일민족국가 수립의 찬반으로 일제시대 이래의 독립운동세력과 비독립운동세력으로 구분했으며, 좌익이라도 통일민족국가 수립을 지지하는 세력은 혁명세력, 즉 독립운동세력이며 우익이라도 그 노선에서 이탈한 세력은 반민족세력, '군더더기'였던 것이다.

이승만과 같이 지난날 독립운동에 참가했으면서도 단독정부수립 노선으로 간 경우에 대해서는 "무엇보다도 슬프고 딱한 것은 이 박사가 다시 나오지 못할 함정으로만 들어가고 있다는 사실입니다. 이 박사를 포위하고 있는 세력이 어떤 종류의 것이며 그 종국이 어떠한 것인가에 대하여는 이 박사를 아끼고 국가의 전정前程을 염원하는 이로서는 이것을 모르는 이가 단 한 사람이라도 있겠습니까. 나는 하다가 실패하는 한이 있더라도 유엔 위원단이 내도來到하기 전에 이 박사를 붙들고 그의 번의를 위하여 마지막 정성을 다하려고 하였습니다."17라고 한 것과 같이 주위 세력에 의해 오도된 것으로, 따라서 번의시킬 수 있는 상대로 생각했던 것이다.

1920년대의 민족통일전선으로 성립된 신간회운동이 민족운동전선에서 이탈한 타협주의세력을 제외한 좌우익 민족운동세력의 협동으로 발전한 것과 같이 1948년의 통일민족국가 수립을 위한 남북협상도 김구나 김규식에게는 단정수립론자를 제외한 좌우익의 통일전선운동으로 인정된 것 같다. 그들은 앞에서도 논급한 것과 같이 1920년대의 민족협동전선에는 직접 참여하지 않았지만, 1930년대 후반기 이후 중국에서의 민족연합전선운동에서는 모두 주동적인 역할을 다한 경험이 있었다.

김구는 북한 측에 남북협상을 제의하면서 지난날 연안 독립동맹의 주석이었던 북쪽의 김두봉에게 보낸 편지에서 독립운동 말기에 자신이 김두봉의 초청으로 연안에 갈 계획이 있었던 사실, 지역과 파벌을 초월해서 함께 독립군을 압록강으로 진격시킬 계획을 실현하자는 전문을 주고받은 사실을 상기시키고 있다.18 1948년의 남북협상은 그들에게는 이와 같은 독립운동전선에서의 민족통일전선의 하나의 연장이었다고 할 수 있을 것이다.

### 외군철수·통일국가수립론

김구·김규식 등의 남북협상론이 민족주체적·평화적·민족통일전선적 통일민족국가 수립운동의 일환이었다면 통일민족국가 수립의 전제조건으로 미·소 양 점령군의 철수문제가 들어가지 않을 수 없었다. 통일민족국가 수립운동으로서의 남북협상에는 당연히 외군철수문제가 논의되지 않을 수 없었던 것이다.

김구는 "한국의 독립적 통일정부를 수립하기 위하여 미·소 양군이 즉시 철퇴하여 한인으로 하여금 자유로운 입장에서 민주적으로 총선거를 실시하여 통일정부를 수립하게 하자는 소련의 주장은 원칙적으로 정당한 것이다."라고 하고 "그러나 양군 철수로 인하여 발생할 소위 진공기간에 어떠한 혼란이 야기될 것을 예측하고서 양방 점령군은 한국정부 수립 후에 철퇴하자는 미국의 주장도 무리한 것은 아니다."라고 한 후 "그러나 미·소 양국이 피차에 모순되는 주장을 고집함으로써 한국을 이보다 더 희생한다면 이것은 자못 거대한 과오일 것이다. 그러므로 여기에는 일개의 절충안이 없지 못할 것이다. 그 절충안이야말로 미·소 양군을 즉시 철퇴시키되 잠시의 한국 치안 책임을 유엔이 담당하는 것이다."[19]라고 말했다.

김구·김규식 등이 남북협상을 통해 성취하려 한 통일정부수립안의 골자는 먼저 미·소 양군을 철퇴시키고 유엔군의 치안 담당 아래 남북한을 통한 민주적 총선거를 실시하여 통일정부를 수립하고 이 정부가 국방군을 조직함으로써 유엔의 치안 담당을 해제한다는 것이었다.

남북협상파들이 협상에 성공하여 통일정부를 세울 때 구체적으로 어떤 체계의 정부를 수립하려 했는지는 자세하지 않다. 그들은 세워야 할 통일정부의 형태 문제보다 분단을 막고 통일정부를 수립하는 길을 찾는 일 자체에 전력을 기울이고 있었던 것이다.

그런 중에서도 김규식이 평양으로 가기에 앞서 발표한 협상 5개

원칙은 그들이 추진하려 한 협상에서 무엇을 구하려 했는가를 어느 정도 이해하게 한다.

첫째, 여하한 형태의 독재정치라도 이를 배격하고 진정한 민주주의 국가를 건립할 것.

둘째, 독점자본주의 경제제도를 배격하고 사유재산제도를 승인하는 국가를 건립할 것.

셋째, 전국적 총선거를 통하여 통일중앙정부를 수립할 것.

넷째, 여하한 외국의 군사기지도 이를 제공하지 말 것.

다섯째, 미·소 양군의 철퇴는 양군 당국이 조건·방법·기일을 협상하여 공표할 것.

이와 같은 남북협상론은 우익의 일부로부터 강력한 저지를 받아 김구 등의 북행北行이 방해되기도 했지만, 김구의 한독당을 중심으로 하는 우익세력과 김규식의 민족자주연맹을 중심으로 하는 이른바 중간파, 그리고 좌익세력의 적극적인 지지를 받았으며 특히 비교적 정치적 색채가 약한 당시의 대표적 지식인·문화인 108명이 연서로 장문의 선언문을 발표하여 남북회담을 지지하고 단정수립을 반대한 사실은 특기할 만한 일이었다.

## 남북협상의 실상

### 협상의 진행 과정

남북협상은 김구·김규식이 북쪽의 김일성·김두봉에게 협상을 제의하는 서신을 1948년 2월에 영국·소련의 외교통로를 통해 북으로 보내는 데서 그 문이 열렸다. 2월 26일의 유엔 소총회 결정에 따라 남한만의 선거가 확정되자 3월 12일에는 이에 반대하는 김구·김규식 등의 7인 공동성명이 나왔고 김일성·김두봉이 김구·김규식에게 보내는 '조선통일과 민주주의 조선정부 수립에 관한 대책 연구 등등'을 토의할 협상을 수락하는 서신이 도착했다.

김구·김규식이 협상을 제의했을 때 협상의 형식과 성격에 대한 구체적 제안은 없었고 '남북 정치지도자 간의 정치협상을 통한 통일정부 수립'과 '남쪽에 있어서 남북정치협상에 찬성하는 애국정당대표자회의를 소집하여 대표를 선출하려 한다.'는 정도로만 언급되었으나 북으로부터의 회신에는 김구·김규식을 비롯한 남쪽의 초청 인사 15명을 지정 통고한 한편 '남조선 단독정부 수립을 반대하는 남조선 정당·단체'인 남로당과 한독당 등 17개 정당·사회단체를 '전조선제정당사회단체대표자연석회의'에 초청했다.[20]

한편 김구·김규식의 협상 제의에 북쪽이 응하게 되자 남한에서는 곧 남북협상에 찬성하는 정치세력의 연합을 이루려는 움직임이 일어나서 한독당과 민족자주연맹을 중심으로 하는 협상파 정치세력들이 통일독립운동자협의회를 구성했고[21] 김구·김규식의 북행을 전후하여 남한의 많은 정당·사회단체 대표가 북행하여 평양에서의 '협상'에 참가했다.[22]

김구·김규식 일행이 평양에 머문 4월 19일부터 5월 4일까지 사이에 공식적인 회의나 협상은 세 번 있었다. 그것은 4월 19일부터 4월 26일까지 개최된 '전조선제정당사회단체대표자연석회의'와 4월 27일부터 4월 30일까지 개최된 '남북조선제정당사회단체지도자협의회' 그리고 이른바 4김회합이었다.

'전조선제정당사회단체대표자연석회의'는 김구·김규식이 참가하기 이전인 4월 19일부터 이미 개최되었고 김구는 22일에야 참가하여 주석단에 보선되었으나 김규식은 참석하지 않았다. '연석회의'는 양 김이 직접 참석하여 협상을 벌일 성격의 회의는 아니었다.

'전조선제정당사회단체대표자연석회의'가 26일로 일단 끝난 후 다시 일명 남북요인회담으로 불린 '남북조선제정당사회단체지도자협의회'가 개최되었다. 여기에는 남쪽에서 김구·김규식을 비롯한 허헌·박헌영 등 11명이 참가했고 북쪽에서는 김일성·김두봉 등의 4명이 참가한 15인 회의였으며 이 협의회에서 4월 30일부로 공동성명서가 발표되었다.

다음, 4김회합은 공식적인 것은 아니었고 4월 26일경[23] 김두봉이 초청한 만찬회 중 따로 4인만이 모인 자리였으나 여기에서는 널리 알려진 것과 같이 남한으로의 송전 계속 등 구체적인 문제 몇 가지가 논의되었다.

김구·김규식 일행은 이와 같은 세 가지의 공식회의 및 비공식회합에 참가한 것으로 남북 '협상'을 끝낸 다음에는 메이데이 행사에 참석하거나 생산공장 및 영화촬영소 등을 참관하고 예술공연 참관과 일부의 고향방문을 마친 후 바로 서울로 귀환했다.

**협상의 합의 내용**

김구나 김규식이 남북협상을 제의하고 또 참석한 것은 남북한에서 외국군을 철수시키고 남북한의 정치대표자들로 임시정부를 만든 후 총선거를 실시하여 완전한 독립국가를 만드는 일을 북쪽의 정치지도자들과 협상해보자는 데 있었다. 김구의 생각은 이런 정도에 머물러 있었던 것 같지만 김규식의 경우 앞에서 든 한층 더 구체적인

5개 항의 안건을 제시하고 동의를 받아 참가했다.

김구·김규식이 참석한 남북협상에서 구체적으로 결정된 사항들을 분석해보면 이들이 처음에 목적한 것과 실제로 얻은 것에 어떤 차이가 있는지 이해할 수 있다.

김구·김규식의 참석이 소극적이었던 '전조선제정당사회단체대표자연석회의'는 주로 남북한의 정치정세를 보고한 이외에 '3000만 동포에게 호소하는 격문'을 채택하고 미·소 양군의 동시철병을 요청하는 메시지를 두 나라에 전달하고 단독정부수립반대전국투쟁위원회를 결성했다.[24]

다음 김구·김규식이 적극적으로 참가한 '남북조선제정당사회단체지도자협의회'는 그 공동성명에서 좀 더 구체적인 4개 항에 합의했다. 그것은 첫째 외국군대의 즉시 철거, 둘째 외국군 철퇴 후의 내전발생 부인, 셋째 외국군 철퇴 후의 정당·단체들 공동명의의 '전조선정치회의' 소집에 의한 임시정부 수립과 이 임시정부의 책임에 의한 총선거 실시와 통일적 민주정부 수립, 넷째 남조선 단독선거 불인정 등이었다.[25]

제2항의 내전 부인 조항은 미·소 양군 철퇴 후 북한군의 남한침략 위험을 강조했던 외군철수반대 단독정부수립론을 봉쇄하기 위한 것이며, 나머지 3개 항 역시 김구·김규식 등이 남북협상 제의 후 일관되게 주장해온 통일독립정부수립안 및 그 실천과정과 같은 것이었다. 그뿐만 아니라 김구·김규식은 비공식적인 4김회담에서 북한의 송전 계속, 연백延白 수리조합 개방, 조만식曹晩植의 월남 허용 등을 제의했다가 앞의 두 가지는 동의를 받았다.

그들이 주장하던 통일정부수립방안을 북측 정치지도자들과 합의

한 위에 민생문제와 직결되는 송전·수리조합 문제까지 동의를 얻어낸 김구·김규식은 서울로 돌아온 후, 첫째 남북조선제정당사회단체지도자협의회가 조국의 위기를 극복하고 민족의 생존을 위해 주의와 당파를 초월하여 단결할 수 있음을 행동으로 증명한 회의였다는 점, 둘째 이 회의의 목적이 민주적 통일조국을 재건하기 위해 남북의 단선·단정을 반대하는 데 있었으며 미·소 양군 철퇴를 요구하는 데도 의견이 일치했고 북쪽이 절대로 단정수립을 안 하겠다는 약속을 한 점, 셋째 협의회에서 합의하지 못한 국제협조와 기타 몇 개 문제는 앞으로 남북 지도자가 자주 접촉하여 해결할 수 있으리라는 점, 넷째 송전과 연백저수지 개방을 동의했으며 조만식도 월남시키도록 노력하겠다는 약속을 받은 점 등을 들어 협상을 평가하는 공동성명을 발표했다.[26]

앞서 남북협상의 공동성명서가 나온 후 『조선일보』가 "이번 회담은 공동성명 발표로써 일단락지었으나 남북통일의 과업은 이제부터다. 다음 단계로 마련되고 있는 것은 그 구체적 방법으로서 어떠한 기구조직을 조성하여 추진력을 부여할 것이다. 이에 대해서도 남북 양측 간에 각각 복안이 있어 착착 토의될 것이며 양 김씨 활동의 근거지는 당분간 서울인 듯하다."[27]고 논평한 것과 같이 남북협상의 성과가 김구·김규식의 통일민족국가수립안을 북측과 합의하는 공동성명서를 발표하는 데 그쳤지만, 그것은 곧 5월 10일 남한만의 단독선거 실시로 막을 여는 분단고정화시대 통일운동의 하나의 출발점이 되었던 것이다.

**협상의 결과**

남북협상에서 합의된 내용 중 제일 먼저 해결되어야 할 문제가 미·소 양군의 철수문제였다. 공동성명에서 나온 것과 같이 외군철수 후 남북을 통한 임시정부 구성과 총선거 실시, 통일민족국가 수립의 순으로 합의되었기 때문에 외국군의 철수가 선결 문제였으며, 외국군 철수 후 북한 측에 의한 무력도발의 위험이 있다는 것이 외국군 철수 반대의 이유였으므로 김구는 남북협상에 참가하기 전에는 미·소 양군 철수 후의 치안 담당을 유엔군이 맡을 것을 주장했다가 남북협상에서는 북측으로부터 내전을 도발하지 않겠다는 약속을 받아낸 것이었다.

남북협상에서의 미·소 양군 철수 요구안은 북한은 김두봉에 의해 소련 점령군사령관 코로트코프G. Korotkov에게, 남한은 협상에 참가했던 여운홍呂運弘 등에 의해 조선 주둔 미군사령관 하지R. Hodge에게 전달되었다. 하지는 이에 대해 "유엔의 결의안에는 전 조선에 걸쳐 총선거를 실시한 후 조선국민정부가 수립되면 가급적 속히 양군이 철퇴할 것이 규정되어 있다."[28]고 하여 정부수립 후의 철군안을 고수했고, 코로트코프는 "소련정부는 조선으로부터 미국군대가 동시에 철퇴한다면 조선에서 소련군대는 즉시 철퇴할 준비가 완료되었다."[29] 하고 회신했다.

남북협상에서 합의한 외국군 철수문제가 미국 측의 정부수립 후 철군안과 소련 측의 양국군 동시철수안으로 맞선 한편, 단독정부 수립문제는 북측의 경우 '전조선제정당사회단체대표자연석회의'를 계기로 이곳에 가장 주목할 것은 '북조선인민회의특별회의'였다. 이 회의는 "4월 28~29 양일에 걸쳐 조선민주주의인민공화국 헌법을 토의하였는데 여기에서 북조선은 종래 평양을 수부首府로 한 북조선인민공화국 수립설을 물리침으로써 남조선 정당사회단체 대표자들의 면전에서 남북통일운동에 대한 열의를 고무하였다."30고 한 것과 같이 그 단정수립안이 일부 유보되었다고 보도되는 한편, 남한에서는 5월 10일에 단독선거가 실시되었다.

5·10총선거가 실시된 후31 북측에서는 다시 해주海州에서 제2차 남북협의회를 열 것을 서신으로 제의했다. 김구 등은 북에 머무르고 있는 홍명희洪命熹를 서울로 오게 해서 미리 의논하기를 요청했으나 홍명희의 남하는 실현되지 않았고 다시 북에서도 선거를 실시하여 정부를 수립할 예정이라 하고 김구·김규식의 호응을 권하는 연락이 왔으나 거절했다.32

결국 북측에서는 김구·김규식의 참석 없이 6월 29일부터 평양에서 제2차 '남북조선제정당사회단체지도자협의회'가 1주일간 개최되어 남한의 국회를 비법적 조직체로 규탄하면서도 북쪽만의 선거에 의한 조선최고인민회의를 창설하고 외국군의 즉시동시철거를 요구했다.33

김구와 김규식에게 제1차 남북협의회 제의는 남한의 단독정부 수립을 막고 통일민족국가를 수립하기 위한 것이었지만 제2차 협의회는 북쪽의 단독정부 수립을 위한 회의로밖에 받아들여지지 않았다. 따라서 그들은 제2차 협의회가 있은 후 "그 회의가 일방의 독단일 뿐 아니라 그 참가 단체를 보더라도 제1차 협상에 남한을 대표하여 참가한 정당·사회단체 31개에 비하여 과연 요요무문寥寥無聞이었다. 그래도 그것이 민의民議에 의한 통일이라 주장하며 인민회의라는 것을 통하여 그들이 일방적으로 결정한 헌법에 의하여 인민공화국을 선포하고 국기까지 바꾸었다. 물론 시기와 지역과 수단방법에 있어서 차이가 있을지언정 반조각 국토 위에 국가를 세우려는 의도는 일반인 것이다."³⁴ 하고 공동성명을 발표하여 역시 분단국가 수립절차로 봄을 명백히 했다.

결국 김구·김규식이 제의하고 참가했던 남북협의회에서의 합의사항은 남한에서는 이 협의회에 참가하지 않은 정치세력에 의해 5·10총선거가 실시됨으로써 실행될 수 없게 되었고, 북쪽에서는 협의회에 참가한 정치세력이 남쪽의 단독선거 단정수립에 대응하기 위한 또 하나의 단독선거 단정수립으로 나아감으로써 무산되고 만 것이다.

## 단정수립 후의 협상파 활동

### 통일독립운동의 계속

남한만의 단독선거를 추진하는 세력이 이른바 중간파로 불린 남북협상세력의 선거 출마를 경계하기도 했지만³⁵ 협상세력 자체가 5·10총선거를 철저히 거부했다. 한독당의 경우를 예로 들면 "남부에서나 북부에서나를 막론하고 단독적으로 정부형태를 취하여 1국 내에 양국 정권을 수립하려는 기도에 대하여서는 이를 철저히 거절하는 바다. 이 같은 본 당의 주장은 이번 남북회담을 통하여 더욱이 선명하게 드러났으며 이번 선거에 참가한 본 당원에 대하여는 본 당으로서 이미 엄중한 처분을 하였고 또 그들 자신도 즉시 본 당과 관계를 이탈하였다."³⁶라고 하여 통일정부가 아닌 어떤 정부에의 참여도 거부했다.

한편 협상세력의 핵심이던 한독당과 민족자주연맹은 5·10총선거 후에도 활동을 계속하여 통일민족국가수립운동을 펼쳐 나갔다. 이 운동에는 좌익의 민주주의민족전선계를 제외한 단정반대 세력, 즉 한독당과 민족자주연맹 이외에도 근민당勤民黨·근로대중당勤勞大衆黨·민주한독당民主韓獨黨·신진당新進黨·청우당靑友黨·보국당輔國黨·민중동맹民衆同盟 등과 여러 사회단체가 호응했으며,[37] 단정수립을 추진하는 측의 여러 가지 방해공작을 극복하고 마침내 종래의 통일독립운동자협의회를 개편하여 1948년 7월 21일에는 '통일독립운동자의 총역량 집결을 기함', '민족문제의 자주적 해결을 기함', '민족강토의 일체 분열공작을 방지함' 등을 강령으로 하는 통일독립촉진회를 결성하여[38] 통일민족국가 수립운동을 계속해갔다.

분단국가 수립 후에 있어서 이들 협상파 세력에 의한 통일민족국가 수립운동은 자연히 분단국가의 민족국가적 법통성에 저촉되지 않을 수 없었다. 특히 김구의 경우를 예로 들면 5·10총선거로 국회가 개회된 후 "국회 개회식 때 이승만 박사가 대한민국임시정부 법통 계승을 언명하였는데 이에 대한 주석의 견해는?" 하고 물은 기자 질문에 "현재 국회의 형태로서는 대한민국임시정부의 법통을 계승하는 아무 조건도 없다고 본다."[39]고 하여 단독선거로 구성된 국회의 임정 법통 계승을 부인했다.

그의 이와 같은 태도는 일관된 것이어서 이승만 정권의 성립을 앞둔 기자회견에서 "방금 국회에서는 헌법 초안이 상정 토의되고 있는데 이 초안의 대한민국 국호는 임정 법통을 계승하는 것인가?" 하는 물음에 대해 "대한민국 국호는 한인韓人이 승인하더라도 세계 각국에서 승인받을 만한 조건을 구비하지 않고는 안 될 것이다. 왜정에서 이양한다 하더라도 남북을 통일한 선거를 통하여 남북통일정부를 수립하여야만 되며, 현재의 반조각 정부로서는 계승할 근거가 없다. 정부를 하나가 아니라 열 개를 만들었대도 법적으로 조직이 안 된 정부는 법통을 계승할 수 없다."[40] 하고 단호히 반대했다.

남북협상파라고 해서 모두 남북한 단독정부의 법통성을 거부한 것은 아니었다. 홍명희를 비롯한, 남북협상 때 입북했다가 그대로 남은 사람은 북쪽 정권에 참여했고, 남으로 돌아온 사람 중에도 조소앙으로 대표되는 것과 같이 5·10총선거에는 참여하지 않았으나 1950년의 5·30총선거에는 참여한 경우도 많았다. 그러나 김구와 김규식은 끝까지 단정 불참의 위치를 지키다가 김구는 결국 암살되었다.

### 대유엔 활동

김구·김규식을 중심으로 하는 남북협상파의 통일민족국가 수립운동은 밖으로는 유엔에 대한 활동으로 확대되어갔다. 남한에서 5·10 총선거가 실시된 직후 통일독립운동자중앙협의회가 그 안건의 하나로 '유엔 총회에 대표 파견에 관한 건'을 넣었고[41] 이 협의회가 개편되어 결성된 통일독립촉진회는 그 부회장인 김규식을 파리에서 개최될 유엔 총회에 파견할 대표로 뽑았다.[42]

한편 김구는 유엔의 한국문제 처리와 관련하여 "미·소 양국이 한국문제를 이렇게 악화시키는 정책을 취하지 말고 차라리 38선의 장벽도 없고 사상적 분립도 없이 국민의 의사로서 조직된 대한임정을 인정하였더라면 민족통일은 속히 실현되었을 것이다."[43]라고 하여 임시정부의 정통성을 주장할 뜻을 보였다.

이후 8월에 이승만 정권이, 9월에 김일성 정권이 성립된 후에도 김구와 김규식은 통일독립촉성회의 주석과 부주석의 자격으로 파리의 유엔 총회에 대하여 "귀회에서 한국문제를 다시 토론할 때에 어떤 한인韓人이든지 자유의사로 말하라면 반쪽 조국 위에 세워진 정부를 자기의 통일정부라고 부르지 아니하며, 그 정부가 자기들의 행복을 줄 것이라고 승인하지 않을 것이라는 것을 기억하기 바라는 바입니다." 하며 남북 정권의 정당성을 부인하고, "통일과 독립과 평화의 조국을 건립하기 위하여 남북을 통한 진정한 민주주의의 정부를 조직하려는 다수 한인의 대표적 의사를 귀회에 충분히 진술하기 위하여 본회는 대표를 귀회에 참가시킬 것을 견결히 요청합니다."[44] 하고 서한을 보냈다.

그리고 한독당에서도 같은 시기에 "첫째 미·소에 편의偏倚하지 않고 진정한 민중 의사를 대표할 수 있는 한인 대표에게 유엔 총회에서의 발언 기회를 부여할 것, 둘째 미·소 양군은 즉시 철퇴하고 진공기간에 있어서는 유엔에서 치안의 책임을 질 것, 셋째 남북지도자회의를 소집하여 남북을 통한 통일적 임시중앙행정기관 수립방안을 작성할 것, 넷째 유엔 감시하에 절대자유 분위기를 조성할 것, 다섯째 남북에 새로운 총선거를 시행할 것"[45]을 유엔에 건의하여 이미 수립된 남북의 단독정부들을 인정하지 않고 유엔 감시하의 남북한 총선거를 주장했다.

이와 같은 김구·김규식의 대유엔 활동에 대해 이승만은 '정부만이 유엔 한국위원단을 상대할 수 있다' 하고 언명했으나[46] 그들의 유엔 한국위원단을 통한 통일운동은 계속되었다. 김구는 '유엔의 힘으로 남북통일이 가능하다고 보는가?' 하는 질문에 "오늘 우리를 위요하고 있는 정세가 꼭 유엔의 힘으로만 통일이 된다고 생각할 수 없지만 우리의 통일이 전적으로 유엔의 원조를 떠나서는 성공되기 어려운 것도 사실인 것이다. 그리고 유엔의 힘에 의지는 여하간 우리의 통일 방법으로는 오직 애국애족의 열성에만 의거한 자주적 남북협상이 있을 뿐이다."[47]라고 하여 대유엔 활동과 함께 주체적 통일방법론으로서의 남북협상론도 다시 제기하고 있다.

요컨대 남북한에서의 단독정부 수립 후에도 김구·김규식을 중심으로 하는 통일민족국가수립운동은 여러 가지 악조건을 무릅쓰고 대내외적으로 그대로 계속되었으며, 이와 같은 상황이 결국 김구의 암살사건과 연결되었다 할 것이다.

## 맺음말

김구·김규식 중심의 남북협상은 그것을 하나의 정치적 협상으로만 보면 그야말로 비현실적인 것일 수도 있었다. 25년 동안이나 유지된 망명정부였으면서도 스스로 일본군의 항복을 받을 만한 위치에 있지 못했을 뿐만 아니라 일본을 패망시킨 연합국의 승인도 받지 못함으로써 해방 후 개인 자격으로 귀국한 임시정부 세력이 미국의 한반도 정책이 이미 남한 단독정부 수립 방향으로 확정되고 그것에 영합한 국내의 일부 정치세력이 단독선거를 준비하고 있던 시점에서, 미국 측의 반대를 무릅쓰고 또 단정수립 세력을 제외한 채 북쪽 공산주의 세력과 협상을 통해서 통일민족국가의 수립을 기도한다는 사실 자체가 일시적 정치적 차원의 안목으로는 비현실적인 일로 보일 수도 있었다.

김구는 "미·소 양군을 철퇴시키고 자주통일정부를 세우는 구체적 방법은 무엇이라고 생각하십니까? 단정론자들도 원칙적으로는 그것이 옳고 또 그래야 한다는 것을 안다는 것입니다. 다만 저들의 논법에 의하면 그것은 비현실적인 공염불이라는 것입니다." 하는 질문에 "우리는 현실적이냐 비현실적이냐가 문제가 아니라 그것이 정도正道냐 사도邪道냐가 생명이라는 것을 명기하여야 하는 것입니다……. 과거의 일진회도 '현실적' 길을 가야 한다고 주장한 것입니다."[48] 하고 대답했다.

김구와 김규식은 전 식민지기간을 독립운동에 몸 바쳤고 그것도 절대독립론으로 일관했다. 강대한 일본제국의 군사력 앞에서의 무장투쟁 방법에 의한 절대독립론은 그야말로 비현실적인 방법으로 보이기도 했고 따라서 절대독립론에서 물러서서 식민지배체제 아래서의 자치론을 주장하는 세력도 있었다.

남북협상은 그것을 추진한 세력에게는 당시에도 이미 정치적 협상이라기보다 독립운동, 민족운동의 연장으로 인식되었다. 그러나 그것을 반대한 세력과 이후의 분단체제는 그것을 애써 한때의 비현실적인 정치협상으로만 규정해왔다. 모든 정치적 사실은 결국 역사적 평가를 받기 마련이지만, 김구·김규식 등의 남북협상도 이제 정치적 논평이 아닌 역사적 평가를 받을 때가 되었으며, 이 경우 그것은 우리 근·현대사 위에 꾸준히 계속되어온 통일민족국가 수립운동의 한 부분으로 평가될 것이다.

# 5 | 오늘에 보는 4·19

30년 전의 4·19를 되돌아보고 지금의 우리 현실을 생각해보면 역사의 흐름이란 이렇게 더딘 것인가 하고 안타까워할 수도 있지만, 또한 더디고 순조롭지 못하긴 하지만 역사란 결국 가야 할 방향으로 가고 마는 것이다 하고 역사발전에 대한 확신을 가지게 하는 일면도 있는 것 같다. 1987년의 6월민주화운동과 그 결과로서의 직선제 대통령선거 또 그 결과로서의 노태우 정권의 성립을 겪고 난 지금에 와서 박 정권, 전 정권 이전의 4·19를 되돌아보는 것은 역사의 흐름이라는 것을 다시 한 번 생각하게 하는 적절한 계기가 되는 것이 아닌가 한다.

4·19는 그동안 혁명으로 불리기도 했고 또 의거로 불리는 경우도 있었지만, 그 이름이야 어떻든 5·16과 5·18을 겪은 지금에도 우

리 현대사에서 가장 뚜렷한 민족운동의 하나로 확실한 자리를 잡고 있다. 민족마다 그 민족운동이 가지는 과제는 시대에 따라 또 지역에 따라 다르기 마련이지만 20세기 후반기 우리 민족운동의 경우 그것은 주권의 완전한 독립과 민주주의의 발전, 그리고 민족통일에의 접근이라 할 수 있으며, 4·19 역시 이와 같은 민족운동사적 과제 위에서라야 그 역사성이 선명해질 수 있다.

4·19는 보기에 따라서는 민주주의운동으로만 간주할 수도 있을 만큼 당초에는 민주주의적 요구가 분출된 운동이었다. 8·15는 식민지 시대를 통해 질식상태에 빠졌던 민주주의를 획기적으로 발전시키는 계기가 되어야 했지만, 민족상잔과 분단체제 수립 과정을 통해 민주주의는 짓눌렸고 그것을 타개하기 위한 민족운동으로서의 4·19는 민주주의운동으로 폭발한 것이다.

그러나 4·19는 민주주의운동으로만 한정되지 않고 곧 이 시기 민족운동 본래의 성격을 갖추어갔다. 민주주의운동으로 시작한 4·19가 통일운동으로 발전해간 것이다. 4·19는 아직 미국과의 관계를 민족문제의 주체적 해결을 위한 제약조건으로까지 인식하지는 않았고, 일본과의 이른바 국교정상화 이전이었기 때문에 주권의 완전독립문제는 그다지 표출되지 않았다 해도 민주주의운동과 민족통일운동이 동시에 추구된 민족운동이었다.

4·19민족운동은 5·16으로 한때 압살되는 듯했다. 그러나 일본자본 도입을 서두른 박 정권의 한일관계 타결을 계기로 폭발한 한일회담반대투쟁에서 4·19 후의 민족운동은 계속되었고 이 운동은 민주주의운동, 민족통일운동과 일체가 되어갔다. 4·19민족운동은 박 정권 아래서 오히려 주권의 완전독립, 민주주의 발전, 민족통일

의 지향을 함께 추구한 민족운동으로 발전한 것이다.

4·19민족운동의 연장선상으로서 박 정권 아래서의 1960년대, 1970년대 민족운동은 8·15 후의 전체 민족운동사에 일정한 변화를 가져오게 했다. 즉 민족통일문제에 있어서 남한의 집권세력이 고집해오던 이른바 북진통일론, 무력통일론 표방을 일단 평화통일론 표방으로 바꾸지 않을 수 없게 한 것이다. 그 결과가 7·4남북공동성명의 성립으로 나타났지만, 박 정권은 독재체제의 유지에 위협을 주는 민주주의운동의 격화와 외세, 특히 일본과의 정치·경제적 유착에 반대하는 운동을 탄압하고 이른바 유신체제를 수립하기 위한 방편의 하나로 무력통일론을 평화통일론으로 바꾸어 표방한 것이다. 그러나 유신체제의 성립과 함께 평화통일론 표방 역시 한계에 도달하지 않을 수 없었고 이후의 민족운동은 반유신체제운동으로 집약되어 부마항쟁으로, 그리고 박 정권의 붕괴와 전 정권 성립 과정에서의 광주항쟁으로 연결되었다.

한편 1980년대 전 정권 아래서의 민족운동은 민주주의운동이 계속되는 한편, 민족통일운동과 주권의 완전독립운동 부분에서 새로운 양상이 나타나기 시작했다. 민족통일운동 부분에서는 단순한 평화통일운동의 차원을 넘어서서 일종의 체제 접근적 통일운동이 적극적으로 추진된 점이며, 주권의 완전독립운동 부분에서는 박 정권 시기의 한·일 유착관계가 그 주된 대상이었던 단계에서 한미관계에 대한 새로운 인식이 두드러지게 대두된 점이라 할 수 있다. 7·4남북공동성명을 계기로 하여 종래의 무력통일론은 일단 후퇴하고 평화통일론이 정착되었다 해도 그것은 잠정적인 평화공존론이나 남북 정권의 군사적·외교적·경제적 경쟁과 그 결과에 의한 일종의 흡수론적 통일론에 한정되어 있었으나 1980년대 이후, 특히 젊은층의 민족운동세력을 중심으로 일종의 체제 접근적 평화통일론이 확산되어갔고, 이와 같은 움직임은 집권세력이나 기성의 사회세력에 의해 강력한 반발을 사게 된 것이다.

또한 주권독립운동 부분에서는 8·15 후 40년간 미국과의 특수관계를 일반적으로 우호·보호·원조관계로 인식한 경우가 대부분이었고 그것을 주권침해 혹은 민족문제 해결의 저해요인으로 인식하는 경우는 적었으며 기성세대의 경우 대부분 그러했다. 그러나 특히 전두환 정권 수립 과정에서 미국 측의 역할을 강조하게 된 젊은층의 민족운동세력은 그것이 민주주의운동을 저해하고 나아가서 민족문제의 평화적 해결 그리고 주권독립문제에까지 저해요인으로 작용한다고 인식하여 한미관계 재인식, 심하게는 공공연한 반미구호로까지 나아가게 되었다.

학생층과 종교계를 중심으로 하는 이른바 재야세력이 선도하고 도시지역의 젊은 직장인층이 가세한, 그리고 전국의 노동자들이 합세한 1987년 6월과 8월의 운동이 4·19부터의 이와 같은 민족운동적 성격, 즉 민주주의운동·민족통일운동·주권의 완전독립운동으로서의 성격을 갖춘 운동이었는가 하는 문제는 아직 정밀하게 분석되지 않았다. 그러나 민주주의운동의 획기적 발전 문제와 평화적 민족통일론의 구체적 방법론, 그리고 완전한 주권독립문제와 미국과의 관계에서의 위상 설정 문제 등은 노 정권 자체가 해결해야 할 문제인 동시에 앞으로 민족운동세력과의 마찰이 일어날 소지가 집약된 부분이기도 하다.

4·19를 계기로 폭발했던 민주주의적 요구와, 생각에 따라서는 무

모하다거나 낭만적이라 여겨지기도 한 평화통일에 대한 열망을 생각해보면 그 후의 28년이란 세월이 이 두 가지 민족운동적 요구를 달성해 나가는 데 얼마만큼 도움을 준 세월이었는가 하고 되새겨보게도 한다. 지난해 6월 이후의 민주주의운동은 5·16 후의 민주주의적 후퇴를 4·19 후의 수준으로 회복하고 정권의 정통성을 확립하기 위해 직선제를 강력히 요구했고 또 관철했지만 결과는 노 정권의 성립을 가져왔다. 그러나 이 정권이 6월운동의 민주주의적 요구를 얼마만큼 수용할 수 있을 것인가는 아직 미지수다. 그러나 정권 자체가 가진 여러 가지 제약성에도 불구하고 민주주의 부분에서 앞의 두 정권보다 적어도 뒷걸음질은 할 수 없는 상황으로까지 일단 나아간 것이라 생각되고 있다. 앞의 두 정권과의 민주주의 부분의 차이가 곧 노 정권의 성립기반 그 자체이기 때문이다.

다음, 4·19 후 장면 정권의 수립과 함께 폭발한 평화통일운동은 뒤이은 박 정권으로 하여금 무력통일론을 일단 접어두고 평화통일론을 표방하게 했지만, 그것은 유신체제 수립을 위해 이용된 측면이 있고 이후 전 정권도 흡수론적 통일론으로 일관했다. 체제 측의 이와 같은 얼버무림과 제재에도 불구하고 특히 젊은층의 통일론은 체제 접근적 통일론으로 나아가고 있으며, 이런 추세는 계속될 것으로 보인다. 4·19 직후의 이른바 낭만성과 성급함이 30년의 세월을 통해 이론화하고 또 방법론적으로 정착해간 것이라 볼 수도 있다. 이 점에서 지난 30년간은 세월이 아니라 역사 그것이었으며, 이 점이 노 정권이 당면한 가장 어려운 숙제의 하나가 될 것이다.

4·19가 주권의 완전독립문제에 눈뜨게 되는 계기가 된 것은 사실이지만, 일본에 대한 민족주의적 인식은 식민지 시기의 연장에 한

정되었고, 미국에 대한 그것은 그다지 심각하지 않은 것이 사실이었다. 그러나 박 정권의 이른바 한일관계 정상화 과정은 당연히 새로운 민족주의적 일본 인식을 낳게 했고 전 정권의 성립 과정은 미국에 대한 민족주의적 인식을 날카롭게 만들었다.

주권의 완전독립은 그 주권이 어느 국가와의 관계에서도 반대해야 할 일은 떳떳하게 반대할 수 있게 될 때 확립되는 것이라 할 수도 있으며, 이런 관점에서 보면 일본의 경우와 같이 미국의 경우도 한 번은 겪어야 할 역사적 과정이라 생각할 수도 있다. 이 점에서 4·19 직후의 민족주의적 역량이 30년이 지나면서 확대되고 강화된 것이라 볼 수도 있으며 이 점 역시 노 정권이 해결해야 할 과제의 하나일 것이다.

# 6 | 5·16은 역사인가, 현실인가

5·16이 일어난 지 어느새 4반세기가 지났다. 현대사에서 4반세기란 결코 짧은 세월이 아니지만, 지금의 우리는 그것이 이미 역사의 장으로 넘어갔는가, 그렇지 못한가, 아직 역사가 되지 못했다면 그 이유는 무엇인가, 그것이 역사가 되는 길은 또 무엇인가 하는 문제 등을 생각해보지 않을 수 없는 처지에 있는 것 같다.

인간이 지구상에 살면서 일으켜놓은 수많은 사실들 중에서 역사적 사실이 될 수 있는 것은 극히 일부분에 지나지 않는다. 5·16이 역사적으로 어떤 평가를 받을 것인가 하는 문제는 따로 있지만, 어떻든 역사적 사실로 남을 것만은 틀림없을 것 같다. 그러나 5·16이 앞으로 역사적 사실로 남을 것이라는 문제와 그것이 지금 역사가 되었는가 하는 문제는 다르다.

4반세기가 지난 지금도 5·16이 역사의 장으로 넘어갔는가 하고 의문을 가지는 이유 중의 하나는 그것이 아직 학문적, 특히 역사학적 연구 및 평가의 대상이 되지 못하고 있다는 점에 있으며, 그 이유는 관계자들이 아직도 생존해 있는 경우가 많은데다 우리 학계, 특히 역사학계의 현대사 연구 기피증이 심한 점에서 구할 수도 있을 것이다. 그러나 그것만이 이유의 전부는 아닐 것 같다. 왜냐하면 그보다 1년 전에 일어난 4·19에 대한 학문적 접근은 상당히 진행되었기 때문이다.

　4반세기라는 시간과 관계자의 생존문제 등에 있어서 거의 같은 조건에 있는 4·19는 어느 정도 학문적 평가가 되어 있는데도 5·16에 대한 평가가 기피되고 있는 이유는 어디에 있을까? 쉽게 생각하면, 하나는 역사학적으로 긍정적인 평가를 받을 만한 일이고 다른 하나는 부정적인 평가를 받을 만한 일이기에 부정적인 쪽은 학문적 접근이 기피되기 마련이라 할 수 있을지 모르지만 반드시 그렇지도 않다. 일제의 식민지지배정책사도 비교적 활발히 연구되고 있는 것이다.

　5·16이 역사학의 평가 대상이 못 된다는 사실은 결국 그것이 역사의 장에 들어갔는가, 아니면 아직도 현실로 남아 있는가 하는 문제에 달려 있는 것이 아닌가 한다. 4반세기나 지났는데도 아직 역사가 아닌 현실인가 하고 말할 수 있을지 모르지만, 어떤 사실이 역사가 되었는가 아직도 현실인가를 논의할 수 있는 근거는 시간의 길고 짧음에 있지 않고 그것을 아무 거리낌 없이 연구하고 평가할 수 있는 여건이 갖추어졌는가의 여부에 있다.

　5·16이 현실이 아니고 역사가 되게 하기 위해서는 5·16에 대한

연구와 평가에 아무런 구애됨이 없어야 하며, 그것이 가능할 때 우리의 현재는 5·16적 분위기에서 벗어난 새로운 현재가 되고 5·16은 역사의 장으로 넘어가게 되는 것이다. 5·16이 이야깃거리가 아닌 역사가 되고 우리의 현재가 그것과 구분될 수 있는 길은 우리의 현실이 5·16에 대한 자유로운 논평을 용납할 수 있을 때 가능한 것이다.

일제 식민지 시대의 민족문제 중 가장 중요한 것은 역시 민족의 독립문제였고 해방 후 분단시대의 그것은 더 말할 것 없이 통일문제다. 단독정부의 수립으로 성립된 이승만 정권은 처음부터 끝까지 무력통일로 북진통일론을 고수했고 평화통일론을 내세운 진보당의 조봉암은 간첩 혐의로 처형되었다.

이승만 정권을 무너뜨린 4·19는 민주주의운동인 동시에 민족통일운동의 성격을 가져서 민주당 정권이 성립되고 난 후의 민중운동은 곧 통일운동으로 전개되었다. 특히 혁신계 정당들은 구체적으로 중립화 통일론을 제시하면서 남북 간의 직접회담도 주장했다. 이에 반해 민주당 정권은 남북회담을 거부했지만, 그러나 무력통일론이 아닌 평화통일론이 어느 정도 정착해가고 있었다.

이런 시기에 5·16이 일어났고 그 결과로 세워진 군사정권은 일체의 평화통일론을 불법화했고 이 때문에 많은 평화통일론자들이 이승만 정권 때와 같이 탄압을 받았다. 무력통일론으로 다시 돌아간 것이며, 민족문제의 평화적인 해결을 위해서는 4·19 이후보다 훨씬 후퇴한 것이다.

군사정권이 일단 끝나고 비록 통치자는 바뀌지 않았어도 민간인 신분으로서의 정권이 성립된 후에는 남북문제, 민족문제에도 변화가 왔다. 다시 평화통일론으로 돌아갔을 뿐만 아니라 그것이 한층 더 적극성을 띠어서 남북적십자회담, 7·4남북공동성명, 남북조절위원회의 성립 등으로까지 나아간 것이다.

그러나 5·16 정권의 민족문제 해결 방안으로서의 평화통일론은 몇 가지 점에서 넘을 수 없는 두꺼운 벽을 가지고 있었다. 그 하나는 5·16정변세력의 남북문제에 대한 이와 같은 적극적인 자세는 남북회담을 통한 민족문제의 평화적 해결보다 유신체제화에 더 앞선 목적이 있는 것이 아닌가 할 만큼 민족문제를 정권연장책으로 이용한 면이 있는 것이다.

5·16정변세력의 민족문제 해결안이 가진 또 하나의 벽은 그 평화통일론이 타협적·평화적 통일론이 아니라 흡수론적 통일론이어서 겉으로는 대단히 적극성을 띤 것같이 보였지만, 사실은 경제적·군사적 우위를 확보하기 위한 시간을 얻으려는 방안에 불과했고 그것을 내세워 정권을 유지하려 한 일면이 있었다는 점이다. 따라서 평화통일론을 제시했지만, 민족문제 해결을 위한 국민교육 및 홍보 등의 내용은 무력통일론 때의 그것과 전혀 차이가 없어서 정부 측의 적극적인 자세에 국민들은 오히려 당혹스러워했던 것이다.

5·16정변세력이 민족문제 해결 방안에서 가진 또 다른 벽은 그것을 정권 측에서만 독점하고 민간 지식인, 나아가서 국민 일반은 동참시키지 않았다는 점이다. 따라서 민간 지식인들이나 국민 일반은 지금까지 적이나 원수로만 여기도록 강요받아왔던 북한 고위인사들과 관료나 정부에 의해서 지정된 일부 회담 당사자들이 거리낌 없이 악수하고 즐겁게 연회를 여는 장면을 보면서 나름대로 평화통일론을 말하기 시작했지만 그럴 때마다 법에 저촉되어 고통을 겪기

도 했던 것이다.

전체 민족적·역사적 과제로서의 민족문제의 평화적 해결론이 특정세력에게만 독점되어 정권의 유지 및 연장책으로 이용되는 일이 지양될 때 비로소 5·16은 현실이 아닌 역사의 장으로 넘겨지게 될 것이다.

헤겔은 '역사의 발전이란 곧 자유의 확대'라 했다. 그것을 정치부문으로 좁혀보면 역사가 발전한다는 것은 정치적 속박이나 탄압이 줄어드는 일, 민주주의가 확대 발전해가는 길을 말한다. 5·16은 과연 우리 역사에서 정치적 자유를 더 확대하는 계기가 되었을까?

우리 역사에서 전제주의를 청산하고 국민주권주의를 달성하려는 노력이 싹트기 시작한 것은 19세기 말부터였다. 일본의 침략이 아니었다면 대한제국이 언제쯤 국민혁명에 의해 무너지고 공화주의 국민국가가 성립되었을지 추측하기 어렵지만, 20세기 전반기는 우리 역사상 국민주권주의가 정착해야 할 시기였다. 그러나 불행하게도 식민지화함으로써 국민과 정치지도자들이 민주주의적 정치훈련을 받을 기회를 박탈당했던 것이다.

민족독립운동 과정에서 일부 뿌리내린 국민주권주의적 자산을 바탕으로 하여 해방 후에는 낙후된 민주주의 발전을 회복해야 할 역사적 과제가 절실했다. 그러나 분단국가적 상황과 치자층이 가진 반역사적 속성 때문에 민주주의 발전은 또다시 크게 제한되었고 이와 같은 역사적 정체를 무너뜨린 것이 4·19였다.

5·16정변세력은 그들의 거사가 4·19 전에 이승만 정권을 대상으로 이미 기도되었으나 4·19로 중단되었다가 4·19 후의 '혼란'을 좌시할 수 없어서 결행한 것이라 설명한 시절도 있었다. 결국 5·16정

변의 대상은 당초 이승만 정권의 독재였다가 다시 장면 정권의 '혼란'으로 바뀐 셈이다.

4·19에 대한 역사적 평가는 자유주의, 민주주의, 옳은 의미의 민족주의와 민중주의의 확대 발전으로 정착되어가고 있다. 5·16세력의 군사정변, 지방자치제의 폐지, 3선개헌, 유신체제 강행, 정권이 독점한 흡수론적 통일방안 등이 자유주의, 민주주의, 옳은 의미의 민족주의 및 민중주의의 확대 정착으로, 따라서 4·19와 같은 방향의 역사 과정으로 평가될 수 있을까? 그리고 4·19가 의거이고 5·16이 그것을 계승, 완성한 혁명으로 평가될 수 있을까?

혹시 제2차 세계대전 후의 신생국 군부에서 흔히 볼 수 있는, 정치적 야심을 가진 일부 세력이 이승만 정권에 대한 민심의 이반을 틈타 정권을 탈취하려 했으나 4·19의 발발로 기회를 잃었다가 4·19 후 불과 1년 만에 민주주의적 방법으로 수립된 정권을 '혼란'이란 이유를 내세워 탈취한 정변으로 평가되지 않을까.

역사발전을 가로막는 독재체제의 타도가 아니라 자유주의·민주주의·민족주의·민중주의의 급격한 전진을 혼란이라 하고 그 수습을 명분으로 내세워 4·19의 결과로 민의에 의해 세워진 정권을 강제로 무너뜨린 또 다른 독재정권, 4·19의 역사발전을, 특히 그 정치사적 발전을 저지한 비민주적·반역사적 정권으로 평가되지는 않을까.

어떤 사실에 대한 역사적 평가는 언제나 역사의 발전 방향에 비추어 이루어지기 마련이지만, 5·16에 대한 정치사적 평가가 설령 부정적으로 될 수밖에 없다 해도 그 평가가 자유롭게 이루어질 수 있을 때 5·16은 우리의 현실이 아닌 역사가 될 수 있을 것이다.

역사의 발전을 정치사의 측면에서 정치적 탄압이나 속박이 줄어드는 방향으로 나아가는 길이라 한다면, 경제사적 측면에서의 역사의 발전은 모든 인간이 경제적으로 자유로워지는 길, 즉 재부財富의 편중을 극복하고 경제적 균등을 이루어 나가는 길이라 할 것이다.

인간의 역사가 원시시대를 벗어난 후 생산양식이 변할 때마다 생산력이 크게 향상, 발전했고 그럴 때마다 재부가 크게 편중되었다. 그러나 역사는 계속 재부의 편중을 극복하면서 인간의 경제생활이 고루 향상되는 방향으로 나아가기 위한 노력을 계속해왔다. 근대사회로 오면서 자본주의적 생산양식이 발달함으로써 생산력이 비약적으로 발달했고 따라서 재부가 크게 확대되었다. 그 결과 재부의 편중 현상이 또 한 번 심화되었지만 재부의 편중을 막고 인류 전체의 경제적 균등을 이루려는 노력은 계속되고 있다.

우리 역사의 경우 외국 자본주의의 침략을 받기 이전에는 자본주의적 생산양식을 본격적으로 발전시키지 못했다. 타율적으로 문호를 개방한 후에는 외국 자본주의의 침략을 받으면서 자율적인 자본주의체제를 이루어야 하는 어려운 길을 걷다가 결국 성공하지 못한 채 식민지로 전락했다.

식민지 시기를 통해서 우리의 민족자본에 의한 자본주의적 생산은 보잘것없었고 반면 값싼 노동력과 풍부한 자본에 의한 자본주의 경영이 어느 정도 발달해 있었지만 그것도 소비재생산 중심의 경공업이 대부분이었고, 1930년대 이후 약간의 중공업이 발달했으나 대부분 군수산업에 치중되었을 뿐이었다. 그리고 일본 독점자본에 의한 군수산업도 식민지 조선 공업으로서의 독자성을 가진 것이 아니라 일본 자본주의의 보조물에 지나지 않았다.

이 때문에 해방 당시의 한반도에서는 약간의 반민족적 자본을 제외하고는 기술과 자본이 전무한 상태였고, 따라서 이후의 한국 자본주의는 식민지 경제체제를 청산하면서 새로 출발해야 할 처지에 있었다. 그러나 미군정과 이승만 정권은 분단체제 아래서의 반공주의 경제체제가 뿌리내리게 하는 방법의 하나로 식민지 경제체제의 연고자 및 원조경제체제 아래서 성장한 경제세력 중심의 재벌경제체제를 정착시켜감으로써 재부의 편중 현상이 심화되는 비민주적 경제체제가 뿌리내릴 소지를 만들어갔다.

4·19의 경제사적 의의는 이와 같은 비민주주의적 경제체제를 무너뜨리고 경제 부문의 민주주의를 정착시키는 데 있었으나 그런 노력이 미처 나타나기 전에 5·16에 의해 좌절되었다. 원조경제체제가 한계점에 다다랐을 때 4·19가 발발하기도 했지만, 5·16 정권은 더이상 원조경제에 의존할 수 없었고 결국 외채도입에 의한 경제개발로 나아가지 않을 수 없었다.

외채도입에 의한 경제개발정책은 5·16 정권이 이루어놓은 가장 긍정적인 업적으로 평가되는 경우가 많다. 외채가 누진하는 무거운 짐을 지고 있기는 했지만 경제개발정책이 일단 재부의 비약적인 확대를 가져온 것은 사실이었다. 그러나 한편 그 확대된 재부가 극소수 계층에게만 편중되고 절대빈곤은 일단 해소되었다 해도 빈부의 격차가 오히려 심화되는 결과를 가져온 것도 사실이었다.

외채를 바닥에 깔고 확대된 재부가 민족자본적 성격을 가질 수 있느냐 하는 문제는 뒷날의 판단으로 미루더라도, 몇 개의 기업이 국민총생산량의 절반 이상을 차지하는 경제체제는 확실히 비민주적인 체제이며 역사발전의 바른 노정에 역행하는 체제였다. 외채에 의한 경제개발과 그것으로 확대된 재부의 극소수 계층에의 편중 현상을 획기적으로 극복하지 못하는 한 5·16은 역사가 아니라 현실로 남아 있을 것이다.

문화·사상적 측면에서 역사가 전진, 발전한다는 것이 무엇을 말하는가 하고 생각해보면 그것은 결국 인간의 생각하는 자유와 표현하는 자유가 확대되는 것이라 압축해서 말할 수도 있다. 인간이 생리적으로 가진 이 두 가지 자유는 역사 이래로 권력에 의해서 혹은 인습 등에 의해서 심한 탄압을 받아왔다.

그러나 목숨을 걸고 지구가 돈다고 주장할 수 있는 인간의 용기와 권력의 강압에 한때 굴복했다가도 그래도 지구는 돈다 하고 말하지 않을 수 없는 인간의 신념이야말로 그 역사를 전진시켜온 중요한 원동력의 하나였다. 집권세력, 기성세력은 언제나 기존체제를 고정하고 그 이익을 계속 누리려 했지만 낡은 현재에 만족하지 못하고 역사를 한 걸음이라도 전진시키기 위해 신명身命을 바치는 사상가나 혁명가는 언제나 있었던 것이다.

우리 역사에서도 실학사상가들이, 애국계몽운동가들이 조선왕조의 전제주의체제를 거부하면서 생각하는 자유, 표현하는 자유를 넓혀갔지만 식민지 시기로 들어오면서 그것은 거의 질식상태에 빠졌다. 해방 후의 '혼란'은 바로 이 질식상태에서 벗어나는 아우성이었지만, 분단국가의 성립과 민족상잔을 겪으면서 반공주의를 앞세운 사상통제 아래서 생각하고 표현하는 자유는 또다시 좁혀지기만 했고 분단체제가 이 자유를 유보하는 것이 당연한 것으로 만들어갔다.

4·19는 생각하고 표현하는 자유를 본래 있어야 할 자리로 가져가기 위한 몸부림이었으나 그것은 5·16에 의해 다시 혼란으로 간주

되었고 탄압되었다. 5·16군사정변 세력은 4·19 후의 생각하고 표현하는 자유의 회복을 예의 혼란으로 몰아붙이고 정변을 정당화하려 했지만, 그것은 혼란이 아니라 역사의 전진과 변혁을 위한 활력의 하나였다.

사실 역사의 전진을 위한 변혁은 흔히 혼란으로 보이기도 했고 또 불안으로 느껴지기도 했다. 기존의 체제에 덕을 보고 있는 사람들은 말할 것 없고 그것에 해를 입거나 그것을 지켜워하는 사람들에게도 새로운 체제나 시대로의 전환은 불만으로 느낄 만한 일이었다. 그러나 그것을 혼란이나 불안이 아닌 역사발전을 위한 진통이나 활기로 볼 수 있는 사람이 많아질 때 혼란을 핑계로 역사 전진을 막으려는 책동은 발붙이지 못할 것이다.

생각하고 표현하는 자유의 확대가 역사발전의 가장 중요한 부분의 하나라 이해할 때 과연 5·16이 4·19보다 그것을 한층 더 전진시켰고 그러므로 5·16을 4·19혁명을 계승해서 우리 역사를 더 전진시킨 '혁명'이었다고 평가할 수 있을까? 그것 역시 뒷날의 평가에 맡긴다 해도 역사의 전진을 위한 진통이나 활력소로서의 생각하고 표현하는 자유의 확대를 혼란으로 몰아붙일 수 있는 상황이 가실 때 5·16은 또한 우리의 현실이 아니고 역사의 장으로 넘어가게 될 것이다.

역사의 발전을 어느 한 분야의 전진에만 맞추어 말할 수는 없다. 정치적 자유의 확대, 경제적 균등과 사회적 평등의 달성, 사상적 자유의 확대가 고루 전진했을 때 역사가 한층 나아간 것이라 할 수 있으며, 우리와 같은 분단민족의 경우 민족문제의 해결에도 합리적 전진이 있어야 함은 더 말할 나위가 없다. 어떤 사실에 대한 역사적 평가도 이에 비추어 이루어질 것이며 5·16도 물론 예외가 아니다. 5·16은 이제 현실이 아닌 역사가 되어야 하며 역사학의 자유로운 평가 대상이 되어야 할 것이다.

# 7 | 소설 『태백산맥』과 분단인식의 변화

**민족분단에 대한 인식의 변화**

오늘을 살고 있는 우리 민족구성원 전체를 그들의 역사 경험을 중심으로 크게 구분할 경우, 식민지 시기와 8·15 후의 민족분단 과정 그리고 6·25를 중심으로 하는 민족상잔을 바로 자기의 시대로 경험한 세대와, 그와 같은 민족사의 최악의 과정을 자기의 시대로 직접 경험하지 않은 세대로 구분할 수 있다.

전자의 경우 어떤 형태로건 식민지배의 영향을 직접 받은 위에 민족분단 과정에서 일정한 역할을 한 세대이며, 따라서 민족분단에 대한 크고 작은 책임을 가지면서 분단체제가 주는 일정한 이익에 젖었거나 그렇지 않다 해도 분단체제에 절어서 민족사의 부정적인 시대로서의 분단시대를 극복하려는 의지가, 설령 그것을 항상 표방하고는 있다 해도 그다지 절실하지 않은 경우가 많은 세대일 수 있다.

식민지 시기와 민족분단 과정 및 민족상잔을 직접 자기의 일로 겪지 않은 젊은 세대는 그 때문에 민족분단에 대한 직접적인 책임은 없으면서도 그 피해는 입고 있는 한편 분단극복에 대한 책임을 통째로 져야 할 세대다. 따라서 이들 두 세대 사이의 민족분단에 대한 인식 자체가 다를 수밖에 없으며 분단극복 의지나 방법론도 다를 수밖에 없다.

8·15 자체가 40년이 지난 지금에는 민족해방이라는 의미보다 민족분단의 기점으로서의 의미가 더 부각되어가고 있다. 그러나 기성세대의 민족분단 과정 및 그 이후의 문제에 관한 학문적 경향은 역사학 일반에서 보는 것과 같이 거의 그것을 대상에서 제외하거나 사회과학 일반에서 보는 것과 같이 체제 매몰적인 처지에서의 분석 내지 입론이 많았다.

역사학 및 사회과학 등의 학문적 경향과 문학 쪽의 작품 경향이 반드시 일치하는 것은 아니며, 경우에 따라서는 학문 쪽의 연구 성과 및 경향이 작품 쪽에 투영되는 경우도 있고 반대로 예민한 상상력과 직관력을 갖춘 문학작품 쪽이 오히려 학문적 성과 및 경향보다 앞서서 새로운 방향을 선도해가는 경우도 있을 수 있지만, 민족분단 과정과 6·25를 통해 문학 쪽도 이른바 반공문학이 자리 잡아갔고, 다만 한편으로 전쟁의 비극성이 작품화되는 경우는 있었다.

그러나 대체로 4·19를 계기로 민족문제 전체에 대한 인식이 변해가면서 민족분단 과정과 6·25 등에 직접적인 책임을 느끼지 않아도 좋을, 그러면서도 특히 전쟁의 피해를 체험한 세대가 연구활동 및 작품활동 인구로 성장함에 따라 분단체제를 민족적인 차원에서 객관화하려는 의식이 높아져갔고, 그것이 1970년대, 1980년대로 오면서 정치적·경제적 상황의 반反역사화와 함께 크게 확대되어갔다.

이들에 의한 학문적 경향의 변화는 역사학에서의 민족주의 역사학을 반식민사학론의 범주를 넘어서 분단극복사학론으로 나아가게 했고, 사회과학 일반의 경우도 분단체제를 객관화하고 그 극복에 공헌함으로써 학문의 토착화 내지 민족화를 지향하려는 노력이 일어나기 시작했다. 그리고 문학 분야에서도 기성세대의 그것과는 달리 반공문학적 경향이 약화하면서 분단극복의 방향을 모색하는 이론이나 그 의지를 적극적으로 담은 작품들이 생산되어갔다.

대체로 1960년대 말기부터 1970년대 초기에 걸쳐 나타나기 시작한 이와 같은 새로운 학문적·문학적 경향은 몇 가지 기본적인 방향을 가지고 있는 것으로 분석할 수 있다.

그것은 첫째, 종래의 냉전논리를 극복해가는 방향으로 나아갔다. 이 시기는 민족 내적으로도 4·19 이후 민족적 각성이 높아지기 시작한 시기이기도 했지만 외적으로도 미국과 소련, 미국과 중국 사이의 긴장관계가 해소되어가던 시기이며, 그 여파가 한반도문제에도 미쳐 7·4남북공동성명으로 나타난 때였다.

국제세력 간의, 또 민족 내 정치세력들 사이의 이와 같은 변화의 의미 자체야 어디에 있었든, 이 과정을 통해 종래 확고히 자리 잡고 있던 분단불가피론 및 폭넓게 뿌리내려져 가던 남북 간의 대립 감정 내지 적개심에 일단의 변화가 나타나기 시작했으며, 그것은 분단과 상잔에 직접 책임이 없는 젊은 세대 쪽에서 더 크게 나타났다.

둘째, 이와 같은 냉전논리의 일부 후퇴는 자연히 민족문제의 인식에 일정한 변화를 가져오기 시작했다. 이승만 정권은 그 역사성의 취약성 때문에 민족주의적 논의 자체를 불온시하고 탄압했지만 4·19는 민족주의의 이해에 새로운 문을 여는 계기가 되었고 뒤이은 박정희 정권은 그것을 나름대로의 방향으로 돌리기 위해 이른바 민족주체성을 강조하면서 독재정권 강화의 논리로 역이용하려 했다. 그러나 특히 젊은 세대의 민족문제에 대한 이해는 정확하게 역사적 방향으로 나아가고 있었다.

이 시기에는 분단 과정과 민족상잔을 자기 속박의 줄로 삼지 않아도 될 세대가 스스로의 민족관을 가질 만한 세대로 성장해가고 있었으며 이들은 기성세대와는 대체로 두 가지 점에서 서로 다른 민족관을 형성해가고 있었다. 그 하나는 민족 인식의 범위를 한반도 전체 주민으로 확대해간 것이며 또 하나는 민족 주체의 범위를 적극적으로 기층민중에까지 확대해가고 있었다는 것이다.

셋째, 이와 같은 젊은 세대의 민족관의 변화는 당연히 그들의 지적 활동을 분단국가주의를 극복하고 통일민족주의를 지향하는 방향을 여는 데로 집중해갔다.

냉전체제·분단체제에 전 기성세대의 경우 분단국가주의와 옳은 의미의 민족주의가 의식적으로 혹은 무의식중에 혼동되는 경우가 많았고 그것이 민족문제 해결의 옳은 방향을 세우기에 장애되는 경우가 많았지만, 분단 과정과 민족상잔의 장으로부터 스스로를 어느 정도 객관적 위치에 둘 수 있게 된 새 세대들은 분단국가주의와 통일민족주의를 비교적 정확하게 구분할 수 있게 되어간 것이다.

소설 『태백산맥』도 8·15 이후 40여 년간의 이와 같은 분단인식의 변화과정을 염두에 두면서 읽어야 할 작품이 아닌가 한다.

### 『태백산맥』에서의 분단인식의 변화

소설 『태백산맥』의 제1부 「한恨의 모닥불」은 1948년 10월에 일어난 여·순반란사건 때 같은 영향권 안에 들어간 이웃 고을 벌교를 주된 무대로 하여 쓰였다.

여·순반란사건이 일어난 1948년은 우리 현대사에 하나의 큰 갈림길을 이룬 해였다. 독립운동세력이 직접 일본의 항복을 받을 상황에 있지 못했고 또 일본의 항복을 받을 연합국의 승인을 받은 정치집단을 가지지 못한 채 그 패망을 맞이하게 됨으로써 전쟁 후의 한반도문제는 결국 모스크바 3상회의로 넘겨졌다.

모스크바 3상회의에서의 한반도문제 처리 방안은 미소공동위원회에 의한 임시정부 수립, 그 임시정부를 통한 미·소·영·중 4개국의 5년간 신탁통치, 신탁통치 후의 총선거를 통한 완전독립의 남북한 단일정부 수립으로 결정되었다. 그러나 우익세력의 반탁과 좌익세력의 찬탁이 대립된 위에 미·소 양국 사이의 냉전관계가 심화되어감으로써 임시정부 수립을 위한 미소공동위원회 자체가 결렬되었다.

1947년 9월에 이미 미국은 한반도문제의 모스크바 3상회의 결정에 의한 해결을 포기하고 한반도문제를 소련의 반대를 무릅쓰고 유엔으로 가져갔다가, 소련이 유엔 한국위원단의 북한지역에서의 활동을 거부하게 되자 1948년 2월에는 유엔 소총회가 남한만의 단독선거에 의한 단독정부 수립을 의결하게 함으로써 민족분단의 길이 일단 열리게 되었다.

이승만을 중심으로 하는 한민당 등의 정치세력은 이와 같은 이른바 단선단정안單選單政案에 찬성했으나 김구·김규식 등의 임시정부계와 민주주의민족전선에 결집된 좌익세력은 이에 반대했다. 민족분단의 위기에 몰린 김구는 「3000만 동포에게 읍소함」이란 단정반대성명을 발표하고 김규식과 함께 북쪽에 남북협상을 제의했다.

남한만의 단독정부 수립안과 남북통일정부 수립을 위한 남북협상안을 두고 정계가 크게 양분되어 대립하고 있을 때 제주도에서 대규모의 폭동이 일어났다. 이른바 '4·3폭동'이라고 부르는 것이 그것이다. 김구·김규식의 남북협상은 분단을 막을 만한 결실을 가져오지 못한 채 5·10선거를 통해서 남한 단독 제헌의회가 구성되었고, 8월 15일에는 김구·김규식 등의 거부 속에 이승만 정권이 성립되었다.

제주도의 '4·3폭동'에 대한 객관적·학문적 연구가 전혀 없는 실정이어서 40년이 된 지금에도 그 성격을 규정하기는 어렵다. 다만 이후 분단체제가 강화되고 냉전논리가 심화됨으로써 체제 쪽에서는 그것을 남로당에 의한 공산폭동으로 규정해왔다.

그러나 5·10선거와 이승만 정권의 수립 과정을 통해 제주도뿐만 아니라 전국 각지에서 학생·농민·노동자·시민 등에 의한 단독정부수립 반대운동이 치열하게 일어났고, 김구·김규식을 중심으로 한 우익 독립운동세력 및 정치세력도 남한만의 단독정부 수립에 반대했다.

'4·3폭동'이 순수한 공산폭동인가 아니면 단독정부수립 반대운동으로서의 성격이 더 큰가 하는 문제는 앞으로 학문적 연구가 진행됨으로써 밝혀지겠지만, 역사가 흐르면서 냉전논리가 어느 정도 가셔져가고 평화통일론이 정착되어감에 따라, 특히 분단 과정과 민족상잔에 직접적인 책임이 없는 새로운 분단인식 및 민족인식이 변화함에 따라 그것을 단독정부수립 반대운동으로 보려는 경향이 높아져가고 있는 것은 사실이다.

제주도의 '4·3폭동'은 정부 수립 후에도 계속되었고 그것의 진압을 위해 출동하던 군대의 일부가 일으킨 사태가 곧 '여·순반란사건'이다. 여기에 그 지방의 민간 좌익세력이 합세하게 되었는데, 소설 『태백산맥』의 제1부는 그 가운데 벌교지방의 상황을 중심으로 쓴 것이다. 『태백산맥』이 민족분단과 그것에 따르는 민족상잔의 비극을 다루었으면서도 같은 문제를 다룬 여느 작품과는 일정한 차이를 느끼게 하는 점이 있는 것으로 생각되며, 그것이 곧 우리가 앞에서 말한 분단인식의 변화가 반영된 작품임을 말하고 있는 것이 아닌가 한다.

그 차이를 느끼게 하는 점이란, 첫째 『태백산맥』에서는 대립 및 관념적 이데올로기의 대립으로만 설명하던 단계를 어느 정도 넘어서고 있는 것으로 보인다. 주인공 염상진과 김범우는 식민지 시기부터 두터운 교분을 가졌고 또 함께 사회주의 서적에 심취했지만 다분히 그들의 출신성분 및 사회·경제적 조건 때문에 8·15 후에는 결국 노선을 달리할 수밖에 없어진다.

그뿐만 아니라 식민지 시기를 통해 더욱 심화된 지주·소작관계의 첨예한 대립과 8·15 후의 그것에 대한 불철저한 처리 그리고 친일세력 온존 등의 역사적 현실이 민족분단의 중요한 조건으로 상당히 정확하게 깔려 있는 것을 볼 수 있다. 이 점은 물론 분단의 불가피성을 강조하기 위한 목적에서가 아니라 분단의 객관적·역사적 조건을 정확하게 이해하게 하려는 데 더 큰 목적이 있는 것으로 읽는 이에게 받아들여진다.

둘째, 『태백산맥』을 읽으면서 또 하나 느껴지는 것은 예를 들면 염상진이 김범우의 아버지를 숙청에서 구해주는 대목 같은 데서 나타나는 것과 같이 좌익 측에 선 사람들에게서도 이데올로기를 넘어선 인간적 의리 및 인간성의 순수성 같은 것이 강하게 느껴지는데 그것이 단순한 휴머니즘을 바탕으로 한 것으로만 생각되지 않는다는 점이다.

종래의 민족분단과 민족상잔을 다룬 작품 속에 등장하는 좌익 측 인간, 특히 전투부대의 주인공들은 일반적으로 이데올로기의 노예가 된 인간형, 포악한 면이 강한 인간형, 아니면 상황판단의 잘못이나 대세에 밀려서 혹은 기회주의적 처신으로 빠져들어간 인간형이 대부분이었다 해도 과언이 아니며, 혹시 그들에게서 휴머니즘적 측면을 찾을 수 있다 해도 그것은 어디까지나 이데올로기적 틀 속에서의 극히 제한된 측면에 지나지 않는 경우가 대부분이었다.

우리가 『태백산맥』의 주인공들에게서 그것과 다른 인간성을 느낄 수 있었다면 이 작품이 앞에서 말한 분단인식의 변화를 알아차리고 그것을 수용하려 노력한 때문이며 또 나아가서 그와 같은 변화가 더 촉진되는 데 일정한 역할을 하겠다는 의지가 이 소설 속에 강하게 담긴 결과라 할 수 있을 것이다.

『태백산맥』이 다룬 민족의 분단과 상잔 과정은 시간적으로는 이미 역사 속으로 들어가도 좋을 만큼의 거리에 있지만, 불행하게도 그것은 아직 강하게 우리의 현실에 연결되어 바람직스럽지 못한 힘을 쓰고 있다. 그러나 그것은 이제 객관화되어야 할 일들이며 그 객관화가 촉진될 때 분단인식 전반의 변화 역시 가속화할 것이고 그것은 또 분단극복의 길을 앞당기게 될 것이다.

## 『태백산맥』과 분단극복 문제

소설 『태백산맥』은 이제 겨우 제1부 「한의 모닥불」이 간행되었을 뿐이지만, 전체가 4부로 이루어질 예정이라 들었고 따라서 그 시간적 하한도 현재에까지 내려올 것이 아닌가 한다. 분단과 민족상잔 문제를 중심으로 다룬 작품이 현재까지를 그 대상으로 할 경우, 그것은 곧 우리 현대사 전체가 그 무대이며 따라서 분단과 그 극복의 문제가 중심적인 문제가 될 수밖에 없다.

분단과 민족상잔의 비극이 집약적으로 표출된 하나의 사건을 출발점으로 잡은 『태백산맥』이 앞으로 부딪힐 문제는 당연히 분단극복의 문제가 될 것이다. 이미 완성된 제1부도 민족상잔의 실상을 다룬 부분이면서도 이 작품 전체의 의도가 분단극복을 위해 기여하려는 강한 목적성을 가지고 있음을 상당히 내비치고 있다.

『태백산맥』의 제1부 「한의 모닥불」에서는 염상진의 역사관·민족관 및 사회경제적 위치와 김범우의 그것이 비교적 선명히 부각되어 있으며 그것은 적어도 분단과 상잔 과정에서는 평화적으로 결합될 수 없는 처지에 놓여 있다. 그뿐만 아니라 그들의 역사관 내지 민족관의 차이는 그들 자연인의 범위를 넘어서서 지금도 계속되고 있다.

염상진형型 분단극복 방법론은 지금도 민족문제를 해결하지 못하고 있을 뿐만 아니라 평화통일론이 정착해감에 따라 오히려 방법론적 수정을 요구받고 있으며 김범우형의 역사관에 의한 분단극복론도 그 목적을 달성하지 못하고 있는 것은 마찬가지다.

『태백산맥』의 제2부 이후에서 자연인으로서의 염상진은 지리산 어느 골짜기에서 최후를 마치거나 뒤이어 일어난 6·25전쟁 와중에서 월북할 기회를 얻거나 아니면 그의 역사관 관철을 위한 행동을 포기할 수도 있을 것이다. 어느 경우건 그 본래의 분단극복 방법은 좌절되었고, 김범우의 삶이 어떤 쪽으로 이어질지 미리 단정할 수 없지만 그가 가진 약간의 행동면의 긍정성에도 불구하고 식민지 시기와 분단 과정 그리고 민족상잔의 소용돌이 속에 위치했던 그의 인간형 내지 역사관이 분단문제를 해결하는 주인공형이 되기에는 부적당할 것이다.

『태백산맥』의 제1부에는 또 심재모라는 제복의 사나이가 등장해서 상처 입은 벌교 고을을 경찰이나 청년단보다는 규율 있게 다스릴 뿐만 아니라 분단 및 상잔의 원인을 심층적으로 이해하려는 노력을 보이면서 심지어 농민문제 등에 꽤 적극적인 관심을 보이는 것으로 되어 있다. 그러나 그런 신분이나 인간형의 집단이 분단문제·민족문제를 역사적인 방향에서 평화적으로 해결할 수 있는 처지에 있지 않음은 말할 것도 없다.

『태백산맥』의 작가는 자신의 말에서 "민족분단의 삶을 날줄과 씨줄로 엮어 민중의 상처와 아픔을 감싸고자 하는 베짜기 작업이 어떻게 종합되고 통일을 이루어, 잘린 태백산맥의 허리를 잇는 데 얼마나 기여할지 나도 잘 모른다."고 했다. 어떤 의미로는 『태백산맥』이란 소설 전체의 가치를 '잘린 산맥의 허리 잇기'에 걸었다는 말로도 돌릴 수 있다.

『태백산맥』의 제1부가 앞에서 말한 분단인식 변화의 촉진을 위해 상당한 도움을 주고 있지만 제2부 이하에서 잘린 산맥의 허리 잇기에 더 큰 기여를 할 수 있는 방향으로 나아가기 위해서는 그것을 담당할 새로운 주인공을 어디서 찾아낼 것인가 하는 문제에 부딪히게 될 것이다.

주관적 진실성과는 관계없이 결과적으로 「한의 모닥불」의 불씨가 된 염상진이나 김범우 등 허리 자름의 주인공들이 그대로 허리 잇기의 주인공으로 연결될 수는 없을 것이다. 역사적인 문제의 해결이란 반드시 '결자해지結者解之'로 되는 것은 아니며 맺는 자 따로 있고 푸는 자 따로 있기 마련이다. 맺은 자는 풀어야 할 이유를 모르기 마련이며 자른 자는 잘림의 고통을 절감할 수 없기 마련이다.

『태백산맥』의 어디쯤에서 허리 잇기의 주인공들이 본격적으로 등장할지 모르지만 그들은 염상진·김범우형의 인간이 아닐 것이다. 그들은 먼저 증오심에서 해방된 인간들이며 당연히 민족관과 역사관이 달라진 인간들일 것이다. 그들이 설령 염상진·김범우의 아들들이라 해도 그들은 이제 허리 잘림의 고통을 같이하는 그리고 그 피해를 통째 받고 있는 민중의 일부분일 뿐이다.

소설이 사회과학과 같이 분단극복의 정책적인 방향을 구체적으로 제시하기란 어려울 것이며 또 반드시 그렇게 해야 할 필요가 있는지도 의문이다. 그러나 태백산맥의 허리를 이을 수 있는 인간형은 어떤 것이어야 하며 그들의 어떤 행동이 허리 잇기와 연결되는 것인가를 말해줄 필요는 절실하며 분단 42년이 지난 지금 우리 사회의 어느 부분에서 그런 인간형을 발견할 수 있는가를 지적하지 않을 수 없는 것이다.

# 민족해방운동의 또다른 관점들

統一運動時代의 歷史認識

1. 민족해방운동사 연구 현황과 과제
2. 신채호의 영웅·국민·민중주의
3. 신간회운동의 민족사적 의의
4. 잊혀진 조선독립동맹의 항일무장투쟁
5. 민족해방운동의 폭력·비폭력 노선
6. 연변 조선족 자치주의 우익독립운동 인식
7. 중국 동북지방의 항일유격전적지를 보고

# 1 | 민족해방운동사 연구 현황과 과제

**민족운동사 연구 부진의 원인**

아시아 지역의 중세문화권 안에서 비교적 높은 문화수준을 유지하고 있었던 한반도지역이 근대사회로 접어들면서 식민지로 전락했다는 사실 자체가 예사롭지 않은 일이었지만, 중세사회까지의 높은 문화수준이 바탕이 되어 식민지 시기의 민족해방운동은 같은 무렵에 식민지로 전락한 다른 민족사회의 그것에 비해 적극적으로, 그리고 꾸준하게 전개될 수 있었다.

그러나 민족해방운동이 줄기차게 추진된 데 비해, 또 민족사회의 비교적 풍부한 학문적 자산에 비해 민족해방운동에 관한 연구는 8·15 후 상당기간 부진했고, 식민지배에서 해방된 민족이면서도 민족해방운동의 역사를 각급 학교에서 독립된 교과목으로 설정하려는 노력도 상당기간 일어날 수 없었다.

여기에는 식민지 시기가 동시대同時代에 가까운 시기여서 연구자료의 정리가 미비했다거나 그것을 객관적으로 평가할 수 있는 시간적 여유가 필요했다는 이유 등을 들 수도 있겠지만, 그것으로 면책이 될 수는 없을 것 같다. 오히려 식민지 시기의 독립운동전선 안에서도 박은식 등에 의해서 민족해방운동사가 연구되고 서술되었던 것이다. 식민지배에서 해방된 민족이면서도 민족해방운동사 연구가 부진한 이유를 생각해보는 일은 민족운동사 연구의 문제점과 그 방향을 살펴보는 시발점이 될 것이다.

식민지배에서 해방된 민족이면서도 민족해방운동사의 연구가 부진했던 원인의 하나는 식민지 시기 국내 학계의 역사학 방법론에서 찾을 수 있을 것 같다. 식민지 시기의 국내 역사학계는 대체로 이른바 실증사학적 방법론에 한정되어 있었다. 그것은 식민지 피지배민족의 역사학이면서 식민지배 아래서의 민족적 질곡과는 거리가 있는, 학문의 현재성이 결여된 방법론에 한정되어 있었던 것이다.

고대사 연구의 경우 그 방법론이 역사지리학적 고증에 한정된 것은 그렇다 하더라도 근대사 연구도 일종의 정쟁사政爭史 연구에 한정되었던 연구방법론 때문에 해방 후의 역사학계가 바로 민족해방운동사 연구에 적극성을 띨 수 있는 조건은 아니었다. 더구나 해방 후의 역사학계가 이들 식민지 시기 국내 역사학자 중심으로 구성된 것은 민족해방운동 연구를 부진하게 한 중요한 원인이 되었다.

해방 후의 민족해방운동사 연구가 부진하게 된 또 하나의 원인은 식민지 시기의 반反식민사학으로서의 이른바 민족주의 사학 측 연구자들이 학계에 자리하지 못한 점에 있었다. 독립운동전선에 직접 참가했던 민족주의 사학자들은 대부분 해방 전에 전사했고 국내의 일부 민족주의 사학자들은 해방 후 대부분 학계를 떠났으며, 따라서 직접 후진을 양성할 위치에 있지 못했던 것이다. 그렇다 해서 민족주의 사학의 학맥이 완전히 끊어진 것은 아니었지만 상당한 기간 미미한 상태에 놓여 있었고, 그들이 민족해방운동사 연구에 적극성을 띨 수 있는 조건은 아니었다.

해방 후의 민족해방운동사 연구가 부진한 다른 하나의 원인은 식민지 시기의 또 하나의 반식민사학으로서의 이른바 사회경제사학자들이 역시 학계에 자리하지 못한 점에도 있다. 이들은 식민지 시기에 민족해방운동사를 연구하지는 않았으나 그 현재성 높은 역사의식과 방법론을 바탕으로 해방 후에는 민족해방운동사 연구에 적극성을 가질 가능성이 있었으나 민족분단으로 역시 학계에 자리하지 못했던 것이다.

민족해방운동사 연구가 부진하게 된 또 다른 하나의 원인은 역시 민족분단으로 인한 연구환경의 불편에 있었다. 식민지 시기 전체를 통한 민족해방운동은 그 방법론에서 여러 갈래가 있었으나 크게 나누면 우익운동과 좌익운동으로 나눌 수 있으며, 특히 3·1운동 이후 1920년대와 1930년대, 1940년대로 가면서 좌익운동의 비중이 상대적으로 높아져갔다.

식민지 시기의 좌우익 독립운동은 민족해방운동사라는 하나의 범주로서 연구되는 것이 바람직한 것이었지만 해방 후의 분단체제가 주는 제약과 냉전주의적 역사인식 때문에 좌익 독립운동사 연구는 말할 것도 없고 한때는 좌우익의 협동전선운동까지도 객관적 시각으로 보기 어려운 때가 있었다. 이와 같은 민족분단으로 인한 민족운동사 연구의 제약성은 아직도 극복되어야 할 부분을 많이 가지고 있는 것이 사실이다.

## 민족운동사 연구의 현황

### 개항기 민족운동사 연구

문호개방 이후 식민지로 전락하기까지 개항기의 민족운동사 연구는 크게 구분해서 반외세운동사 연구와 반봉건운동사 연구의 두 측면에서 이루어져왔다고 볼 수 있다. 이 시기에 일어난 민족운동 등을 두고 당초부터 어느 운동은 반외세운동이고 어느 운동은 반봉건운동이라고 확연하게 구분하면서 연구한 것은 아니라 해도, 대체로 반외세운동적 성격을 가지거나 반봉건운동적 성격을 가진 운동을 민족운동으로 간주하고 연구해온 것이라 할 수 있다.

이 경우 문호개방 직전의 외세침략에 대항한 대원군 정권의 반외세정책, 쇄국주의정책을 민족주의적 정책으로 볼 것인가 하는 문제가 있지만, 적어도 그 정책을 뒷받침한 사상으로서의 위정척사론을 민족주의적 사상으로 이해하는 관점의 연구는 상당히 진전되었다. 그리고 위정척사사상도 초기의 사상과 후기의 사상에 약간의 차이가 있어서 후기의 사상, 특히 최익현崔益鉉의 경우 반봉건적으로까지 나아가지는 않았다 해도 서양 기술 도입론으로까지는 나아간 것으로 파악되고 있다.

그러나 조선왕조의 지배체제, 즉 전제주의 정치체제, 지주전호제 경제체제, 신분제적 사회체제, 성리학적 사상체제를 그대로 유지하기 위한 반외세운동이 민족주의운동으로서의 성격을 가질 수 없으며, 따라서 위정척사운동이 민족주의운동의 범주에 들 수 없음을 구명해가는 연구도 진행되고 있다.

갑신정변·독립협회운동·애국계몽운동으로 이어지는 부르주아적 운동에 관한 연구는 대체로 그것이 반외세·반봉건적 성격을 가졌다는 측면에서 추진되었다. 특히 갑신정변의 경우 그 주동자들이 비록 부르주아 계급은 아니었으나 어느 정도 부르주아적 생각을 가졌다고 보아 이 정변을 우리 역사상 최초의 부르주아적 정치운동이라 보기도 한다.

독립협회운동은 부르주아 운동적 성격이 상당히 짙어진 자유민권운동, 자주·자강운동, 의회주의운동 등으로 보는 시각에서의 연구가 진행된 한편, 그것이 가진 민족운동으로서의 한계성도 지적되고 있다. 즉 독립협회운동이 밖으로는 당시 영국·미국·일본의 세계정책의 일환으로서의 반러시아 정책에 한정되어 반제국주의운동에 한계성이 있으며 대내적으로도 시민혁명이나 국민혁명을 지향한 운동이라기보다 과거의 왕권을 황제권으로 바꾸고 이 황제권과 구귀족세력이 아닌 신흥 부르주아 계급이 연결되려 한 운동으로, 또 지주의 부르주아화를 기도한 운동으로 보는 관점의 연구도 나타나고 있다.

다음, 역시 부르주아적 운동의 연장선상에서 일어난 애국계몽운동의 경우도 보호국체제 아래서의 운동이었기 때문에 정치운동으로서의 성격은 약화되었으나 사회·문화운동, 교육운동, 산업진흥운동을 통한 애국주의운동으로, 그리고 신민회에서 대표되는 것과 같이 국민주권운동으로 보는 연구가 진행된 한편, 부르주아 운동으로서의 전투성이 결여된, 따라서 혁명성이 결여된 운동임이 지적되기도 했다.

　이 시기의 부르주아적 민족운동과는 다른 하나의 갈래로서의 갑오농민전쟁에 관한 연구는 그것이 동학교단과는 일정한 거리가 있는 농민전쟁임을 밝히는 연구가 진행된 후 그 성격이 반외세·반봉건성을 가진 것이었음을 논증하는 연구가 진행된 한편, 그것이 가진 왕권부인의 불철저성이 지적되는가 하면 집강소執綱所를 근거로 한 농민자치정부 수립을 지향한 혁명으로 보려는 경우도 있고 부농층 중심의 전체 농민과 관료적·지주적 토지소유자 사이의 모순, 상품경제의 발전을 바탕으로 하는 농민과 지주 사이의 정치적 투쟁 등 이 운동의 성격을 가늠하는 시각은 다양하게 넓어져가고 있다.

　갑오농민전쟁의 성격을 가늠하는 관점이 다양해져감에도 불구하고 그 주체는 대체로 중농층·소작농민층·영세상인층·영세수공업자층·농업노동자층·도시의 잡업노동자층·실업자 등으로 형성된 민중층으로 파악되고 있으며, 이 때문에 이 운동이 민중민족운동의 하나의 큰 정점으로 인식되고 있지만, 그것이 지향한 정치체제 및 경제체제를 구체적으로 밝히는 연구작업은 아직 미숙한 상태에 있다. 개화기의 농민전쟁이 지향한 체제가 부르주아적·국민국가적 정치체제와 자본주의적 경제체제일 수는 없는가, 일부의 연구자가 암시적으로 제의한 절대왕정적 지향은 그 타당성이 정말 있는가 하는 문제 등이 있는 것이다.

　의병전쟁에 관한 연구는 그것이 처음에는 위정척사론을 바탕으로 한 유생층의 근왕勤王운동으로 시작되었으나 차차 유생 의병장은 줄어들고, 특히 정미7조약에 의한 군대해산 후에는 서민 의병장과 해산 군인 의병장이 크게 증가한 사실을 밝힘으로써 이 전쟁이 보수

유생층 중심의 근왕운동적 성격에서 차차 국민적 독립전쟁의 성격으로 바뀌어간 사실을 밝히는 연구가 추진되어왔다.

그러나 그것으로만 그치지 않고 이 전쟁을 적어도 그 하부구조에 있어서는 갑오농민전쟁의 연장으로 보아 역시 반봉건·반외세운동으로 이해하려는 경향의 연구가 진행되어가고 있다. 군대해산 후 각 의병부대 지휘관급의 75퍼센트가 비양반 출신으로 바뀌어간 사실도 중요하지만 의병부대 군사력의 핵심이 농토를 잃은 농민·임노동자·하급 군졸 출신으로 구성되어 있었으며, 그 전쟁이 항일전쟁일 뿐 아니라 부민富民이나 지주층에 대한 전쟁이기도 했다는 사실, 의병들의 전쟁 가담 동기 중 빈곤이 가장 비율이 높았다는 사실 등을 통해서 이 전쟁을 갑오농민전쟁의 연장으로서의 농민층의 반외세·반봉건투쟁으로 보려는 쪽으로 연구 방향이 잡혀가고 있는 것이다.

개항기의 민족운동은 대체로 갑신정변·독립협회운동·애국계몽운동 등의 부르주아적 운동과 갑오농민전쟁·의병전쟁으로 이어지는 농민운동의 두 줄기로 발전해왔지만, 식민지로 전락할 때까지 이 두 계통의 운동이 끝내 합쳐지지 못한 사실의 원인, 예를 들면 부르주아적 운동의 비전투성이 지적되는 한편 이 시기 민족운동의 주체를 부르주아적 운동과 농민운동의 어느 쪽에서 구할 것인가 하는 문제 등도 중요한 논점이 되고 있다.

**식민지 시기의 국내 민족운동사 연구**

식민지 시기 민족운동사의 연구는 3·1운동사 연구를 중심으로 이루어져 있다 해도 과언이 아닐 만큼 3·1운동에 관한 연구가 집중적으로 이루어졌다. 이 운동의 배경론은 당초 민족자결주의에 한정되다시피 했으나 그것을 차차 러시아 혁명이나 구한말의 애국계몽운동에서 구하는 연구가 이루어져가고 있으며, 경제적인 측면에서도 구한말 이래 농촌에서의 어느 정도의 상업적 농업의 성장이 이 운동의 배경을 이루었다는 관점도 나오고 있다.

3·1운동 연구는 당초 그 운동의 출발점과 확대 과정을 하나의 맥락으로 이해하는 시각에서 연구가 이루어졌으나 연구가 진행됨에 따라 차차 민족대표의 역할과 운동 확대 과정에서 주도층의 문제를 분리해서 파악하려는 방향으로 나아가고 있음을 지적할 수 있다.

이런 경우 민족대표 33인의 성격과 전체 운동 과정에서의 그 역할 문제가 논점의 중요한 초점이 된다. 다시 말하면 민족대표의 성격과 역할을 긍정적으로 인정하는 관점과 그것을 부정적으로 보는 관점이 상당히 대립되고 있는 것이다.

3·1운동에서 33인의 역할을 긍정적으로 보는 경우는 그들의 민족주의적 성격을 인정하고 그들을 식민지배에 피해를 입은 부르주아적 계층의 핵심으로 보는 것이며, 이 경우 그 독립선언도 인도적 독립청원, 평화적 정권이양 요구, 반침략 세계평화주의의 발로 등으로 이해되었다. 그러나 33인 민족대표의 성격과 역할을 부정적으로 보는 경우는 그들의 방법이 비폭력주의적이었던 데 비해 3·1운동이 전국적으로 확대되어가는 과정에서 폭력주의로 발전해간 사실에 주목하면서, 또 3·1운동에 자극되어 만주지방의 무장독립전쟁이 폭발한 사실에 주목하면서 33인의 3·1운동과 이 운동이 확산, 발전해간 과정을 분리해서 이해하려 하는 것이다.

제국주의적 군사력을 배경으로 하여 한반도를 식민지화한 일본의 지배를 벗어나 독립하려는 방법이 평화주의적 방법이었다는 점에서 '33인의 3·1운동'이 갖는 한계성을 지적하기도 하지만, 3·1운동을 구한말 이래의 무장항쟁과 비무장항쟁의 연결점으로 보려는 관점이 합당하다고 인정하는 경우 비폭력주의로 일관한 33인의 운동과 지도원리는, 꼭 투항주의로까지 보는 것 또한 문제가 있다 해도 이후의 3·1운동 전체를 일관되게 지도한 것으로 보기는 어렵다는 것이다. 그리고 그 독립선언서의 내용 역시 토지조사사업으로 인한 농민의 피해 등이 전혀 언급되지 않음으로써 농민층의 3·1운동을 지도할 만한 것이 되기 어려웠다는 것이다.

33인의 사회·경제적 성분 분석 결과 그들을 민족 부르주아적 성격으로 보기 어렵다는 논증이 있음에 유의하면서 3·1운동의 주도세력을 당시의 중요 도시에서 결성된 애국적 비밀결사의 요원을 분석해 얻으려는 연구작업이 있음에 주목할 필요가 있다. 서울과 대구지방의 비밀결사원을 분석한 연구는 그 주도세력이 학생·변호사·교사·목사·의사·제조업 종사자·상인·무직 등으로 되어 있음을 밝혀내고 33인 대신 이들을 운동의 주도세력으로 보아 그것이 부르주아적 세력에 의해 주도된 운동임을 논증하고 있는 것이다.

한편 이와 같은 3·1운동 주도세력에 대한 새로운 이해와 함께 이 운동이 정치사적으로는 대한제국시기까지의 군주주의체제를 청산하고 식민지 시기의 민족운동을 공화주의 중심으로 넘어가게 하는 하나의 고비가 되었음을 강조하는 시각에서 연구가 진행되었으며, 그 결과 공화주의체제 임시정부의 성립을 정치사적·민족운동사적 측면에서 주목하게 된 것이다. 그러나 임시정부 성립의 역사적 의의가 1920년대 중반기 이후까지 일관되게 지속되는 것은 아니다.

3·1운동 이후의 국내 민족운동사 연구는 대체로 6·10만세운동·

신간회운동·광주학생운동과 민립대학 설립운동, 고전의 연구 및 보전운동, 국어연구 및 보급운동 등 문화운동과 물산장려운동으로 대표되는 이른바 민족경제운동 등이 어느 정도 연구되어 있다.

이 가운데 신간회운동 연구는 당초 냉전주의적 역사인식에 의해 좌우익의 합작운동이 실패할 수밖에 없는 본보기 정도로 이해되었으나, 차차 식민지 시기의 민족통일전선운동으로 자리 잡아갔다. 그것을 민족통일전선운동으로 보는 관점에서도 부르주아 주도의 민족운동 단계에서 프롤레타리아 주도의 민족운동 단계로 넘어가는 과도기적 성격의 운동으로 보는 시각과, 좌우익의 합작운동이라는 시각으로 나누어지기도 했는데, 이 점은 1930년대 이후의 부르주아적 민족운동의 존재를 인정하느냐 하는 문제와도 연결된다.

한편 신간회운동은 국내에서의 그것만이 따로 떨어져서 이루어진 것이 아니라 같은 시기 해외의 독립운동전선에서 일어난 민족유일당운동民族唯一黨運動의 일환으로 이루어진 것임이 밝혀져가고 있다. 그리고 해외 민족운동의 경우 이와 같은 통일전선운동이 1930년대 후반기 이후 다시 나타났고 그것이 해방 후의 건국준비위원회 활동·좌우합작운동·남북협상 등으로 연결되어갔다는 관점의 연구도 진행되고 있다. 신간회운동도 이런 관점에서 볼 때 그 성격이 달라지는 것이다.

6·10만세운동과 광주학생운동에 관한 연구는 대체로 실증적 연구 단계에 그치고 있으며, 그 성격을 구명하는 데까지 나아가지 못하고 있다. 실증적 연구의 쟁점은 대체로 그것이 우익 중심의 운동인가, 좌익 중심의 운동인가 하는 문제를 두고 왔다 갔다 하는 정도지만, 이들 두 운동의 성격은 그 중간에 있는 민족통일전선운동으로

서의 신간회운동의 성격과 깊은 연관이 있는 것으로 이해되어야 할 것이다.

3·1운동 이후 국내의 우익세력에 의한 문화운동·물산장려운동 등은 식민지배 아래서의, 주어진 조건 아래서의 민족운동의 하나의 방법으로 설명되고, 따라서 당시의 국내적 조건으로는 그렇게라도 할 수밖에 없는 방법으로 이해되는 경우도 있었지만, 다른 시각에서는 절대독립적 방법론 및 독립전쟁적 방법론을 희석하기 위해 일본측이 표방한 이른바 문화정치와 궤를 같이한 방법론으로 보기도 했다. 당시의 독립전쟁론자이자 절대독립론자였던 신채호가 국내에서의 문화운동론을 평하면서 "일본 강도정치하에서 문화운동을 부르는 자 누구이냐, 문화는 산업과 문물의 발달한 총적總積을 가리키는 명사니 경제약탈의 제도하에서 생존권이 박탈된 민족은 그 종족의 보전도 의문이거든 하물며 문화발전의 가능이 있으랴." 하며 식민지배 아래서의 문화운동의 실효성을 부인한 사실과, 이 문화운동론자의 상당부분이 결국 식민지배에 타협하는 노선으로 전환했거나 아니면 복고주의로 가버렸다는 사실을 지적하지 않을 수 없다.

한편 3·1운동 이후 국내 민족운동 연구, 또 노동운동과 농민운동 부문의 연구가 어느 정도 이루어져 있다. 그러나 그 연구는 대체로 1920년대 노농운동에 한정되어 있으며, 따라서 민족개량주의적 농민운동 연구와 소작쟁의 중심의 농민운동 연구, 파업분석 중심의 노동운동 연구로 이루어진 감이 짙다.

노농운동을 식민지 시기 전체의 민족운동 발전 과정과 직결하여 연구하는 방법론이 좀 더 심화될 필요도 있지만, 노농운동 자체의 질적 변화 과정을 한층 더 면밀히 분석하는 연구가 아쉽다. 그것은 결국 1930년대 이후의 노농운동 연구와 연결되는 문제지만 그것이 아직 단초적 단계에 머물러 있는 것이다.

### 식민지 시기의 해외 독립운동사 연구

식민지 시기의 해외 독립운동사 연구는 지금까지의 성과로는 임시정부 활동과 만주·연해주지방에서의 독립운동단체의 활동 및 무장독립운동, 그리고 미국지역에서의 활동 등을 중심으로 연구되었다고 할 수 있다.

상해 임시정부에 관한 연구는 그 성립 과정과 변천, 연통제聯通制를 중심으로 하는 국내에 대한 활동과 구미위원부歐美委員部를 중심으로 하는 외교활동, 1930년대 후반기 이후의 광복군 조직으로 인한 독립전쟁방법론으로의 전환과 무장항쟁, 그 헌법 개정을 통한 성격변화 과정 등이 중점적으로 연구되어 있다. 그리고 임시정부의 활동을 보는 눈은 대체로 그것의 전체 민족운동사 위에서의 주도성, 나아가서 그 정통성을 인정할 것인가 그렇지 않을 것인가 하는 문제로 엇갈려 있는 것 같다.

상해 임시정부는 3·1운동 이후 민족독립운동의 총지휘부가 되게 하려는 민족적 여망 아래 성립되었고, 이 때문에 성립 당초에는 좌우익의 중요 독립운동세력이 총집결되었다. 그러나 각 세력 간의 민족운동방법론의 차이를 극복하지 못한 채 먼저 좌익세력이 이탈하고 또 창조파가 이탈함으로써 1920년대 후반기 이후에는 전체 민족독립운동을 주도하지 못하고 하나의 단위 독립운동단체가 되다시피 했다.

그러나 1930년대 후반기 이후, 특히 중일전쟁 발발 이후에는 안으로 독립전쟁노선을 확고히 하고 밖으로는 다른 독립운동세력과 연합전선을 형성해감으로써 독립운동전선의 대표성과 정통성을 회복하려 노력했다. 이 노력은 주로 임정의 광복군이 일본군과 직접 교전함으로써 그 항복을 받는 연합군의 일원이 되고 또 중요 연합국의 승인을 받음으로써 해방 후의 총선거를 담당하는 임시정부가 되게 하는 데로 모아졌지만 그것이 달성되기 전에 일본이 항복함으로써 그 요원은 개인 자격으로 입국할 수밖에 없었음이 사실이다.

3·1운동 후 치열하게 일어난 만주·노령지방에서의 무력항쟁에 대한 연구는 실증적인 작업이 상당히 이루어져가고 있다. 특히 청산리전투와 봉오동전투의 실상이 밝혀져가고 있으며, 이 전투 이후 간도지방에서의 일본군에 의한 교포학살 진상 등도 구체적으로 규명되어가고 있다. 만주·노령지방에서의 교포사회를 바탕으로 한 민정조직과 군정조직에 관한 연구는 무력항쟁사적인 측면에서뿐만 아니라 3부府 등의 민족운동단체가 어느 정도 정부적 조직과 기능을 가지고 있었다는 점에서 그것에 관한 연구는 식민지 시기 민족운동의 정치사적 단계 및 그 성격을 구하는 문제와 연결될 것이다.

청산리전투와 봉오동전투 같은 우익 무장항쟁 및 좌경화 이전 무장항쟁의 맥은 대체로 1930년대 초엽의 조선혁명군 사령관 양세봉梁世奉과 조선혁명군 정부 통령 고이허高而虛의 투쟁에까지 연결되다가 종식되고, 이후에는 좌익운동 중심으로 전개되어 1930년대 중반 이후의 동북인민혁명군 및 동북항일연군의 활동으로 이어지며 이 기간에도 교포사회의 일부 지역에 소비에트가 성립되어 있는 자료들이 있으나 좌익 민족독립운동사 연구의 부진으로 그 전체상이 밝혀지지 못하고 있다.

이상과 같이 식민지 시기의 민족운동사 연구는 이제 실증적인 업적이 어느 정도 축적되어가고 있지만, 아직도 우익 측 운동의 사실을 밝히는 데 한정되어 있는 감이 있으며, 항일운동의 사실을 밝히는 단계에 머물러 있어서 민족운동의 성격변화 및 그 발전 단계를 추구하는 작업은 극히 부진한 상태에 있다. 또한 민족운동사 연구가 사실을 고증하는 데만 치우쳐서 민족운동의 발전을 기저로 한 이데올로기적 측면에서의 민족주의문제를 이론적으로 정리하거나 식민지 시기 민족주의의 성격을 추출하는 등의 작업은 전혀 부진한 상태다.

## 민족운동사 연구의 문제점

개항기의 민족운동을 단순한 외세에 대한 저항운동으로만 이해한 수준의 민족운동사 연구가 상당한 기간 진행되었으나 이제 그런 단계는 넘어서서 반봉건운동이 반외세운동과 함께 민족운동의 또 하나의 줄기로 자리 잡게 되었다. 반봉건운동이 민족운동의 하나의 큰 줄기로 자리 잡게 됨으로써 개항기 민족운동사 연구에서 가장 중요한 문제의 하나로 나타나게 된 것은 이 시기 민족운동의 주체를 어디에서 구할 것인가 하는 문제였다.

문호개방 이후 식민지화 시기까지의 기간에 성장한 개화파, 부르주아적 사회계층이 변혁 주체로서의 성격을 어느 정도 가질 수 있었는가, 이 시기의 집권세력이었다고 볼 수 있을 이른바 온건개화파의 동도서기론적 방법론이 반봉건·반외세의 민족주의적 방법론이 될 수 있었는가 하는 문제, 개화파 세력이 반봉건·반외세 민족주의적 변혁 주체로서의 성격이 뚜렷하지 못한 경우 갑오농민전쟁 세력 및 의병전쟁 세력을 민족주의적 변혁 주체로 설정할 수 있을 것인가, 그 경우 이들이 지향한 정치체제와 경제체제를 무엇으로 잡을 것인가 하는 문제 등이 있을 것이다.

개항기의 변혁 주체를 구명하는 연구작업이 어느 정도 진행된다 해도 그것이 식민지화를 저지할 만한 조건에까지 나아가지 못한 사실에 부딪히지 않을 수 없지만, 이 경우 식민지화의 원인을 외세의 침략에서만 구할 것인가, 민족운동사적 한계에까지 미칠 것인가 하는 문제가 있을 것이며, 후자의 경우 민족운동사 연구의 방법론은 한층 더 엄격한 것이 되지 않을 수 없을 것이다.

다음, 식민지 시기의 민족운동사 연구는 3·1운동 이후에도 임시정부 활동, 만주지방의 초기 무장항쟁, 국내의 문화운동, 6·10만세운동, 신간회운동, 광주학생항일운동 등 주로 우익 측 운동이나 우익운동적 성격이 있는 운동의 연구에만 한정되었다 해도 과언이 아니다. 식민지 시기의 좌익운동도 공산주의운동사라는 이름으로 어느 정도 정리되어 있기는 하지만, 그것을 민족운동의 일환이라는 시각에서 접근한 연구작업은 극히 드물며 대부분 식민지 시기 민족운동의 흐름과는 동떨어진 공산주의운동사로만 엮여 있다 해도 과언이 아니다.

식민지 시기의 좌익운동을 단순한 공산주의운동으로만 볼 것인가 아니면 해방 후에 건설할 국가체제 내지 경제체제를 사회주의체제로 잡은 민족해방운동 내지 민족독립운동의 일환으로 볼 것인가 하는 문제가 있다. 해방 후에 성립된 분단체제가 준 제약성 때문에 식민지 시기 민족운동의 흐름을 3·1운동까지는 우익운동으로 보고 그 이후는 좌익운동이 주도한 것으로 보거나, 아니면 민족운동사에서 좌익운동을 완전히 제외하고 우익운동 중심으로만 엮는 두 가지 방법론이 대립된 경우가 많았다.

식민지 시기의 민족운동을 보는 이와 같은 대립적인 시각은 역시 분단체제 아래서의 냉전주의적 역사인식의 소산물이라 할 수 있다. 그것이 불식되고 평화통일론적 역사인식이 자리 잡아갈 때 좌익운동이 민족운동의 일환으로서 제자리를 차지하는 한편 1930년대 후반기 이후의 임시정부를 포함한 연합전선운동도 1920년대 후반기의 민족유일당운동, 신간회운동과 같이 그 본래의 의의를 되찾게 될 것이다. 사실 철저한 냉전주의적 역사인식에 빠져 있던 이승만 정권 시기에는 민족운동사에서 제외되다시피 했던 임시정부 활동이 이제 비록 우익운동적 성격에 한정된 시각에서나마 그 위치를 상당히 되찾아가고 있다. 앞으로는 사회주의운동이 그 본래의 위치를 찾는 일과 함께 임시정부 활동도 연합전선운동의 일환으로서 그 위치가 더 높아질 것으로 내다볼 수 있다.

식민지 시기의 사회주의운동을 민족운동에서 제외하다시피 한 연구방법론은 또 이 시기의 노동운동과 농민운동사를 연구하고 정리하는 데도 큰 제약을 주었다.

식민지 시기의 노동운동과 농민운동은 순수한 노농운동이라기보다는 민족독립운동으로서의 성격이 강하며, 그것은 또 사회주의운동이 지도하기 이전의 운동도 있으나 역시 사회주의운동이 지도한 부분도 많다. 따라서 혁명적 노농운동과 같이 사회주의운동이 지도한 부분의 노농운동은 냉전주의적 시각에서는 순수한 사회주의운동으로만 간주되어 민족운동의 범주에서 제외되는 경우가 많았다.

1920년대의 농민운동 중에는 민족독립운동의 성격보다 개량주의운동적 성격이 짙은 운동도 있지만 그것이 사회주의운동의 지도 아래 있지 않았다는 이유 때문에 민족운동적 농민운동으로 간주되는 경우가 있으며, 1930년대의 혁명적 농민조합운동 같은 것은 비타협주의적 절대독립론적 성격이 짙지만 사회주의운동이 지도했기 때문에 사회주의운동을 민족운동의 범주 안에 넣지 않는 관점에서는 민족독립운동의 일환으로 포함될 수 없었던 것이다.

　식민지 시기의 사회주의운동을 순수한 사회주의운동으로만 보아 민족독립운동에서 계속 제외하는 한 이 시기 민족운동의 단계적 발전상 및 그 이론적 전진과 성격의 변화 등을 포함한 종합적 파악은 불가능해질 것이며, 따라서 민족해방운동이 지향한 해방 후 민족국가의 수립 방향, 해방의 민족사적 단계에 대한 객관적 이해 등은 언제나 논외가 될 수밖에 없을 것이다.

　새삼스러운 말이지만, 식민지 시기의 민족운동사 연구가 항일운동 사실을 고증해서 평면적으로 엮어놓는 것만으로 끝나는 것은 아니다. 그것은 항일운동인 동시에 반제국주의운동이며 민족독립운동이기 때문에 곧 민족국가수립운동이기도 했다. 따라서 이 운동은 그 전개 과정에서 몇 개의 단계를 가질 수 있으며 그 추진 주체의 어느 정도의 교체를 가지고 올 수도 있고, 단계마다 운동방법론상의 차이가 나타날 수 있으며, 민족국가 수립방안에 일정한 변화가 올 수도 있었다.

　이와 같은 민족운동 전개 과정상의 단계적 차이, 추진 주체의 교체, 적敵 설정의 변화에서 오는 방법론상의 변화 발전, 민족국가수립론의 발전 등을 바탕으로 한 민족운동전선의 이데올로기적 변화

발전을 정리해낼 수 있을 때 민족운동사 연구는 비로소 식민지 시기의 옳은 의미의 민족주의론을 추출할 수 있을 것이다.

어떤 의미에서는 식민지 시기 민족운동사 연구의 최고의 목적은 이 시기의 민족운동전선을 지배한 옳은 의미의 민족주의를 이론화하는 데 있으며, 그것이 가능할 때 민족해방의 민족사적 단계가 무엇이었는가를 정확하게 이해할 수 있게 될 것이다. 그리고 해방 후의 민족사 전개가 가지는 역사적 방향과 반역사적 방향이 명확하게 보이게 될 것이다.

## 2 | 신채호의 영웅·국민·민중주의

**머리말**

개화기와 일제 식민지 시대에 걸쳐 산 애국적 지식인으로서 신채호는 같은 시대를 산 어느 누구보다도 제 민족의 역사와 문화 전반에 대해 신랄한 비판을 가한 학자요, 사상가였다. 외세의 침략으로 민족적 독립을 잃어가는 과정에서, 혹은 외민족의 식민지로 전락해버린 현실 아래서 제 민족의 역사와 문화 일반의 발전성이나 우수성을 들추기보다 그 약점을 지적하고 비판하는 경우 그 학자나 사상가는 흔히 일종의 학문적 패배주의에 빠져 주체적 관점에 의한 연구활동을 지속하기 어려운 경우가 많았다.

그러나 신채호의 경우 그의 민족사 내지 민족문화에 대한 비판은 언제나 그것에 대한 깊은 애정과 신뢰를 바탕으로 하여 이루어졌으며, 그 때문에 그의 민족사 및 민족문화에 대한 연구는 비판의 정도가 높은 만큼 주체성의 강도도 더해갔고, 또한 그의 민족사 인식 및 역사사상도 전진을 거듭할 수 있었던 것이다. 신채호의 역사인식이 시대사상의 변화에 따라 변천하고 전진해갔음은 여러 가지 측면에서 밝혀지고 있지만, 특히 그 역사관의 변화를 쉽게 이해할 수 있는 방법의 하나로서 그가 생각한 역사 담당 주체의 변화 과정을 추적하는 일도 또한 중요한 부분의 하나다.

개화기 애국계몽운동의 일환으로서 역사 연구에 발을 내디딘 그는 애국계몽운동기 역사학 일반이 그러했던 것같이 영웅주의적 사관에 깊이 빠져 있었다. 그러나 그는 곧 거기에서 탈피하여 국민주의 사관으로 그리고 민중주의 사관으로 옮겨갔음을 볼 수 있다.

외세의 침략으로 민족적 독립을 위협받으면서도 정치·경제·군사·외교·문화의 각 부문에서 침략세력을 제어할 만한 조건에 있지 못했던 현실 앞에서 신채호는 이와 같은 민족적 위기를 타개할 수 있는 영웅의 출현을 열렬하게 희구했다. 그러나 그의 영웅대망론은 곧 국민주의로 바뀌었고, 그것이 달성되지 못한 채 식민지로 전락한 후에는 민족독립운동의 주체 및 민족사 발전의 주체로서의 민중을 발견하게 된다.

신채호에게 영웅주의에서 국민주의로의 변화, 국민주의에서 민중주의로의 발전 과정은 그 개인적 역사인식의 변화 발전 과정이기도 했지만, 한편으로는 민족적 위기 속에서 패배주의적 역사인식을 극복하고 주체적 역사인식을 발전시켜 나갈 수 있었던 이 시기 민족주의 역사학의 하나의 발전 과정이기도 했던 것이다.

**역사 주체로서의 영웅**

문호개방에서 식민지화에 이르는 시기, 19세기 말에서 20세기 초엽에 걸치는 시기의 조선왕조 사회는 자본주의 열강의 침략으로 민족적·국가적 독립이 크게 위협받는 한편, 그것에 대응하면서 민족사회를 근대적인 방향으로 개혁해 나가려는 노력이 일어나고 있던 시기였다. 그러나 이 두 가지 역사적 과제를 담당해 나갈 만한 변혁 주체의 형성은 번번이 좌절되고 민족사회의 위기적 상황은 높아가기만 했다.

이런 경우 성리학적 지도원리를 고집하는 보수세력은 역사적 변화에 대한 적응력을 만들어내지 못함으로써 스스로 변혁 주체가 될 수 없었고, 변혁을 강조하는 일부의 진보세력은 그 변혁과 함께 주체성을 유지하지 못하고 외세에 예속됨으로써 역시 변혁 주체로서의 위치를 유지할 수 없었다.

신채호의 경우 성리학적 교양을 바탕으로 한 지식인이었으나 애국계몽운동에 투신하여 『황성신문』의 논설위원, 『대한매일신보』의 주필을 지내면서 폭넓은 근대적 지식을 수용한 위에 투철한 주체적 역사의식을 가진 지식인으로서 이 시기 변혁 주체의 하나의 독특한 유형이기도 했다. 그러나 그도 역시 애국계몽운동의 영역을 벗어날 수는 없었으며 따라서 이 시기의 그는 아직도 민족적 위기를 타개할 수 있는 역사 주체, 변혁 주체를 초월적 존재로서의 영웅에서 구하고 있었다.

그에 의하면 "영웅자英雄者는 세계를 창조한 성신聖神이며 세계자世界者는 영웅의 활동하는 무대"였다. 따라서

> 만일 上帝 創世하신 이래로 영웅이 一個도 無하였던들 茫茫山野는 鳥獸悲號하는 荒草場을 作할 而已며 蒼蒼海濤는 魚龍出沒하는 長夜窟을 成할 而已요, 소위 인류는 一隅에 蟄伏하여 身은 有하되 家는 無하며 群은 有하되 國은 無하며, 생활은 有하되 법률은 無하여, 只是 蜂屯蟻聚한 蠢物로 來如是하며 去如是하며 生如是 死如是하여 熊羆虎狼에게 천하를 揖讓하고 一笑一哭에도 其 聲을 敢高치 못하리니, 噫라. 영웅이 無하고 세계만 徒有하면 造物者 擧眼一望에 凄然悲淚를 不禁할지라.¹

한 것과 같이 인간의 역사는 영웅이 없었다면 그대로 원시시대에 머물러 있었을 것이었다. 영웅이 아니었다면 인간은 가정도 국가도 법률도 가질 수 없는 하나의 무리에 지나지 않았던 것이다.

인간의 역사를 발전시킨 주인공이 영웅이라 보았다면 그 영웅은 두말 할 것 없이 초인적인 능력을 가지기 마련이었다. 그는 영웅을 성신이라 표현했지만, 더 구체적으로는

> ……其 智識이 萬人에 超하며 氣槪가 一世에 蓋하여 何種 魔力으로 以하든지, 必也 一國이 風靡하고 천하가 山仰하여 태양이 萬有를 吸引하듯이 東西南北 林林葱葱한 인물이 皆其一身에 向하여 以歌以泣하며 以愛以慕하며 以拜以敬하여야 於是乎 영웅 其人이니라.²

하여 그 개인의 능력으로 세상을, 역사를 뒤바꾸어놓을 수 있는 초인적 능력을 갖춘 영웅을 희구하고 있는 것이다.

그가 쓴 이 「영웅과 세계」는 1908년 1월 4일과 5일에 『대한매일

신보』에 실은 글이었다. 1905년의 이른바 을사조약을 통해 대한제국이 일본의 보호국이 되었고, 1907년에는 이른바 정미7조약丁未7條約이 강제 체결되어 신문지법이 제정되고 총포화약류단속법이 공포되어 애국계몽운동과 의병전쟁이 심한 타격을 받는 한편, 일본의 헌병이 대한제국의 경찰권을 장악함으로써 대한제국의 멸망과 그 식민지화가 목전에 닥쳐 있을 때 쓴 글이다.

민족사회가 식민지화의 위기에 직면했을 때 일부의 보수세력은 나름대로의 대응책을 제시하지 못했고 일부의 현실주의자, 패배주의자들은 대내적, 대외적 조건이 식민지화를 피할 수 없게 된 것이라 단정하여 식민지화에 동조하거나 식민지화가 곧 민족사를 전진시키는 길이라 강변하여 '병합'을 자청했다. 보수주의자도 패배주의자도 아니었던 당시의 신채호가 식민지화의 대응책으로 무엇을 생각하고 있었는지 구체적으로 말할 수 없지만 민족사의 위기를 기적적으로 구해낼 영웅의 출현을 안타깝게 희구한 것은 사실인 것 같다.

그는 1909년 8월 17일에서 20일까지 『대한매일신보』에 쓴 「20세기 신동국지영웅」이라는 글에서

> 彼 개척된 지 수백 년을 未過한 美利堅에서도 영웅 華盛頓이 出하여 自由鍾을 十三道 山河에 轟傳하였으며, 千餘年 他國羈絆으로 殘喘이 奄奄하던 伊太利에서도 其 영웅 加富爾(카브르)가 出하여 獨立旗를 半島 風雨에 儼立하였거든, 汝사 千載文明으로 自誇하던 東國으로서 今乃 一英雄이 無함은 何故이뇨. 余가 此에 愧恥를 不堪하여 喉渴脣裂토록 영웅을 招하는 바로다.[3]

라고 하여 미국에도 왔고 이탈리아에도 온 영웅이 제 나라에 오기를 목이 타고 입술이 터지도록 기다리고 있었던 것이다.

한편 앞의 「영웅과 세계」를 쓴 1년 반 전의 영웅보다 「20세기 신동국지영웅」은 다소 세속화되고 또 한층 더 현실화하고 있음을 볼 수 있다. 「영웅과 세계」에서의 영웅은 앞에서도 본 것과 같이 세계를 창조한 성신으로까지 높여졌으나 「20세기 신동국지영웅」에서는

> 彼 自家 7, 8代祖의 역사를 發揮하여 烈旌·孝旌으로 其 門楣를 生光케 하던 者는 一門의 영웅이며 一番 咳嗽聲에 四隣이 奔走하여 惟其 屈下에 是趨케 하던 者는 一鄕의 영웅이며, 遠近 州郡에 知舊를 廣結하여 父喪啓殯에 數千名의 會葬客을 致하던 者는 一省의 영웅이며……4

라고 하여 집안의 영웅, 마을의 영웅, 고을의 영웅까지도 인정하되 "차此는 소영웅小英雄이며 구영웅舊英雄이라 아我의 구求하는 바 아니오, 아我의 구求하는 바는 20세기 신동국영웅新東國英雄이 시是니 영웅 영웅 20세기 신동국영웅이여." 하고 식민지화에 직면한 민족사회를 구제할 만한 20세기 한국의 영웅을 희구하고 있는 것이다.

한편 「영웅과 세계」에서 인류의 역사를 발전시킨 주인공으로서의 세계사적인 영웅이 「20세기 신동국지영웅」에서는 이 시기의 한국사회가 필요로 하는 영웅으로 구체화했음을 볼 수 있다. 그것은 삼두육비三頭六臂나 이구사목二口四目을 가진 특이한 존재도 아니며 호풍환우呼風喚雨의 신술神術이나 발산두정拔山杜鼎의 세력을 가진 사람이 아니다.

> 但只 其精想이 우주에 超하며 其精誠이 天日을 貫하여 삼천리 강토를 其家舍라 하며, 이천만 민족을 其眷屬이라 하며, 과거 四千載 역사를 其譜牒이라 하며, 미래 億萬歲 국민을 其子孫이라 하며, 艱難險阻의 經歷을 其學校라 하며, 사회공익의 사업을 其生涯라 하며, 愛國憂民 四字를 其天職이라 하며, 獨立自由 一句는 其生命이라 하고, 其 磅礴鬱積한 血誠公憤으로 天地間에 立하여 국가의 威靈을 仗하고 千魔百怪와 戰하며 동포의 생명을 위하여 前途의 荊棘를 剪하는 者니, 是가 신동국영웅이며 신동국대영웅이니라.[5]

라고 한 것과 같이 민족의 자유와 번영과 독립을 위해 그 신명을 바칠 수 있는 사람, 민족의 존망과 생사를 같이할 수 있는 사람이 곧 20세기 한국의 영웅으로 된 것이다.

그러나 이와 같은 20세기 한국의 영웅도 그렇게 쉽게 나타나는 것은 아니다.

> ……汝 東國 금일에 부득불 영웅의 출현을 기도할지나, 但 영웅은 상제가 甚愛하시는 寵兒라 卑劣한 民族種子中에는 此를 下賜치 않는 고로, 美洲가 백인의 移殖에 遭할 時에 어찌 영웅을 不叫하였으리요마는, 필경 數千萬人紅人中에 一個華盛頓이 無하며, 호주가 영국의 침입을 受할 時에 어찌 영웅을 不待하였으리오마는 수백만 土民中에 一個 瑪志尼가, 無하여 外來 强族의 潛滋奄溢을 聽하였도다.[6]

라고 한 것과 같이 그의 영웅은 아직도 상제上帝가 하사할 때 나타날 수 있는 것이며, 인간사회 스스로의 조건에 의해 나타나는 것은 아니다. 그렇다면 신채호가 처한 20세기 초엽의 한국은 영웅이 보내질 만한 사회였던가. 그에 의하면 한민족사회는 고대에서부터 을지문덕 등의 허다한 영웅이 나타났던 사회였고 20세기 초엽의 한국사회 역시

> ……東國 민족이 固是 영웅을 踵出하던 민족이나, 然이나 영웅은 항상 시대를 因하여 활동하는 자인 고로 비록 強武한 민족이라도 時勢가 미숙하였으면, 상제가 彼 英雄兒의 下送을 又斬하는지라. 是故로 18세기 이전의 法蘭西에서 革命男兒를 招하여도 不起할지며, 19세기 이전의 德國에서 철혈재상을 叫하여도 不來하리니, 汝 東國 今日 시대가 과연 如何한가. 曰 我 東國 今日은 正是 영웅 출현할 시대언만, 강산이 적막하고 풍경이 蕭條하여 人의 悲觀을 惹하는도다. …… 영웅 영웅 20세기 신동국영웅이여, 종족은 強武한 종족이요 시대는 찬란한 시대언만 我 東國 영웅은 何處에 伏在하였는가.[7]

라고 한 것과 같이 종족이나 시대가 모두 영웅이 나올 만한 조건인데도 상제로부터 영웅이 보내지지 않아 안타까운 시기였던 것이다.

1909년, 식민지화를 목전에 둔 시기의 신채호에게는 일본 측의 적극적인 탄압으로 설 땅을 잃어가던 의병전쟁이나 애국계몽운동이 식민지화를 방지할 수 있으리라 생각되지는 않았고, 더 큰 능력과 경륜을 가진 영웅의 출현으로만 식민지화를 방지할 수 있다고 생각되었는지 모른다.

그러나 그의 영웅은 반드시 상제가 하사하는 것만은 아니었다. 이 시기의 그는 민족적 위기를 극복하기 위한 초월적 존재로서의 영웅

의 출현을 기다리는 한편, 그 영웅을 탄생시키는 것이 국민이며 영웅은 또 국민적 영웅이어야 함을 알게 되어간 것이다. 다시 말하면 이 시기의 그에게는 영웅만이 아닌 국민도 보이고 있었던 것이다.

> 오호라, 영웅은 국민에게 産하는 배어늘 국민은 無하고 私黨觀念· 家族觀念만 有하며, 영웅은 정의에서 出하는 배어늘 정의는 無하고 權利思想·富貴思想만 有하나니, 其中에서 영웅을 覿코자 한들 어찌 可得이며, 其中에서 鄕愿奴隸·賣國賊·亡國賊의 種子를 除盡코자 한들 어찌 可得하리오.[8]

라고 한 것과 같이 영웅이란 것이 종족과 시대의 상황에 따라 상제가 하송下送하는 것만이 아니라 사당私黨과 가족이 아닌 국민적 기반과 정의를 바탕으로 하여 출현하는 것임도 이해하게 되었다. 20세기의 한국사회, 식민지화의 위기에 처한 한국사회가 필요로 하는 영웅이 곧 국민적 영웅임도 알게 되었던 것이다. 따라서 그는 「20세기 신동국지영웅」을 다음과 같은 말로써 끝맺었다.

> 오호라, 국민적 영웅이 有하여야 종교가 국민적 종교가 될지며, 국민적 영웅이 有하여야 학술이 국민적 학술이 될지며, 국민적 영웅이 有하여야 실업가가 국민적 실업이 될지며, 미술가 국민적 미술가가 될지오. 종교·학술·실업·미술가 등이 국민적 종교·국민적 학술·국민적 실업가·국민적 미술가가 된 연후에야, 東國이 東國人의 東國이 될지니, 國民乎며 英雄乎여.[9]

요컨대 식민지화를 목전에 둔 민족사회의 최대 위기에 살면서 위정척사론자와 같은 보수주의자도 아니었고 강대국의 군사적 침략 앞에 민족적 독립을 포기한 기회주의적 현실주의자, 민족패배주의자도 아니었던 신채호는 『성웅 이순신』, 『을지문덕』, 『동국거걸최도통전東國巨傑 崔都統傳』을 써서 민족사 위에 영웅을 되살리면서 민족의 독립을 지키고 민족사를 전진시킬 영웅의 출현을 갈망했던 것이다.

그의 영웅은 '세계를 창조한 성신'이기도 했고 종족과 시대의 상황에 따라 상제가 하송하는 초인적 존재이기도 했다. 그러나 한편으로 애국계몽운동이 국민주권주의운동의 성격을 띠어 감에 따라 그에게도 영웅뿐만이 아닌 국민이 보이게 되었고, 따라서 영웅은 이제 국민적 영웅으로 정착해갔던 것이다.

**영웅주의에서 국민주의로**

대한제국이 식민지화하기 이전의 신채호가 영웅주의적 역사관에만 한정되었는가, 아니면 국민주의적 역사관으로 발전해가고 있었는가 하는 문제를 거론하기에 앞서 한 가지 분명히 해놓아야 할 문제가 있다. 이 시기의 그가 아직 충군애국주의를 바탕으로 한 왕당파적 정치관에 머물러 있었는가, 아니면 공화주의적 정치관에까지 나아갔는가 하는 문제다. 왕당파적 정치관에 한정되어 있던 사상가에게서 국민주의적 역사인식을 구하기는 어렵기 때문이다.

신채호는 인류 역사의 발전 단계를 사람들이 신身의 관념뿐이던 제1기와 가家의 관념뿐이던 제2기, 가·국國 양 관념의 교체선交遞線이던 제3기, 국가관념이 대치大熾한 제4기로 나누었다. 그리고 국가가 처음으로 생겨나는 제3기의 경우도 "인민이 정권에 무관할진대 귀족에 재在하든지 군주에 재하든지 물문勿問하고 차此가 진정한 국이 아님은 일반이니라." 하고 계속해서

> ……路易(루이) 14세가 其 富强의 業이 비록 轟轟하나 짐이 卽 국가라 하여 자기의 존엄만 誇하니, 是는 군주가 국가를 自家私有로 視함이요, 爲臣者는 국민주의는 無하고 신민주의만 有하여 亂에 死함이 국가를 위하여 死함이 아니라 황실을 위하여 死함이요, 爲民者는 身만 知하며, 家만 知하고, 國은 何物인지 不知하는 故로 田을 耕하며 井을 鑿하며 自養하고 국가흥망에 不關함이니 此時代는 국가가 雖有하나 卽 虛名이니…….10

라고 하여 국민주권주의가 없는 국가는 옳은 의미의 국가가 아니라는 생각을 명백히 하고 있다. 따라서 그에게 옳은 의미의 국가는 '국가관념이 대치'한 제4기이며 그것은

> ……국가는 斯民의 國이라 하여 其存其亡에 惟民이 是圖라 하며, 국민은 斯國의 民이라 하여 其安其危를 惟國이 是顧라 하여, 국가는 국민의 公産을 作하며 국민은 국가의 公權을 有함에 至한지라. 비록 亘古絕今의 梟雄悍夫가 出할지라도 此産을 獨專하며 此權을 獨把함을 不得하고, 비록 吞山吸海의 頑魔巨敵이 來할지라도 此産을 不敢侵하며 此權을 不敢害하나니, 蓋 如此라야 금일에 云하는 국가라.11

라고 한 것과 같이 국가가 황제의 사산私産이 아닌 국민의 공산公産

을 만들어야 하며 국민은 국가의 공권을 가져야 하는 것이 옳은 의미의 국가라 했다. 이 경우 황제의 전제권을 부인했을 뿐만 아니라 군민동치적君民同治的 입헌군주제, 황제의 존재까지도 부인한 완전한 공화주의자로까지 나아갔는가 하는 점을 생각해볼 필요가 있다.

신채호의 경우도 식민지화 이전의 대한제국시기에는 황제의 존재를 정면으로 부인한 글을 찾기는 어렵다. 1909년 8월에 역시 『대한매일신보』에 쓴 「논충신論忠臣」에서 그는

> ……近古 고려 이후에는 或 귀족이 국가의 중심점 되며 혹 군주가 국가의 중심점 된 고로, 추장의 충신·봉건의 충신·귀족 及 군주의 충신이 多하고 국가의 충신이 少하였거니와, 今日에 至하여는 國國이 相競하며 族族이 相呑하나니, 국민 人人이 '國'字의 義를 講하며 '忠'字의 義를 解하여 진정한 대충신을 渴想할 시대인저. 然則 君上에게는 불충함도 可한가. 曰 君上은 一國의 주권자라 君上과 국가의 관계가 常相同한 故로 국가에 忠하는 者는 자연 君上에게도 忠할지어니와 만일 君與國의 이해가 不兩立하는 경우에는 君을 捨하고 國을 從하나니라.¹²

하여 아직 황제의 존재를 인정하고는 있으나 황제의 존재가 국가의 이해와 상반될 때는 국가의 이익을 앞세워야 함을 명백히 하고 있다. 일본의 보호국으로 전락한 후의 황제의 존재 및 지위에 대한 그의 인식을 엿볼 수 있게 하지만, 그는 또 「20세기 신국민」에서 서양의 민주주의적 정치·경제·사상체제를 찬양하면서 "전제봉건의 구루舊陋가 거去하고 입헌공화의 복음이 편遍하여 국가는 인민의 낙원

이 되며 인민은 국가의 주인이 되었다." 하여 이 시기의 그가 공화주의를 지향하고 있었음을 말해주고 있다.

정치적으로 공화주의를 지향했던 신채호가 영웅주의적 역사관을 탈피해간 것은 자연스러운 일이었으며 영웅주의를 탈피하면서 그는 곧 국민주의적 역사관으로 옮겨갔다. 앞에서 그의 영웅이 국민적 영웅으로 바뀌어감을 볼 수 있었지만, 그는 또한 1908년 8월에 쓴 「소회일폭所懷一幅으로 보고동포普告同胞」에서

> 諸公은 或 何處 草根石窟에서 일개 영웅이 産出하여 此國 산하를 정돈할 줄로 信하는가, 고대에는 일국의 원동력이 항상 一, 二 호걸에 在하고 국민은 其 지휘를 隨하여 좌우할 뿐이러니, 今日에 至하여는 일국의 흥망은 국민 전체 실력에 在하고 一, 二 호걸에 不在할 뿐더러……. [13]

라고 하여 '세계를 창조한 성신'으로서의 영웅이나 '상제가 하송'하는 영웅이 아닌 국민이 곧 역사 발전의 원동력임을 알게 되어 갔다. 그 결과로 성립된 그의 국민주의적 역사인식은 대한제국이 식민지화하기 약 반년 전에 역시 『대한매일신보』에 쓴 논문 「20세기 신국민」에서 집중적으로 나타나 있다.

> 彼 蓋世英雄 成吉思汗·亞歷山(알렉산드)王이 아무리 雄하며 强하여 수백만 건아를 鞭하며 수만 리 토지를 拓하더라도 彼는 개인의 경쟁이라. 故로 其 勢가 不長하며 其 威가 易裂하여 一時 其 庭下에 拜를 納하던 민족도 容易히 其頭를 再擧하고 長風에 嘯하여 舊勢를 爭復

하였거니와, 今日은 不然하여 其 경쟁이 卽 전 국민의 경쟁이라.[14]

하고 계속해서 그는 20세기가 영웅의 시대가 아님을 강조하고 식민지화에 직면한 대한제국의 현실을 분석하면서 다음과 같이 말했다.

> ……今日 한국 人士中에 何故로 정치가는 정치에 敗하며 실업가는 실업에 敗하며 기타 何種의 사업가든지 外人에게 必敗하느냐 하면 曰 新國民이 아닌 所以며, 何故로 국가정신이 無하며 何故로 국민 능력이 無하냐 하면, 曰 新國民이 아닌 所以며, 何故로 國을 責하는 者가 有하며 何故로 民을 賣하는 者가 有하냐 하면 曰 新國民이 아닌 所以니, 故로 曰 국민 동포가 20세기 新國民 되지 아니함이 不可하다 하는 바라.[15]

민족사회가 정치적, 경제적으로 주체적인 변혁을 이루지 못하고 식민지화의 위기에 빠지게 된 원인이 영웅이 출현하지 않았기 때문이 아니라 신국민이 형성되지 못했기 때문이라 파악하게 된 것이다.

여기에서 신국민은 중세사회의 백성이나 전제군주제 아래의 신민이 아닌 국민주권체제 아래서의 국민을 가리키는 것이라 볼 수 있으며 신채호는 이 신국민의 형성 요건을 비교적 상세하게 설명하고 있다.

이 신국민은 우선 평등해야 한다. 그에 의하면 인류가 상제에 의해 창조되었건 진화론의 주장대로 자연으로 진화되었건 평등하다. "강자도 人, 약자도 人, 빈자도 人, 왕후·장상·영웅·성인도 人, 초부樵夫·목동·우부愚夫·우부愚婦도 人이라, 여사如斯히 인류는 인격이 평등이요 인권이 평등이니, 오호라 피彼 불평등주의는 인류계의 악마요 생산계의 죄인이로다."¹⁶ 하고 이 불평등주의 아래서는 도덕도 정치도 종교도 경제도 법률도 학술도 무력도 모두 망하는 것이라 했다.

그리고 당시의 한국에는 '씨족의 계급', '관민의 계급', '적서嫡庶의 계급'과 사·농·공·상, 남녀의 계급 등이 있으며, 한국민들이 생존해 남으려 하면 이 '망국멸민의 계급주의를 일도로 단거斷去'해야 하며 그렇게 해야만 '국리민복國利民福의 획득이 반장反掌과 여하리라.' 했다.¹⁷

신채호의 신국민은 또 정의로워야 했으며 그러기 위해서는 '사리심私利心을 통혁痛革'하고 미신을 타파해야 했다. 또한 그의 신국민은 의용毅勇해야 하며 '공익을 면勉하여 동포를 자신으로 시視하며 국가를 자가自家로 시視'할 만큼 공공公共스러움이 요청되었다.

한편 신채호의 신국민은 또 20세기의 '군국세계'에서 살아남기 위한 국민개병주의에 의해 병역에 복무하는 강병정졸強兵精卒이어야 했으며, 반드시 '상무尚武 교육'을 확장하여 군국민의 정신을 수양하며 군국민의 능력을 구비하기 위해 의무교육제도를 채택하는 국민이었다.¹⁸

또한 이 신국민은 종교의 노예가 되지 말고 '국가적 종교의 정로正路를 심尋'하여 '국가의 관념'을 강하게 할 것이 요청되었다. 그러나 그에 의하면 당시 한국의 종교는 유교의 경우 큰 세력을 가지고 있기는 했으나 '포니抱泥가 심甚하며 부패가 극極하였고' 불교는 '세력이 심미甚微하여 족론足論할 것도 무無하고' 천도교는 신도가 자못 많았지만 '기장래其將來를 조망眺望할 뿐이며', 기독교는 '발발勃勃의

세勢가 유하나 연然이나 차역此亦 근일에는 일종의 저해력沮害力이 침입한다 하니 가경可驚할 바'였다.

그러나 신채호의 신국민은 종교를 통해서 '정신 기개'가 생겨나고 '정의 도덕'이 나타나는 국민이었다. 따라서 국민적 종교가 필요했으며 "유교는 한인에게 부여한 바 감화력이 심대한지라, 고로 차를 양법良法으로 발휘하여 현 세계 국민적 종교의 지위를 득得게 하며", "야소교는 각 방면으로 한국 종교계의 제1위를 점유하여 과연 20세기 신국민적 종교의 가치가 유하나니, 차此를 확장하는 동시에 기其 교도 중 무정신자를 경기驚起하며 우又 외래의 침력을 구제하면 가히 국민 전도의 대복음을 작作할 줄로 사思하는" 것이었다.[19]

평등하고 자유로우며 정의롭고 의용하고 공공스러우며 상무교육과 의무교육을 받고 국가적 종교를 가지는 것이 바람직했던 신채호의 신국민은 또 경제적으로 국민경제를 이룰 것이 요청되었다.

그가 말하는 신국민이 이루어야 할 국민경제가 구체적으로 무엇을 말하는지 분명하지는 않다. 그러나 그가

> 대저 국민경제는 현세인이 力을 注하는 바라, 韓人은 此에 甚히 冷淡한 故로 전 국민의 利를 害할지라도 我一身이나 利케 하고자 하며 전 국민의 利를 害할지라도 我一家나 利케 하고자 하여 국민경제와는 하등 痛癢의 관계가 無한 者 多하나니, 此 實 可嘆할 바라.[20]

한 것이나

> ……今日 한국 동포는 何方法으로든지 가히 국민경제의 倒懸을 解하

며 가히 국민경제의 발전을 啓할 수가 有할진대, 설혹 我一身에는 목전의 小利가 無하더라도 我의 체력·지력·財力을 樂揖하여 국민경제의 功을 成하여야 가히 彼外來의 세력을 對峙하고 동포의 생명을 유지할지니…….[21]

라 한 것을 보아 다소 막연하기는 하지만 폐쇄적인 중세적 지방경제체제를 지양하고 이 시기에 일부 형성되어갈 조짐을 보이던, 근대적 민족을 기반으로 하는 국민국가에 의해 총괄되고 또 그 경제적 기반을 이루는 시민사회적 경제체제를 지향한 것이라 볼 수 있지 않을까 한다.

신채호의 생각으로는 한국이 기후나 지세·토지력·천산물 등으로 보아 경제적으로 부성해질 수 있는 조건을 갖추었는데도 생산이 부족하고 상업이 부진하며 유민遊民이 많고 재정이 빈약하거나 교통이 발달하지 못한 이유는 첫째 근면력의 부족, 둘째 진취력의 부족, 셋째 정치상의 권리의 부족, 넷째 사회정책에 의한 각종 시설의 부족, 다섯째 수백 년간의 악정惡政의 영향, 여섯째 인민의 국민경제에 대한 사상 및 능력의 부족 등을 들고 있다.[22] 결국 이들 여러 조건을 극복하는 데서 국민경제가 성립될 수 있다고 생각한 것이다.

한편 신채호는 이 시기 한국경제의 실정을 지적하면서

……今日 韓人中 洋帽·洋服을 好着하는 者, 甚衆하되 此를 製하는 者, 無하며, 洋燈·燐寸을 不用하는 者, 幾希하되 此를 製하는 者, 無하며, 砂糖을 不食하는 者, 無하며, 洋紙를 不需하는 者, 無하되 此를 製하는 者, 無하나니, 생산력의 부족이 如是하고서야 어찌 此 생존경

쟁의 秋에 得立하리오.²³

라고 하여 이미 생활 필수품화한 자본주의 제품을 국내에서 생산할 수 없는, 다시 말하면 자본주의적 생산이 발달하지 못한 경제적 낙후를 안타까워하고 있으며,

試思하라, 한국의 개항이 幾年고. 지금까지 日 燐寸 제조자가 不現하며 日 硝子 제조자가 不現하고 又或 些少한 물품 제조자가 有하더라도 其 원료의 品은 製치 못하며, 其 精妙의 法은 知치 못하여 가령 日 卷煙草 제조자가 有하다 하면, 其 切草를 日人에게 買來하며 其 기계를 日人에게 買來하며 其 卷紙를 日人에게 買來하니, 오호라. 아무리 자본이 乏하며 아무리 정부가 장려치 아니한들, 彼 철도·기선·전력·瓦斯 등은 제조치 못할지언정 어찌 此 燐寸·硝子·卷煙草 등이야 완전 제조치 못하리요. 此는 불가불 국민 동포의 責이라 할지니 동포는 아무쪼록 실행을 亟務할지며,²⁴

라 하여 신국민이 발전시킬 국민경제는 국민적 자본과 기술에 의한 자본주의 제품 생활품의 '완전개조'를 내세우고 있다. 더구나 대한제국이 일본의 보호국화한 조건 아래서 국민경제 수립의 주도권이 철저히 민간에게 있음을 그는 다음과 같이 강조하고 있다.

此는 의당히 정부에서 행할 事나 금일 한국에는 불가불 此를 국민 동포가 실행할지니, 즉 국민동포가 資力을 合하여 혹 내지에 대규모의 실업학교, 공장 등을 設施하여 외국인 교사·기술가 등을 聘來하며

혹 해외에 유학생을 파견하여 국민으로 하여금 실제적으로 實業上 기술지식을 발달케 하여 실업 개발의 기초를 作하며,[25]

한편 신채호의 신국민은 정치적인 면에서는 앞에서 이미 논급한 것과 같이 전제주의를 극복하고 입헌주의, 나아가서 국민주의적 정치체제를 수립할 것이 요청되었지만 현실적으로는 그만한 역량과 능력이 결여되어 있었다. 그가

지금 韓人中 정치사상과 정치능력을 有한 者가 전무함은 아니나, 此는 소수인민에 불과하나니, 試看하라. 今日 此境에 在하였어도 猶曰 吾輩는 農·商·工의 愚民이라 國事를 何知리요 하며, 天日에 無光한 奴窟中에서 擊壞의 閒人을 作하는 者, 多하나니, 此는 정치사상 결핍의 一例요, 又 하등 정당사회를 조직하더라도 裂缺이 多하며 進就가 少함은 즉 정치능력 결핍의 一例라.[26]

라 한 것과 같이 이 시기 국민 일반의 주권의식은 대단히 한정되어 있었고 따라서 국민주의적 정치훈련도 미숙한 상태에 있었다. 이 시기의 진보적 지식인들이 광범위하게 펼치고 있었던 애국계몽운동도 결국 계몽운동에 그쳤을 뿐이었으며, 주권의식과 투쟁의식을 함께 가진 '신국민'의 수는 대단히 제한되어 있어서 국민혁명과 같은 정치변혁은 식민지로 전락할 때까지 일어나지 못했다.

그러나 신채호가 기대한 '신국민'은 '정치사상을 분흥奮興하며 정치능력을 장양長養하여 독립적 국민의 천능을 장張하며 입헌적 국민의 자격을 구具하여 국가의 명을 유지하며 민족의 복을 확장'할 수

있는 국민이었던 것이다.

이와 같이 신채호의 영웅주의적 역사인식이 국민주의적 역사인식으로 바뀌어간 것은 그 개인의 사상적 진전과 역사인식의 발전이기도 했지만, 한편 이 시기에는 애국계몽운동의 정치사상 일반이 국민주권주의를 지향하고 있었기 때문이기도 했다. 비록 수적으로는 대단히 제한되어 있었다 해도 주권의식이 투철해진 신채호가 말하는 '신국민'층이 형성되어가고 있었기 때문이었던 것이다.

신채호의 경우 그가 아직 영웅주의적 역사인식에 깊이 빠져 있을 때는 그 정치의식도 군주제를 철저히 청산하지 못한, 흔히 말하는 군민동치적 입헌군주제에 한정되어 있었던 것 같으며, 그의 역사인식이 영웅주의를 벗어나 국민주의로 나아갔을 때 그 정치의식도 철저한 공화주의 지향으로 나아간 것이라 볼 수 있지 않을까 한다. 그러나 식민화 이전에 국민주의에까지 도달했던 신채호의 역사인식은 식민지 시대로 들어가고 3·1운동을 겪으면서 민중주의로 나아가게 된다.

### 국민주의에서 민중주의로

신채호는 식민지 시대 이전, 대한제국시기의 논설에서 피지배 대중을 가리켜 주로 국민, 인민, 민民 등으로 불렀으나 1908년에 쓴 「대한의 희망」에서 "상제上帝의 희망으로 세계가 즉유卽有하며 민중의 희망으로 국가가 즉유하며"[27]라 하고, 같은 해에 쓴 「역사와 애국심의 관계」에서 "피彼 허명충수虛名充數의 민중으로 어찌 국가를 유지하리오."[28] 한 것과 같이 간혹 민중이란 용어를 쓰고 있었다.

그러나 이때의 민중은 아직 역사적 개념으로 쓰이지 않은, 일반적인 의미로 쓰인 데 불과했고, 신채호가 역사적인 개념으로서 민중이란 용어를 처음으로 쓴 글은 역시 1923년에 의열단 선언문으로 쓴 「조선혁명선언」이 아닌가 한다. 그는 이 글에서 처음으로 민중을 우리 역사의 주체로 생각한 것이다. 그는

> 조선민족의 생존을 유지하자면 强盜 일본을 구축할지며, 强盜 일본을 구축하자면 오직 혁명으로써 할 뿐이니, 혁명이 아니고는 强盜 일본을 구축할 방법이 없는 바이다.[29]

라고 하여 민족독립운동을 혁명으로 파악하게 되었으며, 독립운동으로서의 혁명의 담당 주체를 말하면서

> 今日 혁명으로 말하면 민중이 곧 민중 自己를 위하여 하는 혁명인 故로 '민중혁명'이라, '직접혁명'이라 칭함이며,[30]

라고 하여 민중을 내세웠던 것이다. 식민지화 이전의 대한제국시기에는 외세의 침략 앞에서 민족적 독립을 유지하고 민족사회를 주체적으로 변혁해 나갈 역사 주체를 영웅과 신국민에서 구했으나 식민지 시대에 들어와서 민족독립운동으로서의 혁명을 담당할 새로운 역사 주체로 민중이 보이게 된 것이다.

식민지화하기 직전에 망명하여 독립운동전선에 적극 참가한 신채호가 어떻게 민중을 발견하게 되었고, 그 민중을 구체적으로 어떤 사회계층이라 파악했으며, 왜 독립운동으로서의 혁명의 주체를

민중에게서 구했는가 하는 문제를 밝혀봄으로써 그의 역사인식의 변천 과정을 이해할 수 있을 것이다.

그는 「조선혁명선언」에서 우리 역사상에 민중이 나타나게 된 과정을 다음과 같이 말하고 있다.

> ……우리 已往의 경과로 말하면 갑신정변은 특수세력이 특수세력과 싸우던 宮中一時의 활극이 될 뿐이며 庚戌 전후의 의병들은 충군애국의 대의로 激起한 讀書階級의 사상이며, 안중근·이재명 등 열사의 폭력적 행동이 열렬하였지만 그 後面에 민중적 역량의 기초가 없었으며, 3·1운동의 만세 소리에 민중적 일치의 意氣가 瞥現하였지만 또한 폭력적 중심을 가지지 못하였도다. '민중·폭력' 兩者의 其一만 빠지면 비록 轟烈壯快한 擧動이라도 또한 電雷같이 收束하는도다.³¹

신채호에 의하면 역사상의 민중은 3·1운동 때 처음으로 그 표면에 나타난 것이다. 식민지화하기 이전에는 그의 '신국민'이 그 시기의 역사발전을 담당할 주체세력이었으나 식민지화하고 3·1운동을 경험한 그에게는 국민이 아닌 민중이 역사의 담당 주체로 떠오르기 시작한 것이다. 식민지화함으로써 국가가 소멸되었기 때문에 국민이 아닌 민중으로 바뀐 것이라기보다 이 시기의 신채호가 민족사의 담당 주체를 민중에게서 구한 데는 그만한 이유가 있는 것이라 생각된다. 그것은 첫째 3·1운동의 경험이었다. 3·1운동의 도화선적 역할을 한 부분은 애국계몽운동기의 신채호가 '신국민'으로 인식한 애국계몽운동적 신지식인층이었다. 그러나 이 운동이 각 지방의 중소도시로, 다시 전국의 농촌지방으로 확대되어가는 과정에서 군소

상인, 노동자, 자작농민, 소작농민, 일반 지식인, 학생층 등으로 확대되어갔고 특히 노동자·농민 층의 참여가 적극화했다. 이제 새로운 역사 담당 주체가 애국계몽운동기의 신지식인층의 범위를 훨씬 넘어서게 되었고, 신채호는 그것을 누구보다도 먼저 파악할 수 있었던 것이다.

이 시기의 신채호가 민족사의 담당 주체를 민중에서 구한 두 번째 요인은 3·1운동 이후 민족운동 내부의 조건의 변화에서 구할 수 있을 것 같다. 3·1운동 이후 일본의 식민지 통치방법은 문화정치를 표방한 민족분열정책으로 바뀌었고, 그 결과로 민족운동전선의 일부가 절대독립노선에서 물러서고 있었다. 이와 같은 상황에 대해 신채호는

> 內政獨立이나 참정권이나 자치를 운동하는 자, 누구이냐, 너희들이 '동양평화', '한국독립보전' 등을 담보한 맹약이 墨도 마르지 아니하여 삼천리 강토를 집어먹던 역사를 잊었느냐? '조선인민 생명재산 자유보호', '조선인민 행복증진' 등을 申明한 선언이 땅에 떨어지지 아니하여 이천만의 생명이 지옥에 빠지던 실제를 못 보느냐. 3·1운동 이후에 强盜 일본이 또 우리의 독립운동을 완화시키려고 송병준·민원식 등 一, 二 매국노를 시키어 이 따위 狂論을 부름이니, 이에 부화하는 者, 맹인이 아니면 어찌 奸賊이 아니냐.[32]

라고 하여 이 시기에 일부 일어나고 있던 참정권운동과 자치운동이 일본 측의 기만적 식민지 지배정책에 놀아나는 일임을 정확히 지적하고 문화운동에 대해서도

> 일본 강도정치하에서 문화운동을 부르는 자, 누구이냐? 문화는 산업과 문물의 발달한 總積을 가리키는 명사니, 경제약탈의 제도하에서 생존권이 박탈된 민족은 그 종족의 보전도 의문이거든 하물며 문화 발전의 가능이 있으랴.[33]

하여 식민지지배 아래에서 곧 닥칠 민족말살정책을 미리 내다보고 문화운동의 부질없음을 지적한 후 "우리는 우리의 생존의 적인 강도 일본과 타협하려는 자(내정독립·자치·참정권 등 논자)나 강도정치하에서 기생하려는 주의를 가진 자(문화운동자)나 다 우리의 적임을 선언하노라." 하여 민족독립운동에 있어서 그의 입장을 명백히 했다.

신채호의 경우 절대독립론에서 한걸음 물러선, 일본 제국주의와의 타협주의자 및 일본 제국주의에 기생하여 공존하려는 세력과 계층은 민족독립운동의, 민족사 담당의 주체세력이 될 수 없음이 명백했으며, 따라서 그가 민족사의 주체세력으로 인식한 민중 속에 이들은 포함될 수 없었던 것이다.

신채호가 민족독립운동의 주체세력, 민족사 담당의 주체세력을 민중에서 구한 세 번째 요인은 이 시기 독립운동의 방법론 문제와 관련된다고 생각된다. 식민지화 이전의 각 민족운동세력, 의병전쟁세력, 애국계몽운동세력 등이 식민지화 이후에는 독립운동세력으로 합류했지만 그 방법론에는 상당한 차이점이 있었다.

그것은 크게 구분하면 외교독립론, 독립할 만한 실력을 양성하기 위한 준비론, 무장독립전쟁론 등으로 나눌 수 있었다. 신채호는 그 가운데서 적극투쟁론·독립전쟁론을 주장했는데, 이 적극투쟁론·독립전쟁론의 기반을 민중에게서 구하게 된 것이라 생각되는 것이

다. 신채호는

> ……일본이 累萬의 생명과 累億萬의 재산을 特性하여 淸·露 양국을 물리고 조선에 대하여 강도적 침략주의를 관철하려 하는데, 우리 조선의 '조국을 사랑한다, 민족을 건지려 한다.' 하는 이들은 一劍一彈으로 昏庸貪暴한 관리나 國賊에게 던지지 못하고 公函이나 列國公館에 던지며, 長書나 일본 정부에 보내어 國勢의 孤弱을 哀訴하여 국가존망·민족사활의 대문제를 외국인, 심지어는 敵國人 처분으로 결정하기만 기다리었도다.³⁴

라고 하여 대한제국 말의 비무장 소극 항쟁을 비판한 후

> 과거 수십 년 역사야말로 勇者로 보면 唾罵할 역사가 될 뿐이며 仁者로 보면 상심할 역사가 될 뿐이다. 그리고도 國亡 이후 해외로 나아가는 某某志士들의 사상이 무엇보다도 먼저 '외교'가 그 제1장 제1조가 되며 국내 인민의 독립운동을 煽動하는 방법도 '미래의 일미전쟁·일러전쟁 등 기회'가 거의 천편일률의 文章이었고, 최근 3·1운동에 一般人士의 '평화회의·국제연맹'에 대한 過信의 선전이 도리어 이천만 민중의 奮勇前進의 意氣를 打消하는 매개가 될 뿐이었도다.³⁵

라고 하여 독립운동전선에서의 대체로 이승만을 중심으로 하는 외교독립론을 비판했다. 또한 독립준비론에 대해서도 그는

> ……이에 '今日 今時로 곧 일본과 전쟁한다는 것은 망발이다. 총도

장만하고 돈도 장만하고 대포도 장만하고 장관이나 士卒감까지라도 다 장만한 뒤에야 일본과 전쟁한다.' 함이니, 이것이 이른바 준비론, 곧 독립전쟁을 준비하자 함이다. 외세의 침입이 더할수록 우리의 부족한 것이 자꾸 感覺되어 그 준비론의 범위가 전쟁 이외에까지 확장되어 교육도 진흥해야겠다, 상공업도 발전해야겠다, 기타 무엇무엇 一切가 모두 준비론의 부분이 되었었다. 庚戌 이후 各 志士들이 혹 서·북간도의 삼림을 더듬으며, 혹 西比利亞의 찬바람에 배부르며, 혹 南·北京으로 돌아다니며, 혹 美洲나 하와이로 돌아가며, 혹 京鄕에 출몰하여, 十餘星霜 內外 각지에서 목이 터질 만치 준비! 준비!를 불렀지만, 그 소득이 몇 개 불완전한 학교와 실력 없는 會뿐이었다. 그러나 그들의 誠力의 부족이 아니라 실은 그 주장의 착오이다. 强盜 일본이 정치·경제 양 방면으로 구박을 주어 경제가 날로 곤란하고 생산기관이 전부 박탈되어 衣食의 방책도 단절되는 때에, 무엇으로? 어떻게? 實業을 발전하며 교육을 확장하며, 더구나 어디서? 얼마나? 군인을 양성하며, 양성한들 일본 전투력의 백분지일의 비교라도 되게 할 수 있느냐? 실로 一場의 잠꼬대가 될 뿐이로다. 이상의 이유에서 우리는 '외교', '준비' 등의 미몽을 버리고 민중 직접혁명의 수단을 취함을 선언하노라.[36]

라 하여 그것이 독립운동의 방법이 되지 못한다 하고 대체로 안창호 중심의 독립준비론, 실력양성론을 비판하면서 결국 민중의 직접혁명을 독립운동의 방법론으로 제시했다.

결국 신채호는 참정권론자·자치론자·문화운동론자와 함께 독립운동전선에서의 외교독립론자 및 독립준비론자까지도 그가 생각하는 혁명으로서의 민족독립운동의 주체세력이 될 수 없으며 따라서 직접혁명의 주체로서의 민중 속에 포함될 수 없다고 본 것이 아닌가 한다.

그렇다면 신채호에게 민족독립운동으로서의 민중직접혁명의 주체세력인 민중은 무엇인가 하는 문제를 추구하지 않을 수 없다. 그러나 대단히 유감스럽게도 그의 민중 개념은 우리를 만족시킬 만큼 선명하지는 못하다. 그의 표현에 의하면 민중은

> 飢·寒·困·苦·妻呼·兒啼·稅納의 督棒·私債의 催促·行動의 부자유·모든 압박에 졸리어 살려니 살 수 없고 죽으려 하여도 죽을 바를 모르는[37]

사람들이다. 다시 말하면 일본의 식민통치에는 어떤 형태로도 덕을 보지 못하고 그 피해만 입고 있는 식민지 피지배 대중을 가리키고 있는 것이다. 그러나 신채호의 민중은 일본의 식민지 조선에만 한정된 민중은 아니다.

> 우리의 세계 無産大衆! 더욱 우리 東方 각 식민지 무산민중의 血·皮·肉·骨을 빨고, 짜고, 씹고, 물고, 깨물어 먹어온 자본주의의 強盜帝國 野獸群들은 지금에 그 창자가 꿰어지려 한다. 배가 터지려 한다. 그래서 彼等이 그 최후의 발악으로 우리 무산민중─더욱 東方 각 식민지 민중을 대가리에서부터 발끝까지 박박 찢으며 아삭아삭 깨물어, 우리 민중은 死滅보다도 더 陰慘한 不生存의 생존을 가지고 있다.[38]

라고 한 것과 같이 그의 민중은 세계자본주의의 침해를 받고 있는 무산대중, 특히 아시아 지역 식민지사회의 무산대중에게 초점이 맞추어져 있음을 볼 수 있다. 그러나 또 신채호의 민중은 이 시기의 사회주의 측에서 말하는 민족을 초월하여 단결함으로써 역사의 주체가 되는 무산대중은 아닌 것 같다. 그는 상해의 어느 주일신문에 실린 「민중」이란 논문을 읽고

> '조선인 중에도 유산자는 세력 있는 일본인과 같고 일본인 중에도 무산자는 可憐한 조선인과 한가지니 우리 운동을 민족으로는 나눌 것이 아니요, 유무산으로 나눌 것이라.'고, 유산계급의 조선인이 일본인과 같다 함은 우리도 승인하는 바이거니와 무산계급의 일본인을 조선인으로 본다 함은 몰상식한 언론인가 하니, 일본인이 아무리 무산자일지라도 그래도 그 뒤에 일본제국이 있어 위험이 있을까 보호하며, 재해가 걸리면 보조하며 자녀가 나면 교육으로 지식을 주도록 하여, 조선의 유산자보다 호강한 생활을 누릴뿐더러 하물며 조선에 이식한 자는 조선인의 생활을 威嚇하는 식민의 선봉이니, 무산자의 日人을 환영함이 곧 식민의 선봉을 환영함이 아니냐.[39]

라고 하여 식민지 조선의 무산자와 식민 모국 일본의 무산자를 자본주의 착취에 시달리는 같은 무산자로 보기를 거부하고 있는 것이다. 여기에도 그의 사상적 위치를 가늠할 수 있는 한 면이 있다 할 것이다.

한편 신채호의 민중은 식민지 시대 민족사 발전의 주체적 역할을 다해야 하기 때문에 단순히 제국주의의 식민지배에 시달리기만 하

는 민중이 아니라 당연히 식민지 통치와 자본주의의 수탈에 저항하기 위해 의식이 높아지고 투쟁력이 강화될 수 있는 민중이다. 그에 의하면

> 민중은 神人이나 聖人이나 어떤 영웅호걸이 있어 '민중을 覺悟'하도록 지도하는 데서 覺悟하는 것도 아니요, '민중아 覺悟하자.' '민중이여 覺悟하여라.' 그런 熱叫의 소리에서 覺悟하는 것도 아니요, 오직 민중이 민중을 위하여 일체 불평·부자연·불합리한 民衆向上의 장애부터 먼저 타파함이 곧 '민중을 覺悟케' 하는 유일 방법이니, 다시 말하자면 곧 先覺한 민중이 민중의 전체를 위하여 혁명적 선구가 됨이 민중 覺悟의 第1路니라.[40]

라고 하여 민중의 의식화는 신인이나 성인이 아닌 민중 스스로가 그 발전을 위해 일체의 저해요인을 제거하는 데서 이루어지며, 그것은 또 '선각된 민중'의 선구에 의해 이루어질 수 있다고 생각했다. 아마 신채호 자신이 곧 선각된 민중이라고 생각했는지 모른다.

이와 같이 각오된, 의식화된 민중은 '독립을 못하면 살지 않으리라, 일본을 구축驅逐하지 못하면 물러서지 않으리라는 구호를 가지고 계속 전진하면 목적을 관철하고야 말지니 이는 경찰의 칼이나 군대의 총이나 간활奸猾한 정치가의 수단으로도 막지 못하게' 되는 것이었으며, 또한

> ……우리 민중도 참다 못하여 견디다 못하여, 이에 저 야수들을 퇴치하려는, 撲滅하려는, 在來의 정치며, 법률이며, 도덕이며, 윤리며, 기

> 타 일체 文具를 부인하자는 군대며, 경찰이며, 황실이며, 정부며, 은행이며, 회사며, 기타 모든 세력을 파괴하자는 분노적 절규 '혁명'이라는 소리가 大地上 一般의 耳膜을 울리었다.⁴¹

라고 한 것과 같이 무정부주의적 성격이 짙은 민중이었다.

한편 신채호는 1925년경부터 무정부주의에 관심을 가졌고 1927년에 무정부주의동방연맹에 가입했으며,⁴² 1923년에 쓴 「조선혁명선언」, 1925년에 쓴 「낭객浪客의 신년만필」, 1925년에 조선인 무정부주의자들의 북경회의동방연맹대회에서 작성했다는 「선언문」 등에서 민중·무산민중·무산계급 등의 용어를 빈번히 쓰고 있다.

식민지 상황 아래서의 민족구성원의 대부분인 민중은 식민통치에 타협하지 않으며 핍박받는 가난한 사람들로서 식민통치에서 벗어나기 위한 투쟁이 그들을 중심으로 전개되어야 하지만, 적어도 신채호의 의식 속에서는 이들이 부르주아지가 아닌 것은 물론이지만, 그렇다고 하여 프롤레타리아트도 아니지 않았는가 한다.

신채호가 무정부주의에 관계하고 비교적 진보적인 논설을 쓰던 1927년대 후반기는 비록 조선공산당이 조직되고 노동운동·농민운동이 활발하게 일어나고는 있었지만, 그가 말하는 혁명으로서의 민족독립운동을 주도하는 세력으로서 조직되고 의식화된 프롤레타리아트는 아직 그에게 보이지 않았고 대신 민중이 보이게 된 것이라 할 수 있지 않을까 한다.

1920년대 후반기는 공산주의운동에서도 부르주아와 협동전선을 형성하는 민족유일당운동이 추진되었고, 1920년의 조선공산당 강령에서도 "제종 역량을 집합함에 있어서는 가장 많은 압박을 받고 가장 많은 착취를 받는 전 민족의 87퍼센트나 되는 노농계급을 기초로 하고 도시의 소자본가, 지식인 내지 불만을 가진 부르주아까지의 직접동맹을 이룬 것"을 표방하고 있었다.[43]

앞에서도 말한 바와 같이 신채호의 민중이 구체적으로 어떤 사회계층을 포함하는지는 분명하지 않다. 그러나 식민통치 아래서 민족구성원의 절대다수를 점하고 계급의식, 민족의식이 급격히 높아져 가고 있는 노동자 도시빈민층·소작농민·농업노동자·자소작층 등을 바탕으로 하고 여기에 일본의 식민통치에 반대하는 소부르주아·자작농·지식인층까지를 포함하는 적극적 항일세력 전체를 가리키는 것이라 할 수 있지 않을까 한다.

국내의 신간회가 해체됨으로써 민족유일당운동이 와해되는 1930년대 전반기까지 신채호의 논술 활동이 계속될 수 있었다면 그 민중의 성격이 어떻게 바뀌었을지 의문이지만, 1920년대 후반기까지 신채호의 민중은 부르주아지는 물론 아니었고 그렇다고 하여 프롤레타리아트도 아니었던 것 같다.

그것은 식민지 시대의 민족구성원 중에서 식민지배에 타협하는 세력은 물론, 비록 독립운동세력이었다 해도 적극투쟁론 측에 서지 않은 일부까지를 제외한 식민지배에 타협하지 않음으로써 사회경제적 불이익을 받는 지식인, 식민지 경제정책의 피해를 직접 받는 소생산자·소상인·자작농·자소작농·소작농·노동자, 그리고 그 자신과 같이 적극투쟁론을 실천하는 독립운동세력 등이 모두 포함되는 것이 아닌가 하며, 신채호는 이들이야말로 식민지 시대 민족사의 주체세력, 즉 민족해방운동의 주체세력이며 그가 말하는 민중혁명, 직접혁명의 주체세력이라 인식한 것이라 할 수 있을 것이다.

## 맺음말

대한제국시기의 애국계몽운동과 식민지 시대의 민족해방운동에 참가하여 탁월한 이론가로, 또 실천가로 살았던 신채호의 역사인식이 대체로 영웅주의, 국민주의, 민중주의의 3단계로 발전해갔음을 추적해봤다.

19세기 말엽 이후 제국주의 침략이 절박해서 민족사회 전체가 식민지화의 위기에 빠졌지만, 한반도지역은 강대국에 둘러싸인 위에 정치·경제·군사·외교적으로 주변국을 앞서지 못해 이와 같은 민족적 위기에서 벗어날 수 있는 방법을 찾기가 어려웠다. 이와 같은 시기에 역사가 및 언론인으로서 애국적 논설을 펴던 신채호는 심한 영웅주의적 역사인식에 빠져서 민족적 위기를 구할 수 있는 영웅의 출현을 희구하고 있었다.

이 시기의 그가 희구하는 영웅은 나폴레옹이나 워싱턴 같은 영웅이었으며, 그에 의하면 이들 영웅은 새로운 역사를 창조·발전시키기 위해 상제가 하송하는 사람이었다. 그러나 그의 영웅은 한편으로 차차 세속화하여 국민적 영웅으로 되었다가, 곧 그는 영웅주의를 벗어나서 국민주의자가 되어갔다. 신채호가 영웅주의적 역사인식에서 국민주의적 역사인식으로 바뀌어가는 과정을 그가 입헌군주제적 정치의식에서 공화주의 정치의식으로 옮겨가는 과정으로 이해할 수도 있지 않을까 하며, 그것은 또 이 시기의 애국계몽운동이 점차 국민주권주의적 방향으로 전진하고 있었던 사실과 궤를 같이하는 것이라 할 수 있을 것이다.

신채호의 국민주의는 정치적으로는 국민주권주의를 바탕으로 하는 공화주의를, 경제적으로는 국민경제를 바탕으로 하는 자본주의 체제를 지향한 것 같지만, 그것이 혁명적인 방법으로, 즉 국민혁명으로 실현되어야 한다고는 생각하지 않았던 것 같고 그것이 실현되기 전에 대한제국은 식민지화한 것이다.

대한제국의 식민지화와 함께 중국으로 망명하여 독립운동전선에 참가했던 신채호는 3·1운동을 겪고 난 후 독립운동의 주체세력으로서의 민중을 발견하게 된다. 그의 민중의 발견은 3·1운동 이후 일부의 민족세력이 절대독립론·적극투쟁론에서 이탈하거나 물러서는 반면, 노동자·농민 층의 위치와 역할이 두드러져간 민족해방운동전선의 새로운 전개의 결과였다.

신채호가 혁명으로서의 민족해방운동의 주체로 발견한 민중이 구체적으로 어떤 사회계급을 가리키는지 선명하지는 않다. 그러나 대체로 일본의 식민통치에 해를 입고, 그것에 적극적으로 저항하는 각종 사회계층을 통틀어 그 범주 속에 넣은 것이라 일단 말할 수 있지 않을까 한다.

영웅주의에서 국민주의로, 다시 민중주의로 발전해간 신채호의 역사인식을 통해서 대한제국시기에서 식민지 시대에 걸친 시기 민족주의 역사학의 하나의 발전상을 볼 수 있지 않을까 한다.

# 3 │ 신간회운동의 민족사적 의의

## 신간회운동을 보아온 눈

하나의 역사적 사실을 보는 눈은 시대의 변화에 따라 달라지게 마련이지만 1927년부터 1931년까지의 식민지 시기 민족운동사 위에 하나의 특징적인 형태로 나타난 신간회운동을 보는 눈도 시대의 상황에 따라 상당히 변해왔다.

종래의 냉전주의·분단국가주의적 역사인식에 한정되어 본 신간회운동은 민족운동세력을 노출하려는 일본 측의 책략과 일제의 탄압을 피해 세력을 확대하려는 공산주의세력의 책략에 우익 민족운동세력이 한때 합세하여 벌인 운동, 우익 민족주의세력이 일제 및 공산주의세력과 싸운 운동, 우익 민족주의세력과 공산주의세력과의 합작운동이 실패할 수밖에 없음을 실제로 증명한 운동 등으로 보였다.

그러나 냉전주의·분단국가주의를 극복하고 평화통일주의·통일민족주의적 역사인식이 성장함에 따라 신간회운동은 차차 식민지시기 민족운동의 새로운 방법론으로서의 민족공동전선·민족협동전선·민족통일전선운동으로 보이기 시작했다. 그것이 민족운동사 위에서 하나의 위치를 차지하는 방법론으로 인정되고 또 그 방법론이 일정한 의미를 가지는 것으로 인식되게 된 것이다.

신간회운동을 민족협동전선 혹은 민족통일전선으로 보는 관점이 일반화되어가기는 하지만 그 구체적인 시각이 모두 일치된 것은 아니다. 좌우익의 민족운동세력이 이 시기에 와서 왜 협동전선을 형성하게 되었는가, 좌우익의 협동이라 하지만 그 주도세력은 어느 쪽이었는가, 이 협동전선운동이 이후의 민족운동에 미친 영향은 어떤 것이었는가 하는 문제 등에 대해서는 관점에 따라 상당한 차이가 있으며 이와 같은 관점의 차이는 당연히 그 해소문제에 대한 이해에도 상당한 차이를 나타내고 있다.

신간회운동이 우리의 민족운동사에서 어떤 위치를 차지하는가 하는 문제를 옳게 가늠하기 위해서는 먼저 지금까지의 신간회운동을 보아온 시각들을 다시 한 번 점검하고 그것을 바탕으로 하여 신간회운동의 역사적 의미를 재조명할 필요가 있다.

신간회운동을 민족협동전선운동 혹은 민족통일전선운동으로 보되 그 구체적 성격을 다르게 보는 시각은 대체로 네 가지로 구분할 수 있지 않을까 한다. 그 첫째 시각은 신간회를 좌우익세력에 의한 민족공동전선으로서의 '민족·사회주의 정당'으로 보되 그 주도권은 당시의 비타협적 우익세력에 있었다고 보는 관점이다.

'민족·사회주의'라는 개념에 문제가 있지만 1920년대 후반기라는 시점에서 우익 측으로서는 민족운동의 대표기관을 둘 필요가 절실했고, 좌익 측으로서는 비타협적 우익세력과의 제휴가 필요했으며, 여기에 일제 측으로서도 민족운동세력을 '합법화'할 필요가 있음으로써 신간회가 성립될 수 있었다고 보는 것이다.

이렇게 성립된 신간회가 민족운동사에서 어떤 성격을 가지게 되는가 하는 점에 대한 설명을 하지 못했지만, 이 시점에서 민족공동전선은 필요했다고 보고 따라서 좌익 측의 주장에 의한 신간회의 해소는 잘못된 것으로 인식되었다.

신간회운동을 보는 두 번째 시각은 민족적 독립에 대한 강력한 의지가 좌우익의 사상적 대립을 넘어서 민족적 협동전선 혹은 통일전선을 형성할 수 있었다고 보는 것이다. 이 경우 1920년대의 좌우익을 막론하고 강력하게 대두된 민족협동전선론이 신간회 성립의 배경이 되며, 그 주도권도 좌우익의 어느 한쪽에 있었던 것이 아니라 중앙은 비타협적 우익세력이, 지방의 지회는 대체로 좌익세력이 우세한 가운데 운영되고 있었다고 생각되거나 지식인층과 노동자·농민 층이 이 운동의 핵심이었다고 이해하는 것이다.

좌우익세력의 협동전선으로 성립된 신간회운동이 민족운동사의 긍정적·전진적 운동으로 이해되는 경우, 이 운동의 해소는 당연히 부정적으로 이해되기 마련이다. 그것은 곧 좌익 측의 분파주의 극좌화의 결과로 이해된 것이다.

신간회운동을 보는 세 번째 시각은 그것이 일종의 민족통일전선운동이기는 하지만, 민족운동이 3·1운동까지의 부르주아의 주도로부터 프롤레타리아의 주도로 넘어가는 과도기 상황에서 생겨난 통일전선으로 보는 것이다.

이 경우 신간회운동은 좌익운동이 종래의 경제투쟁에서 정치투쟁으로 전환되는 과정에서 나타난 운동이기도 하며 프롤레타리아의 정치적 지도력이 아직 부족해서 민족 부르주아와의 협동전선이 불가피했지만 그것은 민족운동의 주도권이 부르주아에서 프롤레타리아로 넘어가는 과도기 상황에 불과하다는 것이다.

신간회운동의 역사적 성격을 이렇게 보는 경우 그것의 해소는 과도기 단계를 벗어나는 당연한 결과가 되지 않을 수 없다. 신간회의 해소는 민족 부르주아의 과도기적, 일시적 협동에서 벗어나 프롤레타리아 중심의 민족해방운동으로 발전되는 당연한 일이며 1930년대의 혁명적 노동조합운동 및 혁명적 농민조합운동은 바로 이와 같은 결과로 나타난 것이 된다.

신간회운동을 보는 네 번째 시각은 그것을 주로 좌익운동의 발전과정에서 이해하려는 것이다. 이 경우 사회주의운동은 부르주아 민족주의를 타도함으로써 형성될 수 있는 것이므로 좌익운동이 우익측과의 민족통일전선을 제의할 리 없다는 관점이며, 설령 협동전선론을 인정한다 해도 그것은 어디까지나 좌익 측의 전술상의 문제에 지나지 않는다고 보는 경우도 있다.

좌익 측의 ML당이 주도한 신간회운동을 일본의 후쿠모토福本주의의 조선적인 수용이라 보고 그 경제투쟁에서 정치투쟁으로의 전환이 종래의 계몽주의적 사회주의가 민족해방투쟁으로 전환하는 것이며 그것이 곧 신간회운동으로 나타나게 되었다 하고 비타협적 우익과의 민족통일전선 형성은 곧 좌익세력의 조직 확대를 위한 전략이라 보는 것이다.

한편 신간회운동을 좌익운동의 발전 과정에 초점을 맞추어 보는 경우 코민테른의 조선 정책과 연결지어 설명하는 경우가 많다. 신간회의 성립은 1920년대 코민테른의 식민지피지배민족정책이 민족 부르주아의 동맹을 강조한 데 연유하고 있으며 1930년대로 접어들면서 그것이 해소된 배경은 코민테른이 조선공산당의 해체와 재건을 지령하고 민족 부르주아와의 협동을 거부한 데 있다고 보는 것이다.

이상에서 본 것과 같이 신간회운동은 한때 '공산주의자와의 제휴나 협동이 결국 실패할 수밖에 없음을 보여준 본보기'로만 보였으나, 차차 민족협동전선 내지 통일전선운동으로 보여져 갔다.

민족독립운동 과정에서의 좌우익의 통일전선적 성과는 상해 임시정부의 수립에서도 나타났으나 상해 임정의 통일전선이 국외의 소수 독립운동가들에 의해 형성되었던 데 비해 신간회운동은 운동이라 부를 수도 있을 만큼 국내의 지식인·노동자·농민 층이 비교적 폭넓게 참가했다는 점에 차이가 있었다.

한편 신간회운동의 긍정적인 민족협동전선으로서의 위치가 굳어져가기는 하지만, 아직도 그것의 민족운동사에서의 위치 문제에 대해서는 상당한 관점의 차이가 있다. 그리고 이와 같은 관점의 차이를 해소해가는 것이 앞으로 신간회운동 연구의 방향이기도 하다.

신간회운동이 가지는 민족운동사에서의 위치와 성격을 한층 더 정확하게 잡기 위해서는 먼저 그것이 나타나게 된 배경인 1920년대 후반기가 우리 민족운동사에서 어떤 시기였는가 하는 점에 대한 다각적인 분석이 있어야 하며, 다음에는 신간회운동이 해소된 후, 즉 1930년대 이후의 민족운동이 어떤 방향으로 전개되었는가, 그리고 그것이 신간회운동과 어떤 연관이 있는가 하는 점에 대한 정확한 분석이 따라야 할 것이다.

## 신간회운동이 일어난 배경

신간회운동이 일어나게 된 직접적인 동기는 일제 통치에 대한 일부 우익세력의 타협주의적 노선의 대두에 있었다. 신간회의 강령이 민족적 단결을 공고히 함, 기회주의를 일절 부인함이라 한 것은 3·1운동 후 일본의 문화정치를 표방한 민족분열정책의 결과로 일부의 우익세력이 식민통치를 인정하는 조건 아래서의 자치론을 주장한 데 대한 반대를 천명한 것이었다.

타협주의적 노선의 출현에 위기의식을 느낀 비타협적 우익세력과 지하운동을 통해 극심한 탄압을 받던 좌익세력이 협동전선을 구축하여 민족운동의 새로운 방향을 모색하면서 성립한 것이 신간회운동이라 할 수 있다.

신간회운동이 일어나게 된 배경의 하나는 또 상해 임시정부의 침체에도 있었다. 임시정부는 3·1운동 후 독립운동의 총지휘부로서 전체 민족의 여망 속에서 통일전선적 성격으로 성립되었다.

그러나 임정은 심한 내분에 휘말리면서 먼저 좌익세력이 이탈하고, 다음에는 창조파가 이탈하여 1920년대 후반기에 와서는 민족독립운동의 총지휘부로서의 위치를 잃고 하나의 단위 독립운동단체로 되어갔다.

임시정부의 지도력이 약화함에 따라 독립운동세력의 분산은 확대되었고 좌우의 분열도, 또 정파 간의 분열도 심화되어갔다. 문화

정치를 표방한 일본 측의 민족분열정책이 심화하고 우익세력의 일부가 타협주의 노선으로 돌아선 위에 임시정부의 활동마저 침체해 간 1920년대 후반기의 전체 민족운동전선은 하나의 새로운 돌파구를 찾지 않을 수 없었으며 그것이 민족유일당운동으로 나타났다.

임시정부가 실패한 민족운동의 통일전선을 개별 독립운동단체들 스스로의 연합을 통해 이루려 한 민족유일당운동은 북경지방에서 1926년에 "동일한 목적, 동일한 성공을 위하여 운동하고 투쟁하는 혁명가들이 반드시 하나의 기치 아래 모이고 하나의 호령 아래 모여야만 비로소 상당한 효과를 거둘 수 있음은 더 말할 필요가 없다."고 선언하면서 일어나기 시작했다.

이 운동은 이후 상해, 남경, 광동 등지의 독립운동전선으로 확대되어갔고 또 만주지방으로도 퍼져 나가 이 지방의 독립운동세력을 좌우익을 막론하고 통일전선으로 묶으려는 노력이 추진되었다. 그러나 해외의 독립운동전선은 결국 파벌과 사상적 대립을 극복하지 못해 민족유일당운동에 실패했지만, 국내에서는 신간회운동으로 나타나 약 5년간 학생운동·노동운동·농민운동을 어느 정도 지도할 수 있었다.

3·1운동 후의 독립운동은 만주지방에서의 무장항쟁이 강화되는 한편, 통일전선적 성격으로서의 임시정부의 성립으로 나타났으나, 임시정부 활동이 침체해진 후 독립운동전선의 통일전선은 민족유일당 결성 운동으로 나타났다. 신간회운동도 그 일환으로 발전한 운동으로 봐야 할 것이다.

신간회운동을 일어나게 한 또 하나의 배경으로 역시 코민테른 측의 동아시아 정책 내지 식민지 피압박 민족에 대한 정책을 들지 않을 수 없다. 1919년에 레닌에 의해 창설된 코민테른은 다음 해의 제2차 세계대회에서부터 이미 식민지 피압박 민족 문제에 관심을 나타내어 중국과 조선에 공산당을 조직하고 우익세력과 함께 '반제연합전선'을 수립할 전략을 제시했다.

코민테른의 이 전략은 이후 한층 더 적극화해서 1922년의 제4차 세계대회는 '동양문제에 관한 테제'에서 '반제연합전선' 전술을 한층 더 구체적으로 제기했다. 이 테제에 의해 중국에서 제1차 국공합작이 성립되었고, 조선에서는 좌익세력이 신간회 조직에 참가하는 이론적·전술적 근거가 마련되었다.

이 시기 코민테른의 아시아 정책은 식민지 및 반식민지에서 부르주아·소부르주아·프롤레타리아·농민 4계급의 연합이 강조되었고 이에 따라 조선의 좌익세력도 비타협적인 우익세력과 협동하여 중국의 국민당과 같은 반제세력 연합정당을 만드는 일에 당면의 목적을 두었다. 좌익세력의 신간회운동 참가는 바로 여기에 목적이 있었던 것이다.

신간회운동이 일어나게 된 배경이 코민테른 측의 조선 정책에도 있었지만, 한편으로는 당시 조선의 좌익운동전선으로서도 신간회운동에 참가해야 할 조건은 있었다.

식민지 시기 조선의 좌익운동은 1920년대 전반기까지 국내에서는 그 전위당을 결성하지 못하고 국외에서 크게 두 계통의 당이 성립되어 서로 대립되어 있다가 1925년 국내에 조선공산당이 조직됨으로써 좌익운동의 국내 정착을 보게 되어 새로운 하나의 단계를 마련했다.

그러나 일제의 철저한 탄압 때문에 조선공산당은 민족독립투쟁을 실천하는 문제는 고사하고 당이 뿌리내리고 당세를 확장하는 일조차 어려운 상황에 빠졌다. 코민테른의 정책이 아니더라도 결성 당초의 조선공산당은 일제의 탄압을 피하고 당세를 뿌리내리기 위해 비타협적 우익세력과 협동전선을 이루고 합법운동을 펼 필요가 절실했던 것이다.

신간회운동이 일어나게 된 배경은 또 1920년대 이후의 민중세력의 성장 및 그 역사의식의 고조에도 있었다. 대한제국 말의 애국계몽운동기를 통해서 영웅주의자·국민주의자였던 신채호가 3·1운동을 통해서 민중주의를 터득하게 되지만, 3·1운동은 반제민족주의운동의 주체로서의 지식인·노동자·농민 층으로 형성된 민중이 등장하는 계기가 되었고, 이 세력의 민족운동사적 역량은 1920년대를 통해 급격히 높아져 갔다.

앞에서 본 것과 같이 신간회운동을 부르주아가 독립운동을 주도하던 시대에서 프롤레타리아가 주도하는 시대로 넘어가는 과도기에 나타난 운동으로 보는 시각도 있었지만, 그 문제는 차치하고라도 1920년대를 통해 민중적 측면의 민족운동사적 역량이 크게 성장했고 그것이 신간회운동과 같은 성격의 민족운동을 나타나게 한 중요한 원인이었던 것이다.

우리의 근대 민족운동은 개화파운동·독립협회운동·애국계몽운동으로 이어지는 부르주아 성격의 운동과 갑오농민전쟁·의병전쟁 등 농민운동의 두 줄기로 내려오다가 식민지 시대로 들어와서 3·1운동에서 이 두 줄기 운동이 합류했다고 보고 있지만 이후의 민족운동은 다시 좌익운동과 우익운동으로 갈라졌으나 1920년대의 민족운동이 일종의 시련기를 만나 그 새로운 진로를 열기 위한 방법으로서 좌우합작운동이 요청되었고 그것이 민족유일당운동, 신간회운동으로 나타나게 된 것이라 볼 수 있을 것이다.

근대 이후의 외세침략기나 식민지 시기를 통해 이 두 줄기의 운동은 서로 이해관계를 달리하면서도 전체 민족운동 과정의 위기나 침체기를 만나면 경우에 따라 통일전선을 이루어 왔으며 신간회운동도 이와 같은 전체 민족운동 위의 한 부분이라 할 수 있을 것이다.

## 신간회운동의 역사적 의의

1920년대의 민족유일당운동의 일환으로서의 신간회운동은 한때 기도되었다가 실패한 민족협동전선 좌우합작운동으로만 볼 것인가, 아니면 전체 민족운동사 속에 일정한 의의와 위치를 차지하는 운동으로, 그리고 연속성이 있는 운동의 일부로 볼 것인가 하는 문제가 있다.

신간회운동을 보는 눈이 한때 기도되었다가 실패한 좌우합작운동, 하나의 시대에서 다른 시대로 넘어가는 과도기적 운동으로 한정되었다가 차차 일과성—過性의 운동이 아니라 이전에도 있었고 또 그 후에도 계속 기도된, 전체 민족운동사 위의 민족통일전선운동의 한 부분으로 보는 경향이 일반화되어가고 있음을 알 수 있다.

아마 식민지에서 해방된 후 통일된 민족국가를 수립할 수 있었다면 신간회운동을 보는 눈도 독립운동시기에 한때 기도되었던 좌우합작운동으로만 한정될 수 있었겠지만, 해방 후의 분단상황이 신간회운동의 역사적 의의를 일과성이 아닌 운동으로 바꾸어놓게 된 원인의 하나라 할 수도 있을 것이다.

민족통일전선으로서의 신간회운동은 1931년에 해소되었지만, 민족통일전선운동은 이후의 민족운동전선에서도 다시 일어났다. 1930년대 후반기로 접어들면서 특히 중국에서의 민족운동전선은 전선을 연합하기 위한 운동이 한국대일전선통일동맹의 결성을 시발점으로 하여 다시 전개된 것이다.

이 민족연합전선운동은 곧 민족혁명당을 결성하여 중국지역에서의 좌우익 독립운동세력을 대부분 포섭했으나 좌우익의 연합에서 오는 갈등이 해소되지 않아 다시 한때 분열되었다가 곧 전국연합전선협회를 발족함으로써 당시 중경지방을 중심으로 한 좌우 독립운동세력의 연합전선을 형성하는 데 일단 성공했다. 신간회운동에 이어 다시 민족통일전선이 구축되어가고 있었던 것이다.

이 연합전선운동은 당시 연안지방에 있었던 또 하나의 좌익계 독립운동세력과의 연합을 기도했으나 그것이 이루어지기 전에 일본이 패망함으로써 무산되었지만 독립운동 말기의 이 연합전선운동은 임시정부의 활동을 다시 강화하고 독립운동전선의 군사력을 일부 연합하는 데도 성공했다.

신간회운동을 중심으로 하는 민족협동전선과 1930년대 이후 중국지방에 다시 나타난 민족연합전선운동이 모두 좌우익 사이의 통일전선이었지만 두 운동 사이에는 단계적인 차이가 있었다.

민족협동전선으로서의 민족유일당운동, 신간회운동은 좌우익이 일본제국주의와의 투쟁을 위한 통일전선의 필요성을 인정하고 전선 통일을 기도했지만 아직도 서로가 정강·정책 면에서 합일점을 얻어가는 단계로는 나아가지 못했다. 단일정당을 만듦으로써 독립운동전선을 통일해야 할 필요성은 절실히 느끼고 있었으나 그 단일

정당의 어떤 정강을 세우고 또 그 단일정당의 투쟁에 의해 독립이 이루어졌을 경우 어떤 형태의 민족국가를 수립할 것인가 하는 문제에까지는 관심이 미치지 못하고 있었다.

그러나 1930년대 후반기 이후의 연합전선운동은 이 운동에 참가하는 각 정당들이 모두 정강·정책을 제시했고 그것이 하나의 합일점을 이루어가고 있었다. 1920년대의 신간회운동기와는 달리 1930년대 후반기 이후의 민족연합전선운동기는 일제의 패망이 어느 정도 전망되었으므로 통일된 민족국가를 수립하기 위한 모체로서의 정치 면의 의회민주주의와 경제 면의 사회주의체제를 지향하는 합일점을 이루어간 것이다. 민족통일전선으로서의 신간회운동이 이 민족연합전선운동으로 연결되면서 한층 더 구체화하고 있었던 것이라 할 수 있을 것이다.

민족통일전선으로서의 신간회운동의 연장선상에서 일어난 민족연합전선운동이 이 시기의 전체 민족운동전선으로 확대되기 전에 일본이 패망하고 해방과 함께 미·소 양군이 분할점령함으로써 민족분단의 위기에 빠지게 되었을 때 민족통일전선운동은 좌우합작운동으로, 다시 남북협상으로 나타났다.

미·소 양군의 분할점령에 편승하여 분단국가 수립을 획책하는 정치세력이 형성되어갈 때 대체로 신간회운동과 1930년대 후반기 이후의 민족연합전선에 참가하여 그것을 주도했던 민족운동세력을 중심으로 민족분단을 막고 통일민족국가를 수립하기 위한 민족통일전선운동으로서의 좌우합작운동과 남북협상이 추진되었으나 내외의 분단책동이 심화함으로써 실패하고 결국 분단국가가 성립되고 민족분단이 고정화됐다.

해방 후 민족통일전선으로서의 좌우합작운동이나 남북협상은 실패하고 6·25전쟁으로 무력통일이 기도되었으나 오히려 민족분단을 더 확고히 할 뿐이었다. 그러나 이후에도 식민지 시기 민족통일전선의 연장으로서의 민족통일운동은 계속되었다.

민족분단이 고정화된 후에도 주로 혁신정치세력에 의해 평화통일운동의 명맥이 이어져 오다가 4·19혁명으로 크게 확대되었다. 당초 민주주의운동으로 출발한 이 혁명은 북진통일을 고집하던 독재정권을 물리친 후에는 곧 평화적 민족통일운동으로 나타났다.

국민국가가 아닌 대한제국인 채 식민지로 전락한 우리 역사는 대한제국 말과 식민지 시대를 통틀어서 근대민족국가의 수립 과정이었고, 식민지 시대 민족독립운동 과정에서의 좌우의 분립과 해방 후의 민족분열을 두고 보면 우리의 근·현대사는 통일된 근대민족국가를 수립하기 위한 긴 과정이며, 그것은 평화적이고 주체적인 민족의 통일이 이루어질 때 완성되게 될 것이다.

이렇게 보면 문호개방 후의 갑신정변, 갑오농민전쟁, 독립협회운동, 의병전쟁, 애국계몽운동, 3·1운동 등의 민족운동은 근대민족국가 수립운동이었으며 상해 임시정부 수립, 신간회운동, 독립운동 말기의 민족연합전선운동, 해방 후의 좌우합작운동과 남북협상, 4·19 후의 통일운동 등은 모두 통일민족국가 수립운동의 연장선상에 있는 것이라 할 수 있다.

상해 임시정부의 수립이 민중적 참여가 없었던, 아직은 선명하게 분립되지 않았던 좌우익 독립운동세력만이 참가한 통일민족국가 수립운동의 출발점이었다면 민족유일당운동의 일환으로서의 신간회운동은 이미 선명한 분립을 보인 좌우익의 독립운동세력과 비교적 폭넓은 민중세력이 참여한 통일민족국가 수립운동이었으며, 이후의 통일민족국가 수립운동은 거듭될수록 민중의 참여 폭을 넓혀갔다.

신간회운동이 우리 역사에 갖는 의의는 처음으로 민중세력이 폭넓게 참여한 통일민족국가 수립운동의 한 대목이었다는 점에 있다 할 수 있을 것이다.

# 4 잊혀진 조선독립동맹의 항일무장투쟁

**화북조선청년연합회의 활동**

일제 식민지 시대 말기의 우리 민족운동전선이 군대를 조직하여 일본제국주의 군대와 직접 전투한 경우를 보면, 중국의 중경에 있던 임시정부 산하의 광복군과 역시 중국의 연안을 중심으로 한 화북조선독립동맹 산하의 조선의용군 그리고 당시 만주지방에서 활약한 빨치산 부대 등을 들 수 있다.

중국공산군이 유명한 장정 끝에 연안으로 들어가게 되자 중국의 각 지방에서 활약하고 있던 우리 독립운동세력의 좌익세력 일부가 이곳으로 모여들어 처음에는 화북조선청년연합회를 결성했다가 다시 그것을 화북조선독립동맹으로 개편 발족시키는 한편, 전투부대로서의 조선의용대를 조선의용군으로 개편하여 중국공산군과 함께 항일전쟁에 참가했다. 따라서 중국공산군의 근거지인 연안을 중심지로 한 우리 독립운동전선의 활동을 체계적으로 이해하기 위해서는 먼저 화북조선청년연합회의 성립 경위와 그 목적 및 활동상을 살펴보고 난 다음 그것이 발전적으로 개편된 화북조선독립동맹의 정치적 노선과 민족운동전선에서의 위치를 이해하는 한편 그 전투부대로서의 조선의용군의 조직과 활동상을 알아보아야 할 것이다.

화북조선청년연합회는 1941년 1월 10일에 산서성山西城 진동남晉東南의 태행산太行山에서 성립되었다. 이보다 앞서 중국지방에서 활약하던 민족운동전선의 일부 세력은 중국혁명운동의 연장선상에서 우리의 민족해방이 달성될 수 있다는 생각에서 중국의 혁명운동, 특히 공산주의운동에 가담한 사람이 많았다.

1926년 7월 중국 국민군의 북벌과 1927년 12월의 광동 코뮌, 그리고 1931년 11월의 중화 소비에트 정부, 1934년 이후의 대장정 등에 참가했던 사람들은 중국공산군이 연안에 집결한 후에는 그곳의 중국공산당 중앙당학교와 항일군정대학에 소속되어 계속 중국공산주의운동에 가담하는 한편으로 우리의 민족해방운동도 펴게 되었고 그것을 위해 처음 조직한 단체가 화북조선청년연합회다.

일본 측의 정보자료에 의하면, 앞서 조선청년전위동맹의 이건우李建宇, 즉 최창익崔昌益이 연안에 가서 중국공산군의 대장정에 참가한 후 팔로군 총사령부 작전과장과 포병단장을 역임한 무정武亭을 비롯한 연안에 있던 조선인 20여 명과 함께 재화북조선인반전단체의 기본조직으로서 1939년에 연맹조직위원회를 일단 만들었다가 다시 조선민족해방투쟁동맹의 왕지연王志延과 교섭하여 조선의용대의 중국공산군지역에의 흡수를 위해 조직한 것이 화북조선청년연합회라 했다.

성립 당초의 연합회는 회장에 무정, 조직부장에 이유민李維民, 선전부장에 장진광張振光, 경제부장에 한득지韓得志, 위원에 이건우 등으로 되어 있다. 이유민과 장진광 등은 항일군정대학 소속이어서 '청년연합회'는 당초 중국공산당과 행동을 같이했던 사람들을 중심으로 성립되었다고 할 수 있다.

그러나 이들만으로 '청년연합회'가 구성된 것은 아니었고 최창익을 중심으로 하는 민족혁명당 세력의 일부도 참가했다. 최창익은 국내에서 제3차 조선공산당의 간부로 활약하다가 체포되어 형을 살고 난 후 한빈韓斌, 허정숙許貞叔 등과 함께 중국으로 망명하여 민족혁명당에 가담했다가 탈당하고 따로 1938년에 조선청년전시복무단을 만들어 활약하다가 그해 10월 중국의 무한武漢이 일본군에 함락된 후 '전시복무단'원 일부를 이끌고 연안으로 가서 '청년연합회' 조직에 참가한 것이다.

대장정 과정을 통해 중국공산군과 행동을 같이했던 무정을 중심으로 하는 세력과 민족혁명당 및 그 산하의 조선의용대에서 일찍 이탈해 연안으로 갔던 최창익 등을 중심으로 하여 성립된 '청년연합회'는 다음과 같은 강령을 발표하여 그 투쟁 목표와 방향을 천명했다.

> 1) 전화북全華北 유망流亡 조선청년을 단결시켜 조국광복의 대업에 참가시킬 것. 일본제국주의 아래 있는 조선통치를 전복하여 독립되고 자유로운 조선민족의 공화국을 건설할 것.
> 2) 조선 전체 민족의 반일전선을 옹호하고 전체 조선민족 해방의

전쟁을 발동할 것.

　3) 공동으로 노력하여 화북 각지 조선인민을 보장하고, 특히 청년에게 정치·경제·문화 등의 이익을 줄 것.

　4) 폭적暴敵 점령하의 중국 각지에서 압박과 박해에 신음하고 윤락의 구렁에 빠져 있는 조선인민, 특히 조선청년을 보호하여 생활의 안정을 도모하는 공작을 할 것.

　5) 일본제국주의의 중국침략에 반대하고 중국의 항일전쟁에 적극적으로 참가할 것.

　6) 대만 민족해방운동을 찬조하고 일본 인민혁명의 반전운동을 도우며 이로써 한韓·대臺·일日 인민의 반일연합전선을 결성할 것.

이 강령은 대체로 일본제국주의에 대한 무장투쟁의 전개와 그것을 위한 전체 민족전선의 통일전선 결성, 그리고 국제적 연합전선의 지향을 제시하고 있지만, 이 '청년연합회'의 정치적 성향을 이해하기 위해서는 다음과 같은 「조선민족 해방운동을 위해 일언一言을 정呈함」이라는 선언서의 내용에 주목할 필요가 있다.

첫째, 조선민족은 어떻게 하여 강대한 일본제국주의와의 투쟁에서 승리를 얻을 수 있을 것인가. 먼저 조선동포를 단결시켜 조선 전체 민족의 항일통일전선을 결성하는 일이다. 계급·당파·성별·신앙·직업의 장애를 극복하고 공동책임에 입각하여 일본제국주의하 조선 통치의 타도에 투쟁하는 것이다.

중국에 거주하는 조선동포로써 통일전선을 결성하여 이들을 하나의 탄환으로 하는 동포로서 조선민족해방운동의 선진대오先進隊伍가 되게 하는 일이다.

둘째, 조선인민으로 하여금 정치·경제·문화 등 광대한 영역의 각 부문에 항일투쟁을 전개하게 하는 조선민족해방운동은 반드시 광대한 민중 위에 기초를 두지 않으면 안 된다. 과거에 있어서의 소수 선진분자의 영웅적·전진적, 즉 경천동지적인 업적을 창조하려는 것은 물론 대중의 참가 없이 최후의 목적을 달성하려는 것은 불가능하다. 이런 종류의 경험은 일체 혁명사 위의 일대 한사恨事로서 거듭 예증된 일이며 혁명가로서는 깊이 생각해야 할 일이다.

셋째, 조선민족해방운동은 반드시 대중적 무장투쟁에 의해 진행할 일이다. 대중의 무장항쟁이 있고서야 야만적인 일본제국주의를 타도할 수 있다. 조선인민은 최선을 다하여 일본제국주의의 무기를 빼앗아 스스로 무장하고 그 역량으로써 승리를 획득할 것이며 중국에서도 조선에서도 이와 같은 투쟁은 필요한 것이다.

1930년대 후반기 이후 중국지역에서의 민족운동전선은 좌익과 우익을 막론하고 그 투쟁방법이 적극적인 무장투쟁으로 전환해가는 한편, 분산적인 전선을 통일하려는 방향으로 나아가고 있는 점이 일관된 경향이라 할 수 있다.

'청년연합회'는 결성된 그해에 연안지부와 섬감영변구지부陝甘寧邊區支部, 진찰기분회晋察冀分會 등을 만들고 연안지회 아래 조선간부학교를 설립하는 한편 무장항일을 실천하기 위한 군사조직으로 조선의용대 화북대를 편성했다.

1942년 3월의 일본 측 정보자료에 의하면 '청년연합회'가 중공군 제18집 단군 야전정치부가 있는 산서성 요현遼縣의 동욕진桐峪鎭에서 100여 명의 대원으로 조선의용대 화북지대를 설치하게 되자 중국 중앙군 산하에 있던 조선의용대원들이 상당수 와서 합류하여 그

병력이 점점 증가해갔다.

이때 일본의 정보기관이 확인한 조선의용대 화북지대가 가진 무기는 소총 100정과 권총 20정 이외 약간의 수류탄이 있었으며, 항일투쟁을 위해 수립한 공작방법은 다음과 같은 것이었다.

1) 일본군 점거지역 침투방법

① 중국공산군 현정부縣政府의 유격대와 밀접히 연락하여 일본군이 발행한 양민증을 가진 중국인으로 위장하여 침투한다.

② 일본군 접촉지구에 있는 양면파(兩面派, 일본군 점거지역 및 중공군 지역 두 곳에 주거를 가진 자)를 이용하여 그 인도에 의해 침투한다.

③ 중공군 측 유격대와 양면파를 이용하여 대원의 지기知己·친척에 연락한 후 침투한다.

④ 침투에 성공한 대원을 발판으로 하여 점차 우수한 대원을 침투시킨다.

2) 침투 후의 공작

① 반드시 또 신속히 경험 있는 직업에 종사할 것.

② 잠입한 즉시 동지 획득에 착수하지 말고 어느 정도의 기초조사를 한 후 차차 가능한 조선인을 동지로 획득할 것.

3) 침투 후의 연락방법

① 미리 침투 목적지와 지대支隊와의 중간지역에 있는 중국인 상점이나 기타 적당한 장소를 선택하여 통신소로 정하거나 혹은 연락원에게 연락할 것.

② 특별히 보고할 일이 없어도 침투에 성공한 후에는 중간보고를 할 것.

③ 체포를 고려하여 횡적인 연락은 하지 말 것.
　4) 동지 획득의 방법
　　① 획득한 동지 중 조선의용대에 보내 훈련하기에 적당한 자는 점차적으로 후송할 것.
　　② 획득한 동지 중 일본군 점거지역 안에서 공작하기 편리한 자는 현재 위치에서 대隊의 확대공작에 종사하게 할 것.
　　③ 동지 획득의 지역을 점차 '만주', 조선으로 확대할 것.
　5) 중국 민중에 대한 공작
　　군민일체를 기하기 위한 목적에서 민중공작은 가장 중요성을 가지므로 그들에 대해서는 무엇보다 친애를 기본으로 하고 모든 방면에서 이들을 회유할 것.

　이상의 공작방법에서 보는 것과 같이 화북조선독립동맹의 전신인 화북조선청년연합회는 중국공산군 지역에서 그 원조 아래 성립되었지만 항일투쟁에서는 독자적인 조직망을 가지고 활동하고 있었으며, 특히 일본군 점령지역에 침투하여 그곳의 조선인을 대상으로 하는 공작에 상당한 성과를 올리고 있었다.
　역시 1942년 3월의 일본 측 정보에는 조선의용대원으로서 일본군 점령지역에 잠입한 대원들이 일부 파악되고 있는데 그것을 보면 당시 적 지역에 침투한 조선의용대원들의 인적 사항과 활약상을 어느 정도 짐작할 수 있다.
　먼저 북경 방면에 침투한 대원은 서울의 어느 중학교를 졸업한 공산주의 이론가로 알려진 당시 29세의 김창만金昌滿과 그의 처 23세의 김위나金威那 그리고 중국어에 능통하며 북경조선인학교 교사를 지낸 35세의 조연趙連, 일본대학 예과를 졸업하고 일본인 거류민회 서기를 지낸 심성택沈聖澤, 황해도 출신으로 남경군관학교를 졸업한 27세 정도의 진동명陳東明, 경기도 출신으로 35세 정도인 김무金武, 하얼빈 공업대학을 졸업하고 러시아어에 능하며 화북조선청년연합회의 산동지부장으로 알려진 30세 정도의 임평林平, 28세 정도로만 파악된 고생호高生鎬 등이다. 이들 중 김무·임평·고생호는 3인 1조가 되어 후방침투 후 조선주점을 경영하면서 동지를 규합하고 있었다.

다음 하북성 석문石門 방면에는 전라북도 출신으로 중산대학中山大學을 졸업한 26세 정도의 최계원崔啓原과 황해도 출신으로 '만주' 봉천에서 자동차회사 운전사를 한 26세의 봉오식奉五植 등이 침투했고, 하남성 창덕 방면에는 27세 정도의 연령만 파악된 이철李哲, 26세 정도의 최영崔英, 조선에서 신문기자를 지냈고 양민증을 가진 평안북도 출신 26세의 양승楊昇, 그리고 2인 1조가 된 27세 정도의 강진세姜振世와 일본 동경에서 신문배달을 하며 중등교육을 받은 경상남도 출신 30세 정도의 호유백胡維伯 등이 침투했다.

이들 조선의용대원들은 또 청도, 상해 방면에까지 침투, 활약했는데 청도 방면에는 함경북도 출신으로 27세 정도의 주혁朱赫, 상해 방면에는 중국어에 능한 강홍구姜弘九, 평안북도 출신으로 42세이며 일본어에 능통하고 조선의용대 금혁변사처金革辨事處 주임을 지낸 이소민李蘇民 등이 침투했다.

또한 호북성 종상현鍾祥縣 방면에는 일본어와 중국어에 능하고 노하老河에서 침투할 때 5000~6000원의 법폐法幣를 가지고 가서 미곡상을 경영하며 언제나 중국 옷을 입는다고 파악된 23세 정도의 김해암金海岩이 있었으며, 이외에도 어디로 침투했는지 행방이 파악 안 된 함경북도 출신으로 제1전구 사령부에 오래 근무했고 불교 포교를 핑계로 공작하고 있다고 알려진 김택金澤, 30세 정도 경기도 출신의 심성운沈星雲, 일본 광도廣島에서 중학을 나온 후 중앙군관학교를 졸업한 28세 정도의 조열광趙烈光 등이 일본의 정보망에 잡히고 있어서 대원의 성분을 어느 정도 파악할 수 있다.

화북조선청년연합회는 1942년 8월 15일에 산서성 요현에서 개최된 제2차 대표대회에서 그 해산이 결의되고 대신 화북조선독립동맹이 결성되며 조선의용대 화북지대는 조선의용군으로 개편된다. 따라서 화북조선독립동맹의 전신으로서의 '조선청년연합회'는 1년 7개월가량 지속된 셈이다.

그러나 이 기간 동안 중국공산군 지역에서 우리 민족운동전선을 대표하는 단체로 활약했으며, 중국공산당의 원조를 받았으면서도 그 활동의 독자성을 유지했고 그 투쟁노선 역시 좌익전선 중심으로 형성되었으면서도 이 시기 우리 민족운동전선 전체가 지향하고 있던 통일전선 지향의 방향을 뚜렷이 했음을 볼 수 있다.

또한 그 구체적 활약상에서 볼 수 있었던 것과 같이 여러 성분의 인물로 구성되어 있었으면서도 모두 무장투쟁·적극투쟁으로 일관하고 있었음을 알 수 있다.

**화북조선독립동맹의 활동**

중국공산군의 근거지에서 최초로 성립된 우리 민족독립운동단체로서의 화북조선청년연합회가 1942년 8월 15일에 발전적 해산을 하고 본격적인 민족운동전선 정치단체의 하나로서 화북조선독립동맹이 바로 성립되었지만 화북조선청년연합회의 구성원만으로 '독립동맹'이 성립된 것은 아니다.

화북조선청년연합회는 일찍부터 활동하다가 중국공산군의 일원으로 대장정에 참가하여 연안으로 간 무정을 중심으로 하는 세력과 국내에서의 공산주의운동에 참가했다가 중국으로 망명하여 조선민족혁명당과 조선의용대, 조선청년전시복무단 등에서 활약하다가 연안으로 간 최창익 등을 중심으로 성립되었으나 그것이 '조선독립동맹'으로 발전하면서 이들과는 조금 성격을 달리하는 또 하나의 민족운동세력이 합류하게 된다.

그 대표적인 인물은 유명한 국어학자였던 김두봉金枓奉이다. 3·1운동 후 중국으로 망명했던 그는 상해 임시정부의 수립에 참가한 후 그곳 교포학교였던 인성학교의 교장을 지냈고 김원봉 등과 함께 민족혁명당에 참가했으며 임시정부가 동경으로 갈 때는 함께 갔다가 1942년 4월에 중공군 지역으로 가서 독립동맹의 발족에 참가하여 그 주석이 되었다.

한편 화북조선청년연합회에는 참가하지 않았다가 화북조선독립동맹에 참가하게 된 사람들로는 김두봉 이외에도 박효삼朴孝三·양민산楊民山·이춘암李春岩 등을 들 수 있다. 박효삼은 김원봉과 황포군관학교 동기생으로 조선민족혁명당 중앙위원과 민족혁명당 산하 조선의용대의 제3지대장이었다가 연안으로 가서 '독립동맹'에 참가했고 양민산과 이춘암도 모두 민족혁명당의 간부였다가 역시 연안으로 가서 '독립동맹'에 참가했다.

이와 같이 '조선독립동맹'은 무정 중심의 일찍부터 중공군과 행동을 같이했던 세력, 그리고 시기적인 차이는 있지만 중국 국부군 지역에서 조선민족혁명당과 그 산하의 조선의용대에서 활약하다가 중국공산군 지역으로 들어간 최창익, 김두봉 등의 민족운동세력을 중심으로 성립되었는데 무정 등 중공군과 행동을 같이한 세력은 그렇다 치고, 김원봉과 함께 민족혁명당을 하던 세력이 왜 국부군 지역을 떠나 중공군 지역으로 옮겨가서 '독립동맹'을 조직하게 되었는가 하는 문제에 대해 연구자들은 몇 가지 이유를 말하고 있다.

그것을 요약하면, 일본제국주의의 침략전쟁이 중국대륙으로 확대되고 그 지배체제가 파쇼화한 1930년 이후 중국지역의 우리 독립운동전선이 당면한 과제는 첫째 항일민족통일전선을 수립하는 일, 둘째 중국과 연합전선을 성립하는 일, 셋째 중국 안에서 항일전쟁에 참가하는 일이었다.

이와 같은 세 가지 과제는 중국지역 민족운동전선의 좌우익을 막론하고 함께 지향하고 있던 과제이며 그 결과로 나타난 정당의 하나가 조선민족혁명당이기도 했지만, 이 통일전선 정당의 성격을 어떻게 정립해갈 것인가 하는 데 상당한 이론이 있었다.

조소앙·지청천(池靑天) 등의 일부 세력은 일찍 민족혁명당에서 이탈하여 김구 세력과 함께 한국독립당을 조직하게 되지만, 그 후에도 민족혁명당을 계급정당으로 만들어가야 한다고 주장하는 최창익 세력과 중국 안에서는 우리 민족의 계급적 토대가 없어서 계급을 대표하는 정당은 있을 수 없으므로 민족혁명당은 일본제국주의 타도와 민족해방과 함께 민주공화국의 건설을 목표로 해야 한다는 김원봉 세력 사이에 대립이 노정되었다.

또한 중국과의 연합전선을 수립하는 문제에서도 황포군관학교를 졸업하고 국민당과 관계를 유지하고 있던 김원봉은 국부군과의 연합전선을 바랐는 데 반해, 민족혁명당을 계급정당으로 만들려 했던 최창익은 중국공산군과의 연합을 바랐다. 이에 최창익 등은 김원봉 중심의 민족혁명당에서 이탈하여 조선청년전시복무단 등을 만들었다가 결국 중국공산군 지역인 연안으로 가서 화북조선독립동맹에 참가한 것이다.

이상과 같은 경위로 1942년 8월에 성립된 '조선독립동맹'은 성립 당초에는 300명 정도로 출발했으나 그 수가 점점 증가하여 8·15 당시에는 약 2000명으로 증가한 것으로 알려지고 있으며, 그 성립 당초의 주도층은 주석에 김두봉, 중앙집행위원에 무정·최창익·한빈·김창만·김학무·박효삼·이유민·이춘암·진한중·채국번 등이었다.

다시 말하면 민족의 해방이 확실하게 전망되던 1940년 이후 중국지역 민족운동전선의 3대 세력이라 할 수 있을 한국독립당·조선민족혁명당·화북조선독립동맹은 그 정강정책 면에서는 하나의 통일전선을 형성할 만한 조건을 갖추고 있었지만 실제로는 세 개 세력으로 나뉘어 있었으며 그중에서도 중국공산군 지역에서 성립된 화북조선독립동맹은 가장 좌익적인 세력이었다.

화북조선청년연합회가 화북조선독립동맹으로 재발족한 후에는 그 활동이 더욱 활발해졌다. 우선 산서성 동욕진의 본부 이외에 지부망이 확대되어갔다. 1944년경에는 산서성지역에 김세광金世光이 주도하는 진서북晉西北지부와 박무朴武가 주도하는 진동남晉東南지부가 설치되었고, 하북성에는 안창순安倉順이 주도하는 태행太行지부가 설치되었다. 식민지 시기 말기에 국내에 있던 김태준金台俊, 김사

량金史良 등이 북경지역에 갔다가 '독립동맹'으로 갈 수 있었던 것도 이와 같은 지부조직이 있었기 때문이었다.

이 밖에도 산동성에는 노민魯民 중심의 산동지부가, 산동성과 강소성 경계지역에는 유등劉登이 주도하는 진노시변구晉魯市邊區지부가, 안휘성에는 송원주宋元周 주도의 회북淮北지부가, 하남성에는 장백운張伯雲 주도의 태악太岳지부가, 호북성에는 허정숙 주도의 기서冀西지부와 이익성李益星 주도의 진찰기晉察冀지부가, 그리고 섬서성에 김두봉 주도의 연안지부가 각각 설치되어 있었다.

1944년 1월 일본 정보기관이 입수한 자료에 의하면, '독립동맹' 진노시변구지부가 각 도시에 내린 공작지령의 내용은 그 지방에 사는 조선인의 수와 직업별 조사, 무직 조선인이 무엇을 구하는가, 조선인의 민족관념에 대한 인식 및 신념의 정도, 동지 획득, 일본의 징병제도에 대한 일반 조선인의 비판 및 반향, 화북조선청년혁명학교의 학생 모집, 일본인의 시국에 대한 인식 및 항전의식의 상황, 일본인의 조선인에 대한 차별상황, 강제 귀농민과의 연락 및 집단농장 내에 대한 조직공작의 실시, 최근 일본군의 토벌상황 및 이동상황 등으로 되어 있어서 이 무렵의 화북조선독립동맹 지부들이 어떤 활동을 하고 있었는지를 짐작할 수 있다.

이 지령 속에 나오는 화북조선청년혁명학교는 화북조선청년연합회가 설립한 조선간부학교가 확대, 개편된 것으로 보인다. 역시 일본 측의 정보 기록에 의하면, 1943년 12월 1일에 개교식을 거행한 화북조선청년혁명학교의 설립취지는 조선 출신 청년의 군정 간부를 양성하여 조국독립에 헌신하게 하려는 데 있었고 입학자격은 16세 이상의 조선 청년 남녀이며 재학 중에는 학비와 생활비 일체를 지급하고 졸업한 후에는 조선독립운동에서의 적당한 지위를 부여하거나 또는 고급 학교 입학을 알선하는 것으로 되어 있다.

또한 같은 무렵의 일본 정보기관이 입수한 '독립동맹' 진서북지부의 선전문은 "화북재주 조선동포여, 우리의 조국독립운동에 적극적으로 참가하라". "일본 파시스트의 조선통치를 전복하고 독립자유의 조선민주공화국 건설을 위해 분투하라". "동방 피압박 민족의 해방운동, 특히 일본인민의 반전혁명운동에 협력하며 반파시스트 연합전선에 참가하라". "전체 화북조선동포여, 화북조선의용군 및 화북조선독립동맹의 깃발 아래 단결하라." 등의 내용으로 되어 있었다.

이 선전문에서 '일본인민의 반전혁명운동'이란 중국공산군 지역에서 성립된 재화일본인반전동맹(1944년 2월에 일본인민족해방연맹으로 개편됨)의 활동을 말하는데, 여기에 소속된 일본인들은 화북조선독립동맹 및 조선의용군과 활동을 같이했다. 구체적으로는 김학철의 『항전별곡』 속에 오다케 요시오, 이토 스스무, 이무라 요시코 등의 이름이 나온다.

한편 '조선독립동맹'은 중국의 중원지방뿐만 아니라 당시의 만주지방으로도 그 활동영역을 넓혀갔다. 즉 이상조李相朝는 지하조직으로 '독립동맹'의 북만지구특별위원회를 조직했는데, 여기에는 김형식金衡植·정성언鄭聖彦 등의 민족주의자도 참가하여 연수延壽, 파언巴彦 근처에 유격대 근거지를 만들기 위한 공작을 벌이던 중 8·15를 맞이했다.

'조선독립동맹'은 또 그 활동범위를 '만주'에만 한정하지 않고 조선에까지 확대하려 했다. 조선에서의 공작의무를 띠고 파견된 이극

李克은 국내의 이영李英·여운형·허헌 등과 접촉하여 조선공산당 재건문제, 중국 동북지방에서의 무장활동의 가능성 등을 조사하려 하다가 체포되었으며, 이 밖에도 많은 공작원들이 파견되었으나 큰 성과를 올리지는 못했다.

'조선독립동맹'은 식민지 시기 말에 활약한 독립운동전선 중에서 그 활동범위가 가장 넓었고 또 치열했던 조직으로 손꼽을 수 있으며, 그것이 비록 중국공산군의 원조에 의해 활동한 한국독립당이나 조선민족혁명당보다 더 좌경한 정치단체였지만 이 시기 민족운동전선 전체가 지향하고 있던 연합전선 형성과는 궤도를 같이하고 있었다.

앞에서 그 정강정책 자체가 한국독립당이나 민족혁명당의 그것과 본질적으로 차이가 없다고 말했지만, 화북조선독립동맹은 실제로도 김구 중심의 임시정부를 비롯한 각 독립운동전선과의 연합전선 결성을 위한 노력을 하고 있었다.

예를 들면 1941년 10월에 국제적 반파쇼 연합전선 결성을 위해 연안에서 개최한 동방각민족 반파쇼 대표대회에는 임시정부 주석 김구가 대회의 명예주석단에 들어 있었고 또 '독립동맹'의 진서북분맹晋西北分盟 성립대회에도 손문·장개석·모택동·편산잠片山潛의 초상화와 함께 김구의 초상화가 걸렸다. 일찍이 화북조선청년연합회가 임시정부 및 한국독립당의 투쟁을 찬양한 바 있었지만 그 후신인 '독립동맹' 역시 임시정부를 연합전선의 범위 안에 넣고 있었던 것이다.

민족운동전선의 이와 같은 연합전선 형성을 위한 노력은 일본의 패전이 가까워질수록 활발해져 갔다. 1945년 초에는 조선민족혁명당을 주도하면서 임시정부에 참가하고 있던 김원봉이 '독립동맹'과 접촉했고 임시정부 주석 김구는 국무위원 장건상張建相을 연안에 파견하여 통일전선을 성립하기 위한 교섭을 벌였으나 곧 해방이 되었다.

또한 국내에서 1944년에 비밀조직으로 건국동맹을 결성했던 여운형도 1944년 말에 그 연락원 김영선金永善을 북경에 보내어 '독립동맹' 측의 연락원과 접촉게 하였고 다시 1945년 4월에는 박승환朴承煥으로 하여금 건국동맹 대표로 메시지를 가지고 연안에 가게 했다.

그 결과 1945년 6월에는 '독립동맹'이 8월 29일에 연안에서 개최할 전조선민족대회에서 국내외의 정세를 보고하기 위해 건국동맹에서 정세조사 및 전람출품 하라는 의뢰가 왔었고 이에 대표를 파견했으나 대회가 열리기 전에 일본이 패망했다.

해방될 무렵의 민족운동전선은 중국지역의 한국독립당·조선민족혁명당·화북조선독립동맹과 국내의 건국동맹 사이에 연합전선 형성을 위한 노력이 있었고 '조선독립동맹'도 그 중요한 역할을 담당했으나 이들 네 계통의 민족운동세력은 해방 후의 민족분단 과정을 통해 남북한에서 모두 정치적으로 배제되고 말았다.

### 조선의용군의 활동

1942년 8월 15일에 화북조선청년연합회가 화북조선독립동맹으로 발전, 개편될 때 그 산하에 있던 조선의용대 화북지대도 조선의용군으로 재발족했다. 그리고 조선의용대 화북지대의 조선의용군으로의 발전적 개편도 종래의 화북지대원만으로 된 것은 아니고 중국 중앙군, 즉 국부군 지역의 조선민족혁명당 산하에 있던 조선의용대의 대원이 많이 옮겨와서 확대, 개편되었다.

1942년 8월에 조선의용대 화북지대원으로 파악된 인원의 수는 1941년 5월의 그것과 크게 차이가 없는 것 같다. 따라서 박효삼을 비롯한 그 지도부의 상당한 부분이 1941년에는 아직 연안으로 오지 않은 것 같으나 '조선독립동맹'이 발족한 1942년 8월에는 그들이 연안으로 옮겨와 '독립동맹'과 의용대가 화북지대에 참가하고 있음을 볼 수 있다.

김원봉 총대장 아래 있던 박효삼 등의 조선의용대원이 이 시기에 연안으로 많이 옮겨간 사정에 대해 김원봉의 개인비서가 남긴 기록에 의하면 다음과 같다. 중경에서 김원봉이 지휘하고 있던 300여 명의 조선의용대는 주은래의 주목을 받아 그들을 화북지역으로 이동시킬 공작이 비밀리에 진행되었고 이 공작으로 국부군 지역에 있던 조선의용대원의 상당한 부분이 국부군 측의 방해를 거의 받지 않고 중공군 지역으로 이동할 수 있었다.

국부군 지역에서의 조선의용대 총대장이던 김원봉은 그 대원이 공산군 지역으로 옮겨간 후 자신도 같이 옮겨가서 그곳에서도 조선의용대의 지휘권을 가질 수 있으리라는 생각으로 이 계획에 찬성했지만 정작 그가 공산군 지역으로 옮겨가려 하자 거절당했고 그는 중국공산군 측으로부터 일개 '소자산계급적 기회주의자', '개인 영웅주의자'로 비난받았다.

한편 국부군 지역에 있던 조선의용대원의 상당수가 화북의 중공군 지역으로 옮겨간 경위에 대해 당시 의용대의 일원이었던 김학철

金學鐵은 다음과 같이 회고하고 있다. 1939년 당시 호북 제5전구에서 활약하고 있던 조선의용대 제2대 내에 중공의 지하조직이 만들어졌고 얼마 안 되어 그 조직은 의용대 전대의 핵심적인 역량으로 성장했다.

1940년 말에서 그 이듬해 2, 3월 사이에 화중·화남의 각 전장에 분산되었던 조선의용대의 각 지대들과 분대들이 속속 북상하여 낙양에 집결한 뒤 전대가 황하를 북으로 건너서 태행산의 항일 근거지로 들어갈 태세를 갖추었다. 강남에서 북상한 제1, 제3 혼성지대의 지대장은 박효삼, 정치위원은 석정石正, 즉 윤세주尹世冑였고 두 부지대장은 이춘암과 김세광이었고 제2지대를 영솔한 것은 지대장 이익성과 정치위원 김학무 등이었다.

이와 같은 사실은 김원봉이 국부군 지역에서도 의용대를 완전히 장악하지 못하고 있었음을 시사해주는 것이기도 하지만, 그는 1935년에 민족혁명당을 조직하는 과정 그리고 1937년에 조선민족전선연맹을 조직하는 과정에서 이미 중국지역 민족운동전선의 통일전선을 지향하고 있었으며 1939년에는 김구 중심의 한국광복운동단체연합회와 연합하여 전국연합진선협회全國聯合陣線協會를 결성하여 일단 전선을 연합하고 쌍방의 군사력도 통합하는 형식이 이루어졌으므로 그가 중공군 지역으로 옮겨가기는 어려웠을 것으로 생각된다.

화북조선청년연합회 시기의 조선의용대 화북지대도 그러했지만 화북조선독립동맹으로 발전한 후의 조선의용군도 중국공산군의 원조를 받고 합동작전을 펴는 한편, 그들의 생활은 독자성을 유지하여 이른바 생산투쟁에 의한 자급자족을 지향하는, 경작과 전투를 겸행하는 생활이었다. 수전水田이 없는 연안지방 일대에서 밭농사로 군량을 조달하면서 전투하는 조선의용군에 대해 1942년의 한발을 기회로 일본군은 기아작전·소탕작전을 강행했고 이에 대해 조선의용군은 반소탕전으로 맞섰다.

일본군은 20개 사단 40만 명을 동원하여 중공군 팔로군과 조선의용군에 대해 섬멸작전을 폈다. 태행산맥의 마전馬田 부근에 총사령부를 두고 있었던 팔로군과 조선의용군은 일본군에 포위되었고 절멸할 위기에 빠졌는데, 그 탈출로를 여는 임무가 조선의용군에게 주어졌다.

12월에 일본군 점령지대와 중공군 해방지대의 중간지대인 유격구의 원씨현元氏縣 호가장 부근에서 일본군 점령지구 안에 있는 중국인을 대상으로 한 선전공작을 마치고 휴식하던 조선의용군 30명이 갑자기 일본군의 습격을 받았으나 적의 생포작전을 분쇄하고 탈출할 수 있었다. 상당한 대원이 희생되기는 했지만 이들의 분전은 이 지방의 교과서에 수록되어 중국인에게 깊은 감명을 주었다.

조선의용군의 전사들은 상당수가 중국의 황포군관학교·남경중앙군관학교와 성자분교星子分校·광동군교 낙양분교廣東軍校 洛陽分校·강릉군교江陵軍校 등의 군사학교에서 교육을 받았거나 중산대학·북경평민대학 의열단 간부 훈련반義烈團幹部訓練班 등에서 고등교육을 받은 위에 일본어 구사가 자유스러운 사람들이 많았으므로 일본군을 상대로 하는 선무공작이나 심리전에서 활약이 컸다.

앞에서 말한 호가장전투에서 한쪽 다리를 잃고 일본군에 포로가 되었다가 해방으로 귀환한 김학철의 회고에 의하면 폭 1m, 길이 20여m의 옥양목에다 일본글로 '일본병사 형제들이여, 무엇 하러 머나

먼 타국에 와서 아까운 목숨을 버리려 하는가.' '집안 식구들은 그대들이 돌아오기를 목이 빠지게 기다리고 있다.' '어서 총부리를 그대의 상관에게 돌리라.'고 써서 밤중에 일본군의 참호 150m 지점까지 접근해 세워놓음으로써 날이 밝으면 일본군이 읽을 수 있게 한 것도 그 한 예다.

일본어를 구사할 수 있는 조선의용군의 일본군에 대한 선무공작은 그들과의 직접 대화로 이루어지기도 했다. 야음을 타서 일본군 진영 100여m까지 접근한 조선의용군 전사들은 유창한 일본말로 '착취자, 자본가를 위해서 아까운 목숨을 버리지 말자. 고향에서 부모형제가 그대들을 떠나보낼 때 흘린 눈물을 잊지 않았겠지. 살아서 고향땅 밟아볼 생각은 어찌 안 하는가. 일장성공만골고—將成功萬骨枯란 말을 아는가.' 하고 타일러 적의 전의를 떨어뜨린 후 '총을 바치면 목숨을 살린다.' '포로를 우대한다.'고 선전하고 통행증을 살포하여 항복을 유도했다.

조선의용군에는 포로가 된 일본인도 있었다고 말했지만 이들도 일본군에 대한 심리전에 이용되었는데 일본의 재담꾼 출신 대죽양부大竹良夫와 여자 포로 중촌방자中村芳子 등을 이용한 심리전은 효과가 컸고, 1943년 이후에는 중국전선에 강제동원된 이른바 조선인 지원병에 대한 탈출유도공작도 상당한 효과를 거두고 있었다.

이 무렵 일본의 정보기관이 입수한 조선의용군 살포의 「조선지원병 제군에게」에서는 "친애하는 제군들이여, 신변에 위험을 느낄 때는 즉시 단결하여 우리의 우군友軍인 팔로군 또는 우리 조선의용군에 내투來投하라. 그 방법은 항일근거지 부근에 와서 백기를 흔들며 '나는 항일에 참가한다.'고 외치면 친절히 지도할 것이다. 우리는 제군들을 쌍수로 환영한다."고 했고, 그것은 '조선독립동맹' 진북분맹과 조선의용군 제○종대 ○대의 명의로 되어 있다. 이와 같은 조선인 지원병에 대한 투항권고는 효과가 있었다. 같은 해 5월에는 이 권유문을 보고 투항한 지원병 출신 박영식(창씨명 소림영식小林永植)의 명의로 된「지원병이었던 나는 화북조선의용군에 투항했다」는 선전문이 일본 측에 입수되었는데 그 내용의 일부를 보면 다음과 같다.

> 팔로군에는 어디에나 우리 조선의용군이 활약하고 있어서 우리들 조선동포를 기꺼이 환영하여 우대하는 위에 또 조선청년대학에 입학할 수도 있다. 팔로군으로 오는 방법은 항일근거지 부근에 와서 백기를 흔들며 "나는 항일에 참가한다."고 하면 친절히 안내할 것이며 그렇게 되면 원수 왜놈에게 총검을 반대로 돌릴 수 있게 될 것이다. 팔로군과 의용군 동지들의 친애한 환영과 애호에 나는 감격하고 있다. 그리고 나는 조선의 청년대학에 입학하여 조국 조선의 독립을 위해 분투할 준비 중에 있다. 아! 참으로 영광되고 행복하도다.

1943년경에 오게 되면 해외의 독립운동전선은 일본의 패망을 확신하게 되지만 조선의용군의 경우도 예외는 아니었다. 그것은 이해에 조선의용군 총사령부가 포고 제102호로 발표한 다음과 같은 포고문에도 잘 나타나 있다.

> 1) 일본의 악랄한 압박과 착취, 즉 동화정책·징병제 실시 등 우리를 멸망하게 하려는 일체의 음모에 반대하고 유지有志 등은 속히 본군

및 화북조선독립동맹의 깃발 아래 단결하여 조국 한국 광복운동에 참가할 것을 바란다.

2) 중국 팔로군 및 항일민주정부에서는 특히 화북조선동포를 애호하는 견지에서 조선인 상공업자에게는 무이식대부無利息貸付를, 농민에게는 토지·농구·경우耕牛·종자·가옥 등을 대여하며 기타의 사람에게는 직업을 소개하고, 특히 학생에 대해서는 면비입학免費入學을 책임지고 주선하는 등 우대하는 법령이 발표되었다.

동포 등은 일본의 생지옥에서 탈출하여 속히 광명한 항일민족 근거지로 오면 환영할 것이다.

3) 곧 '대동아은행권'은 휴지가 될 것이므로 동포들은 속히 일체의 일본 지폐를 현장(?)에서 혹은 백양白洋으로 태환하여 감추어두기 바란다.

4) 일본의 '내선일체화', '징병제 실시', '일어 상용' 등 음모의 주구가 된 분자 혹은 일본의 밀정이 되어 조선동포의 이익을 파괴하고 중국의 항전을 방해할 목적으로 본군 및 팔로군의 작전을 파패破敗하려 하는 자는 속히 회오悔悟하지 않으면 본군은 단호한 수단으로 임할 것이다.

5) 본군은 조국 한국의 독립을 위하여 특히 종군 중의 조선 지원병·통역관 등의 아군에의 복귀를 환영한다. 그 방법은 백기를 들고 항일군민에 대해 아요참가항일我要參加抗日이라 외치면 친절히 안내할 것이다.

1944년 11월경에 일본 측이 입수한 자료 중 일본군에 강제징집된 조선인 병사들에 대해 조선의용군이 살포한 선전문에 의하면,

북중국지방에 있는 자는 조선의용군이나 팔로군으로, 중남부 중국에 있는 자는 조선의용군이나 신사군新四軍에, 만주 방면에 있는 자는 동북의용군에, 태평양 방면에 있는 자는 미국의 조선의용군이나 동맹군에 투항할 것을 구체적으로 지시하고 일본군에서 탈출할 때 무기를 휴대하는 자에게는 일정하게 보상해줄 것을 발표하고 있다.

일제 식민지 시대 말기에는 임시정부 산하의 한국광복군을 비롯해서 일본군과 직접 싸울 전투부대들이 조직되었지만 화북조선독립동맹 산하의 조선의용군도 일본군과의 직접적인 전투 및 선무공작에 활동이 컸던 군사조직의 하나였다. 그러나 조선의용군 역시 국내에까지 진입하여 일본군의 항복을 직접 받을 수 있는 조건에는 있지 못했고 중국 땅에서 일본의 패전을 맞이할 수밖에 없었다.

일본이 패망한 후 조선의용군은 연안과 태행산을 떠나 장가구張家口에서 일단 합세했고 다시 심양瀋陽에서 중국 각 지방에서 활약하던 대원들이 결집했다.

심양에서 부대를 네 개 지대로 편성한 의용군은 확군擴軍 사업으로 들어가서 제1지대는 심양과 안동安東 일대에 남고 제3지대는 북만주로 들어가 하얼빈 일대에서 활동하고 제5지대는 연변으로 나오고 제7지대는 길림·반석 일대에 주둔했다. 이후 이들은 중국의 국공전투에 참가하기도 했지만 그 일부는 화북조선독립동맹 요원과 함께 1945년 11월 말부터 12월 중순에 걸쳐 평양으로 들어갔다. 그러나 그들은 무장해제되어 개인 자격으로 들어갈 수밖에 없었다고 한다.

귀국한 조선의용군의 지휘부는 북한군 지휘부의 일부를 이루었고 화북조선독립동맹은 1946년에 조선신민당으로 명칭을 바꾸었다가 곧 북조선노동당에 흡수되었다. 그리고 1958년에 이른바 종파주의를 해결하는 과정에서 대부분 숙청되었다.

# 5 | 민족해방운동의 폭력·비폭력 노선

**머리말**

19세기 후반기와 20세기 초엽에 걸쳐 많은 민족들이 제국주의 열강의 식민지로 전락했지만, 민족마다의 식민지 해방투쟁은 그들 민족이 식민지로 전락하기 이전의 역사적·문화적·정치적 전통에 따라 각각 다르게 나타났다.

우리 민족의 경우 중세시대를 통해 그 정도의 정치적·문화적 수준에 있었으면서도 근대로 넘어오는 과정에서 식민지로 전락했다는 사실 자체가 어떤 의미에서는 어이없고 억울한 일이었지만, 그러나 그와 같은 정치적·문화적 자산 때문에 식민지 해방투쟁의 역사는 같은 무렵에 식민지화한 어느 민족보다도 꾸준하고 또 강렬한 것이었다고 할 수 있을 것이다.

우리 민족의 식민지 해방투쟁이 같은 시기 다른 민족의 그것보다 꾸준하고 강렬한 것이었다고 말했지만, 독립운동전선 전체의 방법론이 그러한 것은 아니었고, 좀 더 세밀히 들여다보면 민족해방운동의 방법론을 두고 많은 갈등과 대립이 있었다. 이 갈등과 대립은 이념적인 면의 노선 차이에서 기인한 경우도 있었지만, 한편으로 그 실제적인 투쟁방법의 문제를 두고도 각 노선 사이에 큰 차이가 있기 때문이기도 했다.

이 글의 제목이 '민족해방운동의 폭력·비폭력 노선'이지만, 민족해방운동의 노선 전체를 크게 나누면 결국 폭력노선과 비폭력노선으로 양분할 수 있다. 그러나 역사 서술에서는 무장투쟁노선과 비무장투쟁노선으로 표현하고 있다.

이 두 가지 노선은 전체 민족해방운동 노선 위에서 대체로 양립되어오기도 했지만, 결국은 무장투쟁 내지 폭력투쟁 노선으로 귀일되어간다고 보아도 무방하다. 제국주의·군국주의의 군사적 침략을 받아 식민지화하고 또 군사적·폭력적 억압에 의해 지배되고 있는 식민지 피지배 민족이 식민지배에서 벗어날 수 있는 길은 무장투쟁적, 폭력적 방법밖에 없었던 것이다.

이 경우 흔히 무장투쟁적 해방운동 방법론이 얼마나 실현성이 있었는가 하는 반문이 있을 수도 있겠지만, 그렇다면 제국주의·군국주의 지배 아래서 비무장적·비폭력적 방법으로 해방될 수 있는 길은 과연 있었는가 하고 다시 반문하지 않을 수 없으며, 두 가지 방법 중 적에게, 즉 식민지 지배 당국에게 실제로 타격을 줄 수 있는 방법은 결국 무엇이었는가, 민족해방운동 자체가 결국 어느 쪽으로 그 방법을 통일해갔는가, 민족해방운동에 대한 역사적 평가가 두 가지

방법 중 어느 쪽으로 나아가고 있는가 하는 문제 등을 생각해볼 필요가 있을 것이다.

그리고 그것은 전체 민족해방운동 과정을 통해서 이 두 가지 방법이 각각 어떤 역할을 할 수 있었으며, 또 구체적으로 어떤 결과를 가져올 수 있었는가를 살펴봄으로써 이해할 수 있게 될 것이다.

### 의병전쟁과 애국계몽운동

우리 근대사에서 민족독립운동이 언제부터 시작되는가 하는 문제는 관점에 따라 차이가 있지만, 1905년의 이른바 을사보호조약이 일본제국주의가 실질적으로 한반도의 식민지화를 단행한 계기가 되었음은 분명하다. 아직도 국호를 유지하고 황제라는 것이 있기는 했지만 실제로는 일본이 한반도를 지배하고 있었으며, 따라서 이 시기의 폭력노선으로서의 의병전쟁과 비폭력노선으로서의 애국계몽운동은 독립운동으로서의 의미를 가지고 있었다.

의병전쟁은 당초 근왕勤王운동적인 성격을 가지고 출발했으나 1905년 이후에는 점점 반봉건운동으로서의 성격이 드러나고 있었고, 보호국체제 아래서 일어난 애국계몽운동도 국민주권주의운동, 근대국가수립운동으로서의 성격을 갖추어가고 있었다.

의병전쟁과 애국계몽운동은 다같이 반봉건적, 근대국가수립운동으로서의 성격을 가지고 있었으나, 그 방법에서는 폭력주의 무장항쟁과 비폭력주의 계몽운동으로 뚜렷하게 달랐다.

보호국체제 아래서 애국계몽운동을 전개한 사회계층은 대체로 부르주아라 할 수 있을 계층이었지만 전투적 부르주아는 되지 못했고 이른바 합법적인 테두리 안에서 교육과 언론활동을 통한 계몽운동에 한정되었다.

이들의 애국계몽운동이 전투성을 가질 수 있으려면 그 국민주권주의운동도 적극적으로 발전하여 조선왕조의 전제주의체제를 무너뜨리기 위한 국민혁명을 유도하는 방향으로 나아가고, 그 결과로 성립된 국민주의 정권이라야 제국주의 침략에 대한 대응책도 적극적일 수 있었다. 그러나 그것은 비폭력노선에 한정되었기 때문에 전제주의체제를 무너뜨리기 위한 국민혁명노선으로는 나아가지 못하고 일본에 의한 식민지화 과정에서도 끝까지 애국계몽주의로 일관하고 말았다.

애국계몽운동은 그 방법론적 한계성 때문에 식민지로 전락해가는 시기의 민족운동을 비폭력적·비전투적 방향으로 유도하는 데 그친 면도 있지만, 그렇다고 해서 이 시기의 폭력노선·전투적 노선으로서의 의병전쟁을 부정적인 눈으로만 본 것은 아니었다.

애국계몽운동 전 단계의 부르주아적 운동이라 할 수 있는 독립협회운동은 갑오농민전쟁군 동비東匪로, 의병을 비도匪徒로 보고 "조선에서는 해·육군을 많이 길러 외국이 침범하는 것을 막을 까닭도 없고 다만 국중에 해·육군이 조금 있어 동학이나 의병 같은 토비土匪나 진정시킬 만하였으면 넉넉할지라." 한 것과 같이 갑오농민전쟁 및 의병전쟁 같은 전투적 노선을 전혀 부정적으로만 보았다.

그러나 애국계몽운동은 같은 시기에 치열하게 일어난 의병전쟁군을 비도로는 보지 않고 『대한매일신문』 등을 통해 그 활동상을 적극적으로 보도했다. 이 점에서는 독립협회운동보다 애국계몽운동이 구한말 부르주아 운동으로서 한걸음 전진한 것이기는 했지만, 역시 의병전쟁의 전투적 노선과 합치될 만한 성격의 운동은 아니었다.

구한말의 부르주아 운동이 전투성을 발휘하여 의병전쟁과 합류하고 그것을 지도할 만한 단계에까지 나아가지는 못했으나 애국계몽운동은 그 마지막 단계에 가서 전투적 노선을 일부 지향하게 되었으니 신민회新民會의 조직이 그것이다. 공화주의 정치체제를 표방한 신민회는 그 투쟁방법에서도 일부 폭력적 방법으로 나아갔다. 이재명의 이완용 저격은 그 하나의 표현이었다.

신민회는 이후 두 가지 노선으로 갈라져서 안창호를 중심으로 하는 비폭력노선은 실력양성운동 쪽으로 나아가면서 흥사단을 조직했고, 이동휘를 중심으로 하는 폭력주의노선은 '만주'와 시베리아 지방으로 가서 무장독립운동을 전개하게 되었다. 결국 애국계몽운동 자체는 대체로 비폭력노선이었으나 이 운동을 통해 양성된 민족주의자의 일부는 식민지 시기 민족독립운동에서의 무장항쟁노선으로 나아갔던 것이다.

구한말의 민족운동노선에서의 의병전쟁은 당초에는 유생 의병장과 갑오농민전쟁에 참가했던 농민군을 중심으로 하는 농민들이 결합하여 일으킨 무장투쟁이었다. 그러나 앞에서도 말한 것과 같이 보호국화한 1905년 이후, 특히 대한제국군이 강제로 해산된 1907년 이후에는 유생층 의병 지휘부가 차차 도태되고 해산 군인과 서민 출신 의병장에게 전쟁의 주도권이 넘어가면서 그 전투력은 강화되고 투쟁성은 더욱 제고되어갔다.

1907년 이후의 의병전쟁은 종래 분산적인 단위부대 중심의 전투를 지양하고 전국의 의병부대가 연합전선을 형성하는 방향으로 나아갔고, 대한제국에 주재하는 외국 영사관들에 대해 국제공법상의 전쟁단체로 인정해줄 것을 요구하면서 국민적 독립전쟁으로서의 성격을 띠어갔다.

의병부대들의 가장 큰 약점의 하나가 무기를 공급받을 길이 없는 점이었지만 1907년에 이른바 총포 및 화약단속법에 의해 압수된 무기는 신식 화기가 3700정, 화승총을 중심으로 하는 구식 무기가 1만 점에 가까웠다. 그리고 대한제국 경무국 조사만으로도 1906년에서 1911년까지 6년 사이에 정규 일본군과의 전투 횟수만도 2800여 회나 되었고 참가 의병의 연 인원수는 약 14만 명이나 되었다.

이와 같은 그들의 폭력저항·무장저항 때문에 비폭력저항운동으로서의 애국계몽운동이 당한 희생과는 전혀 비교할 수 없는 많은 희생을 내지 않을 수 없었지만 그 정확한 희생자의 수는 밝혀지지 않고 있다. 다만 일본 측의 통계만으로도 1907년부터 1909년 사이에 약 5만 명이 전사한 것으로 나타나 있다.

농민과 해산 군인 이외에 상인·수공업자·사냥꾼·어민·노동자·운송업자·광부 등 사회의 각계 각층으로 구성된 이 시기의 의병은 일본군에게 잡히기만 하면 대부분 총살형이나 교수형을 당했다. 일본군 측의 사진에 흔히 보이는 중의적삼에 상투머리로 10여 명씩 함께 교수형을 당한 참상은 모두 의병들의 최후 모습인 것이다.

이와 같은 처참한 죽음을 당할 것을 알면서도, 영국인 신문기자 매킨지가 만난 어느 의병장의 말과 같이 "일본의 노예로 살기보다 자유로운 몸으로 죽는 것이 훨씬 더 낫다."고 생각했기 때문에 그들은 비무장·비폭력 노선보다 폭력적·전투적 노선을 택했던 것이다.

오랜 역사와 문화를 통해 나름대로의 자존심을 가지고 살던 민족이 외민족의 침략으로 식민지로 전락해가는 과정에서 그것에 저항하는 방법은 여러 가지로 나타날 수 있었다.

언론이나 교육을 통해 국민들의 애국심을 환기하는 방법도 물론 중요했지만 일본제국주의가 영국 및 미국 등의 후원을 받고 군사력으로 침략해오는 절박한 마당에 애국계몽운동으로만 일관할 수는 없었고 빈약하고 낙후된 것이기는 하지만 무기를 들고 폭력적인 방법으로 저항할 수밖에 없었던 것이다.

의병전쟁도 식민지화를 저지하는 데는 실패했고 애국계몽운동도 물론 실패했다. 그러나 대한제국시기의 의병전쟁을 통한 무장저항운동의 흐름은 식민지화 이후의 무장독립운동으로 연결되었고, 여기에서는 의병전쟁군 출신과 폭력노선으로 돌아선 애국계몽운동계의 일부가 합쳐져 새로운 단계의 독립전쟁으로 발전할 수 있었다.

### 임시정부노선과 만주무장투쟁

3·1운동은 독립운동이었으며 독립을 하기 위해서는 당연히 정부수립이 기도되었다. 서울과 블라디보스토크와 상해의 세 곳에 생긴 임시정부는 모두 복벽주의復辟主義정부가 아닌 공화주의정부로 나타났다.

대한제국이 일본에 의해 멸망할 때까지도 국민혁명은 일어나지 않았고 이 때문에 대한제국인 채 멸망했지만 10년 후에 일어난 3·1운동을 계기로 세워진 임시정부가 모두 공산주의정부로 나타났다는 사실은 역사발전의 당연한 결과였다. 그러나 임시정부의 민족운동노선은 역시 폭력노선과 비폭력노선으로 나누어졌다.

서울에 성립된 임시정부, 즉 한성정부는 법통성은 높았으나 일본의 탄압으로 실재할 수 없었고 실제로 활동할 수 있는 정부는 블라디보스토크 정부와 상해 정부였다. 그러나 임시정부가 양립되는 것은 전력을 분산할 우려가 있었으므로 그 통합이 추진될 수밖에 없었는데 여기에 노선의 차이가 나타나게 된 것이다.

상해 임시정부 측은 독립운동의 방법으로 주로 외교노선을 택했다. 임시정부의 활동을 당시의 국제연맹에 가입하고 또 열강의 승인을 얻는 데 주력하려는 것이었으며 그것을 위해서는 국제도시인 상해에다 임시정부를 두는 것이 옳다는 주장이었다.

그러나 이에 반해서 블라디보스토크 정부는 독립운동의 방법으로 독립전쟁을 채택하고 그것을 위해서는 조국과 멀리 떨어져 있고 또 교포 수가 적은 상해보다 조국과 국경이 접해 있어 국내 침공작전상 유리하고 또 교포 수가 많아서 독립전쟁의 병력 조달에도 유리한 만주나 연해주에 임시정부를 두어야 한다는 주장으로 맞섰다.

임시정부 수립에서도 비폭력노선과 폭력노선이 대립된 셈이었지만, 결국 블라디보스토크 정부의 대표 자격이던 이동휘가 양보하고 상해 임시정부의 국무총리를 수락함으로써 외교독립노선의 이승만이 대통령, 독립전쟁노선의 이동휘가 국무총리가 된 상해 임시정부가 단일정부로 수립되었다.

일본의 경찰력이 미치지 못하는 상해의 프랑스 조계에 있는 임시정부는 이 정부의 교통부장으로 임명되고도 부임하지 않은 노령 정부의 문창범文昌範이 "노령과 같은 접양지지接壤之地에 있으면서도 조선 내지와의 연락도 충분히 발휘할 수가 없으며 또 마음대로 활동할 수 없는데 상해와 같은 원격지遠隔地이며 타국의 영토 내에 있어서는 어떤 일도 할 수 있으리라고 생각되지 않는다."고 한 것과 같이 두드러진 활동을 할 수 없었다.

외교노선 중심의 임시정부였지만 국제연맹에 가입할 수도 없었음은 물론, 한때 소련과 비밀협약을 맺고 손문 호법정부의 승인을 받은 이외에는 어떤 강대국의 승인도 받을 수 없었다. 민족독립운동의 총지휘부가 되기 위해 성립된 정부였지만 적과의 직접 전투를 지휘하지 않았던 임시정부는 결국 하나의 정쟁장으로 변해갔다. 먼저 이동휘 등의 독립전쟁론세력이 이탈했고, 다음에는 신채호와 같은 적극항쟁론자들이 이탈함으로써 그 세력이 약화하고, 독립운동의 총본부가 아닌 하나의 단위 독립운동단체가 될 수밖에 없었다.

상해 임시정부에도 당초에는 독립전쟁준비안이나 독립전쟁론자들이 전혀 없던 것은 아니었다. 1920년 5월의 대한민국임시정부 시정방침은 "독립운동의 최후의 수단인 전쟁을 대대적으로 개시하여 규율적으로 진행하고 최후 승리를 얻을 때까지 지구持久하기 위하여" 아령俄領과 중국령에서 10만 명 이상의 의용병 지원자를 모집하고 사관학교를 설립하여 비행대를 편성한다는 계획 등을 발표했다.

또한 임시의정원에서도 "우리가 비참한 전투를 한 뒤에야 세계가 움직이겠고 우리가 비참한 전투를 당한 후에야 국민의 단합이 완성하리라." 하고 임시정부가 독립전쟁방법으로 돌아설 것을 주장하는 의원들도 있었다. 그러나 앞에서 인용한 것과 같이 임시정부의 노선은 지속적인 수단이 아닌 독립운동 최후의 수단이 전쟁이었던 것이다.

초기의 임시정부는 대체로 외교독립론에 한정되어 있었지만, 같은 시기의 '만주'와 연해주지방에서는 독립전쟁론이 현실화하고 있었다. 우리 민족운동전선에서 애국계몽운동적 비폭력노선과 의병전쟁적 폭력노선이 합쳐지게 되는 하나의 계기가 된 것이 3·1운동이라 흔히 지적하고 있지만 3·1운동은 당초 애국계몽운동 계열 중 '병합' 후에도 국내에 남아 있던 세력, 특히 종교계가 중심이 되어 역시 비폭력운동으로 발단되었다.

그러나 국내에서도 농민층이 이 운동에 참가한 후에는 일본 측의 폭력 저지에 맞서 폭력 저항으로 발전해갈 수밖에 없었으며 한편으로 의병전쟁 후 '만주'지방으로 옮겨가 있던 폭력노선, 무장저항노선에 다시 불을 붙이는 계기가 된 것이다.

3·1운동 후의 '만주', 연해주지방의 무장항일운동은 지난날의 여러 가지 노선이 합쳐져 이제 명실상부한 독립전쟁으로 발전해갔다. 의병전쟁군의 일부는 '만주', 연해주에서의 무장항쟁노선에도 일부 복벽주의적 성격은 있었으나 차차 도태되어가고 의병전쟁군의 비복벽주의세력과 해산 군인 계통의 의병전쟁세력 그리고 애국계몽운동계의 적극 항쟁론자 등이 모여 국민주의적 독립전쟁으로서의 성격을 확실히 한 것이다.

의병전쟁세력 중에도 유인석柳麟錫과 같은 유생 출신 의병장들은 '병합' 후 '만주'지방에서의 항일전쟁에서도 복벽주의의 벽을 넘어설 수 없었으나 홍범도와 같은 서민 출신 의병장은 공화주의 임시정부를 지지하는 독립전쟁의 지휘자가 되어 국경지대를 넘나들면서 적극적인 무장항쟁을 벌였다. 또한 해산 군인이며 애국계몽운동 출신인 이동휘도 '만주'와 노령의 접경지대에 무관학교를 세워 독립군을 양성하면서 독립전쟁에 대비했고, 애국계몽운동 출신인 김좌진은 북로군정서를 만들어 무장독립운동을 지휘했다.

3·1운동 이후 '만주', 연해주지방에는 이들 공화주의파 독립전쟁

파들이 국내에서 탈출한 청년들과 그곳 교포사회를 바탕으로 독립전쟁을 벌이고 있었으나 이들의 독립전쟁을 민족독립운동의 총본부로 설립된 상해 임시정부가 지휘하지는 못했다. 이 때문에 무장독립전쟁은 대단히 분산되어 통합 세력을 이루지 못했던 것이다.

독립전쟁군을 통합하여 임시정부 산하에 두기 위해 임시정부의 군부만이라도 '만주'나 연해주로 옮기자는 의견이 있었으나 이것 역시 실현되지 않았고, 다만 '만주'에 이미 성립된 군사단체 두 개를 임시정부가 북로군정서와 서로군정서로 인정했을 뿐이었다. 임시정부가 독립전쟁을 채택하지 않고 독립군 부대들이 있는 '만주'나 노령에 설립되지 않음으로써 이들 독립군 부대를 지휘하지 못했다는 사실은 임시정부 자체를 정쟁장으로 만들었을 뿐만 아니라 무장독립군 부대들의 독립전쟁을 대단히 분산적인 것으로 만드는 결과를 가져왔다.

임시정부의 정쟁장화, 무장독립전쟁세력의 분산은 결국 일본 측에만 유리한 조건을 만들어주고 마는 결과가 되었다. 이 때문에 임시정부가 상해 정부로 통일된 사실에 대해 일본의 중국 주재 정보요원들도 그 본국에 "동 정부가 노령 또는 기타 조선과 접양接壤의 지방으로 이전해오지 않는 이상 하등 실력을 가질 수 없고 따라서 실제상 위험은 우선 적은 것이라 보인다." 하고 보고했다.

독립전쟁을 독립운동 최후의 수단으로 돌렸던 비폭력노선의 초기 상해 임시정부는 심하게 말해서 적과의 직접적인 싸움을 피한 정쟁장이 됨으로써 그 세력이 약화되었고, '만주'의 무장독립운동, 즉 폭력노선은 청산리대첩, 봉오동전투 등에서 일본군에게 큰 타격을 주었으나 그 때문에 일본군의 대규모 반격을 받고 노령으로 옮겨갔다가 소련군에 의해 무장해제를 당했다. 그리고 간도지방의 교포사회는 일본군의 보복작전으로 수천 명이 살상되는 참상을 겪었다. 그러나 이후에도 독립운동은 역시 폭력노선, 독립전쟁노선이 그 주류를 이루어 갔다.

### 일제의 민족분열정책과 폭력노선

제 민족보다 문화적 뿌리가 깊은 한민족을 식민통치하기 위해 이른바 무단통치를 강행하다가 3·1운동을 당한 일본은 이 운동을 무력으로 탄압한 후 그 통치방법에 일정한 변화를 가져오게 되었다. 문화정치로 이름 지어진 이 통치방법은 곧 민족분열정책이었다.

식민지를 통치하는 데는 식민지인 피지배인을 분열시켜 그들끼리 싸우게 하는 것이 가장 효과적인 방법이지만, 한민족의 경우 동남아 지역의 식민지 피지배민족처럼 종족적인 분쟁이나 종교적인 분쟁을 조장하여 분열시킬 수 있는 조건과는 달랐다. 일본제국주의가 식민지 조선에서 분열정책을 쓸 수 있는 조건을 찾기는 그만큼 어려웠지만, 그러나 한 가지 계급적 분열을 조장할 수 있는 길이 있었다.

3·1운동 이후의 문화정치는 조선의 자산가·지식인·종교인 등으로 형성된 비폭력노선의 일부를 그 민족운동전선에서 이탈시키는 데 성공했다. 구한말의 애국계몽운동에서 3·1운동으로 연결되어오던 비폭력 민족운동노선의 일부가 절대독립노선에서 이탈해 이른바 자치운동·문화운동노선으로 선회해간 것이다.

일부 민족운동노선의 이와 같은 노선 이탈은 비교적 광범위하게 나타났지만, 그 대표적인 예는 이광수의 경우에서 잘 나타났다. 3·1운동의 선도적 역할을 한 2·8독립선언에 참가하고 상해로 망명하여 임시정부운동에 참여했던 이광수는 1921년에 독립운동전선에서 이탈하여 귀국함으로써 일단 노선을 바꾸었다.

독립운동전선에서 이탈한 다음 해에 그는 이른바 「민족개조론」을 썼다. 그 요지는 조선민족이 식민지 피지배민족이 된 것은 "게을러서 실행하는 정신이 없고, 겁이 많고 유약하여 실행할 용기가 없고, 신의와 사회성이 결핍하여 공고한 단결을 얻지 못한 까닭에 있다." 하고, 이 때문에 그 민족성을 개조해야 한다는 논지였다. 그의 민족성 내지 민족문화에 대한 비판은 패배주의로 빠져 가고 있었던 것이다.

「민족개조론」을 쓴 이광수는 1924년에는 또 '조선 안에서 허하는 범위 내에 일대 정치적 결사를 조직하여야 한다.'는 요지의 「민족적 경륜」을 발표하여 절대독립이 아닌 식민지배 아래서의 이른바 자치주의를 주장했다. 조선민족에 정치적 생활이 없는 원인의 하나가 "병합 이래 조선인은 일본의 통치권을 승인하는 조건 밑에서 하는 모든 정치적 활동, 즉 참정권 자치권의 운동 같은 것은 물론이요, 일본정부를 대수對手로 하는 독립운동조차도 원치 아니하는 강렬한 절개의식이 있었던 것"에 있다 하고, 그는 조선총독부의 통치를 인정하면서 정치적·산업적·교육적 결사와 운동을 일으킬 것을 주장했다.

절대독립론, 독립전쟁론으로만 일관할 것이 아니라 식민지배 아래서의 타협주의적인 정치·경제·문화 활동이라도 벌여야 한다는, 이렇게 보면 비폭력적인 민족운동을 주장한 것 같지만, 식민지배 아래서 비폭력적인 민족운동은 결국 식민통치에 도움을 주는 '운동'이 될 수밖에 없었으며, 설령 주관적으로 식민통치에 도움을 줄 의사는 없다 해도 절대독립의식을 약화하고 독립전쟁방법론에 타격을 주는 결과가 되지 않을 수 없었다.

이광수의 식민통치를 인정하는 조건 아래서의 이른바 '민족운동'은 1926년에 '수양동우회' 활동으로 나타났으나 1937년에 수양동우회사건으로 검거되었다가 풀려난 해부터는 적극적인 부일 행각, 반민족적인 길을 걷게 되었다. 제국주의의 식민통치 아래서 절대독립노선에서 물러난 '민족운동'이란 것이, 비폭력적·타협적 '민족운동'이란 것이 결국 어디로 갈 수밖에 없었는가를 단적으로 보여준 대표적 경우라 할 것이다.

이광수와 대단히 대조적인 노선으로 신채호의 노선을 들 수 있다. 구한말의 애국계몽운동에서 활약했던 신채호는 망명하여 독립운동전선에 참가한 후 절대독립노선, 폭력주의노선을 지키면서 스스로 민족독립운동관을 발전시켜 나갔다. 애국계몽운동기의 영웅주의적 역사의식, 민족의식을 청산하고 민중혁명론으로 전진해간 신채호의 독립운동관이 극명하게 나타난 것은 1923년에 폭력주의 독립운동단체 의열단의 요청에 따라 쓴 「조선혁명선언」이다.

이 선언문에서 신채호는 당시까지의 모든 비폭력주의 민족운동노선을 비판하고 폭력주의를 강력하게 주장했다.

3·1운동 이후 친일파 일부에서 거론된 참정권 요구를 독립운동을 완화하기 위해 매국노들을 앞장세운 일본의 술책이라고 정확하게 지적하고, 자치론에 대해서도 "설혹 강도 일본이 돌연히 부처가 되어 하루 아침에 총독부를 철폐하고 각종 이권을 다 우리에게 돌려

주며 내정과 외교를 모두 우리의 자유에 맡기고 일본의 군대와 경찰을 일시에 철수하며, 일본의 이주민을 일시에 소환하고 다만 허명의 종주권을 가진다 할지라도" 용납할 수 없는 것이라고 주장했다.

그는 또한 식민지배 아래서의 문화운동도 "문화는 산업과 문물의 발달한 총적을 가리키는 명사이니, 경제약탈의 제도하에서 생존권이 박탈된 민족은 그 종족의 보전도 의문이거든, 하물며 문화발전의 가능이 있으랴." 하고 "우리의 생존의 적인 강도 일본과 타협하려는 자(내정독립, 자치, 참정권 등 논자)나 강도정치하에서 기생하려는 주의를 가진 자(문화운동자)나 다 우리의 적임을 선언하노라." 하여 철저히 배격했다.

그뿐만 아니라 독립운동전선 안에서의 외교독립노선에 대해서도 "최근 3·1운동에 일반인사의 평화회의·국제연맹에 대한 과신의 선전이 도리어 2000만 민중의 분용 전진의 의기를 타소打消하는 매개가 될 뿐이었도다."라고 하여 오히려 독립운동의 의기를 감소하는 작용을 한 것으로 보았다. 이승만의 국제연맹위임통치론에 강력히 반대한 사실도 바로 이와 같은 생각에서 나온 것이다.

독립운동전선 안에서 비폭력노선으로는 이승만 중심의 외교노선 이외에도 안창호 중심의 실력양성론, 독립준비론이 있었는데 이것 역시 신채호에겐 비판의 대상이 되었다.

> 금일 금시로 곧 일본과 전쟁한다는 것은 망발이다. 총도 장만하고 돈도 장만하고 대포도 장만하고 장관將官이나 사졸감까지도 다 장만한 뒤에야 일본과 전쟁한다 함이니 이것이 이른바 준비론, 곧 독립전쟁을 준비하자 함이다. …… 강도 일본이 정치·경제 양 방면으로 구박

을 주어 경제가 날로 곤란하고 생산기관이 전부 박탈되어 의식衣食의 방책도 단절되는 때에 무엇으로 어떻게 실업을 발전하고 교육을 확장하며, 더구나 어디서 얼마나 군인을 양성한들 일본 전투력의 백분의 일의 비교라도 되게 할 수 있느냐, 실로 일장의 잠꼬대가 될 뿐이로다.

이와 같이 비폭력주의 운동노선을 모두 비판한 신채호는 민중에 의한 폭력혁명만이 유일한 독립운동 방법이라고 강조했다. 안중근, 이재명 등의 개인 폭력적 저항을 발전시킨 민중적 역량을 바탕으로 한 폭력혁명만이 독립운동의 타당한 방법이라 생각한 것이다.

"혁명의 길은 파괴부터 개척할지니라, 그러나 파괴만 하는 것이 아니라 건설하려고 파괴하는 것이니 만일 건설할 줄을 모르면 파괴할 줄도 모를지며 파괴할 줄 모르면 건설할 줄도 모를지니라."라고 한 그는 "민중은 우리 혁명의 대본영이다." "폭력은 우리 혁명의 유일 무기다." 하고 선언했다. 그 폭력의 내용은 암살·파괴·폭동의 세 가지를 들고 그 대상을 조선총독 및 각 관공리, 일본 천황 및 각 관공서, 정탐노偵探奴 즉 적의 스파이와 매국노, 적의 일체 시설물 등을 들고 있다.

당시의 대표적 폭력노선 독립운동단체이던 의열단의 선언문으로 쓰인 글이기 때문에 폭력노선을 강조한 것이 당연하지만, 그뿐만 아니라 시기적으로도 적극투쟁론·절대독립론·폭력투쟁론이 강조되지 않을 수 없는 시기였다.

3·1운동 직후 민족적 여망을 안고 성립된 임시정부는 이른바 개조파와 창조파로 분열되어 그 본래의 기능을 다하기 어려워져 가는

한편, 국내에서는 이광수의 「민족개조론」에서 보는 것과 같이 일본의 민족분열정책이 일부 주효하여 패배주의적 분위기가 높아지고 절대독립노선에서 이탈하여 타협주의로 가는 세력이 나타나고 있었던 것이다.

이와 같은 독립운동전선의 변화에 반발하면서 쓰인 이 선언문은 당시 의열단의 폭력저항, 예를 들면 김상옥의 종로경찰서폭탄투척의거 등이 독립운동의 어느 방법보다 효과를 나타내고 있는 현실을 바탕으로 한 것이라고 할 수 있을 것이다. 이광수의 경우에서 보았고 신채호도 적절히 지적했지만, 식민지배에 대항하는 독립운동방법론이 폭력적 적극투쟁론·독립전쟁론·절대독립론을 벗어날 때 효과적이고도 옳은 의미의 민족독립운동노선이 되기 어려웠던 것이다.

## 연합전선 형성과 독립전쟁론

임시정부의 활동이 약화하고 민족운동전선의 일부가 독립전쟁론·적극투쟁론에서 이탈해가는 데 반발하면서 한편으로 신채호와 같이 절대독립론·폭력혁명론을 강조하는 분위기가 강화되어갔지만, 1925년경부터 본격적으로 국내에 뿌리내리기 시작한 좌익독립운동도 타협주의를 배격하면서 일제와의 적극투쟁을 펼쳐갔다. 그러나 좌익독립운동에 대한 일제의 탄압은 어느 경우보다 철저했고, 이 때문에 1920년대 후반기에는 좌익과 비타협적 우익이 합세하여 협동전선을 형성하면서 한때 합법적 민족운동을 전개한, 국내에서의 신간회운동이 지속되었다. 그러나 1930년대로 들어가면서 일본이 대륙침략에 나서고 파쇼 체제화함에 따라 신간회운동은 해소될 수밖에 없었다. 이후 국내의 우익운동은 적극적인 투쟁을 거의 할 수 없었고 좌익운동은 지하로 들어가 투쟁을 계속했다.

이후 국내에서는 일본제국주의가 패망할 때까지 좌우익을 막론하고 일제와 타협하거나 그 침략전쟁에 동조하는 세력이 계속 증가해갔지만, 반면 해외의 독립전선에서는 좌우의 전선을 연합하려는 움직임이 나타나는 한편 전체 민족운동전선이 독립전쟁론으로 통일되어갔다.

먼저 '만주'지방에서 1933년에 중국공산당에 의해 일본군에 대항하는 전투부대로서의 동북인민혁명군이 조직되었는데 여기에 많은 조선인들이 참가했다. 1935년 이후에는 이 동북인민혁명군이 동북항일연군東北抗日聯軍으로 개편되어 항일투쟁을 계속했고 여기에도 많은 조선인 전사가 참가해 투쟁을 계속했다.

식민지 시기 좌익독립운동노선은 대체로 적극항쟁론으로 일관했지만, 1930년대 후반기 이후에도 우익독립운동노선과 연합을 기도하면서 일제에 대한 투쟁방법은 역시 무력항쟁, 적극투쟁론으로 계속 나아갔다. 1936년에 '만주'에서 조직된 재만한인조국광복회는 "우리들 백의민족 중 유력한 재산가로부터 조선 광복을 위한 특별한 의연義捐을 받을 것"이라 하면서 일제와의 투쟁을 "전체 민족의 계급·성별·지위·당파·연령·종교 등의 차별을 묻지 않고 백의동포는 반드시 일치단결하고 궐기하여 구적仇敵인 일본놈들과 싸워 조국을 광복할 것"을 선언했다. 신간회운동이 해소될 때의 노선과는 달리 우익독립운동노선과의 연합을 주장하면서 일제와의 독립전쟁론을 견지하고 있는 것이다.

또 하나의 좌익독립전선으로 1941년에 중국 연안에서 성립된 화북조선독립동맹의 노선도 재만한인조국광복회의 그것과 비슷했다. '조선독립동맹' 성립의 모태의 하나인 화북조선청년연합회의 선언은 "우리는 대한민국임시정부·동북청년의용군·한국독립당·조선민족혁명당·조선민족해방투쟁동맹·재미국조선혁명단체 등의 영웅적 분투에 대해 무한한 경의를 표한다. 특히 열망하고 희구하는 일은 각 단체가 서로 영도하여 조선 전체 민족의 단결과 통일을 촉진하지 않으면 안 된다." 하여 민족독립운동전선의 연합을 촉구하였고, 「독립운동강령」을 "일본제국주의 파시스트의 중국 침략에 반대하여 중국항일전쟁에 적극 참가할 것"이라 하여 독립전쟁론을 더욱 적극화했다.

좌익독립운동노선이 1930년대 후반기 이후 민족의 해방을 전망하면서 전체 민족운동전선의 연합전선을 추구하고 일제와의 적극투쟁론, 독립전쟁론을 강화해간 것과 같은 시기에 우익독립운동노선 역시 독립전쟁론으로 돌아서면서 좌익전선과 연합을 기도해갔다.

먼저 외교독립노선 중심으로 성립되었다가 적극항쟁론, 독립전쟁론자들의 이탈로 약체화되었던 임시정부가 특히 1937년 중일전쟁 발발 후에는 적극적인 독립전쟁론으로 돌아서면서 1940년 중경에서 광복군을 조직하고 일본에 선전포고하는 한편 좌익노선에 가까웠던 민족혁명당과 연합전선을 이루고 또 '조선독립동맹'과도 연합을 기도했다.

한편 민족혁명당의 경우 그 전신이라 할 수 있을 의열단에서부터 폭력노선을 채택해왔지만 민족혁명당으로 확대, 개편한 후에는 좁은 의미의 폭력주의 단계를 넘어서서 독립전쟁으로 확대되어갔다.

의열단에서 민족혁명당으로 넘어가는 하나의 중간단계로 1933년에 '한국대일전선통일동맹'이 형성되었는데, 그 강령에서 "우리는 혁명의 방법으로써 한국의 독립을 완성코자 한다." "우리는 혁명역량의 집중과 지도의 통일로써 대일전선의 확대, 강화를 기한다." 하여 절대독립·독립전쟁론을 강조했다.

또한 한국대일전선통일연맹이 민족혁명당으로 개편될 때도 그 정강은 첫머리에서 "원수 일본의 침략세력을 박멸하여 우리 민족의 자주독립을 완성한다."고 하여 역시 적극투쟁론을 그대로 유지했고, 1939년에 김구 중심의 한국독립당과 연합하여 전국연합진선협회를 발족했을 때도 그 정강은 "일본제국주의의 통치를 전복하여 조선민족의 자주독립국가를 건설한다."고 하여 역시 독립전쟁론을 견지, 강화했다.

1920년대 이후 일제의 민족분열정책에 말려 절대독립과 독립전쟁론에서 후퇴하여 일제와의 타협주의를 지향했던 일부 우익세력은 1930년대 일제의 대륙침략과 파쇼 체제화 이후 이제 부일파 반민족세력으로 전락하여 일본의 침략전쟁에 협력하게 되었다. 그리고 일제의 파쇼 체제가 광란한 1930년대 후반기 이후에는 국내의 좌익독립운동세력 측에서도 상당한 부분이 적극항쟁론을 부정하고 침략전쟁에 협력하거나 은거상태로 들어가고 일부만이 지하활동으로 들어가 투쟁노선을 지켰다.

국내의 타협주의노선이 반민족세력으로 전락해가는 반면 국외의 민족운동전선은 일제의 파쇼화가 강화되고 침략전쟁이 확대될수록 민족해방을 확신하면서 민족해방운동의 방법을 적극투쟁론, 독립전쟁론으로 전환 내지 강화해가는 한편, 좌우익이 전선을 연합해가려는 움직임을 보이고 있었다.

　임시정부를 중심으로 생각해보면 독립전쟁론을 벗어나 외교독립론, 실력양성론 등 비폭력노선이 우세했을 때는 심한 정쟁장으로 화하여 분열과 이탈이 일어나고 결국 전체 독립운동을 지휘하는 총본부로서의 위치를 잃고 하나의 독립운동단체로 전락했다. 그러나 1930년대 후반기 이후 일본의 대륙침략과 파쇼 체제화가 강화되어 갔을 때는 이에 대응하여 그 노선은 독립전쟁론으로 돌아섰고, 이 때문에 그 활동도 강화되어갔다. 그뿐만 아니라 독립전쟁론, 적극투쟁론을 고수한 좌익독립운동노선과의 연합전선 형성의 길도 열려 가고 있었던 것이다.

　식민지 시기의 민족독립운동이 결국 좌우익을 막론하고 적극투쟁론, 독립전쟁론으로 귀일되어갔고 방법론의 통일이 전선 연합까지를 전망할 수 있게 되어갔다는 사실은 폭력주의적, 제국주의적 침략에 의해 식민지화된 민족이 식민지배로부터 벗어날 수 있는 민족해방운동은 결국 폭력적인 방법, 적극투쟁론, 독립전쟁론밖에 없었음을 말해준다.

　초기의 임시정부 활동을 주도했던 비폭력 외교독립론의 경우 일본제국주의의 식민지배에서 해방되기 위해 외교적 협력을 얻어야 할 국가들이 당시로서는 아직도 그들 스스로가 식민지를 지배하고 있는 제국주의 국가들이었다. 따라서 제국주의 침략에서 해방되기 위한 민족해방운동을 다른 제국주의 국가들의 원조에 의해 이루려는 방법론에 지나지 않았던 것이다.

　설사 외교적인 방법으로 민족해방이 이루어졌다 해도 그것을 도운 제국주의 국가들의 또 다른 형태의 지배 내지 간섭이 불가피할 것이었으며, 또 다른 비폭력주의적 방법론, 즉 자치론이나 상대독립론의 경우 일본제국주의가 그것을 허용하지도 않을 뿐만 아니라 설령 허용했다 해도 민족해방운동의 방법론은 아니었다. 이렇게 보면 역시 폭력주의적 방법에 의해 식민지화한 민족이 그것에서 벗어날 수 있는 길은 폭력적 적극투쟁론, 독립전쟁론밖에 없었다고 할 것이다.

**맺음말**

19세기 후반에서 20세기 전반에 걸친 시기의 민족운동으로서의 국권수호운동과 국권회복운동 과정에서는 여러 가지 방법론이 있었지만, 그것을 크게 나누면 결국 폭력주의적·적극항쟁적 독립전쟁론과 비폭력주의적 외교독립론이나 타협주의적 자치론의 두 가지로 볼 수 있다. 그러나 이 두 가지 방법론은 민족해방운동전선 전체가 통일적으로 시기에 따라 바꾸어가면서 채택해온 방법론이라기보다 처음부터 병행적으로 적용되어온 것이라 보는 것이 옳을 것 같다.

폭력주의적 민족운동방법론과 비폭력주의적 방법론을 택한 세력 사이에는 사회적·경제적 조건의 차이가 있었던 경우도 있었고 반드시 그렇지 않은 경우도 있었다. 갑오농민전쟁과 의병전쟁으로 이어지는 농민군은 대체로 적극투쟁론, 폭력투쟁론으로 일관해서 식민지화 이후 '만주'독립전쟁의 전사로 연결되었다.

한편 대한제국시기의 애국계몽운동 계열은 식민지화 이전까지는 대체로 비폭력주의, 계몽주의에 한정되었으나 식민지화 이후, 특히 3·1운동 후에는 폭력주의 독립전쟁론 방향과 비폭력 외교주의, 문화주의 및 타협주의 노선으로 나누어졌다. 따라서 외교독립론 중심의 임시정부가 성립되는 한편 '만주'지방에서는 무장독립전쟁이 진행된 것이다.

그러나 제국주의 침략을 받고 식민지화한 민족의 독립이 비폭력적, 타협주의적 방법으로 이루어질 수는 없었고 결국 폭력노선, 독립전쟁노선이 채택될 수밖에 없었다. 민족운동의 방법론을 타협주의노선으로 전환한 세력은 결국 반민족적 세력으로 전락해갔고, 당초 비폭력적 외교독립노선으로 출발했던 임시정부도 결국에는 독립전쟁노선으로 돌아섰으며, 그럼으로써 독립운동전선 속에서 스스로의 위치를 높이고 또 다른 독립전쟁노선과 연합전선을 이루어가게 되었다.

그러나 불행하게도 해방 당시 어느 계통의 민족운동전선, 독립전쟁부대도 일본군을 직접 무장해제할 만큼 전투적 위치에 있지는 못했고, 38선을 경계로 한 미·소 양군에 의한 일본군의 무장해제가 이루어질 수밖에 없었으며, 그것은 이후 우리 역사를 속박하는 중요한 조건의 하나가 되고 말았다.

# 6 | 연변 조선족 자치주의 우익독립운동 인식

**머리말**

해방 후의 민족분단이 단순한 지리적 분단이 아니었고 이념적·체제적 분단이었기 때문에 이후 남북한의 역사인식에 상당한 차이가 생겼고, 특히 근·현대사 인식에 큰 차이가 나타났다. 더구나 식민지 시기의 민족운동에 대한 남북한 사이의 인식에는 그 주체세력 및 정통성 문제를 두고 현재로서는 전혀 건널 수 없는 깊은 강이 가로놓여 있다.

우리는 지금 민족의 평화적 재통일을 20세기 후반기 이후 민족사의 최대 과제로 삼고 있지만, 그것을 달성하기 위해서는 이 역사인식상의 차이점도 어떤 방향으로건 메워가지 않을 수 없으며 그것이 분단시대를 극복하려는 민족사학의 최대 과제의 하나이기도 하다.

분단 후 40여 년간 커져만 간 남북한 사이의 민족사 인식의 차이를 어느 정도 메우기 위한 노력이 남북한 역사학계 자체에서보다 어느 정도 두 체제를 객관하는 위치에 있을 수도 있었던 일본의 교포학계에서 일부 일어나기도 했으나 그것에 대한 남북한 쌍방의 영향력이 커짐에 따라 그 공간 역시 대단히 축소되어가고 있는 현실이다.

최근에 와서 남북한 이외의 또 하나의 학문적 공간으로서 중국 연변조선족자치주의 학계 소식이 그곳과의 제한된 인적 접촉만큼 우리에게 전해지고 있으나, 그 사회 자체가 아직 남북한 사이의 이념적인 차이를 객관적으로 인식 내지 평가할 수 있는 위치를 완전히 확보하고 있는 것은 아니다.

그러나 그 사회 및 학계의 민족사 인식, 특히 근·현대사 내지 독립운동사 인식이 어떠한가를 살펴보는 일은 그곳이 남북한 이외의 또 하나의 민족적 공간이라는 점만으로도 앞에서 말한 분단극복 역사학의 처지에서 보면 상당히 중요한 일이 아닐 수 없는 것이다.

연변조선족자치주에서 민족운동사의 연구 및 서술 동향을 알 수 있는 사서史書가 얼마나 출간되었는지 상세히 알 수는 없지만, 그간에 입수할 수 있었던 자료는 『조선족백년사화朝鮮族百年史話』 3책, 『장백의 투사들』 1책, 『조선족간사朝鮮族簡史』 1책, 『연변조선족자치주개황延邊朝鮮族自治州槪況』 1책, 『조선문제연구총서朝鮮問題硏究叢書』 2책과 흑룡강성에서 나온 『동북항일열사전』 3책 등에 불과하다.

본래의 계획은 이들 사서들을 이용하여 연변자치주에서의 우익독립운동사 연구 및 서술 동향과 좌익독립운동사 연구 및 서술 동향을 함께 살필 예정이었으나 기간에 쫓겨 우선 우익독립운동사 연구 및 서술 동향만을 살펴보았다. 어떤 의미에서는 우익독립운동사 연구 및 서술 동향에서 오히려 더 큰 의의를 발견할 수 있는 것이 아닌가 한다.

### 3·1운동에 관한 문제

3·1운동은 국내에서는 3월 1일에 일어났기 때문에 그렇게 불리게 되었지만 연변지방에서는 같은 해의 3월 13일에 일어나서 '3·13운동'으로 불리고 있다. 1985년에 심양의 묘령인민출판사에서 발간한 『조선족백년사화』는 3·13운동을 국내 3·1운동의 연장선상에서만 보지 않고 연변지방에 형성되어 있던 조선인 사회 자체에서 그 배경을 구하고 있다.

1905년 러일전쟁 후부터 일본의 연변지역 침략이 본격화하여 1906년 남만철도주식회사南滿鐵道株式會社 설립, 1909년 이른바 간도협약間島協約 체결과 조선통감부 간도파출소의 총영사관으로의 강화 개편, 동양척식주식회사의 연변 진출 등을 통해 이 지방에 대한 정치적 탄압이 강화된 뒤에 경제적 수탈도 급격히 심화되어 일본 측의 연변지역에 대한 무역액이 1915년에 107만 4000원이었던 것이 1918년에는 536만 3000원으로 다섯 배나 증가함으로써 연변은 점차 일본자본주의의 상품시장으로 전락되어해갔고[1] 그것이 연변지방 3·13운동의 배경이 되었다고 보는 것이다.

한편 연변지방의 3·13운동은 국내 3·1운동의 연장선상에서만 일어난 것이 아니고 연변지방 항일운동의 연장선상에서 일어난 것으로도 보고 있다. 예를 들면 연변지방에서는 1899년 이미 천보산

광산의 조선족 광부들이 한족 광부들과 함께 '광주鑛主의 부패한 경영방식에 반대하여' 폭동을 일으켰고 1907년 일제가 이 광산을 약탈하려 했을 때도 조선족 노동자들은 또다시 한족 형제들과 손잡고 투쟁했으며 1915년 일본 측의 '21조' 요구 때도 조선족 인민들이 적극적으로 반대했으므로[2] 1919년 3·13운동도 이와 같은 연변지역 항일운동의 연장선상에서 보아야 한다는 주장이다.

연변지역의 3·13운동은 또한 그 배경으로 러시아 10월혁명의 영향을 들고 있음을 볼 수 있다. 즉 『조선족백년사화』는 러일전쟁 후 "크고 작은 투쟁을 겪어온 연변지역의 조선족들은 1917년에 로씨야에서 일어난 10월혁명의 소식을 들었다. 더구나 1919년 조선에서 폭발한 3·1운동은 연변 인민의 투쟁열조의 도화선에 직접 불을 달아놓게 하였다."[3]고 하여 러시아 혁명이 국내의 3·1운동과 함께 연변지방 3·13 운동의 배경이 된 것이라고 보는 것이다.

연변지방의 3·13운동은 그 지역적 특성 때문에 항일운동이었을 뿐만 아니라 일본 측과 밀착되어 있던 장작림군벌세력에 대한 저항운동이기도 했다. 처음 용정龍井의 800여 호 조선족을 중심으로 천주교회당 근처의 공터에서 일어난 연변지역 3·1운동으로서의 3·13운동은 군벌군대와의 충돌로 17명이 희생되고 30여 명이 부상하고 300여 명이 체포되었다.

또한 용정 중심의 3·13운동은 3월 16일에도 재발했다. 이후 연길현, 화룡현, 왕청현, 안도현, 통화현, 환인현, 장백현, 집안현 등지로 확대되어갔고 시위 참가 인원도 계속 증가해갔다. 그러나 연변지역에서부터 출발한 3·13운동은 대체로 3월과 4월 2개월간 지속되다가 가라앉았다.

이와 같은 3·13운동에 대한 연변지역의 평가는 대체로 긍정적으로 나타난다. 『조선족백년사화』에서는 "'3·13반일운동은 비록 실패하였지만 그 영향은 조선족 가운데서만 아니라 한족 인민들 속에서도 커다란 파문을 일으켰다. 조선족 인민들은 3·13반일투쟁의 실패한 교훈을 총화하면서 한 가지 중요한 문제를 깨달은 바 있었다. 그것은 다름 아닌 무장한 적과 싸우려면 자신도 무장하여야 한다는 진리다. 그들은 무장투쟁의 중요성에 대해 각성하였을뿐더러 실천적 활동으로 옮겼다. 이로부터 연변 각지에는 반일무장이 활발하게 전개되었던 것이다."4라고 하여 그 자체는 비록 실패했지만 그것이 이후의 무장독립운동을 유발하는 계기가 되었다고 보는 것이다.

또한 역시 연변에서 출간된 『조선족간사』는 3·13운동을 평하면서 "비록 반일단체를 조직하기는 했으나 반일 상층인사와 지식분자에게 한정되었고 견실한 군중적 기초가 결여되었으며 조선족과 한족의 단결에 의한 민족연합 무장투쟁과 강대한 혁명적 대중투쟁의 큰 흐름을 형성하지 못했다. 그러나 대중에게 일본의 침략을 구축하고 민족해방을 쟁취하기 위해서는 각 민족의 단결을 강화하고 공동으로 무장하여 항일무장투쟁을 전개해야 한다는 인식을 가르쳤다."5고 했다.

연변지역에서는 3·1운동으로서의 3·13운동이 대중적 기초가 약한 '비혁명적' 투쟁이었다고 보면서도 그것이 중국의 5·4운동으로 연결된 점 등을 들어6 긍정적으로 평가하는 데 비해 국내에서는 3·1운동의 성격에 대해서 특히 한국 측의 '자산계급 역사학자'의 설을 비판하는 논문들이 나와 있다.

연변지역의 3·1운동사 연구가 한국 측의 3·1운동관을 비판하는 부분은 주로 3·1운동에서의 민족대표 33인의 문제에 집중되어 있음을 볼 수 있다. 김광수의 논문「천담 3·1운동적 기개문제」에서는 "해방 이후 조선의 맑스·레닌주의 역사학자가 새로이 깊이 검토해야 할 문제는 소위 33인 영도 작용의 허위를 비판하는 것이다. 이는 남조선의 자산계급 역사학자들의 정치적인 필요에서 나온 전통적인 관점을 답습하여 33인의 영도적 작용을 극력 선양하고 미화한 것이다."[7]라고 하고 3·1운동을 33인이 처음으로 주동한 것이 아니라 학생들이 먼저 주동한 것이라 논증하고 있다.

이 논문은 한국 측의 사서가 3·1운동을 기독교·천도교·불교 대표의 집단인 33인에 의해 발안되었다고 서술하고 있는 데 반대하면서 1918년 11월경부터 연희전문학교 등 각종 학생들 사이에 이미 독립운동을 일으키기 위한 움직임이 있었다가 1919년 1월 6일에 서울에서 학생활동이 연합을 이루어가고 있었다는 사실, 1918년 12월 28일에 재동경 조선유학생들이 웅변대회를 열어 조선독립을 적극 주장했고 조선청년단의 이름으로 독립청원서 등을 인쇄하여 일본정부의 각료와 국회의원, 각국 대사, 공사 및 신문사에 발송했다는 사실, 2월 10일을 전후해서 학생대표들이 단독으로 독립운동을 일으킬 것을 결정했다가 2월 20일에 와서야 학생 측이 천도교·기독교 측과 연합하기로 했으나 일단 운동이 발발한 후에는 학생 측이 단독으로 이 운동을 진행하려 했다는 사실[8] 등을 들고 있다.

그리고 3·1운동의 사상적 배경으로 파리 강화회의와 윌슨의 민족자결주의 사상만을 강조하는 것에 반대하고 박은식의『한국독립운동지혈사』에서 말한 것과 같이 러시아 혁명이 전제주의를 무너뜨리고 각 민족의 자유와 자치 허용을 선포한 데도 영향받고 있으며,

3월 5일의 학생시위 때 독립만세기와 '구한국기' 그리고 '사각홍포'의 세 가지 깃발이 사용된 것은 일부 학생과 지식분자들이 무산계급 사회주의혁명을 수용한 것이라 주장하고 있다.⁹

그러나 3·1운동 당시는 마르크스·레닌주의가 전파되기 시작하던 단계여서 조선 무산계급의 독립적 정치역량이 역사의 무대에 등장하지 못했고 '시위성 파업'을 빈번하게 전개할 뿐이었으며, 따라서 3·1운동은 반제독립운동으로서 노동자·농민·학생·지식분자·종교계 인사·중소 상공업자 등 각계각층이 광범위하게 참가한 '전 민족 봉기'지만 학생들이 이 운동을 주도한 것으로 파악하고 있다.¹⁰

한편 연변지역의 독립운동 연구 경향은 3·1운동 후 독립운동의 중심무대를 국외, 특히 중국지역으로 설정하고 국내의 우익민족운동은 전반적으로 민족개량주의운동이라 보고 있다. 즉 3·1운동 후 국내의 자산계급은 일본의 식민통치를 인정하거나 묵인하는 범위 안에서 '정치적 자치', '산업진흥', '문화제고'의 3대 목표를 내세우면서 민족개량주의운동으로 나아갔음에도 불구하고 남한 역사학계의 상당수 학자들은 조선 '매판자본가', '친일민족주의 상층분자'로 구성되어 있는 자산계급 민족개량주의자를 독립투사 혹은 애국영웅으로 미화하고 조선독립운동의 중심무대가 시종 국내에 있었던 것같이 역사적 사실을 왜곡한다고 비판하고 있다.¹¹

요컨대 연변지역 역사학 연구에서 3·1운동관은 첫째, 3·13운동은 '만주' 중국지방 무장독립운동의 도화선으로서의 위치를 부여하면서 긍정적으로 평가하는 한편, 국내 3·1운동의 경우 그 배경으로 러시아 혁명의 영향을 강조하는 것과 맥락을 같이하여 이 운동의 주동세력을 33인이 아닌 학생층에게서 구하려 하고 있다는 점. 셋째, 3·1운동 후 민족운동의 주류를 '만주' 중국지역 운동으로 잡고 있으며 이 때문에 이 시기 국내 운동은 민족개량주의운동임을 강조하고 있는 점 등이 특색이라 할 수 있을 것이다.

### '만주'지방 독립운동에 대한 문제

3·1운동 후 민족운동의 중심무대를 중국의 동북지구, 즉 '만주'지방으로 잡고 있는 연변지역의 독립운동사 서술은 사회주의세력의 항일유격대 활동으로 넘어가기 이전의 우익무장항쟁에 대해서도 비교적 객관적이고 상세한 기술을 하고 있다.

즉 동'만주'지역의 유림儒林 청년을 위주로 한 의군부, 홍범도·최명록 중심의 군무 독군부, 대종교 계통의 서일, 현천묵을 위주로 하는 북로군정서, 북'만주'지방의 신민회와 남'만주'지방의 부민단 보약사 등을 중심으로 한 한족회와 서로군정서 등에 대해서도 논급하고 있으며, 특히 북로군정서, 홍범도부대, 신민회, 국민회 활동은 상세히 다루고 있음을 볼 수 있다.[12]

3·1운동 후 연변지역에 조직된 무장독립군이 3000여 명에 이르렀으며 그중에서도 300여 명으로 이루어진 홍범도부대가 1920년 6월에 승리한 봉오동전투, 같은 해 9월의 마적대에 의한 중국군부대 및 일본 영사관 습격을 조선독립군의 습격으로 조작한 이른바 훈춘사건琿春事件과 이것을 핑계로 한 일본군의 연변지역 조선족 학살사건인 '경신년대토벌'에 대해서도 정확하게 이해하고 또 상세히 서술하고 있다.[13]

또한 훈춘사건을 빌미로 '만주'지방에 침입한 일본군과 싸워 조선독립군이 크게 승리한 청산리대첩에 대해서도 상세히 서술하고 있다. 그러나 "청산리 섬멸전은 서일의 북로군정서와 홍범도가 영도하는 독군부 계통에서 연합으로 작적한 전투였다. 북로군정서는 건립된 태초부터 줄곧 왕청현 서대파골안 원시림 속에 주둔하고 있었고 홍범도부대는 이와 인접한 연길현 의란구와 봉오동 일대 밀림 지대에 주둔하고 있었다."[14]고 하여 독립군부대의 주둔까지 정확하게 밝히고 있지만, 전투의 지휘관은 서일과 홍범도 이외에 리민화·한근권·김훈·리교성 등이 보일 뿐[15] 한국 학계에서 일반적으로 들고 있는 김좌진은 빠져 있다.

한편 청산리대첩을 마친 독립군부대가 일본군의 공격을 피해 노령으로 넘어가고 그곳에서 무장해제되고 분열되는 문제에 대해 『조선족백년사화』는 다음과 같이 설명하고 있다.

> '경신년대토벌'을 전후로 하여 조선족으로 구성된 반일무장부대들과 인민들은 일본제국주의를 반대하고 민족해방을 쟁취하기 위하여 영용하게 투쟁하였으며 침략자들에게 유력한 타격을 주었다. 그러나 중외반동세력의 미친 듯한 진공과 반일부대 영도계층의 역사적 조건의 국한성으로 말미암아 통일적인 투쟁을 견지 못하고 어떤 부대는 해산되었고 어떤 부대는 역량을 보전하기 위하여 소련으로 이동하였다. 소련에 넘어간 반일대오는 소련 사회주의혁명의 영향하에서 분화되기 시작하였다. 그중 많은 선진분자들은 사회주의와 맑스·레닌주의 사상을 접수하였는데 민족해방을 쟁취하려면 반드시 무산계급의 영도하에 무장투쟁의 길을 걸어야 한다는 것을 더욱 똑똑히 알게 되었다. 그 후 그들은 조선족 거주지에 맑스주의를 전파하였다. 그들

은 제일 먼저 중국공산당에 가입하였다. '경신년대토벌'은 일제의 만행에 대한 철증이며 조선족 인민의 피의 역사이기도 한다. 이로부터 조선족 인민들의 혁명투쟁은 과거의 경험 교훈을 총결 짓고 무산계급의 영도하에 새로운 단계에 진입하게 되었다.[16]

결국 경신년대토벌과 청산리대첩의 종결을 '만주'지방 독립운동의 하나의 분수령으로 보고 독립군의 노령으로의 이동을 독립운동 전선에서의 마르크스·레닌주의 수용의 하나의 계기로 보고 있는 것이다. 이 점은 독립군의 노령으로의 이동과 소련에 의한 무장해제, 적군에의 편입을 하나의 좌절로 보는 한국 학계의 관점과는 큰 차이가 있다.

한편 청산리대첩에 참가했던 독립군부대들이 노령으로 이동한 후 '만주'지방에서는 비사회주의 계통의 독립운동이 상당히 지속되었는데, 연변지역의 독립운동사 서술 역시 이 점을 배제하지 않고 있다.

1919년 11월에 이상용·이탁·김동삼 등이 한족회의 군정부軍政府로 서로군정서를 조직한 사실, 최시흥 등의 천마산 대활동, 박장호·백삼규 등의 대한독립단 활동, 김승만·오동진 등의 광복군총영, 현익철·현정경·이호원 등이 조직한 광한단 등의 활동을 열거하고, 1922년 이후 '만주'지방에 성립되는 통의부·의군부·참의부·정의부 등에 대해서도 논급하고 있으며 그 활동에 대한 평가도 다음과 같이 일정한 객관성을 나타내고 있음을 볼 수 있다.

이러한 반일단체들은 통일적인 지도부를 내오려고 퍽이나 힘썼으며

1925년에는 樺甸에서 회의까지 열었으나 종내 합의를 가지지 못하였다. 이러한 반일단체들은 파벌투쟁이 심하였는바 서로 단결하여 반일활동을 전개하지 못한 문제는 존재하였으나 일제 침략자들에게 심중한 타격을 줌으로써 반일투쟁에 일정한 공적을 쌓았다.[17]

한편 1930년대 '만주'지방에서의 비사회주의 계통 독립운동에 대해서는 북'만주'지역의 한국독립군과 남'만주'지역의 조선혁명군의 활동을 대표적으로 들고 있으며, 특히 양세봉이 지휘한 조선혁명군의 활동을 크게 부각하고 있다.

즉 1932년에 조선혁명군 사령으로 추대된 양세봉이 반일의용군의 지휘자로 요령민중자위군 2000명을 거느리고 있던 당취오군唐聚伍軍과 연합작전을 편 사실, 조선혁명군과 요령민중자위군이 합작하여 항일민중자위군을 조직하고 투쟁한 사실 등이 비교적 상세히 서술되고 있다.[18]

연변지역의 독립운동사 연구 및 서술이, 1930년대 '만주'지방에서의 비사회주의계 무장독립운동의 마지막 군사조직으로서의 조선혁명군이 1933년에 이미 중국공산당 산하의 동북인민혁명군과 연합을 기도했고, 1935년부터 1936년 사이에는 그것과 통일전선을 형성했다가 1937년 이후에는 그 후신인 동북항일연군 속에 포함되어버렸다고 서술한 것은 주목할 만하다.

즉 양세봉은 "1933년에 소련과 연계를 맺기 위하여 리청산李靑山 등 다섯 명을 소련에 파견하여 방문하게 하였다." 했고 "그와 동시기에 중국공산당의 우수한 당원 양정우 장군은 1933년 9월에 동북인민혁명군 제1군을 조직하며 남만에서 반일무장투쟁을 전개하였다. 이 소식을 들은 양세봉은 양정우 장군이 거느리는 동북항일연군과 연합하여 반일무장투쟁을 계속 전개하려고 활동하였다. 그런데 조선혁명군 총참모장이었던 김활석이 찬동하지 않아 그의 의향은 실현되지 못하고 말았다."[19]고 하여 조선혁명군이 1933년부터 이미 중국공산당 군사력과 연합을 기도했다는 것이다.

이때는 중국공산군과의 연합에 실패했으나 또 다른 연구에 의하면 조선혁명군은 1935년과 1936년 사이에 중국공산당의 동북인민혁명단 제1군과 항일무장통일전선을 정식으로 결성했고 1937년 이후에는 조선혁명군 소속의 간부와 무장대원들이 동북항일연군 제1군에 철저히 '투분'했으며 또 조선 조국광복회에도 가입했다고 했다.[20]

조선혁명군이 중국공산군에 포함되어가는 과정을 좀 더 상세히 살펴보면, 양세봉이 1934년에 전사한 후 조선혁명군 제2방면 사령 한검추는 1935년에 요령성 자위군 19로군사령 왕봉각의 반만항일군反滿抗日軍과 연합하여 중한항일동맹회를 조직했다.[21]

이후 원 조선혁명군 4중대장이었던 김윤걸은 양정우의 부대와 연합작전을 했다가 김윤걸이 병사했고 1937년에 왕봉각이 일제 경찰에 체포된 후 "최윤구가 사령이고 박대효가 지도원이었던 원 조선혁명군 군사는 40명 대오를 거느리고 중국공산당이 영도하는 동북항일연군 제1로군에 참가하여 양세봉 사령이 다하지 못한 반일투쟁을 계속 이어 나갔다."[22]

그뿐만 아니라 "양세봉 사령이 알선하여 운남강무당이거나 황포군관학교에 군사지식을 습득시키려 보냈던 조선족 반일전사들은 중국공산당의 교양과 영향으로 하여 공산주의 전사로 성장하였다."[23]

다시 말하면 1930년대 중엽 이후 '만주'지방에서의 비사회주의계 우익독립운동은, 특히 무장항쟁세력은 모두 중국공산당이 영도하는 동북인민혁명군이나 그 후신인 동북항일연군으로 넘어갔다고 서술하고 있어서 이 문제에 대한 한국 학계의 서술과는 상당한 차이가 있다.

즉 한국 측의 이 부분에 대한 연구와 서술은 이들 '만주'지역에서의 비사회주의 계통 무장독립운동부대들이 1931년 이후 '만주'지방을 강점한 일본 관동군의 탄압을 받고 "이러한 환경 속에서 무장투쟁을 계속한다는 것은 첫째로 한인사회의 희생을 증가시키게 되며, 둘째로 독립군 자체의 출혈을 극대화하는 것이었기 때문에 일부의 사람들은 근거지를 중국 관내로 옮기게 되었다. 빠르게 서두른 사람들은 1932년에 옮겨갔고 뒤늦게 행동한 사람들은 1930년대 중반에 옮겨갔다. 뒷날 중국 본토에서의 한국 임시정부 산하의 광복군은 바로 이들에 의해서 조직되었고…… 이리하여 만주 한인의 민족파 무장독립운동은 마침내 자취를 감추게 되었다."[24]고 한 것이 그것이다.

한국의 학계가 1930년대 '만주'지방 비사회주의계 항일무장민족운동이 뒷날의 임시정부 광복군과 연결된다고 보는 데 반해, 연변지역의 독립운동 서술은 그것이 중국공산당 영도의 동북인민혁명군 활동 및 그 후신인 동북항일연군 활동과 연결된다고 보는 점에 큰 차이가 있다.

요컨대 연변지역의 민족운동사 연구 및 서술은 3·1운동 이후 '만주'지방에서의 비사회주의계 운동에 대해서 그 한계성을 지적하면서도 일정한 객관성을 유지한 논평을 펴고 있음을 볼 수 있다. 다만 청산리대첩 후 노령으로 옮겨간 독립군의 문제와 1930년대에 활약했던 무장독립군의 행방 문제 등에서 한국 측의 연구 및 서술과 상당한 차이가 있음을 볼 수 있으며, 이 점은 관점의 문제이기도 하지만, 실증적 연구의 집적에 따라 그 합치점을 구할 수도 있는 부분일 것이다.

## 상해 임정 활동에 대한 문제

전체 식민지 시기의 독립운동 과정을 통해 우익독립운동의 대표적 기관의 하나라 할 수 있을 상해 임시정부의 활동에 대해 연변지역의 독립운동사 연구가 어떻게 서술하고 있는가 하는 문제는 연변지역 독립운동사 연구의 동향을 이해함에 있어서 중요한 관심의 하나가 된다. 그러나 입수된 자료의 범위 안에서는 상해 임정을 집중적으로 연구했거나 서술한 자료는 없고『조선족백년사화』에서 임시정부 활동을 간접적으로 다루고 있으며, 왕건王建의 논문「1919~1945년 조선자산계급민족독립운동특점초탐朝鮮資産階級民族獨立運動特點初探」에서 비교적 집중적으로 다루고 있음을 볼 수 있다.

먼저『조선족백년사화』에서는 상해 임시정부를 직접적으로 거론하지 않았으나 간접적, 우회적으로 논급하고 있는 부분이 있다. 예를 들면 신채호의 활동을 다룬 부분에서 그의 임시정부 참가를 설명하면서 다음과 같이 말하고 있다.

> 1919년 초 상해에 있는 조선족들이 민족해방운동을 발랄하게 전개하고 있다는 소식을 들은 신채호는 그곳에 가서 민족해방운동에 참

가하였다. 당시 상해에 있는 부분적 조선족들은 망명하여 미국에 가 있는 이승만을 민족해방운동의 수령으로 떠받들려고 하였다. 그러자 신채호는 결연히 반대하여 나섰다. …… 이승만은 미국정부에 '조선을 위임통치' 해줄 것을 요구한 적이 있었다. 신채호는 이승만의 소위 '위임통치'와 '을사오적'의 '을사조약'은 같은 물건짝으로 별반 다른 바 없다고 준절하게 통책하였다.[25]

여기에서 '이승만을 민족해방운동의 수령'으로 한 민족해방운동단체는 분명히 상해 임시정부를 말하지만 임시정부라는 명칭을 쓰지 않고 다만 신채호의 활동을 설명하는 데 필요해서 우회적인 표현으로 임시정부를 나타내고 있을 뿐이다.

이런 예는 다른 부분에서도 볼 수 있다. 일본 천황을 저격한 이봉창이 독립운동에 참가하기 위해 처음으로 상해 임시정부 청사를 찾아가는 경위를 설명하면서 "어느날 밤늦게야 불란서 조계지 안에서 조선반일단체를 찾아냈다. 그는 곧바로 조선반일단체가 있는 2층집으로 찾아갔다. 그때 2층에서는 지도부 성원들이 한창 회의를 하고 있었다."[26]고 했다.

여기에서 말하는 '불란서 조계지' 안에서 찾은 '조선반일단체' 역시 분명히 상해 임시정부를 말하고 있으며 그 '지도부 성원'은 바로 국무위원들을 가리키고 있지만, 역시 임시정부와 국무위원이란 말을 쓰지 않고 있음을, 다시 말하면 그것을 임시정부로 인정하지 않고 있음을 알 수 있다.

상해 임정을 임시정부로 부르지는 않았지만 그 계통의 활동에 대해서는 비교적 정확하게 또 객관적으로 서술하고 있다. "폭탄은

1931년 12월 초순에 상해 병기공장의 주임으로 있는 조선족 김홍대(김홍일의 잘못? – 필자)가 얻어 왔고 여비는 아메리카주 호놀룰루, 메히코(멕시코 – 필자)에 거주하고 있는 조선족들이 민족해방사업에 작은 힘이나마 이바지하려고 정성 다해 보내온 헌납금을 쓰기로 하였다."27 하여 비교적 상세하게 서술하고 있는 것이다.

임시정부 표현 문제에 대해 한 가지만 더 예를 들어보자. 윤봉길이 처음으로 임시정부 청사를 찾아갔다가 그 경비원들과 옥신각신 다투게 되었을 때 "2층에서 사무를 보던 조선혁명단체의 책임자 김 선생이 내려왔다. 김 선생은 이 낯선 젊은이를 훑어보았다."28고 표현하고 있다.

이 경우 '김 선생'은 분명히 김구를 가리키지만 이름을 들지 않았을 뿐만 아니라 '조선혁명단체의 책임자'로 표현했을 뿐 주석이라는 말도 쓰지 않았다. 임시정부 주석 김구에 대해서는 "1932년 4월 29일 아침이었다. 윤봉길은 김 선생이 부른 택시에 앉아 홍구공원 문밖까지 무사히 닿았다. 그들은 뜨거운 악수를 하고 말없이 갈라졌다."29고 한 것과 같이 계속 '김 선생'으로 표현했으면서 "일본인들은 홍구공원 폭탄사건과 아무런 관계 없는 안창호 선생을 철창 속에 가두어버렸다."30고 하여 안창호는 실명을 쓰고 있음을 볼 수 있다.

김구의 독립운동 자체는 인정하지만, 상해 임정을 독립운동의 대표기관으로서의 임시정부로는 인정하지 않으려는 역사인식에 의한 서술방법이라 생각할 수 있으며 이와 같은 독립운동사 인식은 상해 임시정부 활동을 평가한 연구작업에서도 나타나고 있음을 볼 수 있다.

왕건의 논문 「1919~1945년 조선자산계급민족독립운동특점초탐」은 그 부제가 '겸평남조선사학계모사착오관점兼評南朝鮮史學界某些錯誤觀點'인 것과 같이, 한국 학계가 조선독립군의 반일무장운동을 대한민국임시정부가 영도한 것이라 하고 그것의 활동을 조선독립운동의 대표적인 것으로 보는 데 반박하면서 다음과 같은 몇 가지 점을 지적하고 있다.[31]

첫째, 그 수반인 이승만이 위임통치를 주장했는데 그것은 조선독립운동의 반동이란 점을 들고 있다. 위임통치안은 표면적으로는 국제연맹에 청원하는 것이었으나 장차는 조선을 미국의 통치 아래 두자는 것이며 그것은 미국제국주의로써 일본의 식민통치에 대체하자는 것이므로 이와 같은 위임통치론은 조선민족의 의사에 위배되고 조선독립운동의 종지宗旨인 독립쟁취에 어긋난다는 것이다.

둘째, 대한민국임시정부의 '반일독립활동'은 의의가 없고 또 성과도 없었다는 점을 들고 있다. 즉 임시정부가 적극 추진한 '독립청원 외교활동'은 조선독립의 희망을 미국을 비롯한 구미 제국주의 열강이 일본에 외교적 압력을 가해주는 데 두었지만 당연히 성과가 없었고, 또 한 가지 힘쓴 것은 연통제聯通制의 실시였으나 미처 완성되기도 전에 파괴되었으며, 태평양전쟁 발발 후에 한국광복군이 조직되었으나 중국국민당 전구戰區에서 극히 제한적인 반일선전활동을 한 이외에 직접적인 항일무장활동은 실제로 없었고 그 독립자금 모집 역시 보잘것없어서 결국 임시정부의 독립활동은 거론할 것이 못 된다는 점이다.

셋째, 대한민국임시정부는 그 내부의 권력투쟁이 그치지 않았다는 점을 들고 있다. 즉 '관직官職' 획득과 독립자금을 둘러싼 구성원 사이의 파쟁이 끊일 날이 없어서 전혀 위신을 세울 수가 없었다는 것이다.

넷째, 대한민국임시정부는 일관되게 반공·반인민적 입장을 견지했다는 점을 들고 있다. 즉 중국국민당 장개석정부의 '원조'를 받아 적극적으로 국민당의 '특무기관'을 위해 일한 사람들이 있었고 '공포'의 수단으로 '조선혁명자'에게 박해를 가했으며 '특무'의 경비를 받아 중국공산당의 정보를 몰래 수집했다는 것이다. 또한 한국광복군을 이용하여 중공군의 군사정보를 수집하기도 했고 심지어는 미국중앙정보국의 '특무'들과 결탁하여 '반공특무'를 양성하기도 했다는 것이다.

다섯째, 대한민국임시정부는 근본적으로 조선독립군의 반일무장활동의 영도기관이 아니었다는 점을 강조하고 있다. 즉 지리적으로 멀리 떨어져 있어서 독립군의 반일무장활동을 영도할 수 없었으며, 그 노선에서도 대한민국임시정부는 외교적 방법을 통해 조선독립을 획득하려 했고 조선독립군은 '무장반일'로 조선독립을 쟁취하려 했으므로 서로 맞지 않았다는 것이다.

왕건의 논문은 이상의 몇 가지 사실을 든 후 "한마디로 말해서 대한민국임시정부는 조선자산계급 민족주의 상층 인물로 구성된, …… 오랫동안 반공 반인민적 입장을 견지한 하나의 해외 망명정객 집단에 지나지 않았다."고 결론하고 있다.[32]

임시정부에 대한 연변지역 독립운동사 연구의 이와 같은 시각은 식민지 말기 중공군지역 연안에서 성립되었던 좌익독립동맹단체들이 임시정부를 본 시각과는 큰 차이가 있음을 볼 수 있다. 즉 화북조선독립동맹의 전신인 화북조선청년연합회는 그 선언문에서 "우리들은 대한민국임시정부 동북청년의용군, 한국독립당…… 등의 영웅적 분투에 대하여 무한한 경의를 표하는 것이다."[33]라고 했다.

또한 "1941년 10월 국제적인 반파쇼 통일전선 결성을 위해 연안에서 개최된 동방 각 민족 반파쇼 대표대회에서 임시정부 주석 김구가 대회의 명예주석단에 끼워지고 있다. 또한 독립동맹 진서북 분맹分盟 성립대회에서도 손중산·장개석·모택동·편산잠의 초상과 함께 김구의 초상이 내걸렸다. 이러한 사실들은 독립동맹이 김구를 민족해방운동의 대표적 지도자로서 인정하고 임시정부를 합작 대상으로 생각했던 점을 보여주는 것이라 생각된다."[34]고 한 연구업적도 있는 것이다.

식민지 시기 말기의 무장독립운동에 직접 참가했던 중국지역 좌익독립운동전선의 임시정부에 대한 인식과 40년이 지난 1980년대 연변지역 독립운동사 연구의 그것에 대한 인식 사이에 상당한 차이가 생겨나고 있음을 볼 수 있는 것이다.

### 개인 단위 독립활동에 대한 문제

중국 흑룡강성의 사회과학원 지방당사연구소에서 1980년과 1981년에 걸쳐서 『동북항일렬사전』 3권을 냈다. 여기에는 1931년 '만주'사변 이후부터 1945년까지 '만주'지방에서 항일유격전에 참가했다가 희생된 사람 100여 명의 활동상이 기록되어 있으며 그중에는 28명의 조선족 항일열사가 포함되어 있다. 또한 연변조선족자치주 민정국에서도 1982년에 『장백의 투사들-연변항일렬사전』을 냈는데 여기에도 20여 명 항일열사의 전기가 실려 있다.

『동북항일렬사전』과 『장백의 투사들』은 주로 사회주의계 유격전에 참가했던 사람들의 전기이기 때문에 비사회주의계 독립운동전선에서 활동한 개인의 업적은 제외되었다. 그러나 연변지역의 독립운동사 연구 및 서술이 개인 단위의 비사회주의계 독립운동을 어떻게 서술하고 평가하는가 하는 문제 역시 이 지역의 독립운동사 연구 및 서술 동향을 이해하는 데 필요한 부분이다.

『조선족백년사화』는 그 제1집이 비사회주의계 활동을 중심으로 서술되어 있는데 여기에는 김택영·신성, 즉 신규식·강우규·신채호·윤봉길·양세봉 등의 업적이 다루어지고 있다.

먼저 김택영에 관한 서술은 그가 중국을 사랑하고 중국 국적에 입적했다는 사실이 강조되고 있음을 볼 수 있다.

> 1912년 1월에 손중산 선생은 점시대통령으로 취임하고 중화민국의 건립을 선고하였다. 이때까지 조선교민으로 살아오던 김택영은 중국적에 입적할 것을 남통정부에 정식으로 신청하였다. 그는 신청서에다 이렇게 썼다. "택영은 자원하여 중국에 입적하여 공화의 새 사회에 살면서 지나온 슬픔을 잊으려 합니다……."라고 하였다. 그의 신청은 재빨리 비준되었다. 1912년부터 김택영은 당당한 중국국민으로 되어 새로운 생활을 시작하게 되었다. …… 김택영은 중국의 공민으로서 자기의 본분을 다하는 한편 자기의 고국 인민, 즉 조선인민들의 불우한 처지를 잊어본 적이 없었다.[35]

김택영의 경우 항일운동, 특히 무장운동에 적극 참여하지는 않았지만 그가 중국적으로 바꾸고 중국을 사랑한 일이 조선을 사랑하는 일과 일치된다는 관점에서 『조선족백년사화』의 대상이 된 것이 아닌가 생각되며 신성, 즉 신규식의 경우도 중국적을 얻은 것은 아니지만 유사한 점이 있다.

신규식은 물론 독립운동전선에, 특히 임시정부 활동에 적극 참여했지만 『조선족백년사화』는 그보다도 오히려 그가 중국의 신해혁명에 참가했고 중국의 진보적 문인 단체인 남사南社에 가입해서 활동했다는 점에 초점을 두고 있다.

> 1911년 10월 10일 드디어 무창에서 신해혁명이 폭발하였다. 무창봉기의 영향하에 전국 각지에서도 떨쳐나 이에 호응하였다. 신성은 이 위대한 혁명의 유일한 조선민족 전사로서 무창봉기에 참가하였다. …… 신성은 우리나라 구민주주의혁명에 참가하였고 영향이 컸던 자산계급 진보적 지식인 단체 '남사'에서 활동한 유일한 조선족 시인이다. 그의 시는 청조 봉건통치를 반대하고 신해혁명을 적극 노래하였으며 일본제국주의 및 그의 앞잡이들과 끝까지 싸우려는 진정한 혁명정신을 보여주었다.[36]

『조선족백년사화』가 강우규의 의거를 다루고 있는 것은 그가 '만주'와 시베리아 지방에 드나들어 연변지역과 연고가 있었기 때문이라 생각되고 신채호를 다룬 것도 같은 이유에서이기도 하겠지만 신채호의 경우는 그의 역사인식이 상당히 진보적이었다는 점을 강조하고 있는 것을 볼 수 있다. 즉 "그는 역사 저작과 논문들에서 소박하나마 유물사관의 입장에 서서 역사사건들의 본질을 해명하였다. 신채호는 걸출한 역사학자로서 조선족 인민들이 애대하는 학자이다."

하고 다음과 같이 그의 작품을 들어 구체적인 설명을 더하고 있다.

> 「룡과 룡의 대격전」은 신채호의 진보적인 사상 경향을 보여주고 있다. 이 작품의 주제 사상과 내용으로 보아 1920년대 말기거나 30년대 초에 쓴 것으로 추정된다. 신채호는 중국공산당의 영도 밑에 국공합작이 실현되고 북벌전쟁이 승승장구로 진행될 때 이 혁명의 발전과 진도에 대하여 희열을 느끼며 환호하였다. 작자의 이러한 사상 형태를 놓고 보면 「룡과 룡의 대격전」은 어디까지나 당대 현실생활을 바탕으로 하여 전개되고 있던 계급 간의 정치투쟁을 환상적인 수법에 의거하여 은유적으로 반영하였다는 것을 긍정할 수 있다.[37]

신채호가 『조선족백년사화』의 대상이 된 것은 그가 비사회주의적 독립운동가 내지 사상가였지만, 그의 사상이 어느 정도 진보적이며 적극투쟁론자였기 때문이라 할 수 있을 것이다.

비사회주의계 독립운동가의 활동 중에서 김택영과 신규식의 경우와 같이 중국에 귀화하여 활약했다거나 중국의 신해혁명에 참가했기 때문에 그리고 신채호의 경우와 같이 그 사상에 진보성이 있어서 긍정적으로 평가될 수 있었기 때문에 높이 평가하고 있는 것이라 생각되지만, 이 밖에도 이봉창, 윤봉길의 의거도 다루어지고 있다.

다만 이봉창의 활동을 다룬 부분에서 "그의 이런 암살행위는 민족해방을 쟁취하기 위한 정확한 길이 아니었다. 하지만 한편으로는 일본 군국주의자들의 간담을 서늘케 하여 피압박민족들을 통쾌하게 하였으며 다른 한편으로는 죽음을 헤아리지 않는 그의 장거에 민족해방투쟁의 전사들은 고양과 고무를 받게 되었다."[38] 하여 그 노선에는 찬성하지 않으면서도 그 활동 자체는 높이 평가하고 있음을 볼 수 있다.

비사회주의 계통의 개인적 폭력주의 독립운동에 대한 이와 같은 평가는 왕건의 논문 「1919~1945년 조선자산계급민족독립운동특점초탐」도 같은 방향임을 볼 수 있다. 그는 김원봉 중심의 조선의열단 활동, 김구 주도의 한인애국단 활동 등을 평가하면서 다음과 같이 논급하고 있다.

> 저와 같은 개인 반일폭력활동을 어떻게 평할 것인가. 전면적인 부정을 해서도 안 될 뿐만 아니라 모조리 긍정할 수도 없으며, 마땅히 전체적인 역사적 분석을 진행하여 부정 속에 긍정이 있음을 찾아내어야 한다고 필자는 생각한다. 즉 한편으로는 그 자체가 지닌 비교적 큰 한계성 때문에 전체적으로 취할 바는 못 되지만 한편으로는 결국 하나의 반일활동이므로 명백히 진보적 의의를 가지고 있음도 마땅히 인정하는 것이다.[39]

결국 비사회주의 계통의 개인폭력운동에도 부정적인 면이 있는 한편 긍정적인 면이 있음을 인정해야 한다는 논지인데, 그가 말하는 부정적인 면은, 의열단의 경우 무정부주의적인 파괴주의에 지나지 않았고 민중혁명이라는 구호 역시 민중을 동원한 파괴주의였다 하고 이를 지휘한 김원봉도 중일전쟁 후에는 개인 반일폭력활동의 가치를 진지하게 고려한 결과 결국 민족주의 반일무장대오를 조직하는 길로 들어섰다고 했다.

또한 김구의 한인애국단은 조선공산주의자와 진보적 인사들에게 '공포'를 주기도 했고, 대한민국임시정부의 정치적, 경제적인, 또 조직상의 난국을 타개하기 위한 국민당정부의 자금원조를 목적으로 한 일시적 효과를 노렸을 뿐 일본식민통치세력에게 치명적인 타격을 주지 못한 일시적인 파괴활동이란 점이 부정적인 면이라 했다.

한편 이와 같은 개인 반일폭력활동이 가지는 긍정적인 면은 그 주된 투쟁의 칼날이 바로 일본제국주의를 향했고 활동수단 또한 상대적으로 폭력성을 띠고 있었으며 활동장소도 대부분 적의 통치 중심지 혹은 그 요지였으므로 바로 이런 의미에서 당시 처했던 특정한 역사환경과 연결지어 볼 때 반일활동이 아닐 수 없음을 인정해야 한다고 했다.[40]

또한 이들의 개인 폭력활동은 '무장반일'의 한 가지 표현형식으로써 일정한 정도와 범위 속에서 적들의 공포와 불안을 야기한 점, 조선민족이 일본 식민통치에 굴복하지 않고 있다는 점을 보여주는 데 약간의 적극적인 작용을 했다는 점 등에서 대한민국임시정부의 '외교여론활동'에 힘쓰는 방법과 비교해보면 훨씬 나은 것이라 했다.[41]

요컨대 연변지역의 독립운동사 연구 및 서술에서는 개인의 활동에 대한 부분은 물론 동북항일유격대와 동북항일연군에서 활동한 사회주의계 인물을 중점적으로 다루고 있다. 그러나 비사회주의계의 개인활동을 전혀 배제한 것은 아니다.

다만 비교적 크게 부각하고 있는 인물은 김택영과 같이 중국적을 가지고 활약했거나 신규식과 같이 중국의 혁명에 참가해 활약한 사람, 신채호와 같은 사회주의자는 아니지만 그 사상이 진보적이라 인정된 사람과 양세봉과 같이 무장독립운동을 지휘했고 사회주의 무장항쟁군과 연계된 경우, 이봉창·윤봉길과 같이 무장항쟁의 한 방식으로서의 개인활동이 상당한 영향력을 발휘한 경우 등이라 할 수 있다.

그럼에도 의열단이나 한인애국단 활동을 평한 경우와 같은 그 방법의 부정성과 긍정성을 함께 분석하면서 한국 학계의 긍정 일변도 평가를 비판하고 있는 점 등이 주목된다 할 것이며, 이 문제는 특히 앞 절에서 말한 대한민국임시정부의 정통성 문제와 연관되고 있는 것이 아닌가 한다.

**맺음말**

해방 후 북한의 역사학계가 식민지 시기의 비사회주의계 독립운동을 어떻게 평가하고 있으며 또 얼마만큼 다루고 있는지 알 수 없지만, 남한의 독립운동사 연구에서도 상당한 기간 식민지 시기의 좌익 독립운동은 연구대상이 될 수 없었고, 1960년대 이후에 와서 『한국공산주의운동사』가 연구, 서술되기 시작했으나 그것이 민족독립운동사의 일환으로 본 연구 및 서술이냐, 순수한 공산주의운동사로 본 연구 및 서술이냐 하는 점은 아직 남아 있다.

이런 점에서 보면 민족운동사 인식의 또 하나의 공간으로서의 연변지역의 독립운동사 연구 및 서술 동향은 하나의 관심거리이지 않을 수 없으며, 특히 연변지역이 처한 이념적·정치적 조건과 관련하여 비사회주의적 우익독립운동을 어떻게 평가하고 서술하였는가 하는 문제는 중요한 의미를 가지는 것이라 생각된다.

결론적으로 말해서 연변지역의 독립운동사 연구 및 서술은 비사회주의계의 우익독립운동을 상당히 다루고 있고 또 어느 정도 객관적으로 평가하려는 노력도 기울이고 있지만, 한편으로 그 한계성에 대해서도 엄격하게 지적하고 있음을 볼 수 있다.

또한 연변지역 학계의 독립운동사 인식은 대체로 1920년대 초엽까지의 비사회주의계 독립운동을 사회주의계 독립운동 발전의 전 단계 내지 준비단계로 보고 있는 것으로 지적할 수 있으며 비사회주의계 독립운동의 극복과 이념적·방법적 발전으로서의 사회주의계 독립운동의 위치를 설정하려 하고 있는 것이며, 따라서 사회주의계 독립운동이 발전한 후에도 유지된 비사회주의계 독립운동, 예를 들면 임시정부 활동 등에 대해서 그 한계성 내지 제약성을 엄격하게 지적하고 있는 것이다.

연변지역의 독립운동사 연구 및 서술이 가지는 또 하나의 특징은 중국지역에서의 우리 독립운동도 한족의 공화주의운동 내지 사회주의운동 속에서의 조선족의 독립운동으로 인식된 것같이 보인다는 점이다. 그리고 그것은 연구자들의 현재적 조건의 표현이기도 하다.

## 7 | 중국 동북지방의 항일유격전적지를 보고

식민지배에서 해방된 민족사회가 민족해방운동사를 연구, 정리하고 가르침으로써 민족사적 정통성을 수립하고 식민지 피지배기간에 실추된 민족적 자존심을 회복하려 노력하는 일은 너무도 당연한 일이다.

그러나 우리 민족의 경우 식민지배로부터의 해방이 바로 민족분단으로 연결되었고 이데올로기적 대립이 그 분단을 가져온 배경의 하나가 됨으로써 식민지 시기 민족해방운동사의 연구와 교육에도 큰 한계를 가지게 되었다.

지금까지의 독립운동사 연구와 교육은 주로 우익운동사에 한정되었고, 좌익운동사의 연구와 정리가 일부 이루어졌다 해도 그것은 민족운동사의 범주에서가 아닌 공산주의운동사로 연구, 정리되었을 뿐이었다. 구체적으로 말하면 3·1운동 후의 해외 독립운동사는 일반적으로 임시정부 활동과 만주에서의 청산리·봉오동전투와 문화언론운동 등 약간의 비좌익계 활동을 논급한 후 바로 식민지 시기 말기의 광복군 활동으로 연결되게 마련이었다.

같은 이유로 3·1운동 후의 국내 운동사로 물산장려운동, 언론투쟁 및 몇 갈래의 문화운동이 다루어진 후 6·10만세운동, 신간회운동, 혁명적 운동 이전의 노동쟁의, 소작쟁의 그리고 광주학생항일운동 등이 거론되고 나면 더 다룰 것이 없게 되었지만, 그러면서도 전체 식민지 시기를 통해 우리 민족운동이 어느 민족의 그것보다 강력히 그리고 줄기차게 추진되었다는 식의 표현을 흔히 쓰고 있었다.

식민지 시기의 민족해방운동에서까지 우익운동과 좌익운동을 엄격히 구분하고, 좌익운동은 공산주의운동일 뿐 민족해방운동이 아니라는 식의 역사인식을 근거로 하고 있었기 때문에 이런 식의 절름발이 민족운동사밖에 되지 못했고 그런 역사 연구와 교육이 40여 년이나 계속된 것이다. 이 경우 1920년대 전반기까지는 그런대로 민족운동사가 본래의 모습대로 엮어질 수 있었지만 1920년대 후반기는 반쪽만, 그리고 1930년대 이후는 해외운동, 국내운동을 막론하고 거의 공백기가 되어 우리의 민족운동사를 왜소화하는 결과가 되고 만 것이다.

최근에 와서 북한 측의 역사책이 제한된 조건 속에서나마 일부 입수되어 1920년대의 좌익운동과 1930년대의 무장항쟁에 대한 서술에 어느 정도 접할 수 있게 되었지만, 그러나 1920년대의 경우 '종파주의'적 관점에서의 서술로 일관되다시피 했음을 볼 수 있었고 1930년대 무장항쟁의 경우도 '조선인민혁명군' 중심의 서술에 치중되었음을 볼 수 있었다.

적어도 식민지 시기의 항일운동 과정에서는 우익 측의 독립운동과 좌익 측의 공산주의운동이 따로따로 구분되지 않고 민족운동으로서 종합적으로 연구되고 또 두 줄기 운동을 상승적으로 승화하는 역사인식 내지 방법론이 개발되어야 할 때가 되었다고 생각해왔지만, 다행히도 그동안 중국 동북 3성의 우리 교포학계가 특히 1930년대 이후 그 지역에서 전개된 항일무장운동에 대한 어느 정도 객관적인 연구업적을 쌓아왔고, 최근에 그곳과 내왕이 열리고 그 업적들이 우리에게 전해지게 됨으로써 앞으로 이 부분이 어느 정도 보충될 수 있게 된 것은 다행스러운 일이다.

우선 연변지역의 성과 중 식민지 시기 민족운동사의 보완을 위해 직접 도움이 된다고 생각되는 몇 가지 업적을 들어보면, 국내에도 이미 상당히 알려진 업적이지만, 1980년과 1981년에 걸쳐 흑룡강성 인민출판사에서 중국어로『동북항일렬사전』3권이 출판되어 1920년대 후반기와 1930년대 이후 중국 동북지역에서의 조선인을 포함한 항일운동 전사들의 개인적 업적이 정리되었고, 1983년과 1986년에는 요령인민출판사에서 한글로『조선족혁명렬사전』2권이 출판되어 같은 시기 중국 전체 지역에서 주로 중국공산당에 가입하여 활동한 40여 명 조선인의 개인적 항일운동 행적이 다시 정리되었다.

종래 남한에서 출판된, 예를 들면 김준엽金俊燁·김창순金昌順의『한국공산주의운동사』도 동북인민혁명군에서 활동한 몇 사람 조선인의 활동을 다루었지만 그 수가 대단히 한정되었을 뿐만 아니라 그것마저 개설서나 교과서에서는 전혀 다루어지지 않았다.

『동북항일렬사전』이나 『조선족혁명렬사전』이 항일열사 개인의 업적을 다룬 것인 데 비해 1988년에 요령민족출판사에서 간행된 『조선족혁명투쟁사』는 구한말에서 8·15 후 국민정부군과 중공군 사이의 해방전쟁에 이르기까지 항일전쟁 및 국공내전에서의 조선인의 활약상을 체계적으로 서술했다.

이 책에는 3·13운동(3·1운동이 간도지방에서는 3월 13일에 일어나서 이렇게 부른다.)과 봉오동전투도 다루고 있으나 이 부분은 일종의 도입 부분으로 다루었을 뿐이고, 대부분은 마르크스·레닌주의 전파 이후의 항일운동을 다루고 있다. 이 책은 중국 관내關內에서의 좌익 독립운동도 비교적 체계적으로 서술했지만, 특히 동북지방에서의 유격투쟁은 항일유격 근거지의 창설에서 1940년대의 항일연군이 소련 지역으로 들어가서 야영생활을 하며 소부대 활동을 펴는 내용까지 상세히 서술하고 있다.

1940년대 화북조선독립동맹의 활동과 그 군사조직인 조선의용군의 태항산전투와 함께 동북지방에서의 항일연군 속 조선인 부대의 활동은 우리 민족운동사에서 시급히 보완되어야 할 부분이며, 그것이 이루어질 때 임시정부의 광복군 활동과 함께 식민지 시기 말기까지 끈질기게 무장투쟁을 벌인 우리 민족운동사의 가장 빛나는 부분이 되살아나게 될 것이다.

지난 8월 9일부터 15일간 여정으로 중국의 동북지방을 다녀올 수 있었다. 중국의 동북지역은 식민지 시기 이전부터 한반도지역과 역사적으로 관계가 깊은 곳이기도 하지만, 우리 국토 전체가 일본제국주의의 완전 식민지가 됨으로써 그 안에 민족해방운동의 근거지를 마련할 수 없었던 우리 민족이 거의 전체 식민지 시기를 통해 그

해방운동의 근거지로 삼았던 지역이며, 따라서 그 지역 전체가 바로 민족해방운동의 전장이라 해도 과언이 아닌 뜻깊은 현장이다.

종전에는 일반적으로 용정·화용和龍 등을 중심으로 하는 1920년대 초엽의 무장항쟁 및 교육활동의 중심지만이 널리 알려졌고, 다시 길이 트인 지금에도 그곳들을 찾는 사람들이 많지만, 1930년대 이후 항일유격전에까지 시야를 넓히면 북만지역에 이르기까지 도처에 항일무장투쟁의 전적지가 널려 있다.

그리고 이들 전적지는 또 대체로 우리 교포의 집단거주지를 근거로 하고 있어서 일본제국주의가 '만주'지방을 침략하고 지배한 후에도 항일유격전이 가능했고, 당시의 조선인 전사들이 그 유격부대의 중요한 부분을 이룰 수 있었던 이유를 어느 정도 이해할 수 있게 한다.

짧은 여정 속에서도 많은 교포들이 살고 있는, 그리고 특히 1930년대 후반기 이후 유격전의 중심무대가 되다시피 한 흑룡강성 성도 하얼빈에 있는 항일열사기념관에서는 많은 것을 느낄 수 있었다. 위만僞滿(괴뢰 만주국) 시기의 경찰서 건물에 차려진 이 기념관에는 중국인 열사 양정우楊靖宇 등과 함께 이홍광李紅光·허형식許亨植 등 조선인 열사들의 사진과 업적에 대한 기록 그리고 유물 등이 비교적 잘 보존, 진열되어 있었다.

동북 3성 전체를 일본의 정예군으로 알려진 이른바 관동군이 지배하는 조건 아래서 어렵게 마련한 유격군의 무기와 군복 제조에 썼던 재봉틀, 심지어 격렬한 전투 틈틈이 즐겼던 악기까지 수집해 전시하고 있는 것을 보고 지금의 중국정부가 항일유격전의 역사성을 얼마나 소중히 하고 있는가를 알 수 있었다. 중국의 소수민족정책과도 연결되는 문제지만 조선족 전사들의 활동과 업적을 한족 전사들의 그것과 전혀 다름없이 평가하고 있음도 쉽게 알 수 있었다.

3·1운동 직후, 1920년대 초기 무장항쟁의 중심지였던 길림성의 연변지역은 1930년대 이후 유격전시대의 중요한 근거지기도 했지만, 지금 이 지역의 도처에 특히 용정에서 연길로 가는 도로변에는 소박하게 다듬은 크고 작은 '혁명열사기념비'가 여기저기 서 있는 것을 볼 수 있다.

대개 조선족의 이름이 적힌 이들 기념비는 비 하나에 여러 사람의 행적을 함께 써넣은 경우가 많은데, 정확하게 대조해보지 못했지만 『동북항일렬사전』이나 『조선족혁명렬사전』에 수록되지 않은 전사들의 이름도 많으며, 이것으로 보아 이들 『열사전』에 오를 정도가 아닌 일반 항일전사들의 공적을 기리기 위해 이 지역 교포사회가 세운 것이 아닌가 생각되었다.

『동북항일렬사전』, 『조선족혁명렬사전』, 항일열사기념관 등에 기재되거나 모셔진 조선인 '열사'들은 비록 중국 땅에서 그 공산당조직의 지휘에 따라 항일전에 참전했지만, 그것이 바로 항일투쟁의 일환이요, 우리 민족해방전쟁의 연장선상이었기 때문에 당연히 참가한 것이었다.

그러나 지금 그들의 업적은 항일투쟁일지라도 공산주의자의 투쟁이었다는 이유로 40여 년이 지나도록 우리의 항일투쟁사, 민족운동사에 기록되지 못하고 그 때문에 항일민족운동사의 빛나는 한 부분이 공백으로 되어 있다.

그들의 피나는 투쟁이 중국의 역사에서만 위치를 인정받고 있을 뿐, 제 민족의 역사에 자리하지 못하고 있는 현실이 안타깝기도 하지만, 민족분단의 굴레가 분단 이전에 이미 전사한 이들 항일투쟁의 선열들에게 소급해 씌워진 결과라 생각해보면 안타까움을 넘어 일종의 비애 같은 것이 느껴진다.

지난 40여 년간 중국과의 내왕이 막혀 있었을 때는 이 민족항쟁사의 공백을 아는 사람만 알고 있었다. 그러나 이제 중국과의 길이 열려 많은 사람들이, 특히 많은 젊은이들이 중국을 드나들고 이들의 대부분이 유별한 마음으로 동북 3성을 찾고 있다. 그들에게도 '항일열사기념비'는 보일 것이며 이들은 분단 40년의 우리 체제가 또 그 역사학이 얼마나 옹졸했는가를 알게 될 것이다.

한 사람의 역사학도로서, 그것도 우리 근·현대사를 전공하는 사람으로서 이런 문제에 생각이 미쳤을 때 모처럼의 여행길이 우울해지지 않을 수 없었으며, 지금부터라도 1930년대 이후 중국 동북지방에서의 항일유격전쟁의 역사가 시급히 복원되고 또 가르쳐져야 한다는 생각이 간절했다.

# 우리 역사학의 오늘과 내일

## 統一 運動 時代의 歷史認識

1. 역사를 어떻게 볼 것인가
2. 역사의 현재성이란 무엇인가
3. 우리 현대사, 어떻게 쓸 것인가
4. 새로운 한국사학 정립을 위한 제언
5. 대학 한국사교육, 현대사 강의가 없다
6. 남북한 역사인식의 같은 점, 다른 점
7. 역사진행의 방향을 찾아서

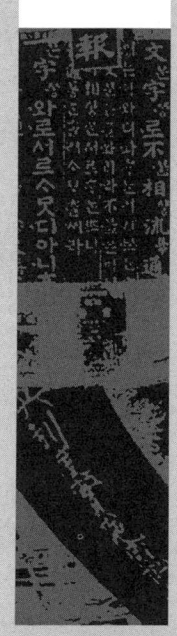

# 1 | 역사를 어떻게 볼 것인가

**무엇이 역사가 되는가**

역사란 무엇인가 하는 대단히 어려운 물음에 아주 쉽게 답한다면, 그것은 인간사회의 지난날에 일어난 사실들 자체를 가리키기도 하고, 또 그 사실들에 관해 적어놓은 기록들을 가리키기도 한다고 흔히 말할 수 있다.

그러나 지난날의 인간사회에서 일어난 사실이 모두 역사가 되는 것은 아니다. 쉬운 예를 들면 김총각과 박처녀가 결혼한 사실은 역사가 될 수 없고, 한글이 만들어진 사실, 임진왜란이 일어난 사실 등은 역사가 되는 것이다. 이렇게 보면 사소한 일, 일상적으로 반복되는 일은 역사가 될 수 없고, 거대한 사실, 한 번만 일어나는 사실만이 역사가 될 것 같지만 반드시 그런 것도 아니다.

고려시대의 경우를 예로 들면, 주기적으로 일어나는 자연현상으로서의 일식과 월식은 모두 역사로 기록되었으면서도 금속활자가 세계에서 가장 먼저 발명된 사실은 역사로 기록되지 않았고, 이 때문에 우리는 지금 세계 최고의 금속활자를 누가 몇 년에 처음으로 만들었는지 모르고 있다. 일식과 월식은 자연현상이면서도 하늘이 인간세계의 부조리를 경고하는 것이라 생각했기 때문에 역사가 되었고, 목판본이나 목활자 인쇄술이 금속활자로 넘어가는 중요성이 인식되지 않았기 때문에 그것은 역사가 될 수 없었던 것이다.

이렇게 보면 또 역사라는 것은 지난날의 인간사회에서 일어난 사실 중에서 누군가에 의해 중요한 일이라고 인정되어 뽑힌 것이라 할 수 있다. 이 경우 그것을 뽑은 사람은 기록을 담당한 사람 곧 역사가라 할 수 있으며, 뽑힌 사실이란 곧 역사책을 비롯한 각종 기록에 남은 사실들이다. 다시 말하면 역사란 결국 기록에 남은 것이며, 기록에 남지 않은 것은 역사가 아니라 할 수 있다. 일식과 월식은 과학이 발달한 오늘날에는 역사로서의 기록에는 남기지 않게 되었고, 금속활자의 발견은 그 중요성을 안 뒷날 사람들의 노력에 의해 최초의 발명자와 정확한 연대는 모른 채 고려 말기의 중요한 역사로 추가 기록된 것이다.

'지난날의 인간사회에서 일어난 수많은 사실들 중에서 누군가에 의해 기록해둘 만한 중요한 일이라고 인정되어 기록된 것이 역사다.' 하고 생각해보면, 여기에 몇 가지 되씹어봐야 할 문제가 있다. 첫째는 기록해둘 만한 중요한 사실이란 무엇을 말하는 것인가 하는 문제이고, 둘째는 과거에 일어난 일들 중에서 기록해둘 만한 중요한 사실을 가려내는 사람의 생각과 처지의 문제다.

먼저 무엇이 기록해둘 만한 중요한 문제인가, 기록해둘 만하다는 기준이 무엇인가 하고 생각해보면, 아주 쉽게 말해서 후세 사람들에게 어떤 참고가 될 만한 일이라고 일단 말할 수 있겠다. 다시 말하면 오늘날의 역사책에 남아 있는 사실들은 모두 우리가 살아 나가는 데 참고가 될 만한 일들이라 말할 수 있는 것이다.

그러나 참고가 될 만한 일과 될 만하지 않은 일을 가려내는 일은 사람에 따라 다를 수 있으며 또 시대에 따라 다를 수 있다. 고려시대나 조선시대 사람들에게는 일식과 월식이 정치를 잘못한 왕이나 관리들에 대한 하늘의 노여움의 표시라 생각되었기 때문에 역사에 기록되었지만, 오늘날에는 그렇지 않다는 것을 알게 되었기 때문에 역사에는 기록하지 않는다.

한글이 만들어진 사실은 조선시대에는 역사로 기록되기는 했지만 그다지 중요한 사실이 아니었고 한글은 언문으로밖에 인식되지 않았다. 그러나 개화기 이후 언문이 국문으로 되었고 한글 창제의 역사적 의의는 높아져만 갔다.

무엇이 역사가 되는가 하고 다시 생각해보면 일식, 월식과 같이 사람의 지혜나 생각의 개발이 낮았을 때만 참고가 되는 것이 아니라 언제나 참고가 될 만한 사실이 역사가 되며, 한글 창제와 같이 그 의미가 시대의 변화에 따라 점점 더 높아질 수 있는 사실들이 계속 역사로서 남아 있는 것이라 할 수 있다.

## 역사의 의미는 달라지는가

지난날의 인간사회에서 일어난 사실들 중 지금까지도 역사로 남아 있을 수 있는 것은 사람의 지혜가 발달해도 언제나 중요하고 참고 될 만한 사실, 시대의 변화에 따라 그 뜻이 줄어드는 것이 아니라 더 높아지고 확대되는 사실들이라 일단 생각했다.

고려 금속활자의 경우는 이미 예로 들었지만 상감청자의 경우도 마찬가지다. 상감청자의 제작법을 누가, 언제 처음으로 발명했는지 우리는 잘 모르고 있다. 처음으로 만든 사람이나 연대가 비록 기록 되지는 않았다 해도 당시의 귀족사회에서도 상감청자의 우수성은 인정되었고 따라서 귀하게 취급되었다. 조선시대로 들어오면서 그 것에 대한 인식이 바뀌고 제조법도 전수되지 않았으나, 근대사회로 넘어온 후에는 우수성과 독자성이 세계적으로 알려져서 고려시대 에 상감청자가 만들어졌다는 사실은 이제 가장 중요한 역사적인 사 실의 하나로 남게 되었고, 그것을 다시 만들려는 노력이 나타나고 있다.

후세에까지 중요하고 참고될 만한 것으로 남을 사실, 뜻이 점점 높아지고 확대되는 사실이 역사로 기록되는 것이라 했지만, 또 경우 에 따라서는 뜻이 높아지고 확대될 뿐만 아니라 전혀 다른 뜻으로 해석되는 역사도 많다. 지난날 부정적으로 해석된 역사가 시대의 변 화에 따라 긍정적인 역사로 평가되는 것이다.

1894년에 전라도에서 전봉준이 많은 농민군을 이끌고 정부군 및 일본군과 싸운 사실은 당연히 역사로 기록되었지만, 당초 그것은 동 학란으로 불렸다. 동학이라는 혹세무민하는 종교를 믿는 무리가, 정 부가 그들의 교조 최제우를 처형하고 또 이 종교를 탄압한 데 불만 을 품고 일으킨 반란이란 뜻으로 그렇게 부른 것이며, 이 경우 동학 란의 의미는 하나의 종교적인 반란에 불과한 것이다.

대한제국시기와 일제 식민지 시기까지 계속 동학란이라 불린 이 역사적 사건은 해방 후에는 동학혁명으로 불리기 시작했다. 동학교도들이 일으킨 일이기는 하지만 그 행위가 반란이 아니라 혁명으로 볼 수 있다는 것이다. 반란이 혁명으로 바뀐 것은 같은 역사적인 사실을 두고 그 해석이 전혀 달라졌음을 말한다. 전봉준 등의 행동이 역사적으로 부정적인 것에서 긍정적인 것으로 바뀐 것이다.

같은 사건에 대한 역사적 평가, 같은 사건이 가지는 역사적 의미가 이렇게 바뀐 이유는 어디에 있을까? 두말할 것도 없이 시대가 바뀌었기 때문이다. 전봉준 등의 행동이 반란으로 규정된 시대는 나라의 주권이 왕에게 있고 정권이 양반계급에게만 독점되어 있던 시기였다. 따라서 그것에 반대하는 모든 행동은 반역으로 혹은 반란으로 보였고 또 그렇게 성격 지워졌으며, 일제시대도 본질적으로 같은 시대였으므로 계속 동학란으로 불렸다.

그러나 해방 후에는 시대 사정이 달라졌다. 백성이나 국민이 나라의 주권자가 되는 민주주의의시대가 된 것이다. 따라서 양반계급이나 군주의 지배체제를 무너뜨리고 국민의 권리를 높이거나 국민을 나라의 주인으로 만들려 한 모든 행동은 정당화되고 또 역사적인 의미가 있는 행동으로 평가되기 마련이었다.

이와 같은 시대 사정의 변화에 따르는 전봉준 등의 행동에 대한 평가는 반란이 혁명으로 바뀌는 데만 그치지 않고 자연히 그 주체세력에 대한 이해도 달라져 갔다. 동학란을 혁명으로 볼 경우 동학교도의 혁명으로만 볼 수 있는가 하는 의문이 생긴 것이다. 동학교도만으로 그 거대한 혁명전쟁이 일어날 수 있었겠는가 하는 의문도 제기되었지만, 또 한편으로는 동학사상에 과연 혁명성이 있었는가

하는 문제도 다시 생각하게 되었다.

이 때문에 동학혁명으로 볼 것이 아니라 농민혁명이나 농민전쟁으로 보는 것이 옳다는 생각이 많아졌고, 아예 갑오농민혁명 혹은 갑오농민전쟁으로 부르는 경우가 많아져 가고 있다. 1894년에 전봉준 등이 일으킨 하나의 사건에 대한 역사적 평가가 동학란에서 갑오농민혁명으로까지 변해가고 있다는 사실은 같은 역사적 사건이 가지는 의미가 시대의 변화에 따라 얼마나 크게 변하고 있는가를 잘 말해주고 있다.

모든 역사는 시대의 변화에 따라 그 의미가 달라지기 마련이다. 의미가 달라질 수 없는 역사는 시대가 변함에 따라 역사로서의 위치를 잃어간다. 시대의 변화에 따라 그 뜻이 달라질 수 있는, 더 높아지고 확대될 수 있는 역사만이 영원한 역사로 남을 수 있다고 말할 수 있는 것이다.

### 역사는 어느 쪽으로 변해가는가

역사는 변한다고 흔히 말하지만 이 말은 누구도 부인할 수 없는 진리라고 생각한다. 역사가 변한다는 말은 하나의 체제, 하나의 시대 상황이 언제까지나 지속되는 것이 아니라 일정한 시일이 지나면 반드시 변한다는 말이기도 하지만, 앞의 동학란의 경우와 같이 지난날에 일어났던 어떤 역사적 사건이 가지는 의미가 계속 변한다는 말이기도 하다.

역사적 상황 및 역사가 가지는 의미가 계속 변하기 마련이라면 이 역사가 변해가는 방향이 어느 쪽인가, 인간의 역사는 결국 어느 곳으로 향해 가고 있는가 하는 문제에 대한 이해 없이 역사 자체를 올바르게 보기는 어려운 것이다.

인간의 역사가 결국 어디로 가고 있는가 하는 물음에 대한 답은 많은 역사학자·철학자들에 의해 나름대로 제시되어왔다. 종말론적인 해답도 있었고 발전론적인 해답도 있었지만, 지금까지 인류사회가 지향해온 역사의 길은 인간들이 살기에 한층 더 나은 사회를 만드는 길이었으며, 그것은 또 많은 우여곡절이 있었음에도 일정하게 이루어져 왔다고 생각되고 있다.

좀 더 구체적으로 말해보면, 인류의 역사는 모든 인간들이 정치적인 속박에서 점점 벗어나는 방향으로 발전해왔다. 헤겔이 역사의 발전이란 곧 자유의 확대 과정이라 말했지만, 역사는 정치적으로 자유로워지는 인간의 수가 점점 많아지는 방향으로 발전해온 것이다. 고대사회에서는 왕과 귀족들만이, 근대사회로 오면서 그 정치적 자유가 시민계급에게까지 확대되었고, 현대사회로 오면서 노동자·농민층에게까지 실질적으로 확대되어가고 있다.

앞으로 인류사회의 이상의 하나는 정치적 민주주의가 더 확대되는 것이지만, 그것이 곧 인류 역사가 나아갈 방향이기도 한 것이다. 인간이 정치적으로 자유로워지는 길은 곧 스스로 권력을 가지는 길이며, 권력을 가지고 행사하는 인간이 많아지는 길, 즉 인민주권주의가 확대되는 길이 곧 역사가 나아가는 길인 것이다.

다음, 인간의 역사는 또 경제적으로 빈부의 차가 적어지는 길로 발전해왔고 또 앞으로도 계속 나아갈 것이다. 우리 역사에도 신라시대나 고려시대에는 소수의 귀족층만이 재부財富의 대부분을 차지하여 피지배층의 생활은 처참했고, 조선시대에도 양반 지배층의 생활과 농민 일반의 생활 사이에는 상상하기 어려울 만큼의 차이가 있었다. 근대사회로 내려오면서 자산계급과 서민 대중 사이의 생활양식은 어느 정도 접근해갔으나 소유한 재부의 차이는 여전히 크다. 그러나 재부의 편중을 억제하고 그 사회화를 촉진하는 운동과 정책이 계속 추진되고 있으며, 그것이 바른 역사의 길이라는 인식이 확대되어가고 있다. 이와 같은 현상은 앞으로도 더 발전할 수밖에 없을 것이다.

인간의 역사는 또 인간과 인간 사이의 사회계급적 차이를 해소하는 방향으로 꾸준히 발전해왔다. 고려나 조선시대의 그렇게 엄격했던 신분제가 폐지되어 종이나 하인 등 신분제도에 의해 차별받던 계층이 없어졌고, 일제 식민지 시대까지도 엄존했던 백정계급이 없어진 지도 오래되었다.

그러나 아직도 만민평등이 이루어진 것은 아니다. 정치적 지위나 재부의 소유 정도에 따른 사람과 사람 사이의 차등은 아직 남아 있다. 그것이 해소되기 위해서는 인간의 정치적 속박으로부터의 해방과 경제적 불균등으로부터의 해방이 먼저 달성되어야 할 것이다.

인간의 역사는 또 생각하고 표현하는 자유, 즉 사상의 자유가 꾸준히 확대되는 방향으로 발전해왔다. 지구가 도는 것임을, 만민이 평등함을, 권력이 국민의 것이어야 함을, 재부가 만민의 것임을 남보다 먼저 말했다가 희생된 사람들이 많았지만, 아무리 무서운 권력도 뿌리 깊은 인습도 인간의 '생각하고 말하는 자유'를 계속 누를 수는 없었다. 사상의 자유야말로 인간의 역사를 앞으로 나아가게 하는 원동력의 하나였던 것이다.

우리는 앞에서 하나의 역사적 사실이 가진 의미는 시대에 따라,

또 보는 사람의 눈에 따라 변하는 것이라 말했다. 따라서 역사의 변화에 일정한 방향이 없으면 인간사회는 그야말로 바람 부는 대로 물결 치는 대로 갈 수밖에 없으며, 역사의 의미가 바뀌는 데 일정한 기준이 없으면 역사의 해석이야말로 귀걸이·코걸이가 되지 않을 수 없다. 그런 경우 역사의 길, 역사적 심판, 역사적 진리란 말이 있을 수 없으며 역사학 자체도 남아날 수 없을 것이다.

수천년간의 인간의 역사를 분석해온 역사학은 역사의 변화에 일정한 방향이 있다고 말하고 있으며, 그 방향은 크게 말해서 인간이 정치적인 속박을 벗어나는 길, 경제적인 불평등을 극복하는 길, 사회적인 불평등을 해소하는 길, 사상의 자유를 넓혀가는 길이라 말하고 있다.

역사를 어떻게 볼 것인가. 우리들 자신이 하고 있는 일, 주변에서 일어나고 있는 일들이 인간의 정치적 자유, 경제적 균등, 사회적 평등, 사상적 자유를 이루어 나가는 데 궁극적으로 합치되고 있는가 그렇지 못한가를 분간할 수 있어야 할 것이며, 합치되는 사실은 역사적 사실이며 거슬리는 사실은 반역사적 사실임을 알 수 있어야 할 것이다. 그것이 역사를 보는 직접적인, 그러면서도 쉬운 방법의 하나라 할 수 있을 것이다.

# 2 | 역사의 현재성이란 무엇인가

역사를 흔히 '인류생활의 과거에 일어난 일'이라고 생각하는가 하면, 또 '모든 역사는 현재의 역사'라는 생각도 옳은 것이라고 믿고 있다. 이들 두 가지 생각은 얼핏 보기에는 서로 상반되는 것 같지만, 과거에 일어난 일들을 다루는 것이 역사인데도 모든 역사가 현재의 역사라는 점에 바로 역사의 현재성이 무엇인가를 알지 않으면 안 될 이유가 있는 것이다.

역사의 현재성이 무엇인가를 옳게 알려면 먼저 역사에서 과거가 무엇인가를 해명해둘 필요가 있다. 역사에서 과거란 우선 현재 이전에 일어난 모든 일을 가리키는 것이라고 이해되기 쉽지만 사실은 그렇지 않다. 이 문제를 쉽게 이해하기 위해서는 일단 사실事實과 사실史實을 구별하여 생각하는 것이 편리하다.

인류생활의 과거에는 수많은 일들, 즉 사실事實들이 일어났다. 지금까지 태어나서 죽어간 수많은 개인의 일상생활이나 한 집단, 한 민족의 지난날에도 도저히 셀 수 없는 많은 사건들이 있었던 것이다. 이와 같은 사실들을 총망라한 것이 곧 역사냐 하면 전혀 그렇지 않다. 역사란 그 많은 사실들 중에서 그야말로 역사적 가치와 의미가 있는 사실들, 즉 사실史實만을 뽑아 모은 것이라고 우선 말할 수 있다. 여기에서 우선이라고 한 것은 다음에서 말하겠지만 사실史實을 뽑아 모으는 일만이 역사의 전부는 아니기 때문이다.

사실事實들 속에서 사실史實만을 선택해내는 것이 역사를 성립하는 1차적인 작업이라 생각해보면 무엇보다도 그것을 선택해내는 기준이 문제가 된다. 무엇을 기준으로 하여 수많은 사실들 속에서 사실史實을 가려내게 되는가 하는 문제지만 그것은 어쩔 수 없이 선택하는 사람과 시대에다 기준을 둘 수밖에 없다. 사실史實을 뽑아내는 작업은 주로 역사가들의 주관적인 안목에 의하여 이루어지지만, 가능한 한 같은 시대의 다른 사람들과, 더 나아가서 미래의 사람들에게까지 옳게 뽑았다는 동의를 얻을 수 있어야만, 역사발전의 바른 노정에 합치될 수 있는 역사가로 평가될 수 있으며, 그가 뽑은 사실史實이 객관적 진실성을 가진 것으로 인정될 수 있는 것이다.

한 사람의 역사가가 객관적 진실성이 더 높은 사실史實을 뽑아내기 위해서는 우선 그 시대가 필요로 하는 사실史實이 무엇인가를, 더 넓게 말하면 그 시대가 가진 역사적 요구가 무엇인가를 정확하게 파악하는 노력이 필요한 것이다.

쉬운 예를 들면 조선시대의 역사가들에게는 문익점이 책을 읽는 일이나 글씨를 쓴 일은 흔히 있는 사실事實로밖에 보이지 않았고 목화씨를 가져온 일만이 사실史實로 보였다. 고려 말기에 전래되어 극히 제한된 일부 지역에서만 재배되고 있던 목화를 전국적으로 확대 재배하여 의생활의 변혁을 이루려 하였던 조선시대였으므로, 당시의 사가들에게 문익점의 목화씨 전래는 사실史實로 뽑지 않을 수 없었으며 그들의 선택은 대단히 적절한 것이어서 오늘날에도 목화씨를 가져온 일은 중요한 사실史實로 뽑히고 있는 것이다.

문익점이 글을 읽은 일이나 붓대 속에 목화씨를 넣어 온 일은 모두 과거에 일어난 일이지만, 역사가의 현재적 요구에 필요한 목화씨의 전래만이 사실史實로 뽑혔음을 생각해보면, 좁게는 역사가의, 넓게는 그와 함께 살고 있는 더 많은 사람들의, 더 나아가서는 미래 사람들의 현재적 요구에 필요한 일만이 옳은 사실史實이 될 수 있으며, 여기에 과거의 일을 다루는 역사가 가지는 현재성이 있는 것이다.

과거의 사실事實들 중에서 사실史實을 가려내는 기준이 언제나 그 당시의 현재적 요구, 현실인식을 바탕으로 삼는다는 문제를 어느 정도 이해하고 나면 어느 한 시대의 현재적 요구에 의하여 선택된 사실史實은 영원히 사실史實로서 가치를 가지느냐, 혹은 또 다른 뒤 시대의 현재적 요구 때문에 앞 시대의 선택된 사실史實이 그 가치를 잃고 하나의 사실事實로 되돌아가는 경우가 있는가 하는 문제를 생각해보아야 할 필요가 있다.

모든 사물에 대한 가치관이 시대에 따라 달라질 수 있는 것과 같이 과거에 일어났던 일에 대한 역사적 입장에서의 판단도 시대에 따라 달라지기 마련이며, 따라서 일단 사실史實로 선택되었던 일이 다른 시대의 현재적 요구에 의하여 사실事實로 떨어져버리는 경우도 있으며 또 그 사실史實이 가지는 역사적 가치가 변화하는 경우도 있다.

삼국시대나 고려시대나 조선시대의 역사가들은 일식·월식·성변星變 등의 자연현상을 중요한 사실史實로 선택하여 사서史書에 충실히 기록하였다. 이 경우의 선택은 천문학적 통계를 위한 것이 주목적이 아니라 지배자가 정사를 잘못하여 그에 대한 유일한 제재자인 하늘이 경고하는 방법으로 나타내는 현상이라 믿고 선택한 것으로서 정치적인 의미가 높은 사실史實이었다. 그러나 오늘날의 일식·월식은 천문학상의 기록은 될지언정 역사적 의미를 가지는 사실史實로는 생각되지 않는다. 조선시대까지도 사실史實로 선택될 수 있었던 일이 자연과학이 발달한 오늘날의 역사인식을 바탕으로 할 때는 한낱 사실事實로 떨어져버리는 것이다.

한편 조선시대까지도 왕을 중심으로 하는 지배계급의 동태가 가장 값높은 사실史實로 생각되어 그것이 역사기록의 대부분을 차지하였고 민중생활에 관한 일은 지배목적상 필요한 때나 혹은 그들이 지배질서를 위반하였을 때만 약간의 가치를 가지는 사실史實로 선택되었다. 그러나 민중이 역사의 주인이라는 생각이 일반화된 오늘날에는 지난날의 사서 속에서 민중사회의 동태를 다룬 사실史實의 가치가 대단히 높아지고 있는 것이다.

사실事實 속에서 사실史實을 뽑아내는 일에만 역사의 현재성이 적용되는 것이 아니라 일단 선택된 사실史實이 다시 사실事實로 떨어져버리는 일도, 그리고 뽑힌 사실史實에 대한 가치판단이 달라지는 것도 모두 그때마다의 현재적 요구를 기준으로 하여 이루어지는 것이며 역사의 현재성이 가지는 의미는 여기서도 구할 수 있는 것이다.

역사는 사실史實을 뽑아내어 그것을 될 수 있으면 원형대로 재생해놓는 것이라는 생각이 상당히 오랫동안 통용되었다. 역사가는 사실事實 속에서 사실史實을 뽑아낼 뿐 그것을 해석하여 그 속에 들어 있는 의미를 드러내는 것은 금물로 여겼다. 그렇게 하면 사실史實의 본래적인, 객관적인 모습을 그르친다고 생각한 때문이었다. 이런 생각에는 사실事實 중에서 사실史實을 뽑아내는 데 적용되는 역사가의 주관성은 어느 정도 인정하지만 사실史實의 의미를 추구하는 데 개입될 역사가의 주관성은 배제해야 한다는 뜻이 들어 있다.

그러나 역사가의 주관적 안목 없이 사실史實을 원형대로 재생하는 일 자체가 거의 불가능한 일이기도 하지만, 사실史實을 뽑아 원형대로 재생하는 일만으로는 수많은 사실事實 속에서 모처럼 사실史實을 뽑아낸 보람이 그다지 살아나지 못할 뿐만 아니라, 그것만으로는 역사가 가지는 의미를 충분히 드러내지 못한다.

역사가 사실史實을 재생하는 일에 한정되게 되면, 좀 극단적으로 말하면, 『삼국사기』는 김부식 등이 만들었고 임진왜란은 1592년에 일어났다는 정도의 사실史實들로만 역사가 엮어지기 쉽다. 바꾸어 말하면 사실史實의 집적만이 역사가 될 것이며, 그것들을 잘 기억하는 일만이 역사공부가 되기 쉬울 것이다.

우리가 역사를 알려고 하는 이유는 선택한 사실史實에 대한 지식을 풍부하게 하는 데 그치는 것이 아니라 그것들이 가지는 의미를 알아서 인류역사 전체를 통해 흐르는 법칙성을 이해하고 그것을 통해 오늘의 문제를 해결하는 데 도움을 얻고자 하는 데 있다. 사실史實이 가지는 의미를 알아내기 위해서는 사실史實을 뽑아내는 일에 그칠 것이 아니라 그 사실史實을 해석하여 의미를 알아내는 일이 반드시 필요한 것이다. 그런데 사실史實을 해석하는 데는 그것을 뽑을 때보다 더 강한 현재적 요구가 요청된다. 이해를 돕기 위하여 한글

창제를 예로 들어 생각해보자.

한글이 창제된 일이 조선시대 이후 계속 사실史實로 선택되어왔음은 더 말할 것 없지만 그것이 가지는 역사적 의미는 시대에 따라 달라져 왔다. 조선시대에는 한글창제라는 사실史實이 가지는 역사적 의미가 주로 한문을 모르는 '어리석은 백성'을 어여삐 여김에 한정되었다. 고유의 우리 글인데도 국문이 되지 못하고 언문으로 행세했고 따라서 그것을 창제한 일도 세종의 업적 중 그다지 높은 위치를 차지하지 못했다.

그러나 근대화를 지향하던 개항기에 들어오면서 백성이 나라의 주인이란 생각이 높아짐에 따라 한글은 언문에서 국문의 지위로 올라갔고 그것을 창제한 일은 세종의 가장 위대한 업적으로 부각되었다. 한편 일제시대에는 한글을 연구하고 사용하는 일도 독립운동의 일환으로 생각되었고 세종은 우리 역사상 위대한 영웅적인 제왕의 하나로 추앙되었다.

해방 후에도 상당한 기간 어여삐 여김이 중심이 된 한글창제의 의의가 그대로 계속되었고 세종의 역사상 지위도 그대로 높여지기만 하였다. 그러나 역사 보는 눈을 지배자 중심의 관점에서, 혹은 영웅주의적 관점에서 조금 다른 각도에서 보면 한글창제가 달라질 수 있다.

오늘날에는 역사를 제왕이나 영웅의 업적 중심으로 보는 경향을 지양하고 역사발전에 민중의 역할을 강조하는 경향으로 나아가고 있으므로 한글창제의 주된 동기도 제왕이 백성을 어여삐 여긴 데 있던 것이 아니라 오히려 백성을 효과적으로 다스리기 위한 데 있었다고 해석하기도 한다. 글을 가르치지 않고는 다스릴 수 없을 만큼 백성 세계의 의식수준이 향상되었기 때문이라는 생각이다.

한글을 창제하였다는 한 가지 사실史實을 두고도 언제, 누가 만들었는가 하는 것을 아는 것만으로 만족할 수 있다면 그 해답은 비교적 변화하지 않는다. 그러나 왜 만들었으며 어떤 의미를 가지고 있는가 하고 사실史實을 해석하는 데까지 나아가게 되면 그 해답은 시대의 발전에 따라, 그때마다의 현재적 요구에 따라 계속 변화하지 않을 수 없으며, 그 이유는 바로 역사의 현재성 때문인 것이다.

역사의 현재성 때문에 사실史實을 선택하고 해석하는 기준이 시대에 따라 변화한다고 이해하고 나면, 이와 같은 현재성에 의한 변화라는 것이 무엇을 위한 것인가 하는 의문을 가지지 않을 수 없다. 시대에 따라 사실史實에 대한 선택과 해석이 달라져 가는 것은 한마디로 그 사실史實이 가지고 있는 본래의 의미, 즉 그 객관적 진실성에 점점 가까워져 가는 것을 뜻하며 그것은 또 인류 역사의 올바른 발전에 발맞추어가는 것이라 말할 수 있다.

인류사상에 일어났던 가지가지의 사실史實들은 인간의 무지에 의해, 혹은 권력의 횡포에 의해, 종교적 독단에 의해 그 객관적 진실성이 많이 엄폐되어왔다. 일식과 월식이 보지도 경험하지도 못한 하늘의 의지로 생각되었는가 하면, 종교적 독단 때문에 지구가 도는 것이 아니라 태양이 도는 것이라는 믿음이 강요되기도 했고, 정치적 권력의 강제에 의해 역사란 지배자의 능력에 의해 좌우되는 것이라 가르치기도 했다.

그러나 오랜 역사시대를 통해 인류는 기성의 역사관과 요구된 질서에 얽매이지 않고 그때마다 새로운 가치관을 수립해 나감으로써 사실史實의 선택이나 해석에서 항상 그 객관적 진실에 접근하려는 노력과 희생을 다해왔고, 그때마다 역사는 새롭게 선택되고 해석되어온 역사적 과거의 집적이며 사실史實에 대한 진실성 추구의 결과라고 할 수 있으며, 이 때문에 역사는 항상 새롭게 이해되고 기술되어왔던 것이다.

한편 사실史實의 객관적 진실성을 추구하는 기준이 바로 역사의 현재성에 있다고 생각해보면, 그 진실성이란 결코 선험적이고 영구 불변적인 가치를 가지는 것이 아님을 이해할 수 있다. 그것은 현재적 입장에 선 사가史家들의 사관史觀에 의해 항상 새롭게 방향 잡힐 수밖에 없으며, 그 사관은 곧 시대성·현재성에 의해 제약됨으로써 객관성이 추구될 수 있는 것이다.

신神의 의지에 순종하는 일이 역사적 진실을 추구하는 것이라 생각하였던 사관은 신이란 곧 인간 스스로가 만들어서 스스로를 속박하게 하는 것임을 알게 된 때 무너져 갔고, 인간의 자유를 확대해 나가는 것이 혹은 인간사회의 계급적 질곡을 타파해 나가는 것이 객관적 진실을 추구하는 방향이라 이해한 사관도 나왔다.

현재성을 바탕으로 한 사실史實의 선택과 해석은 궁극적으로 그 사실史實의 객관적 진실에 접근해가는 일이며, 그것이 추구하는 방향은 인간 조건의 개선, 역사 주체의 확대, 복지사회의 추구, 이상사회의 실현으로 연결되고, 여기에 역사의 현재성이 가지는 또 하나의 의미가 있는 것이다.

현재성에 의한 사실史實의 선택과 해석이 곧 그 사실史實이 가지는 객관적 진실에 접근하는 일이며, 그것은 곧 인류 역사의 바람직한, 건설적인 방향을 추구하는 길과 연결된다고 생각해보면 역사의 현재성이란 곧 미래를 창조하기 위한 발판이 됨을 알 수 있다.

역사를 이해하는 일은 과거의 사실史實을 오늘의 입장에서 끊임없이 선택하고 해석하는 일이라 거듭 강조했지만, 이 일은 과거와 현재 사이의 끊임없는 대화라 표현되기도 했다. 그리고 왜 이와 같은 끊임없는 선택, 해석 및 대화가 필요한가 하고 물으면, 역사의 객관적 진실에 접근하기 위해서이며, 그것은 곧 현재를 좀 더 역사적으로 만들기 위해서라고 대답할 수 있다.

그런데 현재는 곧 미래의 출발점이기 때문에 그것을 객관적 진실에 접근시키는 일은 미래를 더 나은 것으로 창조하는 일과 연결되는 것이며, 현재가 설령 만족할 만큼 역사적 진실에 접근하지 못했다 해도 미래를 창조하기 위한 발판은 역시 현재에 있을 수밖에 없는 것이다.

이와 같이 현재를 더 바람직하게 만들기 위해 현재적 입장에서 과거의 사실史實을 선택하고 해석한다는 점에도 역사의 현재성이 가지는 의미가 있지만, 더 나아가서 좀 더 바람직한 미래를 창조하기 위한 발판이 바로 현재적 입장에서 비롯한다는 점에 역사의 현재성이 가지는 한층 더 높은 뜻이 들어 있음을 이해할 수 있다. 따라서 뒤만 돌아보는 역사가 아닌, 앞을 향한 역사를 체득하는 지름길 역시 각 시대의 역사적 현재성을 철저히 인식하는 데 있음을 명심할 필요성이 있는 것이다.

우리 민족의 지난날에도 많은 사실이 일어났으나 그 가운데서 주로 우리 문화를 살찌우고 특징짓는 데 영향 준 일들, 민족적 독립성을 유지하는 데 직접·간접으로 관계된 일들, 우리 생활을 향상, 발전시키는 데 도움이 된 일들이 사실史實로 선택되어 우리의 역사를 이루고 있으며, 그들 사실史實에 대한 해석이 쌓여서 우리의 현실을 가늠하게 해주고 있다.

그러나 지금까지 사실史實의 선택과 해석이 끊임없이 거듭되어왔음에도, 아직도 우리의 현재와의 대화에 절실하지 않은 일이 사실史實로 이해되는 경우가 많은가 하면, 반대로 불가결한 사실史實들이 아직도 사실事實로 묻혀져 있는 경우가 허다하다. 그 이유는 우리의 역사적 현재성이 아직 철저하게 그리고 선명하게 떠오르지 못하고 있기 때문인 것이다.

지난날 거의 묻혀버렸던 구석기문화·청동기문화가 찾아졌고, 실학사상과 조선 후기의 사회적·경제적 발전상이 다시 빛을 받았으며, 민중세계의 역사적 역할이 다시 평가되었고, 독립운동이 가장 중요한 사실史實로 선택되고 이해된 것은 식민통치에서 해방된 민족의 역사가 가진 현재성이 그만큼 제구실을 한 결과였다.

그러나 해방 후의 우리 역사는 식민상태에서 해방된 민족의 역사인 동시에 분단민족의 역사이기도 하다. 따라서 이 시기 우리 역사의 하나의 지도이념인 민족통일 문제가 가장 중요한 민족사회의 현재적 요구임은 더 말할 나위가 없다. 민족통일을 저해하는 사실史實에 대한 철저한 비판과 재통일에 직접·간접으로 이바지할 수 있는 사실史實의 적극적인 개발과 더 나아가서 통일을 위한 사론史論의 수립이야말로 우리 시대의 역사적 현재성을 선명하게 부각하는 길이 될 것이다.

역사가 현재적 요구에 충실하는 길은 곧 그 미래를 밝고 바르게 창조해 나가는 출발점을 마련하는 것이라 이해한 것과 같이, 민족사의 현재성을 가장 바르게 이해하고 그것을 실천하는 길은 곧 민족통일을 앞당기는 일과 연결되는 것이다.

# 3 우리 현대사, 어떻게 쓸 것인가

**머리말**

우리 역사학계의 고질적인 현대사 연구 기피증 때문에 현대사 연구가 극히 부진한 상태이긴 하지만, 그렇다고 해서 현대사의 체계적인 서술을 언제까지나 미룰 수만은 없을 것이다. 그러나 고대사나 중세사 서술의 경우와 비교해서 현대사의 서술에는 역사학계의 내적인 연구성과의 집적뿐만 아니라 학계 외적인 조건의 성숙도 더 요청되는 것이 사실이다.

어느 한 민족사회의 근·현대사가 얼마나 자유롭게, 또 객관성 있게 서술될 수 있는가 하는 문제는 그 민족사회의 정치적 성숙도가 어느 정도에 이르렀는가 하는 문제와도 깊이 연관된다. 우리 사회도 이제 그 민족사적 절박성 때문에 현대사에 대한 관심이 급격히 높아지고 있으며 현대사가 객관적으로 인식되고 서술되어야 한다는 요구 또한 높아지고 있지만, 정치적 성숙도나 상황이 그것을 가능하게 할 단계에 왔는가 하는 점에는 많은 의문이 있다.

객관성 있는 현대사를 서술하기 위해서는 또한 누가 어떤 관점에서 서술하는가 하는 문제가 중요하며, 현대사만이 동떨어져 있는 것이 아니기 때문에 우리 역사, 특히 근대 이후 역사의 맥락을 어떻게 잡을 것이며, 그 속에서 현대사의 위치 설정을 어떻게 할 것인가 하는 문제 등이 중요하다.

어느 시대의 역사서술을 막론하고 그 시대사의 큰 줄기를 이루는 민족사회의 시대적 요구를 바닥에 깔기 마련인데 우리 현대사의 큰 줄기가 무엇인가를 파악하는 일도 현대사 서술을 위한 중요한 요건의 하나이며, 우리 현대가 바로 민족분단시대이므로 분단민족의 역사서술 방향을 어떻게 잡을 것인가 하는 문제도 어려운 문제 중의 하나다.

모든 역사서술의 목적이 그러하지만, 특히 현대사는 현재를 합리화하기 위해서가 아니라 반성하고 미래에의 결단을 위한 도움을 얻자는 데 그 본래의 목적이 있음을 이해하는 것이 요긴하다.

## 현대사, 누가 쓸 것인가

역사가 객관적으로 쓰여야 한다는 사실이 항상 강조되는 것은 역사를 객관성 있게 쓰기가 어렵다는 사실을 반증해주는 일이기도 하다. 역사를 쓰는 사람은 누구나 객관적으로 쓰기 위한 노력을 기울인다고 하지만, 누가 쓰느냐에 따라 그 내용과 의미가 달라진다는 사실을 부인할 수 없다.

역사를 전혀 해석이나 설명 없이 그야말로 일어난 사실만을 배열하는 식으로 서술한다 해도 복잡한 인간생활을 통해 일어나는 그 많은 사건들 중에서 어떤 것을 역사적 사실로 택할 것인가 하는 데서 이미 선택자의 주관이 개입되기 마련이며, 선택된 역사적 사실들의 의미를 부여하는 과정에서 더 많은 주관이 개입됨은 더 말할 나위가 없다.

역사서술에서 객관성을 유지하는 것은 역사가들이 최선을 다해 노력해야 할 일이지만 역사서술에 절대 객관성이란 있을 수 없다. 결국 역사는 누가 쓰느냐, 어떤 목적을 가지고 어떤 관점에서 쓰느냐 하는 것에 따라 그 내용과 의미를 달리하기 마련이다.

우리나라의 경우 조선왕조와 같은 전제주의국가에는 정부가 편찬하는 이른바 정사正史라는 것이 있었다. 지금에 와서 『조선왕조실록』이라 부르는 것이 그것이다.

임금의 치적을 중심으로 매일매일 일어나는 사실들 중에서 왕조의 통치목적에 부합하는 사실이나 통치체제를 확립하고 유지하는 데 필요한 것들을 뽑아 엮어놓은 이 실록만이 정사이고, 그 밖에 민간 학자들이 스스로의 역사인식에 따라 서술한 역사는 모두 야사野史로 취급되었다.

전제주의시대의 국가권력이 편찬한 정사라는 것은 왕조의 지배체제를 정당화하고 유지하는 데 그 본질적인 목적이 있어서 그 목적에 부합하는 사실은 '정正'으로, 그것에 거슬리는 사실은 '역逆'으로 규정하여 서술되었다. 구체적인 예를 들면 지금의 우리가 박해로 보는 천주교 탄압이 전제주의 조선왕조의 정사적 가치규정으로는 사옥邪獄이었고, 지금의 동학혁명 내지 농민전쟁은 동학란으로 될 수밖에 없었다.

또한 일제의 지배기구이던 조선총독부가 그 어용 사학자들을 동원하여 편찬한 방대한 분량의 『조선사』는 일종의 식민지 시기 정사였다. 이 책은 그 시기의 독립운동전선에서 일제 식민지배의 부당성을 주장한 우리 민족주의 역사학을 억누르고 조선에 대한 식민지배의 불가피성이나 정당성을 역사적으로 증명하려 한 식민사학론을 대표한 정사였던 것이다.

전제주의시대와 식민지 시기의 국가권력은 국민으로부터 나온 것이 아니기 때문에 국가권력에 의한 역사서술이 국민적 처지의 서술이 아니라 전제주의권력이나 식민지지배체제의 정당성을 강조하고 또 그것을 유지하는 데 목적을 둔 서술이었다면, 권력이 국민으로부터 나와 성립된 국민주권주의, 민주주의시대의 역사서술은 누구에 의해 어떻게 이루어져야 하는가 하는 문제를 생각하게 된다.

국민주권주의시대의 국가권력은 국민으로부터 나와서 그 권력행사가 국민의 이익과 일치하는 것이기 때문에 국가권력 측에서 역사를 서술해도 그 방향이 바로 국민적 처지에 합당할 수 있다는 논리가 일단은 성립될 수 있다. 그러나 역으로, 국가의 권력이 국민으로부터 나와서 그 권력행사가 국민의 이익과 일치한다면 국가권력이 아닌 민간 학자가 역사를 서술해도 그 권력의 정당성은 저절로 드러날 수 있으며, 전제주의시대처럼 권력 측에서 역사를 서술하여 그 정당성을 일부러 강조할 필요가 없는 것이기도 하다.

그러나 형식상으로는 국민으로부터 나온 권력에 의해 성립된 정권이라 해도 그것이 국민의 이익과 일치하지 않을 수도 있으며, 이런 경우일수록 권력 측은 그 정당성을 강조하기 위해 스스로 역사를 편찬·서술하려 하는 경향이 있을 수 있다. 진실로 국민의 의사에 의해 성립된, 국민의 이익과 일치된 권력이라면 구태여 스스로의 정당성을 강조하기 위한 역사서술을 고집할 필요가 없을 것이다. 학문활동의 자유를 보장한 채 민간 학자들의 연구와 서술에 맡겨놓아도 권력의 정당성이 논증되는 역사서가 그들로부터 나오기 마련이며, 이 경우 그 정당성은 더 높은 객관성을 띠게 되는 것이다.

혹시 학자에 따라서 그 편견 때문에 정당한 권력의 정당성을 부인하는 경우도 있을 수 있다. 그러나 이와 같은 왜곡된 역사서는 독자들의, 또 학계 일반의 정당한 판단에 의해 도태되기 마련이며, 같은 원리로 권력 측에서 그 정당성을 강조하기 위해 정사 같은 것을 만든다 해도 권력 자체가 진실로 정당하지 않은 한, 그 정사는 또한 외면되기 마련이다.

민주주의시대에는 국가권력이 스스로 정당성을 내세우기 위해 만드는 정사 따위는 있을 필요가 없으며, 역사의 연구와 서술은 전적으로 민간 학자의 자유로운 학문활동에 맡겨질 뿐이다. 다만 국가기관이 역사서술을 위해 해야 할 일은 민간 학자들이 하기 어려운, 그러면서도 그 학문활동의 기초 조건이 되는 연구자료의 객관적이고도 광범위한 수집과 정리일 뿐이다.

역사서술 사업을 정부가 주관만 하고 직접적인 서술은 민간 학자에게 맡기는 방법이 제시될 수도 있으나, 정부가 주관하는 한 정권의 정당성 확립과 같은 권력 측의 의지가 들어가기 마련이며, 그것이 개입되는 한 객관성 높은 역사서술은 기대하기 어렵다.

## 전체 역사 위의 현대사의 위치

지금의 우리가 말하는 현대사는 우리가 살고 있는 시대와 같은 시대의 역사라는 의미를 가지기도 한다. 따라서 우리 역사의 경우 해방 이후 시대의 역사를 현대사로 보는 것이 타당하다는 의견이 많다. 그러나 해방 이후의 역사만이 현대사로서 따로 떨어져 있는 것은 아니며 그것은 근대 이후 우리 역사의 한 부분임을 인식할 필요가 있다.

근대 이후 우리 역사의 진행방향은 그것을 보는 시각에 따라 다를 수 있겠지만, 전체적으로 보아 근대 통일민족국가의 수립 과정이라 볼 수 있다. 문호개방 이후 식민지화하기까지의 기간엔 외세의 침략을 받으면서 그것에 대응하기 위한 여러 측면에서의 민족운동이 전개되었지만, 그 전체적인 방향은 전제주의 지배체제를 청산하고 외세침략을 극복하고 국민주권주의의 근대민족국가를 수립해가는 과정이었다. 그러나 그것은 달성되지 않은 채 결국 식민지로 전락하고 말았던 것이다.

일제 식민지 시기의 민족운동 역시 전체적으로 보면 그 이전부터의 국민주권주의 민족국가 수립운동의 연장이었다. 그러나 이 시기의 민족운동전선은 좌우 양익兩翼으로 분립되어 있어서 그 전선을 통일하고 통일민족국가를 수립해야 할 과제를 가진 시기였다. 독립운동시기 말기에는 각 독립운동전선이 실제로 통일민족국가를 수립하기 위한 민족연합전선을 형성해가고 있었다. 그러나 식민지배를 벗어나면서 바로 민족이 분단됨으로써 통일민족국가 수립의 길이 막혔고 해방 후의 시대는 분단시대가 되었으며, 따라서 이 시대를 또 민족통일운동의 시대가 되게 했던 것이다.

전체적으로 보면 문호개방 후의 시대와 일제 식민지 시기 그리고 해방 후의 분단시대를 통틀어서 우리 역사상의 근대 통일민족국가 수립과정으로 볼 수 있으며, 그것은 민족통일이 달성될 때까지 계속될 것이다.

이렇게 보면 통일 후 우리 역사의 시대구분은 개화기와 식민지 시기의 독립운동시대, 해방 후의 분단시대, 민족통일운동시대가 모두 근대 통일민족국가 수립 과정으로서의 한 시대인 근대로 인식되고, 통일 이후의 시대가 현대가 될 것이라고 내다볼 수 있다.

지금의 우리가 현대로 보는 해방 후의 분단시대는 우리 근대 이후의 역사 위에서 바로 이와 같은 시기, 즉 근대 통일민족국가 수립 과정의 마지막 한 시기에 해당한다는 점을 인식할 필요가 있으며, 이와 같은 역사인식을 바탕으로 하여 지금의 우리 현대사를 서술할 때 그 옳은 방향을 잡을 수 있을 것이다.

개화기와 식민지 시기를 걸쳐서 산 탁월한 민족주의 역사학자 박은식은 그 자신의 시대, 즉 그에게는 현대사인 개화기와 일제 식민지 시기의 역사를 서술했다. 조국이 일본에 의해 식민지화해가는 과정을 『한국통사 韓國痛史』로 엮었고 식민지배에서 해방되기 위해 전개한 민족운동의 과정을 『한국독립운동지혈사 韓國獨立運動之血史』로 엮은 것이 그것이다.

한 시대의 역사를 서술하는 데는 그 시대의 정치·경제·사회·문화 면의 사실들이 고루 포함되고 또 그 분야마다 일정한 서술방향이 있어야겠지만 그것만으로 시대사 서술이 완성되는 것은 아니다. 그 시대의 역사적 큰 줄기로서의 지도원리가 깃들어 있어야 하는 것이다. 박은식이 쓴 '현대사'에는 식민지로 전락해가는 과정에서의 민족사적 반성과 식민지 시대 민족사의 지도원리로서의 민족해방투쟁의 실천과 이념이 일관되게 흐르고 있음을 쉽게 발견할 수 있다.

　1945년 이후의 우리 현대사는 그 큰 줄기로서 무엇이 그 바닥에 깔려야 하는가를 먼저 생각하지 않으면 지도원리에 맞는 역사서술을 기대하기 어렵다. 해방 후에 일어난 정치·경제·사회·문화 면의 굵직한 사건들을 엮어놓거나 이 시기에 세워진 정권들의 정당성을 뒷받침할 만한 사실들만을 골라 엮어놓는다 해서 현대사 서술이 이루어지는 것이 아님은 더 말할 나위가 없다.

## 우리 현대사의 큰 줄기

우리 현대사를 서술함에 있어서 그 바닥에 흐르는 큰 줄기가 무엇인가를, 이 시대사의 중추부를 흐르고 있는 지도원리가 무엇인가를 이해하기 위해서는 먼저 우리의 현대사가 바로 식민지배에서 해방되면서 시작되었다는 점에 유의하지 않을 수 없다. 식민지배에서 해방된 민족사회는 무엇보다도 식민지배의 잔재를 철저히 청산하는 데서 그 역사적 방향을 찾을 수 있으며, 여기에 이 시대 역사의 큰 줄기의 하나가 있는 것이다.

　식민지배에서 해방된 민족사회에 수립된 정권이 식민지배의 잔재를 철저히 청산하지 못한 경우 역사서술로부터 그 반反역사성을 지적받지 않을 수 없을 것이지만, 이런 경우 그 역사서술은 다만 잔재청산이 철저하지 못한 사실을 지적하는 데만 그칠 수도 있고 잔재청산이 불철저하게 된 원인을 찾으면서 그 정권 담당 세력의 성격을 규명하고 더 나아가서 그러한 정치세력에 의해 성립된 정권의 역사적 성격과 정당성에까지 논급이 미칠 수도 있을 것이다.

어떤 서술이 지도원리를 투철하게 하는 데 더 충실한 서술인가는 저절로 가려지기 마련이지만, 그것은 또 그 시대사의 서술을 누가 담당하는가, 역사서술의 객관적 공간이 얼마나 확보되는가 하는 문제와 직결되어 있다.

식민지배에서 해방된 민족사회의 정권 담당 세력이 이전의 민족해방운동세력과 동일한 경우 식민잔재의 청산문제, 정권의 정통성·정당성을 확실히 하는 문제, 시대사 서술의 객관적 공간이 마련되는 문제 등에서 차질이 생길 여지가 좁아지기 마련이며, 한층 더 시대정신에 접근한 역사서술이 가능해질 것이다.

해방 전의 민족독립운동 과정과 해방 후의 정권수립 과정이 연결선상에서 인식되지 않고 독립운동과 정치활동이 다르다는 논리에서 민족독립운동 세력과 해방 후의 정권 담당 세력이 반드시 일치하지 않을 수도 있다는 관점에서의 일종의 '현실론'이 있을 수도 있다. 이런 '현실론'이 역사서술에 적용되는 것을 방지하기 위해 역사흐름의 큰 줄기가 강조되기 마련이며, 여기에 한때의 정치논쟁과 긴 안목에서의 역사적 평가의 차이가 있는 것이다.

정략적 우세에 의해 성립된 정권은 그 정당성·정통성을 강조하기 위해 민족해방운동과의 연결성을 주장하기 마련이지만, 정권 측의 주장과는 관계없이 역사로 서술될 때의 정확성과 공정성이 유지될 수 있어야 한다는 사실이 우리 현대사 서술의 또 하나의 중요한 조건이다. 현재에 가까운 시기의 역사서술일수록 권력 측의 관여가 배제되어야 할 이유가 여기에도 있는 것이다.

전체 인류사를 통해서 그 근대 이후사의 큰 줄기의 하나가 민주주의의 발전에 있음은 다 아는 일이지만 우리 근·현대사의 경우도 결코 예외일 수 없다. 구한말의 국권수호운동이 일부 민주주의운동과 함께 진행되었고 일제 식민지 시기의 민족해방운동은 그 전체 과정이 민주주의운동과 병행된 것이었다.

특히 20세기 전반기의 식민지 시기는 우리 역사상 민주주의적 발전이 본격적으로 추진되어야 할 시기였지만, 일본제국주의의 식민지배로 그것이 질식상태에 빠져 있었다. 따라서 민족해방이야말로 식민지 시기의 질식상태를 벗어나서 정치·경제·사회·문화 등 각 부문에서의 민주주의적 발전을 전진시켜야 할 획기적인 계기였다.

불행하게도 민족이 분단되고 남북이 대치함으로써 민주주의 발전은 다시 제약되었지만, 분단체제가 주는 제약 속에서도 민주주의를 전진시키기 위한 운동은 간단없이 계속되었다. 식민지 시대의 민족운동이 국권회복운동과 민주주의운동의 병행이었다고 말했지만, 해방 후의 민족운동은 평화적 민족통일운동과 민주주의운동이 병행되고 있는 것이다.

해방 후의 민주주의운동은 식민지 잔재 청산, 평화적 민족통일문제와 함께 이 시기 우리 역사의 큰 줄기의 하나이며 민주주의운동의 추진은 현대사의 가장 중요한 부분의 하나다. 현대사의 서술이 식민지 잔재 청산의 불철저성을 지적하는 데만 그칠 것이 아니라고 했지만, 민주주의운동의 경우도 그 사실만을 서술하는 데 그칠 것인가, 그 운동이 갖는 역사적 의미와 그것을 탄압한 정권의 역사적 성격에까지 논급할 것인가 하는 문제가 있다.

새삼스러운 말이지만, 한 시대의 역사를 서술한다는 것은 단순히 그 시대에 일어났던 사실을 순서대로 배열해놓는 일만이 아니다. 낱낱의 사실들이 역사 전체의 흐름에, 그 시대사조에 부합되었는가 그렇지 못한가를, 다시 말하면 역사적이었는가 반역사적이었는가를 평가하는 일이 겸해져야 하는 것이다.

이 시기 역사 흐름의 큰 줄기로서의 민주주의운동을 얼마나 객관적으로 평가, 서술할 수 있는가에 따라 현대사 연구는 그 값어치가 가늠될 것이다.

## 분단민족의 현대사 서술

식민지배에서 해방되면서 시작된 우리 현대사를 서술함에 있어서 역사 흐름의 큰 줄기로서의 식민지 잔재 청산과 민주주의의 발전을 들었지만, 우리 현대사는 곧 분단시대사이므로 민족통일의 지향도 가장 중요한 줄기의 하나다. 그리고 통일론에는 무력통일론도 있었고 평화통일론도 있었으나 지금에는 평화통일론이 자리 잡아가고 있으며, 이 평화통일론의 정착은 현대사 서술의 방향과 관련하여 변수의 하나다.

민족통일의 당위성은 현대사 서술의 방향과 관련하여 아무리 강조해도 지나침이 없는 일이겠으나, 무력통일론 및 냉전주의적 역사인식으로는 통일의 대상이 정복해야 할 적 지역일 뿐이어서 그곳에서 일어난 사실에 대해서도 역사성을 인정할 수 없었으며 따라서 역사서술의 대상도 될 수 없었다. 다시 말하면 이런 경우 한쪽만의 역사로도 현대사가 성립될 수 있었던 것이다.

그러나 통일해야 할 대상이 정복의 대상이 아니라 협상을 통해 평화적으로 통일해야 할 대상이 된 경우 그 역사서술에는 그곳에서의 역사적 사실들이 포함되지 않을 수 없을 것이며, 그것도 평화통일을 지향하는 방향에서의 해석 및 서술이 되지 않을 수 없을 것이다.

통일의 대상을 적 지역으로 간주했을 때의 역사서술 방향과 평화통일 대상으로 간주했을 때의 서술 방향이 달라질 것임은 말할 나위가 없다. 적 지역에서 일어난 사실에 대해서는 그 역사성을 전면 부정할 수밖에 없을 것이지만, 역사성을 전면 부정한 지역과의 협상에 의한 평화적 통일을 지향하는 역사서술은 서로 모순될 것이기 때문이다.

해방 후 분단시대 민족사의 지도원리의 하나가 평화적 민족통일이라 했지만, 뒷날의 우리 역사학은 이 시대의 역사서술, 즉 지금의 우리가 현대라고 부르는 분단시대에 관한 역사서술을 평가할 때 그것이 분단국가주의적 역사인식에서 서술되었는가 아니면 통일민족주의적 역사인식에서 쓰였는가를 중요한 평가기준의 하나로 삼을 것이다.

민족주의의 의미와 지향은 시대에 따라 달라지게 마련이지만 분단민족의 민족주의가 간혹 분단국가주의와 혼동되는 경우가 있다. 분단시대 민족주의의 방향은 정치·경제·사회·문화적인 면에서 분단국가적 차원을 넘어서서 그것을 통일 지향적인 방향으로 나아가게 하는 데서 구할 수 있으며, 이 시기 역사서술의 방향도 그것과 궤도를 같이해야 함은 더 말할 나위가 없다.

분단민족의 분단시대에 관한 역사서술이 그 체제적 요구에 얽매여서 분단체제의 성립이나 고착화 및 그 절대화를 뒷받침하는 서술에 그치고 말 경우 그것은 평화적 통일을 과제로 하는 이 시기의 민족주의적 방향에서의 역사서술이 되기는 어려울 것이다.

분단시대를 대상으로 하는 체제 아래서의 역사서술은 그 체제적 제약으로부터 얼마만큼 객관적 위치를 확보하고 분단국가주의적 차원을 극복하여 통일민족주의적 역사인식을 확립할 수 있는가 하는 점에 그 성패가 달렸다고 할 수 있을 것이다.

## 우리 현대사의 세 가지 성격

결론적으로 말해서 해방 후의 시대를 대상으로 하는 우리의 현대사는 크게 세 가지 성격을 가진다고 생각된다. 그것은 첫째 전제군주시대가 아닌 국민주권주의시대의 역사라는 점이며, 둘째 식민지배에서 해방된 민족의 역사라는 점이며, 셋째 분단민족의 역사라는 점이다.

우리의 현대사가 국민주권주의시대의 역사라는 말은 곧 전제주의의시대와 같은 정사가 국가권력에 의해 서술될 이유가 없음을 분명히 하고 있으며, 우리의 현대사가 식민지에서 해방된 민족의 역사임이 강조되는 이유는 그 시대의 역사를 평가하는 중요한 기준의 하나가 식민지배의 잔재를 얼마나 철저히 청산할 수 있었느냐에 있음을 말하는 것이고, 우리의 현대사가 분단민족의 역사임이 지적되는 것은 그 시기에 대한 역사서술이 얼마나 통일 지향적인 역사관에서 쓰이느냐를 주목해야 한다는 생각에서다.

역사서술, 특히 현재에 가까운 시대의 역사서술에서 다시 한 번 강조되어야 할 일은 그것이 어떤 정치세력이나 정권을 단죄하기 위해서만 쓰여서는 안 되는 것과 같이 어떤 정치세력이나 정권의 정당성이나 정통성을 강조하고 합리화하기 위해 쓰여서도 안 된다는 점이다.

그것은 이 시대의 인류사 전체 및 단위 민족사의 방향과 줄기를 옳게 이해하고, 이 시대에 일어난 정치·경제·사회·문화 면의 흐름이 이 방향과 줄기에 얼마나 합치되고 또 거슬렀는가를 가능한 한 객관적으로 평가하고 서술할 뿐이다. 그리고 이와 같은 작업은 역시 민간 학자들의 개인적이고 자유로운 학문활동에 맡겨질 때 가능한 것이다.

# 4 새로운 한국사학 정립을 위한 제언

## 한국사 연구방법론의 반성

우리 역사가 이른바 근대 학문적 방법으로 연구되기 시작한 것은 대체로 19세기 말경부터이며, 그것도 한반도에 대한 침략목적을 가진 일본의 이른바 어용사학자들에 의해서였다. 이들 일본 어용사학자들에 의한 우리 역사 연구는 이후의 식민지 시기로 연결되면서 이른바 식민사학으로 자리 잡게 되고 그것에 반대하는 민족주의역사학과 사회경제사학이 나타나게 되지만, 한편 일본에 도입된 이른바 근대 학문적 방법론으로서의 실증주의역사학도 식민지 시기 역사학 방법론의 하나로 자리 잡게 되었다.

일본 어용사학이 빚어놓은 식민사학의 방법론과 식민지 시기에 국내 역사학계에 뿌리내린 실증사학의 방법론이 역사적 사실을 실증한 결과가 같은 부분도 있고 다른 부분도 있었지만, 식민사학이 우리 역사를 이른바 타율성론이나 정체후진성론 중심으로 '실증'하고 서술한 데 대해 국내의 실증주의역사학은 그것에 반대하는 '실증'을 하지 못했다. 같은 실증주의 방법론이면서도 식민사학은 식민사론을 수립한 데 반해 국내의 실증주의역사학은 사론의 수립을 기피하는 쪽으로만 나아가고 있었던 것이다.

전체 식민지 시기를 통해 일본의 식민사학은 '일선동조론日鮮同祖論'이나 '남한경영설南韓經營說'이나 '만선사관滿鮮史觀' 등을 실증해갔지만, 국내의 실증사학은 그 학문의 마당을 지리고증적 부분에만 한정하거나 정쟁사政爭史 연구에 한정한 경우가 많았다. 다시 말하면 같은 실증주의적 방법론을 표방했으면서도 일본 측의 식민사학은 그 현재적 요구, 즉 일본의 한반도침략을 역사적으로 뒷받침하는 사론을 수립해간 데 반해 국내의 실증주의역사학은 식민지배 아래에 있는 민족적·현재적 요구와 전혀 연결되지 못한 학문 영역만을 고수하면서 그것이 이른바 과학적인 방법이라 강변하고 있었다.

식민지 시기의 우리 역사학은 민족사의 세계사적 발전 과정을 추구하면서 식민사학론에 반대하는 역사학, 식민지배의 부당성을 논증하는 역사학일 것이 요구되었으나 적어도 국내의 실증사학은 그와 같은 역사학의 현재성과는 거리가 먼 사실의 실증을 위한 실증에만 한정하면서 그것만이 역사학의 방법이라 고집하고 있었다.

그러나 식민지 시기의 역사학이 모두 그러한 것은 아니었다. 민족주의역사학은 민족의 현재적 요구에 부응하면서 식민사학론에 반대하는 사론을 수립하려 노력했고, 사회경제사학은 민족사의 세계사적 발전 과정을 논증함으로써 식민사학론에 대항했다. 민족주의역사학과 사회경제사학은 그 역사인식과 방법론에서 큰 차이점을, 그리고 서로 용납하기 어려운 부분을 가지고는 있었지만, 그것들이 식민지 시기를 통해 민족의 현재적 요구에 충실한 역사학이었으며 반식민사학적 방법론에 철저한 역사학이었다는 점에서 해방 후의 역사학계에서 그 역사인식상의 차이점을 발전적으로 해소하고 하나의 새로운 방법론을 수립할 만했다.

그러나 민족주의역사학의 경우, 그 연구자가 민족운동전선에 직접 참가함으로써 사론을 계속 발전시킬 수 있었던 부분은 연구자의 전사로 8·15 후에는 그 학맥이 끊어졌고, 민족운동전선에 참가하지 못하고 국내에 있음으로써 사론적인 전진을 못한 부분의 민족주의사학은 그 사론의 국수주의적 성격이 강하기도 했지만 그 연구자들 또한 대부분 해방 후에는 학계를 떠나고 말았다.

한편 사회경제사학의 경우 식민지 시기를 통해 심한 탄압 속에서도 어느 정도 연구자의 배출이 있었고 사론적인 진전도 있었지만, 8·15와 함께 민족과 국토가 분단되고 분단국가가 수립되는 과정에서 대부분 월북함으로써 남한에서는 역시 학맥이 끊어지고 말았다.

결국 8·15 후 남한의 역사학계는 민족주의역사학의 학맥과 사회경제사학의 학맥이 거의 끊어지다시피 한 상태에서 이른바 실증사학적 학맥만이 남게 되었고, 그것이 학계를 독점하다시피 했다. 식민지 시기의 실증사학은 식민지 피지배민족의 역사학이라는 조건 때문에 그 방법론이 실증을 위한 실증에 한정될 수밖에 없었다 해도, 그것이 해방 후의 역사학계를 주도하게 된 후에는 학문의 현재성을 회복하여 역사학의 새로운 방법론을 개척할 만했지만 여전히 식민지 시기 실증사학적 방법론을 고수하는 데서 벗어나지 못했다.

그러나 1960년대로 접어들면서 민족주의사학적 역사인식과 사회경제사학적 방법론이 일부 국내 민족주의역사학의 영향을 받았던 연구자와 해방 후에 배출된 일부의 젊은 연구자들에 의해 계승되기 시작했다. 그들의 연구방법론은 당연히 식민사학론을 극복하고 민족사의 세계사적·주체적 발전 과정을 추구하는 방향으로 나아갔다.

1960년대 이후 역사학계의 식민사학극복론 및 민족 주체적 역사인식의 확립론은, 그것이 복고주의적·국수주의적 역사인식으로 나아가서 이 시기 독재정권 유지를 위한 논리적 근거가 되는 경우도 있었지만, 다른 한편 식민사학극복론 및 주체적 역사인식 정립론은 해방 후의 우리 역사학계가 열어가야 할 당연한 방향으로 인정되었고, 그것은 또 남북한의 역사학계가 비슷한 시기에 함께 나아간 방향이기도 했다.

8·15 후의 역사학계가 식민사론을 극복하는 데서 그 새로운 방향을 잡은 것은 당연한 일이었으며 그것은 앞으로도 계속되어야 할 역사학 방법론의 하나이기도 하다. 그러나 8·15 후 40년이 지난, 식민사학극복론이 대두된 지 20여 년이 지난 지금의 시점에서 보면 8·15 후의 역사학계가 식민사학극복론에 너무 안주하고 있으며 그것은 또 하나의 현재성을 결여한 역사학으로 굳어져 가고 있다는 우려를 가지지 않을 수 없다.

그것은 우리가 누차 지적한 바 있지만 8·15 후의 역사학이 현재성을 찾는 길은 식민지 시기의 역사적, 민족적 현실을 구명하는 데만 한정되는 것이 아니며 8·15 후의 시대, 민족분단시대의 민족적 현실도 바로 역사적 현실로 인식하는 데 있기 때문이다. 그리고 역시 자주 지적된 것과 같이 8·15 후의 우리 역사학이 식민사학극복론에 한정되고 분단시대의 민족적 현실을 외면한다면 식민지 시기 국내의 실증사학이 식민지배하에 있는 민족적·현실적 질곡을 외면하고 주로 역사지리적 문제나 정쟁사의 실증에 한정되고 있던 일과 다를 것이 없다는 생각인 것이다.

해방 후의 역사학이 중심적으로 추구한 식민사학극복론은 대체로 고대사의 일부와 조선 후기 및 개항 후 시기 그리고 일부 식민지 시기의 문제에 한정되었다. 따라서 8·15 후의 시기는 역시 역사학의 대상이 될 수 없었다. 조선 후기를 대상으로 하는 경우 그것은 일반 사회과학과의 연결이 자본주의맹아론 등을 통해서 일부 이루어졌으나 개항 후의 경우는 대부분 역사학만의 작업에 한정되다시피 했고, 식민지 시기의 경우 일부 사회과학 측에서는 의욕적인 연구가 집중된 부분도 있으나 역사학 측의 참여가 없었기 때문에 지금까지는 역사학과 사회과학의 접합은 기대하기 어려웠다.

역사학의 사회과학적 방법론과의 접촉이 부진한 결과는 역사학으로 하여금 동시대사 연구를 외면한 역사학이 되게 했고, 따라서 그것은 현재성이 결여된 역사학이 되게 했다. 반대로 사회과학이 역사학과의 접촉을 가지지 못하고 우리의 동시대를 연구대상으로 삼은 결과는 흔히 지적되는 것과 같이 외국 이론의 무리한 적용으로 그 토착화의 방향을 제대로 잡지 못하고 있는 실정이다.

### 한국사학에의 시대적 요청

역사학의 사회과학과의 접촉 및 협력의 부진은 현재성 부재의 역사학이 되게 했지만, 한편 사회과학으로 하여금 토착화의 방향을 제대로 잡지 못하게 했을 뿐만 아니라 학문의 생명인 비판성이 약하고 체제매몰적 성격이 강한 사회과학이 되게 할 가능성이 높았으며, 나아가서 분단국가주의적 역사인식 및 현실인식을 넘어서지 못하는 사회과학이 되게 할 우려가 있었다.

8·15 후 40여 년간 우리 역사학은 철학·문학 분야와 함께 국학으로 불렸고 식민지 시기부터 이어져온 방법론에 의해 폐쇄적인 연구를 지속해왔다. 한편 정치학·경제학·사회학 등의 사회과학은 식민지 시기부터의 학맥은 거의 없다시피 했고 해방 후 주로 외국에 유학하여 외국식 방법론에 따라 훈련된 연구자들을 중심으로 연구되어왔다.

식민지 시기부터의 방법론을 고수하다시피 한 국학 측과 해방 후 외국에서 훈련된 연구자들에 의해 도입된 사회과학은 전혀 접합되지 못했다. 사회과학 측에서는 국학을 심하게 표현해서 전혀 접근할 수도 없고 그 결론을 이용할 수도 없는 일종의 전근대적 학문으로 인식했고, 국학 측에서는 사회과학을 '객관성'이 결여된 '몰주체적'인 '외국 학문'이어서 우리의 학문으로 뿌리내리기에 부적당한 것으로 인식하는 경향이 있었다.

이와 같은 두 개의 동떨어진 학문 경향이 해방 후의 우리 학계에 함께 자리하면서 기성 연구자들의 학문세계에서는 그 접합이 거의 불가능한 실정이었으나, 병행된 두 가지 방법론 속에서 성장한 젊은 연구자들은 이제 그것들을 발전적으로 접합하여 새로운 방법으로 승화해가려는 노력을 경주하고 있으며, 그것은 또 전망이 대단히 밝은 것으로 보인다.

국학에 현재성과 세계성을 불어넣고 사회과학의 토착화와 민족화를 실현하려는 이와 같은 학문 방향은 종래의 국학과 사회과학을 접목해 새로운 의미의 한국학으로 발전시킴으로써 우리 학문의 민족성과 세계성을 함께 확립할 수 있을 것이다. 우리 근대 학문의 역사가 구한말부터 잡으면 100년에 가깝고 8·15 후부터 치면 40년이 넘었지만, 민족성과 세계성을 함께 가진 학국학은 우리가 말하는 국학과 사회과학의 접목에서 비로소 이루어진다고 할 수 있으며, 어떤 의미에서는 여기에 우리 근대 학문의 하나의 새로운 출발이 있다고 할 수 있다.

이와 같은 한국학을 수립해가는 과정은 국학과 사회과학 측에서 함께 추진되어야겠지만, 먼저 국학 측의 경우 무엇보다 사회과학 이론의 과감한 도입이 요청된다. 식민지 시기의 실증사학이 이론화를 거부하면서 개별성의 추구에만 한정된 데 비해, 우리 역사 해석에의 사회경제사학적 이론의 도입이 그 역사인식의 폭을 크게 넓혀갔고 그것이 우리 근대사학사의 큰 자산으로 남아 있다. 그러나 해방 후의 우리 역사학은 사회과학적 이론 도입이 크게 제약되었다.

이와 같은 사회과학적 이론 도입상의 제약성은 학문 내적 문제도 있고 학문 외적 문제도 있었다. 학문 내적으로는 도입하는 이론의 토착화 적부성과 그 목적성이 도외시된, 흔히 지적되는 것과 같이 민족사회의 역사적 발전 방향과 연결되지 못한, 학문적 제국주의성에 매몰된 경우로 인식되어 국학 측의 깊은 불신을 받았다.

이와 같은 사실은 학문 외적 제약, 즉 분단체제가 주는 제약과도 바로 연결되는 일이지만, 종래의 국학 측의 처지에서 보면 사회과학 측이 도입한 이론의 상당한 부분은 8·15 후 사회의 정권 담당층의 정당성 분석, 경제적 발전의 논리성 추구, 사회계층 분화 분석 등에서 분단국가주의적 논리에 한정된, 체제매몰적인 것으로 받아들여지는 경우가 많았다.

그러나 이에 국학 측의 현재성 회복과 사회과학 측의 토착화·민족화가 접합점을 이루려는 노력이 나타나고 있는 시점에서 국학 측의 일부로서의, 특히 그 학문적 성격 자체가 인문과학과 사회과학의 일종의 접합점에 위치한, 그리고 국학 측의 현재성 회복에 공헌하고 사회과학의 토착화를 위한 연구자료와 학문적 방향을 제공하는 데 일단 요긴한 위치에 처해 있다고 생각되는 역사학이 새로운 의미의 한국학 정립을 위해 무엇을 할 것인가를 생각해볼 필요가 있다.

국학과 사회과학의 접합 문제에서 현재의 사정으로는 일차적으로 우리 근·현대사회 부분에서 그 영역을 구하는 것이 비교적 용이하다고 생각되지만, 지금까지 우리 역사학은 근·현대사 연구에 소극적이었고 또 어느 정도 적극성을 가졌다 해도 주로 민족운동사 연구에 치중해온 것이 사실이다.

그러나 앞으로 우리 근·현대사 연구는 정치·경제·사회·문화 등 각 부문에 걸친 종합적 연구가 요구되며, 이 경우 사회과학과의 협조 및 접합이 절실히 요청된다. 이 협조의 구체적 방법은 역사학 측에서의 자료의 정리·제공 문제도 있지만 그보다 근·현대의 시대 성격을 가늠하는 방향에서도 함께 이루어질 것이 요청되고 있다.

종래 국학의 일부로서의 역사학은 그 방법론이 이론화에 소극적이고, 개별적이고 구체적인 문제의 천착에 집중하는 경향이 짙었으며, 근대사 문제를 다루는 경우도 오히려 사회과학 측에서 각 분야의 이론화에 적극적인 경우가 많았다.

그러나 역사학과 사회과학의 협력관계가 이루어지는 경우 역사학 측이 개별적인 사실을 구명하여 제공하기도 하겠지만, 한편으로 사회과학 측 연구의 역사적 방향을 가늠해줄 수도 있을 것이며, 정치·경제·사회적 분야의 연구성과를 종합하여 하나의 시기에 대한 시대 성격을 추출할 수 있을 것이다.

이와 같은 역사학과 사회과학의 협력 및 접합은 최근에 와서 연구열이 높아져 가고 있으면서도 아직 그 방향을 제대로 잡지 못하고 있는 개화기의 정치적·경제적 지향 및 그 시대 성격의 문제, 일제 식민지 시기의 사회·경제적 구조 및 그 사회성격 문제 등을 구명하는데 큰 성과를 가져다줄 것이며, 나아가서 식민지배에서 벗어나는 시기의 민족사적 단계 문제, 8·15 후 시기의 민족사적 방향 문제, 민족통일의 방향 문제 등의 연구에 큰 진전을 가져다줄 것이다.

국학과 사회과학을 막론하여 8·15 후의 우리 학문이 분단체제적 제약을 벗지 못하고 있는 것이라고 흔히 지적하지만, 종래의 역사학은 분단 현실을 외면하면서 그것이 이른바 학문적 객관성을 유지하는 것이라 생각한 경우와 사회과학 측이 분단체제에 매몰되어 있으면서 그것이 학문의 현재성을 가지는 것이라 생각하는 경우가 많았다. 분단시대 우리의 학문은 분단체제와 맞섬으로써 그 옳은 의미의 현재성과 객관성을 찾을 수 있으며 그것은 곧 국학, 특히 역사학과 사회과학의 발전적인 접합에서 가능할 것으로 생각된다. 그리고 여기에서 우리가 자주 지적한 학문의 분단국가주의론이 극복되고 통일민족주의론을 수립하는 현실적이고 과학적인 길이 열리는 것이라 말할 수 있을 것이다.

**한국사학의 사회과학에의 요망**

종래적인 국학, 특히 역사학과 사회과학의 접합이야말로 새로운 의미의 한국학을 성립하기 위한 시대적 요청이라 말했지만, 여기에는 몇 가지 구체적 노력이 필요할 것 같다. 무엇보다도 사회과학 측에서 우리 문제에 대한 학문적 관심을 높일 것이 요청된다. 사회과학 측의 우리 문제에 대한 관심은 근대 이전의 시대에까지 미치는 것이 바람직하지만 우선 근대 이후, 즉 문호개방기와 식민지 시대의 연구에는 사회과학 측의 적극적인 참여가 요청되는 것이다.

우선 근대 이후의 문제에만 한해서 생각해보아도 정치학의 경우, 예를 들면 조선왕조의 권력구조, 대한제국 성립의 정치사적 의의 및 그 권력구조상의 특성, 조선총독부의 지배구조, 해방 후 미군정의 정치사적 성격 등 정치학적 시각의 구명이 없고는 역사서술상 공백이 생길 수밖에 없는 부분이 아직도 많이 남아 있다.

경제학의 경우도 지금 일부 논구되는 우리 역사상의 자본주의 발달 문제, 민족자본의 성격 구명 등의 문제 이외에도 좀 더 구체적으로 보아서 근대 이후의 재정사·무역사·회사발달사·시장발달사·세제발달사 등 경제학 측의 전문적 분석이 긴급히 요청되는 부분이 많으며, 사회학의 경우도 역시 일부 추구되는 근대적 엘리트층의 형성 문제, 사회계층 분화의 분석, 근대화의 방향 문제 이외에도 도시발달사, 농촌사회의 변화발달사 등 사회학적 이론과 방법론이 적용되지 않고는 그 실상이 해명되기 어려운 부분이 많다.

우리 근·현대사에서의 이와 같은 연구의 공백 부분은 곧 대학이나 대학원 강의의 공백 부분이기도 하지만, 발전적 의미의 한국학이 정착되고 진전되기 위해서는 조만간 설강設講되어야 할 부분이다. 특히 최근에 와서 사회과학 측 학과에서도 이런 문제에 대한 학생들의 설강 요구가 높아져 가고 있지만, 아직은 연구자의 절대수가 부족하며 따라서 연구업적의 집적도 미약하기만 하다.

새로 형성되어야 할 한국학의 이와 같은 부분에 연구자의 절대수가 부족한 이유는 종래의 사회과학이 우리의 근·현대사 부분에 대한 관심이 약했던 데 있으며, 그 이유는 또 앞에서도 말한 것과 같이 근대 이후의 우리 사회과학의 뿌리가 약하고 기성 학자들의 연구가 대부분 외국 이론 및 방법론에 한정되었기 때문이었다.

그러나 앞으로 사회과학이 한국학으로 뿌리내리기 위해서는 불만족스러운 조건 속에서나마 우리 문제를 다루는 강좌를 적극적으로 넓혀감으로써 장차 새로운 한국학을 담당해갈 연구 인구를 증가해 나가는 것이 시급하다. 참고로 서울대학교, 연세대학교, 고려대학교 세 대학원과 학부에서 현재 설강되고 있는 강좌 수와 그중 한국 관계 강좌 수의 비율을 보면 다음과 같다.

먼저 경제학과의 경우, 연세대는 대학원 전체 60개 설강 강좌 중 한국 관계 과목이 2개 과목, 학부는 34개 과목 중 2개 과목이고, 서울대는 대학원 53개 과목 중 6개 과목, 학부 42개 과목 중 2개 과목이며, 고려대는 대학원 61개 과목 중 3개 과목, 학부 30개 과목 중 2개 과목이다.

다음 정치학과의 경우, 연세대는 대학원 전체 55개 설강 강좌 중 한국 관계 과목이 13개 과목, 학부는 48개 과목 중 8개 과목, 서울대는 대학원 42개 과목 중 5개 과목, 학부 34개 과목 중 4개 과목이며, 고려대는 대학원 80개 과목 중 24개 과목, 학부 33개 과목 중 3

개 과목이다. 고려대는 대학원에 한국정치 전공이 따로 분리되어 있어서 한국 관계 과목이 많다.

사회학과의 경우를 보면, 연세대는 대학원에서 전체 설강 강좌 53개 중 한국 관계 과목은 1과목이며 오히려 학부가 전체 65개 과목 중 3개 과목이다. 서울대는 대학원이 47개 과목 중 4개 과목이며 학부가 35개 과목 중 2개 과목이다. 또한 고려대는 대학원이 33개 과목 중 1개 과목이며 학부가 32개 과목 중 2개 과목이다.

설강 강좌의 이름이 반드시 한국 관계가 아니라도 실제 강의 내용은 우리 문제를 다룰 수도 있고, 반대로 한국 관계 강좌를 나열해 놓고도 실제로 개강하지 못하는 경우도 있겠지만, 이와 같은 비율로 보아 우리의 사회과학이 우리 문제를 강의하는 비율이 얼마나 낮은가를 일단 거론할 수 있지 않을까 한다.

이 비율로 보면 경제학과 사회학, 특히 사회학의 한국 관계 강좌 수가 극히 적음을 알 수 있으며 그런 중에서도 정치학이, 특히 고려대와 연세대의 경우 대학원에서의 한국 관계 과목 설강 수가 비교적 높은 비율임을 볼 수 있다. 이와 같은 현상은 정치학이 경제학이나 사회학보다 특별히 우리 문제에 대한 연구업적이 많기 때문에 나타난 것이라 보기는 어려울 것 같다. 정확하게 통계한 것은 아니지만 정치학보다 오히려 경제학 쪽의 우리 문제에 대한 연구가 더 많이 진행된 것이 아닌가 생각되기 때문이다.

연세대와 고려대의 대학원 설강 과목 중 한국 관계 과목이 많은 것은 결국 한국학의 방향과 학생들의 관심에 대한 이해가 더 앞선 데 있는 것이라 생각될 수 있다. 사실 지금의 학생들은 우리가 이미 알고 있는 것과 같이 기성 학자들보다 우리 문제에 대한 관심도와 학문적 열의 및 사명감이 훨씬 높다고 생각되며 이 점에서는 인문과학 전공이나 사회과학 전공의 경우가 다르지 않은 것 같다.

학생층과 젊은 연구자들의 이와 같은 경향에 대한 국학 측과 사회과학 측 기성 학계의 일정한 대응이 요청되며, 그것이야말로 우리가 말하는 새로운 의미의 한국학을 성립, 발전시키는 길의 하나가 될 것이다. 따라서 그것을 위한 몇 가지 구체적 방법을 생각해볼 만하다.

우선 기성 학계의 같은 시대와 분야에 관심을 가진 연구자들, 국학 측과 사회과학 측 연구자들의 잦은 접촉과 토론이 절실히 요청된다. 종래 상당히 높았던 두 학문 분야 사이의 담이 어느 정도 무너져 가고 있지만 그것을 한층 더 적극화하는 방법으로서 국학 측, 특히 역사학 측과 사회과학 측의 공동연구의 필요성이 절실하다.

기성 연구자들끼리의 공동연구도 필요하지만, 한편 새로운 한국학의 정립을 목적으로 하는 대학의 연구기관 설립이 바람직하며, 그것은 또 새로운 연구자를 양성함으로써 한국학이 뿌리내리는 모체가 될 수 있을 것이다. 그리고 대학들은 새로운 한국학의 정립 방향에 따라 저마다 학문적 특성을 살릴 수 있을 것이다.

이와 같은 새로운 한국학 정립을 위한 방법을 좀 더 구체화할 경우 국학 측, 특히 한국사학 측과 사회과학 측이 가능한 한 대학원 강의 등에서 교차 설강하는 일이 바람직하며 학위논문의 지도와 심사는 반드시 공동으로 할 것이 요청된다.

또한 한국사학 측은 교과목에서 근·현대사의 비중을 획기적으로 높일 필요가 있으며 사회과학 측은 한국 관계 교과목을 계속 확대해가야 할 것이다. 그리고 지금도 어느 정도 이루어지고 있지만 국학 측과 사회과학 측 졸업생의 대학원 진학에 전혀 제한을 두지 않을 뿐만 아니라 국학 측 졸업생의 사회과학 측 진학과 그 반대의 경우도 적극적으로 권장할 필요가 있다.

우리 근·현대사회 연구에서 한국학의 정립에는 분단체제가 주는 제약 등 학문 외적 제약을 극복하는 문제가 시급하고 중요한 문제지만, 학문 내적인, 구체적인 방법론의 모색 역시 시급한 문제가 아닐 수 없다.

# 5 | 대학 한국사교육, 현대사 강의가 없다

**머리말**

우리 역사학의 취약점의 하나로 시대구분론에 대한 연구가 부진한 점을 들 수 있지만 우리 역사의 경우 언제부터 현대로 보아야 할 것인가 하는 문제를 심층적으로 다룬 학술회의 같은 것이 지금까지는 있었던 것 같지 않다. 세계사의 경우, 흔히 제1차 세계대전 이후를 현대로 잡고 있지만 이 시기는 식민지 시기의 제1기여서 우리 역사의 경우 제1차 세계대전을 근거로 시대구분을 하는 것은 적당치 않다. 다만 민족운동사적 측면에 한해서만 보면, 3·1운동이 폭발한 시기이고 그것을 부르주아 민족운동의 하한으로 보는 관점도 있으므로 그런 점에서는 3·1운동을 시대구분의 기준으로 삼을 수 있는 면이 있기도 하다.

그러나 전체적으로 보아 식민지 시기의 중간 시점에서 현대의 출발점을 설정하는 것은 문제가 있을 것 같고, 현대사를 이른바 동시대사란 개념으로 이해하는 경우 지금의 시대에서 우리 역사의 현대는 역시 식민지지배에서 일단 벗어나게 된 1945년부터라 보는 것이 타당하다는 관점이 많은 것 같다. 한편 그것이 민족분단시대의 출발점이라는 점에서도 시대구분의 근거가 될 수 있을 것이다.

8·15부터를 현대로 볼 때 남한의 경우 그 서술 범위는 서술자에 따라 박정희 정권까지 혹은 전두환 정권까지 내려갈 수 있겠지만, 어떻든 그 출발점은 8·15 이후가 될 것이며, 대학의 현대사 강의도 8·15 이후의 미군정사와 이승만 정권, 장면 정권, 박정희 정권, 전두환 정권이 그 주된 대상이 되어야 할 것이다. 또한 경우에 따라 일제 식민지 시기의 일부를 현대사에 포함한다 해도 그 강의가 8·15 이후까지 걸쳐야 할 것임은 더 말할 필요가 없다.

지금 대학의 정치학, 경제학, 사회학, 국제정치학 등의 분야에서 8·15 이후의 문제를 강의하는 과목은 상당히 많은 데 반해, 각 대학 역사학의 교과과정 전체를 일일이 조사하지는 않았지만 한국현대사 강의를 개설하고 있는 대학은 극히 일부에 한정된 것이 사실이며, 개설 대학의 경우도 8·15 이후의 역사를 본격적으로 강의하는 경우는 거의 없는 것이 아닌가 한다.

지금도 일부 대학은 그렇다고 생각하지만, 얼마 전까지 대부분의 대학이 근대사 이후의 강의를 한국최근세사란 이름으로 대개 이른바 개항기만을 다루거나 식민지 시기를 강의하는 경우가 대부분이었고, 8·15 이후의 시기는 거의 강의하지 않았으며, 식민지 시기를 강의의 범위에 넣는다 해도 대체로 독립운동사 부분을, 그마저도 우익운동을 중점적으로 다루고 마는 경우가 대부분이었다고 생각된다.

역사교육에서, 그것도 대학교육에서 현대사교육의 중요성은 새삼 재론할 필요가 없다. 특히 현대사가 바로 분단시대사인 우리 민족의 경우 그 중요성은 더하다고 생각되지만, 그 문제는 다음으로 미루고 우선 우리 역사교육에서 왜 현대사교육이 이렇게 부재하다시피 되었는가 하는 문제를 먼저 생각해보는 것이 그것을 시정해가는 데 도움이 되지 않을까 한다.

**현대사교육 부재의 원인**

대학의 현대사교육이 부재하다시피 된 첫째 원인은 우리 근대역사학이 미처 자리 잡기 전에 식민지화했고 식민지 시대 역사학의 연구방법 및 교육방법 자체가 현대사 기피증이 심했던 데서 찾을 수 있지 않을까 한다.

식민지 시기의 역사학에서는 식민지 시기 그 자체가 현대였다. 따라서 식민지 지배기구 자체와 사회제도, 경제체제 및 교육제도 등이 바로 연구 대상이었다. 그러나 식민지 지배기구로서의 조선총독부의 통치구조는 그 전체가 일본제국주의의 지배목적에 부합되게 짜여 있었고 피지배민족으로서 우리 민족에게는 그 모두가 극복해야 할 대상일 수밖에 없었다.

따라서 당시의 우리 역사학이 식민지 시대사인 현대사를 연구하고 교육하는 경우 그 지배체제 전체, 나아가서 그 시대 전체의 반역사성을 들추어내고 가르침으로써 그 연구와 교육활동 자체가 식민지배체계에 저항하는 민족운동의 일환이 될 수밖에 없었지만 식민지 지배기구의 혹심한 탄압 앞에서 이 시기의 국내 역사학 일반은 그것을 해내지 못했다.

이 때문에 식민지배 아래서의 역사학은 그 연구와 교육의 대상을 주로 고대나 중세시대에서 구하게 되었고, 근대사를 연구한다 해도 조선왕조의 당쟁사나 대원군과 민비 사이의 정쟁을 다루는 범위에서 더 내려오지 못했으며, 그것도 전혀 현재성이 결여된 이른바 순수 실증주의 방법만을 고수했다.

이 경우, 이런 쪽의 역사학은 자기 시대로서의 현대사를 연구 및 교육의 대상으로 하지 않는 이유를 변명하면서 현재의 시대는 역사학의 연구대상이 될 수 없으며, 역사학자는 자기의 시대를 연구대상으로 해서는 안 된다 했고, 그 이유는 이른바 '객관성'을 유지할 수 없기 때문이라 했다. 그리고 역사학의 현재성은 현재 속에서 찾는 것이 아니라 과거의 사실 속에서 현재적 의미를 찾는 데 한정되어야 한다고 주장했다.

그러나 같은 시대의 역사학이면서 민족주의적 역사관에 투철하고 해외에서 활동한 박은식, 신채호 등이 바로 자기 시대의 역사인 식민지화 과정과 민족독립운동 과정을 연구대상으로 하고 식민지 지배정책을 철저히 비판한 것과 비교하면 실증주의역사학의 현대사 연구 및 교육불가론은 식민지 피지배민족의 역사학이면서 학문연구의 생명이라 할 수 있을 현재성과 비판성을 잃은 스스로의 처지를 변명하는 논리의 하나였음을 알 수 있다.

대학교육에서 현대사교육이 부재하다시피 한 두 번째 원인은, 식민지 시기 역사학의 이와 같은 변명이 그 시대에만 한정되지 않고 8·15 후의 역사학계에도 상당한 기간 이어졌기 때문이기도 하지만,

그뿐만은 아니다. 8·15가 바로 민족분단과 민족상잔으로 이어지고, 이 때문에 8·15 이후의 역사, 즉 이 시기의 현대사 연구가 올바른 의미의 객관성을 유지할 만한 조건에 있지 못했던 데 더 큰 이유가 있었다.

8·15 이후 시대를 지배하게 된 분단체제는 역사 연구자를 포함한 이 시대의 모든 사람에게 체제의 지지자가 되기를 강요했고, 이에 응하지 않는 사람은 모두 적으로 돌렸다. 분단시대사로서의 현대사의 경우 그 연구방향 및 교육방향이 모두 체제 지지에 귀일되도록 요구되었고, 이를 거부하는 경우 연구작업 및 교육활동의 공간을 박탈당했다.

이 때문에 역사 연구자 중 일부 현대사 연구 및 서술에 관심을 가졌던 연구자는 자의 혹은 타의로 체제 측이 요구하는 방향에 호응했고, 그것을 원하지 않는 대부분의 연구자들은 식민지 시기의 연구자들이 그러했던 것같이, 자기 시대의 현대사로서의 8·15 이후 시대사에 대한 연구와 교육을 기피하면서 역시 이른바 '객관성'을 변명으로 내세웠을 뿐, 분단체제와 맞서 옳은 의미의 객관성을 유지한 현대사를 연구하고 교육하려는 자세를 가지지 못했다. 지금 대학에서 우리 현대사 강의가 부재하다시피 된 주된 원인은 바로 이 점에 있었다.

### 현대사교육의 중요성

사실 대학의 역사교육에서 현대사교육이 왜, 얼마나 중요한가 하는 문제를 새삼 운운할 필요는 없다. 역사교육의 목적이 과거를 아는 데만 있지 않고 현재와 미래를 알려는 데 있다는 진부한 말을 다시 되새길 필요는 없지만, 현재와 미래를 알기 위해 알아야 할 과거도 현재에 가까운 과거일수록 더 도움이 된다는 것은 상식이다.

더구나 중등과정 역사교육의 주된 목적은 역사적 사실 자체에 대한 지식 축적에 두고 있는 데 비해, 대학 역사교육의 주목적이 역사 흐름의 방향 전체를 이해하게 하고 그것을 통해 역사의식을 높이는 데 있다고 생각해보면 대학에서의 현대사교육이 다른 어느 부분의 그것보다 중요함은 더 강조할 필요가 없다.

이런 역사교육의 일반론적 중요성은 제쳐놓고도 우리 민족사의 경우 그 현대사교육의 중요성엔 남다른 문제가 있다. 즉 우리의 현대사는 곧 민족분단시대의 역사이며, 앞으로 민족사의 최대 과제가 분단시대를 극복하고 민족의 재통일을 달성하는 데 있기 때문이며, 그것을 위해선 분단시대사 자체에 대한 정확하고도 객관적인 역사인식이 확립되어야 하기 때문이다.

우리 민족의 분단은 이데올로기적 대립이 그 원인의 하나였기 때문에 체제 측이 요구하는 분단시대사에 대한 인식 서술 및 교육은 본질적으로 그 체제의 정당성과 정통성을 수립·유지하기 위한 목적을 전제로 한 것일 수밖에 없으며, 따라서 그것은 결국 분단체제 유지를 위한 역사인식, 현대사 인식에 한정된 것일 수밖에 없었다. 그러나 민족문제의 주체적, 평화적 해결을 위한 현대사, 분단시대사 교육의 전체적 목적은 먼저 분단체제의 유지를 목적으로 수립되고 교육되어온 분단체제적 현대사 인식을 청산해 나가는 데 두지 않을 수 없다.

일제 식민지 시대의 이른바 식민사학이 그 지배체제의 유지를 위해 우리 역사, 특히 근·현대사의 정체성·후진성을 강조했고, 이 때문에 8·15 후의 우리 역사학이 그것을 바로잡는 일에서 연구 및 교육의 중요성을 찾았던 것과 같이 민족문제의 주체적, 평화적 해결을 당면 과제로 하고 있는 지금의 우리 역사학은 분단체제적 현대사 인식을 청산하고 주체적, 평화적, 통일 지향의 현대사 인식을 수립해가는 데서 현대사 연구 및 교육의 중요성을 찾아야 함은 너무도 당연한 일이다.

분단민족의 현대사, 즉 분단시대사 연구 및 교육의 중요성은 또 분단체제적 역사인식을 청산하기 위해서만은 아니며, 나아가서 그것이 분단체제 자체를 청산하고 민족통일의 옳은 방향을 찾기 위한 방법의 하나라는 점에서 더욱 중요하다. 그리고 그것은 일제 식민지시기 민족주의역사학의 현대사 연구 및 서술이 바로 민족독립운동의 실천방안을 찾는 데 목적을 두지 않을 수 없었던 것과 같다.

민족분단시대를 대상으로 하는 우리 민족의 현대사 연구 및 교육이 분단체제적 역사인식을 청산하고 분단을 극복하기 위한 방안을 수립하기 위한 것이어야 한다 했지만, 그것은 또 우리 현대사의 전개가 반드시 세계사의 발전, 인류 전체사의 발전에 이바지하는 길이어야 함을 명백히 하는 점이 중요하며, 특히 식민지배에서 풀려난 민족, 분단된 민족의 현대사 연구와 교육은 민족문제의 해결이 주체적이며 평화적이어야 함을 명백히 하는 일이 중요하다.

### 분단민족의 현대사교육 방향

우리 민족사의 경우 현대사교육의 중요성이 분단체제적 역사인식을 청산하고 민족문제의 주체적, 평화적 해결을 위한 방안을 모색하며 민족문제 해결의 방향을 세계사적 발전에 기여하는 방향에서 찾아야 하는 점에 있다 했지만, 그런 목적에 부합할 수 있기 위해 구체적으로 어떤 내용과 방향의 교육이 실시되어야 할 것인가 하는 문제를 생각해보지 않을 수 없다.

첫째, 식민지배에서 벗어나면서 바로 민족분단으로 이어진 과정 및 민족상잔의 과정에 대한 객관성 있는 교육이 필요하다. 지금까지 체제 측의 이 과정에 대한 서술 및 교육은 각기 자기 편이 정당하고 다른 편이 부당하다는 식으로 되기 마련이었고, 개인 연구자들에 의해 객관적인 서술이 표방된 경우도 분단의 원인을 대체로 외세의 작용에서만 구함으로써 민족 내부의 분단책동에는 눈감아버린 경우가 많았다. 그리고 민족상잔 과정 역시 그 역사성보다 전쟁사적 측면만의 서술 및 교육에 한정되는 경우가 많았다.

지금에 와서 민족분단과 동족상잔 과정을 정확하게, 그것도 민족 내적 원인까지 밝혀 가르친다 해서 그 책임을 어느 한쪽이 지게 하자는 데 목적이 있는 것은 아니다. 분단 과정과 상잔 과정을 객관성 있게 이해하는 일은 앞으로의 민족통일 방법 및 그 방향 모색을 정확하게 하기 위한 도움을 얻자는 데 더 중요한 목적이 있는 것이다.

둘째, 지금까지의 현대사 서술 및 교육은 주로 무력통일론적 역사인식을 기저로 한 것이었고, 이 때문에 8·15 후의 평화통일운동은 모두 제외하거나 그 역사성을 인정하지 않았다. 예를 들면 좌우합작운동, 남북협상, 혁신계 정치세력의 평화통일운동 등이 모두 제대로 가르쳐지지 않았고, 단독정부수립 반대운동적 성격이 짙은 제주도4·3항쟁 같은 것은 모두 좌익계 운동으로만 간주되어버린 것이다. 평화통일론이 정착된 지금에는 이들 사실에 대한 객관성 있는 연구와 교육이 시급함을 강조하지 않을 수 없다.

셋째, 앞으로의 현대사교육은 지금까지의 남한 중심사 교육을 넘어 민족분단 후 40여 년간의 남북한의 정치·경제·사회·문화적 변천 과정 및 그 체계적 특징을 철저히 객관화할 수 있게 하는 교육이 시급히 요청되고 있다. 이 경우도 어느 한쪽 체제의 우수성만을 가려내어 그것을 강조하는 데만 그치는 역사교육은 분단체제유지론적 역사교육이나 무력통일 내지 흡수·병합통일론적 역사교육일 수밖에 없으며 옳은 의미의 평화통일론적 역사교육이 될 수 없을 것이다.

8·15 이전까지는 하나의 체제 아래 있었던 남북한이 8·15 후 전혀 이질적인 자본주의체제와 사회주의체제를 각기 수용하게 되었다. 그것이 지금에 와서 어떤 상태로 각각 뿌리내리게 되었는가를 객관성 있게 이해하는 일은 장차 하나의 정치·경제·사회·문화체제로의 이행을 위해 반드시 필요한 과정이며, 대학 과정의 현대사교육에서는 더욱 그러하다.

넷째, 지금까지의 무력통일론 내지 흡수·병합통일론적 역사인식은 분단국가주의적 역사인식에 한정되었고, 그것은 역사교육에도 그대로 적용되어왔다. 국가주의적 폐쇄성·배타성·대립성 등이 민족의 다른 한쪽에 계속 적용되면서 그것이 바로 민족주의인 것처럼 인식되고 또 교육된 것이다. 분단국가주의를 청산하고 통일민족주의적 역사인식을 확립해 나가는 일 역시 분단극복을 위한 현대사교육의 중요한 하나의 방향일 것이다.

다섯째, 민족통일을 지향하는 분단민족의 현대사교육은 또 분단 및 통일문제와 한반도를 둘러싼 국제적 역관계의 연관성을 정확하게 이해시키는 방향에서 이루어져야 할 것이다. 일본제국주의가 한반도를 식민지화하는 과정에서 한반도의 지정학적 위치를 강조하면서 그곳이 청일전쟁과 러일전쟁 등을 일으키게 한 국제분쟁의 요충이며, 이 때문에 이른바 동양평화를 위해 일제의 지배 속에 두지 않을 수 없다는 억지를 부렸고 영국과 미국 제국주의가 이에 동조한 역사가 있다.

이 제국주의적 논리는 아직도 그 효력을 일부 유지하고 있으며 특히 분단고착론이나 무력통일론을 뒷받침하고 있기도 하다. 6·25전쟁에서 실증된 것처럼 무력통일 내지 흡수·병합통일은 불가능하기도 하지만, 설령 가능하다 해도 이 지역을 다시 국제분쟁의 요충지로 만들 것이며, 그 통일이 세계평화에 이바지하는 길이 될 수는 없을 것이다.

어느 민족을 막론하고 민족문제의 해결이 바로 세계사 발전에 이바지하는 방향으로 역사교육을 통해 이루어져야 함은 당연하다. 이렇게 보면 우리 민족의 역사교육, 특히 현대사교육은 주체적, 평화적 민족통일을 달성할 수 있는 방향으로 진행되어야 한다. 한반도지역의 평화적 통일은 민족 내부의 대립과 분쟁 및 상잔을 해소하여 민족적 발전을 보장할 뿐만 아니라 극동지역, 나아가서 세계 속의 분쟁지역 하나를 줄임으로써 세계평화에 이바지할 것이기 때문이다.

**맺음말**

식민지 시기 역사학풍의 잔재와 분단시대적 상황 때문에 대학에서까지도 현대사 강의가 부재하다시피 하지만, 지금 대학에서의 현대사에 대한 강의 요구는 급격히 높아져 가고 있다. 지금의 대학교육 전체가 안고 있는 가장 심각한 문제점의 하나는 학생들이 듣기를 원하는 강의와 기성의 교수층이 할 수 있는 강의 사이의 괴리가 큰 점이라 할 수 있지만, 역사교육도 예외는 아니며 그 가운데 하나가 바로 현대사교육 부분이라 할 수 있다.

우리 역사학의 경우 8·15 후의 현대사문제를 본격적으로 다룬 논문을 쓴 기성의 연구자가 전무하다시피 하며, 또 정치학·경제학·사회학·국제정치학 부분의 연구성과를 역사학적 시각에서 정리하여 강의에 임하고 있는 학자도 있는 것 같지 않다. 8·15 후의 시대를 역사학 강의의 범위로 생각하지 않는 교육풍토 아래서는 그렇게 할 필요조차 없었던 것이다.

그러나 지금의 대학생들에게는 6·25전쟁, 4·19혁명 등과의 시간적 거리가 기성학자들의 3·1운동과의 거리와 다름없으며, 따라서 기성학자들에게 3·1운동이 역사로 배워야 할 사실이었던 것과 같이 지금의 학생들에게는 6·25전쟁과 4·19혁명이 역사로 배워야 할 사실이 된 것이다. 다시 말하면 기성학자들에게 식민지 시대에 대한 객관적이며 민족 주체적 입장의 지식과 관점이 요구되었던 것만큼 지금의 학생들에게는 8·15 이후의 우리 역사에 대한 객관적이며 주체적인 지식과 인식이 요구되고 있는 것이다.

돌이켜보면 식민지 시대에 양성된 역사학자들에게서 객관적이며 주체적인 식민지 시대사 교육을 기대하기란 사실 어려운 일이었다. 같은 논리로 분단시대에 양성된 역사학자가 그 시대에 대한 객관적이며 주체적인 역사교육을 스스로 담당하기란 한계가 있음이 사실이다.

그러나 그들에게도 분단시대의 청산을 위해 학문적으로 기여해야 할 의무가 있으며, 그 길은 교육현장에서 민족분단시대로서의 현대를 역사적으로 객관할 수 있는 의식의 문을 열어주고 학문의 새로운 시대를 담당할 새로운 연구층의 형성을 위한 기초를 마련해주는 일일 것이다.

# 6 남북한 역사인식의 같은 점, 다른 점

## 민족분단은 역사분단인가

20세기의 우리 역사는 불행하게도 그 전반기는 식민지 시대로, 후반기는 분단시대로 이어졌다. 더구나 민족의 분단은 단순한 자연환경적·지리적 분단이 아니라 정치적·이데올로기적 분단이어서 어쩔수 없이 정치·경제·사회·문화 등 모든 면의 분단, 다시 말하면 역사적 분단으로 연결되었다. 그리고 분단시대 40년을 통해 남북의 분단체제는 각기 그 역사적 정통성을 주장하게 되었고 그 결과 역사분단은 심화되기만 했다.

분단민족의 역사가 아니더라도 민족구성원 모두의 제 역사를 보는 눈이 반드시 일치할 수 없음은 더 말할 나위가 없다. 극단적으로 말하면 100사람의 역사관은 100가지일 수도 있다. 그러나 민족구성원 개인이나 역사가 개인이 나름대로의 독특한 역사관을 주장하는 것과 국가를 지배하는 권력, 그것도 통일을 민족사의 최대 과제로 하는 분단민족의 국가권력들이 서로 다른 역사인식을 확립하고 그 것을 민족구성원 전체에게 강요하는 일과는 그 결과가 전혀 다르다.

분단시대 40년을 통해 남북의 분단체제는 각기의 체제를 유지하기 위한 방법의 하나로 서로 다른 역사인식을 강요해왔지만 역사의 정직성은 그것을 그대로 두지만은 않았다. 그동안에도 높은 장벽을 넘어 전문가들 사이에는 쌍방의 연구성과가 어느 정도 소통되었으나 최근에 와선 일반 지식인들도 북쪽의 역사책을 일단은 큰 제약 없이 손에 넣을 수 있는 조건이 되어가고 있다. 이런 변화는 분단된 민족을 하나로 이으려는 민족적 염원의 절실성과 직결되어 있으며 반드시 거쳐야 할 과정이다. 그러나 그동안의 장벽이 너무 높았고 체제 측의 요구가 너무 강했기 때문에 이 반드시 거쳐야 할 과정이 순조롭지 못할 경우도 있을 수 있으며 잘못하면 모처럼 낮아지려는 장벽을 더 높이는 역작용을 가져올 경우도 있을 수 있다.

분단의 역사는 불과 40년이고 그 이전의 역사는 하나지만, 역사관이 다르면 40년뿐만 아닌 전체 역사가 다르게 보인다는 것은 상식이다. 그러나 이 상식에도 중요한 단서는 있다. 아무리 역사를 보는 눈이 다르다 해도 서로 다른 관점 사이에 일정한 공통점은 있기 마련이며, 이 공통점이야말로 오히려 역사의 진실에 가장 가까운 부분이라 할 수도 있다.

오랫동안 가로막혔던 높은 장벽을 넘어 우리에게 다가온 북한 측의 역사책 중 필자가 지금 손에 넣을 수 있은 것은 1977년판 『조선통사』(상·하, 오월, 1988), 1980년판 『조선전사』(중세 1·2, 근대 1·2, 푸

른숲, 1988), 1984년판 『근대조선역사』(일송정, 1988), 1980년판 『조선근대혁명운동사』(한마당, 1980) 등이다.

　북한에서 출간된 우리 역사책으로는 33권으로 된 『조선전사』가 가장 최근에 이루어진 종합적 업적이라 할 수 있으며, 다행히도 그것이 지금 남한에서 출판되어가고 있지만 아직 완간되지는 않았다.

　『조선전사』를 다 읽지 않고 최근의 북한 학계가 우리 역사를 어떻게 보고 서술했으며 그 관점이 남한의 그것과 어떤 차이가 있는가, 앞으로 하나의 역사가 되기 위해선 어떤 점이 문제가 될 것이며 그 방향은 어떤 것이 바람직한가 하는 문제 등을 생각해보는 것은 다소 무리가 있을지도 모른다. 그렇지만 『조선전사』 이외의 한 부분씩을 다룬 책을 통해서도 그 전체의 서술 방향을 어느 정도 파악할 수 있다고 생각되어 앞에서 든 몇 가지 단행본들을 통해 북한의 우리 역사 인식 방향을 살펴보고 남한의 그것과 비교하고자 한다. 한 가지 양해를 구할 것은 이 글이 우리 역사 전 시대에 걸친 상세한 분석이 되지 못하고, 특히 고대와 중세 부분은 시대구분 문제를 다루는 것으로 대신하고, 필자의 전공 부분인 중세 말기에서 근·현대사 부분을, 그것도 민족운동사 부분을 중심으로 하는 몇 가지 문제를 중점적으로 골라 논급하는 데 그친다는 점이다. 사실 이 부분에 상당한 논점이 있기도 하다.

### 고대와 중세의 시대구분 문제

우리 역사학계는 8·15 이전부터 여러 가지 방법에 의한 시대구분을 시도해왔으나 대체로 왕조 중심의 시대구분에 한정되었다가 1933년에 간행된 백남운의 『조선사회경제사』에서 처음으로 유물사관을 기저로 한 사회발전단계론적 시대구분이 시도된 것은 다 아는 일이다.

8·15 이후의 남한 역사학계에서도 그 연구 수준이 높아짐에 따라 종전의 왕조사적 시대구분법을 넘어서서 사회발전단계론적 시대구분에 접근해가려는 노력은 계속되었고 학술회의를 열어 시대구분론에 대한 연구서도 낸 일이 있으나 아직 학계의 통일된 결론을 얻지 못하고 있다. 그 이유는 남한 역사학계의 시대구분 문제에 대한 연구가 부진한 데도 있지만 시대구분과 같은 중대한 문제는 쉽게 결론을 내리기 어렵다는 것도 이유의 하나라 할 수 있다. 그러나 역사교육상의 필요에 의해 우리 역사 전체의 시대구분 문제에 대한 잠정적 합의 같은 것은 필요하다.

북한의 역사학계는 시대구분에 대한 일정한 합의를 가지고 있다. 그것에 의하면 우리나라의 구석기시대는 대체로 기원전 60만~40만 년 전부터 시작되었고 신석기시대는 기원전 5000년경에 시작되었으며 청동기시대는 기원전 2000년경에 시작되었다고 보고 있다.

이 문제를 남한 학계의 경우와 비교해보면 구석기시대의 상한과 신석기시대의 상한은 거의 비슷하고 청동기시대의 상한은 지금 현재로는 북한 측이 약 10세기 더 올라가 있다. 이런 문제는 발굴 성과와 직접 관계되므로 앞으로도 가변성이 있다.

시대구분 문제에서 남한 학계와 북한 학계 사이에 큰 차이가 있는 부분은, 이미 널리 알려진 일이지만 고대사회의 성립 시기 문제다. 남한 측은 3국의 출발에서 잡는 경우가 많은데 비해 북한 측은 그 이전의 고조선과 부여, 진국 등에서 잡고 있는 것이다.

유물사관에 의할 경우 고대사회는 노예제사회를 가리키는데, 북한 학계는 고조선이 세워진 연대를 대체로 기원전 8세기경으로 잡으면서 이때부터를 고대 노예제사회로 보는 것이다.

고조선이 기원전 8세기에 성립되었다는 근거는 기원전 7세기에 중국 사람이 쓴 『관자管子』란 책에 조선이란 국호가 전해지고 이 나라가 제齊나라와 교역한 기사가 있으므로 그 국가 성립은 기원전 8세기경일 것이라 본 것이다. 고조선이 노예제사회였다는 주된 증거는 요동반도 끝 여대시 감정자구 후목성 근처에서 발굴된 '강상무덤' 7호에서 100명의 순장이 발굴된 데 두고 있으며, 8조법금法禁의 노비도 근거가 된다.

이 경우 고조선국의 영역은 한반도 중부지역에서 중국의 만리장성 경계선에 이르는 지역이며 그 중심지는 '요하 하류 왼쪽 기슭'이다. 그리고 조선·낙랑·진번·임둔·현도와 옥저 등은 고조선의 속국들로서 점차 고조선에 통합되어갔다고 보았다.

한편 오늘의 길림성 부여현에 중심지를 둔 부여국은 기원전 5세기경에 성립되었고, 진국辰國은 한반도의 중부 이남에 있던 3한 소국들을 통합하여 세운 나라다. 부여도 고조선과 같이 많은 노예를 순장했고, 진국에서도 기원 20~22년에 한漢나라 사람 1500명이 진한에 잡혀와서 머리를 깎이고 노예가 되어 고역을 강요당했다는 기사가 「위략」에 있다는 근거를 들고 있다.

남한 학계에서도 고조선과 부여 등을 노예제사회로 보고 이때를 고대로 간주하려는 견해가, 특히 경제사학자들 사이에 있었으나 연구가 더 진전되지 않았던 데 비해 북한 학계는 이 시기의 노예가 희랍·로마의 이른바 '말하는 도구'적 성격을 가진 것으로 보고 노예제사회로 확정하고 있는 것이다. 북한 학계가 고조선과 부여, 진국 등을 노예제사회로 보는 중요한 증거 중의 하나가 고고학적 발굴로 얻어진 '순장'을 들고 있지만 순장제는 엄격히 말하면 아직 노예노동의 필요성이 절실하지 않은 생산구조의 반영이라 볼 수도 있으며, 따라서 노예가 직접생산자층의 핵심 부분을 이루고 있었다는 실증이 더 진행되어야 할 것이다.

한편 남한 학계에서는 고조선이나 부여, 진국 등을 이른바 부족연명체로 보다가 성읍국가, 읍락국가 등으로 보면서 고대국가 형성 이전 단계로 보아왔지만, 최근에 와서 노예제 문제와는 상관없이 국가시대로 보려는 움직임이 나타나고 있다.

북한 학계의 시대구분에 의한 고대 노예제사회는 기원전 2세기 말경에 와서 무너지고 봉건사회가 기원 전후 시기에 성립되었다. 이 과정에 대해 『조선통사』는 『삼국지』 「위서魏書」 '고구려전'에 나오는 "먼 곳에서 쌀·물고기·소금 등을 날라다 공급한 하호下戶"의 대부분은 토지소유자, 귀족 및 지주들과 먼 곳에 떨어져 있으면서 그들의 토지를 경작하고 지대로서 쌀·물고기·소금 등을 착취당한 농노적 예농隸農이었다고 보았다.

또한 진국의 경우, 마한의 하호들 가운데 낙랑군에 가는 많은 사람들이 의복과 머릿수건을 빌려 쓰고 갔으나 그 가운데는 자기의 도장과 의복 및 머릿수건을 갖추어 쓴 사람이 1000여 명 있었다고 전한 『삼국지』 '마한전'의 자료를 들고 "자기의 도장까지 가진 사람을 노예로 볼 수는 없다. 그들도 역시 자기 경지를 가진 농노적 예농이었을 것이며 그 가운데는 상당한 정도로 재산을 모은 자들도 있었던 것으로 보인다." 하여 하호를 농노적 농민으로 보고 고대에서 봉건사회로 이행하는 과정에서 나타난 현상으로 보고 있다.

삼국시대의 기본적 생산담당자층을 하호로 볼 것인가, 이른바 국가권력에 의해 총체적으로 파악된 농민으로 볼 것인가 하는 문제가 있었지만, 삼국시대를 노예제사회로 보았던 백남운, 이청원 등의 설이 북한에서도 수정된 것은 우리가 이미 아는 일이다. 그러나 남한 학계에는 노예제나 농노제 문제에 대한 연구가 깊이 진행되지 않은 상황에서 국가체제의 성립, 권력구조의 강화 등의 문제를 기초로 흔히 삼국시대를 고대사회로 보고 고려와 개항 전 조선을 중세사회로 간주하는 경우가 많다.

북한 학계의 시대구분에 의하면 우리 역사의 삼국시대부터 대체로 19세기 중엽까지가 중세 봉건사회로 되어 있으며, 그것이 서양의 봉건사회와 다른 점도 비교적 선명히 지적되고 있다. 우리의 봉건사회는 정치적으로 중앙집권제인 점이 분권제인 서양과 다르고, 지주에 의한 사적 토지소유제인 점이 영주소유제인 서양과 다르며, 계급관계에서 영주와 대립된 계급은 농노였으나 지주와 대립된 계급은 소작인이고 영주와 농노 관계는 주로 노동지대에 의한 착취관계지만 지주와 소작 관계는 기본적으로 생산물지대에 의한 착취관계인 점이 다르다고 보고 있다.

북한 학계의 시대구분에 의하면 우리의 중세 봉건사회는 약 1800년 이상 지속되었는데, 그 원인은 토지의 사적 지주소유제를 근거로 한 중앙집권제 봉건체제가 잘 발달하여 쉽게 붕괴되기 어려운 데 있었다고 보았다.

종래 일제의 식민사학이 삼국·고려·조선시대에 걸친 거의 비슷한 체제의 지속을 두고 이른바 정체성론, 중세부재론으로 설명했고 백남운, 이청원 등이 그것을 분쇄하기 위해 고려·조선을 잘 발달된,

그럼으로써 붕괴되기 어려웠던 '조선식' 봉건사회로 설명하고 있다 할 것이다.

남한 학계는 노예제나 농노제 문제와 연관짓지 않고라도 우리 역사의 중세사회가 언제부터 시작되는가 하는 문제에 대해 잠정적인 합의마저 가지고 있지 못할 뿐만 아니라 이 문제를 해결하기 위한 직접적인 연구도 부진한 상태인 것이 사실이다. 반드시 유물사관을 기저로 하지 않는다 해도 시기구분에 대한 연구의 활성화는 절실하다. 앞으로 남북한 사이의 학술교류가 활발해질수록 이 문제에 대한 연구가 활성화될 것이다.

### 자본주의 맹아와 실학사상 문제

우리가 알기로는, 북한의 역사학계가 봉건사회 말기의 자본주의 맹아 문제에 대한 연구를 정력적으로 추진한 것은 1960년대 초부터였고, 그것은 남한의 역사학계가 이 문제에 관심을 가지기 시작한 때와 거의 같거나 조금 앞선 것이었다. 남북한 역사학계의 이와 같은 경향은 식민지배에서 해방된 민족의 역사학이 식민사학의 이른바 정체후진성론을 극복하고 주체적·발전적 역사인식을 세워 나가기 위해 필요한 당연한 과정이었고, 이 점에서 남북의 두 역사학계가 분단의 벽을 넘어 그 연구방향을 같은 곳으로 집중해가고 있었음을 확인할 수 있다.

일반적으로 자본주의 맹아를 검출하는 작업은 크게 두 가지 방향, 즉 소상품생산자의 성장에 의해 공장제 수공업이 발달하는 길과 반대로 상업자본에 의해 소상품생산자가 지배되면서 공장제 수공업이 발달하는 길 등으로 설명되지만, 남북한 학계가 우리 역사에서 자본주의 맹아의 발달 과정을 보는 관점도 거의 일치하고 있다. 남북한 학계가 모두 우리 역사에서 자본주의적 생산관계는 대체로 18세기경부터 싹텄다고 보고 있으며, 그것이 주로 상업자본의 생산 부문에로의 침투 및 소상품생산 지배의 방법을 통해 발달했다고 보는 것이다.

또한 북한 학계에서 문호개방 이전에 자본주의적 생산관계가 발달했다고 밝혀낸 부문은 광업, 제지업, 직조업, 조선업, 어업, 놋그릇 제조 및 작은 칼이나 폐물 제조 등 일부 수공업 부문이다. 이 가운데 어업 부문을 제외한 부문은 모두 남한 학계에서도 이미 어느 정도 연구가 있던 부문이다.

다만 이와 같은 자본주의적 생산관계의 발달 정도가 단순협업의 단계에 한정된 부분과 한 단계 높은 수준인 공장제 수공업의 단계에까지 간 부분에 대한 연구, 그리고 이 밖의 부문에서의 자본주의적 생산양식의 발달을 더 검출해내는 연구가 남북한을 통해 진전되어야 할 것이다.

남한 학계에서는 최근에 와서 이와 같은 자본주의 맹아가 사실보다 너무 과장되게 설명되었다고 지적하거나 심할 경우 자본주의 맹아의 존재 자체를 부인하는 경우도 있다. 이 문제는 문호개방 후의 자본주의적 발달 문제와도 연결되지만, 봉건사회에서 자본주의사회로 연결되는 역사발전단계론 이외에 다른 형태의 발전단계론이 수립되지 않는 한 과거의 정체론적 역사인식에 빠질 우려가 있다. 그러나 아직은 자본주의 맹아 부정론적 논리가 다른 형태의 역사발전단계론을 수립하지 못하고 있는 것도 사실이다.

한편 북한 학계에서는 자본주의 맹아가 가지는 역사성을 다음과 같이 정리하고 있다.

> 18세기 우리나라에서 자본주의적 관계의 발생은 봉건적 제 관계가 완고하게 지배하고 있던 조건에서 아주 서서히 그리고 매우 미약하게 진행되었다. 새로 발생한 자본주의적 관계는 낡은 봉건적 생산관계에 기초한 봉건적 착취 대신에 새로운 보다 더 노골적이고 직접적인 자본주의적 착취형태를 가져왔다. 그러나 그것은 사회발전의 합법칙적 과정에 생겨난 필연적 현상이었다.

북한 학계에서도 농업 부문에서의 자본주의적 관계의 발달은 거의 인정하지 않고 농업과 분리되었던 전업적 수공업 부문에서, 그것도 대단히 미약하게 발달했다고 보지만 그 발달 자체는 역사발전의 합법칙적·필연적 현상이었다고 인식하는 데 반해, 남한 학계의 일부에서는 봉건사회 해체기에 필연적으로 자본주의적 생산관계가 나타난다고 보는 것 자체가 서구 중심 역사발전단계론에 빠진 것이라 주장하는 경우도 있다.

이 문제는 앞으로 남북한 역사학계의 교류가 이루어짐에 따라 더 깊은 논의가 진행되어야 한다고 생각되지만, 우리 역사의 경우 대체로 18세기 중엽 이후부터 19세기 후반기까지, 즉 문호개방 직전부터 식민지화 시기까지의 경제적 변화 및 그 지향을 자본주의 이외의 논리로는 설명하기 어려운 것이 사실이다.

8·15 후의 우리 역사학이 봉건사회 해체기 연구에서 자본주의 맹아 문제 이외에 또 하나의 큰 성과를 올린 부문이 바로 실학연구

라는 데는 이론의 여지가 없지만, 여기에서도 남북한 학계가 함께 정력을 바쳤다는 사실은 그 학문사적 의의가 크다.

실학 발달의 배경을 17세기 이후의 금속화폐 유통과 상품화폐관계의 발달, 토지의 상품화에 의한 겸병 촉진과 무토농민의 증가, 통치질서의 문란과 아전 등의 중간착취 심화, 농업·수공업 생산의 증진과 새로운 과학적 기술의 발달 및 외국무역의 일정한 발전 등에서 구하는 점은 남북한 학계가 대체로 같다.

실학의 학파 구분 문제는 약간의 차이를 보이는데, 남한 학계가 흔히 경세치용파·이용후생파·실사구시파로 구분하거나 혹은 중농파·중상파, 심지어는 성호좌파·성호우파 등으로 구분하는 경우가 있는 데 비해, 북한 학계는 대체로 성호파·북학파·기타 학자 등으로 나누면서도 '성호파·북학파 및 그 밖의 실학자들이 그 학문연구의 내용과 경향 등에서 각각 일정한 특색을 가지고 있었던 것은 사실이지만 시간이 감에 따라 개별적 학파 사이의 견해상 차이라는 것은 사실상 별로 큰 의미가 없는 것으로 되었다.'고 보고 있다.

실학사상의 내용, 즉 개혁사상을 보는 시각도 남북한이 대체로 비슷하다. 토지개혁론을 예로 들면 실학자들은 토지의 국유화 원칙에 의한 농민에의 균배를 이상적인 개혁 방향이라 생각하면서도 현실적으로는 사적 소유를 인정하는 범위 안에서 소유량을 제한하는 방법에 한정되어 있었다고 보는 점에서 남북한 학계가 대체로 비슷한 것이다.

그런데도 실학사상이 가지는 역사적 위치 및 의의에 대해서는 남북한 학계 사이에 상당한 차이가 있음을 볼 수 있다. 남한 학계가 보는 실학의 의의는 대체로 그것이 근대 지향적인 사상이었다는 점,

그리고 민족주의적 의미를 가지고 있다는 점 등으로 요약된다고 할 수 있다.

북한 학계에서도 실학연구가 처음 추진되었을 때는 그것을 근대지향적·민족주의적 성격을 가진 사상으로 어느 정도 적극적인 해석을 한 것으로 알고 있지만, 연구가 심화됨에 따라 그 역사적 위치와 한계성을 부각하는 작업이 이루어진 것으로 생각된다. 북한 학계가 보는 실학자와 실학사상의 역사적 위치 및 그 진보성과 한계성을 가장 명료하게 표현한 부분으로 다음과 같은 구절을 들 수 있다.

> 실학자들은 양반계급 출신의 진보적 지식층에 속하는 인물들이었다. 그들의 사상은 보수적인 통치배들을 반대한 진보적 양반계층의 이익을 대변한 사상으로서 자기의 출신과 환경으로부터 오는 계급적 제한성을 벗어날 수 없었으며 당시의 생산력과 과학발전 수준에 의하여 제약되는 여러 가지 부족점들을 가지고 있었다. 그들의 학문연구의 목적은 언제나 조선조 봉건국가를 강화하려는 데 있었다.

남북한을 막론하고 8·15 후의 실학연구는 단순한 학문연구 차원 이외에 식민지배에서 해방된 민족의 역사적 주체성 회복 문제와 연결된 작업의 일환이었으며, 따라서 그 역사성을 적극적으로 해석할 소지가 있는 것도 사실이었다. 실학연구에서의 그 한계성의 발견은 역사적 주체성 회복이 일정한 수준에 도달한 결과로도 볼 수 있을 것이다.

남한 학계에서도 종전의 실학연구가 그 진보성만을 지나치게 강조하고 그 한계성을 보지 못했다는 반성도 일부 일어나고 있는 것이 사실이지만, 한편 일부에서는 이 반성이 또 그 진보성에마저 눈 감아버리려는 경향으로 나아가고 그 반작용으로 오히려 보수적·반시대적 성리학사상의 역사성을 부각하려는 경향도 있다.

실학사상에 한계성이 있음은 부인할 수 없지만 봉건사회 내부에서의 그 진보성도 또한 부인할 수 없다. 따라서 그것이 가진 한계성 때문에 그 진보성이 부인되거나 반역사적 사상과 동일시될 수는 없으며 이제 그 진보성과 한계성을 정확하게 볼 수 있는 학문적 균형성을 취할 때가 된 것이다.

### 근대의 기점과 개화파의 역사성 문제

우리 역사에서 근대의 기점을 어디로 잡을 것인가 하는 문제는 시기구분 문제 중에서도 가장 중요한 문제다. 대체로 이른바 문호개방에서 잡는 경우가 많았지만, 자본주의 맹아 문제가 대두된 후 개항 전의 18세기로 올려 잡는 경우도 있었고 개항 이후로 내려가는 경우도 있었다.

지금의 우리가 입수한 북한 측 역사책의 근대사 부분, 예를 들면 『조선전사』의 근대편과 『근대조선역사』, 그리고 『조선근대혁명운동사』 등이 모두 19세기의 60~70년대부터 시작되고 있다. 이 시기는 대원군 정권 성립을 전후한 때로 구미 자본주의세력의 한반도침략과 우리 측의 이에 대한 저항이 본격적으로 전개되던 때다.

자본주의 맹아의 발전은 어디까지나 중세사회 내부의 일이며, 우리 역사의 근대는 외국 자본주의와의 만남이나 그 침략과 따로 떼어 생각하기 어렵다. 그렇다고 해서 일본자본주의의 요구에 굴복해서 이루어진 1876년의 이른바 문호개방을 근대의 기점으로 잡는 경우 '타율적 근대화론'과 연결되는 문제가 있다.

미루어 생각건대, 북한 역사학의 근대가 19세기의 60~70년대에서 시작되고 있는 것은 우리 역사의 근대를 "외국 자본주의의 침략과 이에 대한 우리의 대항"에 그 의미를 두고 있는 것이 아닌가 하지만 이 경우 생각해야 할 문제점들이 있다. 1860~70년대의 정권은 대원군 정권인데 이 시기를 근대사의 출발점으로 잡는다면 대원군 정권의 성격을 어떻게 볼 것인가 하는 문제도 그중 하나다.

종래, 특별한 이론적 근거가 뒷받침된 것은 아니지만 일부 남한 학계에서 대원군 정권을 근대적 정권의 출발점으로 보려는 경우도 있었고, 일본에서도 약간의 이론적 근거가 제시되면서 대원군 정권을 서양의 절대주의적 정권으로 비견하려는 관점도 일부 있었다.

그러나 북한 역사학의 근대사 서술이 대원군 정권기인 1860~70년대부터 시작되었다 해도 대원군 정권을 근대적 정권으로 보는 것은 아니다. 즉 "대원군이 실시한 정책은 어디까지나 무너져 가는 봉건체제를 바로잡고 나라의 위기를 가심으로써 이조 봉건통치제도를 계속 유지하자는 데 그 목적이 있었다."고 보는 것이다.

그리고 대원군 정권이 자본주의 침략에 저항한 일에 대해서도 전체적으로는 "세계가 자본주의적 발전 방향에 따라 끊임없이 전진하고 있을 때 나라의 문을 굳게 닫아매고 무너져 가는 봉건제도를 수습하기 위하여 실시한 대원군의 정책들은 이미 시대발전에 뒤떨어진 보수적인 정책이었으며 그것이 민족적 자주권을 지킬 수 있는 근본 방도로는 되지 못하였다."고 보았다. 그러면서도 침략에 저항하여 그것을 저지한 사실의 의의에 대해서는 "그럼에도 불구하고 대원군의 정책은 부르주아 혁명을 수행하지 못한 봉건국가가 자본주의 침략에 부닥친 역사적 환경 속에서 당면한 외래 침략을 막고 나라의 독립을 유지하는 데서 어느 정도의 효력을 나타낼 수 있는 것이었다."고 평가하고 있다.

대원군 정권이 자본주의 침략에 대항하여 그것을 막아낸 일과 그 정권의 역사적 성격 문제를 별도로 평가하는 북한 학계의 역사인식은 위정척사운동을 평가하는 데도 그대로 적용되고 있음을 볼 수 있다.

북한의 역사학은 위정척사운동의 의의로 첫째 자본주의 침략으로 인한 민족적 위기에 대한 자각의 고조, 둘째 그 반침략투쟁이 반정부투쟁과 밀접히 결합된 점, 셋째 민족적 위기를 타개하려는 방안들을 구체적으로 제기한 점 등을 들고 그 제약성과 역사성을 다음과 같이 지적했다.

> 이러한 구국대책안은 변천된 새로운 시대적 조건을 고려하지 않고 낡은 봉건제도의 테두리 안에서 민족적 위기를 타개해보려는 봉건유생들의 계급적 제한성을 가지고 있었으나 그것은 인민대중의 반침략투쟁과 그 지향을 반영한 것으로 하여 애국적인 의의를 가졌고 반침략투쟁을 추동하는 요인이 되었다.

남한의 역사학이 위정척사론의 반외세투쟁을 강조하여 그것을 민족주의론으로 보려 하거나 그 봉건체제 유지론에 더 주목하여 반역사성을 강조한 두 관점으로 양분된 듯한 인상이 짙다면, 북한의 역사학은 그 역사적 제약성도 인정하고 또 긍정성도 인정하는 방향으로 서술하고 있는 것이다.

남한의 역사학이 한때 '주체적 역사인식'을 수립하는 문제에 급급하여 대원군 정권이나 위정척사론의 역사적 제약성을 거의 눈감아버린 데 대한 반발로 다른 한편에서의 이들 문제에 대한 역사적 평가가 상당히 엄격한 방향으로 나아가고 있는 중이라면, 북한의 역사학은 적어도 이런 부분에 대해서는 비교적 객관적 평가의 단계에 들어갔다고 할 수 있을 것이다.

북한 역사학이 근대의 서술을 19세기의 60~70년대에서 시작하고 있다면, 그것과 우리가 일반적으로 알고 있는 부르주아 민족운동의 시발점을 갑신정변에서 잡는 문제와는 어떻게 연결되는가?

북한의 역사학은 개항 이전에 발달한 경제 면의 자본주의 맹아가 그 이후에도 계속 발달하여 김옥균 등 개화파가 부르주아 민족운동을 일으킬 물적 기반으로 되었고, 개항 이전의 계급관계의 변화 역시 그 이후에도 계속되어 부르주아 운동이 일어날 조건으로 연결되었다고 보았다. 그뿐만 아니라 남한 학계도 대체로 같은 관점이지만, "봉건제도로부터 자본주의제도로 넘어가야겠다는 사상"이며 "앞선 시기의 진보적이며 애국적인 정치사상 조류로서의 실학이 넘지 못한 한계를 넘어선 근대 우리나라에서의 부르주아 계몽사상의 새로운 싹"인 개화사상이 1850년대에 오경석 등에 의해 싹텄고, 그것이 1870~80년대에 와서 김옥균 등에 의해 더욱 발전됨으로써 갑신정변이 발발했다고 보았다.

다시 말하면 자본주의 맹아가 발달한 것은 18세기경부터였고 외국 자본주의가 본격적으로 침략하기 시작한 것이 19세기의 60~70년대부터지만, 여기에 부르주아 사상으로서의 개화사상이 나타남으로써 부르주아 민족운동의 출발점인 갑신정변이 일어났다고 보는 것이다. 근대의 기점 문제에서 절대연대나 하나의 사건을 잡는 방법은 지양될 만하다.

갑신정변의 정치체제 면의 지향이 전제군주제의 제거와 입헌군주제의 수립이었다고 보는 점은 남북한 역사학이 대체로 같고, 경제 면에서 자본주의 경제체제를 지향했다는 점에 대해서는 남쪽 학계가 직접 자료의 뒷받침이 약하다는 점에서 다소 소극적인 데 비해, 북한 측은 정강 14개조를 적극적으로 해석하여 다음과 같이 단정적으로 서술하고 있음을 볼 수 있다. 남북한을 막론하고 실증적 연구가 더 진행되어야 할 부분이라 할 수 있다.

> 모두 14개조로 된 정강의 부르주아적 성격은 봉건사회를 점차 자본주의사회로 변혁시킬 사명을 담당할 국가권력과 그 기관들의 창설을 예견한 것, 자본주의 생산과 관련된 상품유통의 실현에 적응하는 소유관계와 법률적·정신적 및 사회적 질서를 수립할 것을 예견한 데서 부르주아적 및 애국적 성격을 가진 정부의 강령이었음을 명백히 찾아보게 된다.

한편 개화사상의 제약성에 대해 북한 학계는 "봉건제도의 청산을 지향하면서도 농업에서의 봉건적 토지소유관계의 청산을 전혀 제기하지 않았을 뿐 아니라 오히려 그것을 바탕으로 하여 근대적 산업을 건설해야 한다고 한 데서 나타나고 있다." 하고, "이것은 우리나라에서 자본주의 발전의 미숙성과 함께 개화사상가들 자신의 사상의식의 불철저성에서 나온 역사적 제한성이었다."고 했다. 이

점에 대해 남한 학계에도 지적이 있으며, 북한 학계가 "개화사상에는 그 주장자들의 계급적 및 역사적 제한성이 반영되어 있음에도 불구하고 중세기적 낙후성에서 벗어나고 새로운 자본주의제도를 세우며 외래 자본주의 침략으로부터 민족적 독립을 지키려는 애국적이며 진보적인 내용이 담겨져 있는 데 긍정적 의의가 있다."고 한 점은 남한 측보다 훨씬 적극적으로 해석하고 있음을 볼 수 있다.

**갑오농민전쟁 및 의병전쟁의 역사성 문제**

갑오농민전쟁을 이해하는 데는 먼저 동학사상과의 관계라는 문제가 있음은 다 아는 일이다. 동학사상에 혁명성이 있는가, 있었다면 동학교단의 농민전쟁과의 연결은 어느 정도이며, 없었다면 또 농민전쟁의 사상은 무엇이며 어디에서 나왔는가 하는 문제 등이다.

북한의 역사학은 동학 교리의 '인내천'은 사실상 유교나 기독교에서 말하는 '하느님'이나 신의 초자연성, 초인간성을 부정한 것이며 동학사상에는 반침략적 지향이 포함되어 있다고 본다. 그러면서도 "동학 교리는 봉건제도의 모순을 혁명적으로 극복한 것이 아니라 윤리·도덕을 가지고 극복해 나갈 것을 설교한 제한성을 가지고 있었다. 이것은 동학 교리가 당시 봉건제도를 반대하는 농민봉기와 호흡을 같이하지 못하고 있으며 계급투쟁을 통한 현실 부정에까지 이르지 못하고 있었다는 것을 의미하는 것이었다."고 그 혁명성을 부인하고 있다. 남한 학계에서도 동학 교리의 혁명성을 부정적으로 보고 삼례집회, 복합상소, 보은집회까지를 동학의 종교투쟁으로 한정하여 고부봉기부터 농민전쟁으로 보는 경우가 많지만 북한 학계도 이 점은 같다.

그렇다면 동학과 농민전쟁의 관계는 어느 정도로 인정할 것인가 하는 문제가 있다. 이 점에 대해 북한 학계는 "동학의 하층을 이루고 있던 교도 대중은 동학 상층과는 달리 썩어빠진 봉건통치를 바로잡고 농민들의 처지를 개선할 것을 열렬히 지향하였다." "동학조직을 이용한다면 단기간에 보다 많은 농민들을 반봉건투쟁에 궐기시킬 수 있었다. 전봉준이 폭동 전에 태인현 주산리의 동학접주 최경선과 밀접한 연계를 가진 것도 이러한 사정과 관련되었다." 하여 농민군은 동학의 하층부와 연결되었고 또 동학의 포교조직을 이용한 것으로 보았는데, 이 점도 남북한 역사학의 관점이 대체로 같다.

갑오농민전쟁의 성격을 반침략·반봉건전쟁으로 보는 점은 남북한 역사학이 같은데, 동학사상의 반외세성은 인정하면서 혁명성을 인정하지 않는다면 농민전쟁의 혁명성은 결국 동학 교단이 못 가졌고 농민군만이 가진 반봉건성에서 나왔다고 봐야 하며, 그것은 또 농민군 지휘부 자체가 가진 사상으로 볼 수밖에 없게 된다.

남한의 역사학도 대체로 그러하지만 북한 역사학도 농민군의 반봉건성을 주로 그 격문과 폐정개혁안에서 구하고 있으면서 또 그 한계성도 지적하고 있다. "집강소가 제기한 폐정개혁안은 반침략·반봉건적 내용으로 일관되었으나 아직 그것은 부르주아적 사회정치제도를 세울 것에 대한 문제를 제기하지 못하고 있다. 그러나 이 개혁강령은 그 후 혁신관료들이 진행한 1894년 부르주아 개혁(갑오개혁)을 추동하는 강력한 원동력이 되었다." 한 것이 그것이다.

남한이나 일본 역사학계에는 갑신정변이나 갑오개혁, 독립협회 운동 등은 대체로 부르주아적 정치운동 내지 개혁운동으로 보면서 갑오농민전쟁은 농민 주동의 전쟁이라 하여 개화파의 운동과 다른 가닥으로 보려거나 부르주아 운동으로 보지 않으려는 관점들이 있다. 농민군이 조선의 왕권 자체를 부인하지 못했을 뿐만 아니라 오히려 대원군과 연결하려 했다는 점 등을 들어 농민전쟁이 성공했을 경우 절대주의적 정권이 성립되었으리라 암시하는 경우가 있고, 또 한편으로 집강소의 활동 등을 근거로 농민전쟁군이 농민정부의 수립을 지향한 것같이 생각하는 경우도 있으며, 전에는 북한 학계도 같았다고 알고 있지만 주로 토지문제와 관련하여 동학농민군의 지휘부는 개화파의 개혁사상보다 이익·정약용 등의 실학사상과 연결된 것으로 보려는 것이다.

그러나 지금의 북한 역사학은 갑오농민전쟁을 포함해서 개항 이후 '한일합방' 사이에 일어난 모든 진보적 개혁운동을 부르주아 운동의 연장선상으로 보고 있는 점에서 남한 학계의 관점과는 차이가 있다. 농민전쟁을 서술하면서 "특히 김옥균을 비롯한 개화파의 사상적 영향을 받게 된 사정과 관련되어 있었다." "당시 '희생된 김옥균의 혼이 폭동자들 가운데 나타났고 또한 지금까지 무적의 대군을 지휘하고 있었다.'는 말이 국외까지 널리 퍼지고 있었던 것은 결코 우연한 일이 아니었다." "갑오농민전쟁은 우리나라에서 부르주아 개혁운동을 힘있게 추동하였다."라고 한 부분에서 그것을 알 수 있다.

이것은 갑신정변에서 3·1운동까지를 부르주아 민족운동의 시대로 보는 북한 역사학의 기본 입장이 적용된 것이지만, "1894년 농민전쟁은 우리나라에 있어서 부르주아 민족운동이 선진계급의 지도자가 없었음에도 불구하고 혁명적 대중에 의해 힘차게 심화, 발전되어 온 역사적인 과정이었다." "당시 우리나라에서 주민의 절대다수를 차지하고 있던 농민은 부르주아 민족운동에 어느 계급, 계층보다도 절실한 이해관계를 가지고 적극 나섰다."고 하여 부르주아 운동에 농민이 참여한 것으로 보고 있다.

다음, 의병전쟁의 성격에 대한 남한 학계의 연구성과는 대체로 을미의병의 경우 그 지휘부는 유생층이었고 하부구조는 갑오농민전쟁에 참가했던 농민군이었으며, 지휘부는 반외세 근왕운동적 목적을 가졌으나 하부의 농민군은 농민전쟁 목적의 연장이었고, 이 때문에 아관파천으로 친일정권이 무너지자 유생층은 투쟁을 중단했고 농민군 쪽은 활빈당 활동 등을 계속한 것이라 보고 있다.

또한 을사조약 이후, 특히 정미조약 이후의 의병은 그 지휘부가 해산 군인, 서민 출신 등으로 바뀌어가고 전쟁의 성격도 반봉건투쟁으로 바뀌어간다고 보고 있지만, 이 점에 대한 북한 학계의 시각도 거의 같다. 다만 북한 학계는 "반일 의병투쟁은 우리나라의 부르주아 민족운동을 전 민족적 규모의 반제·반봉건투쟁 단계로 고양시켰다."고 한 것과 같이 그것을 부르주아 민족운동의 일환으로 확실히 성격 짓고 있는 점이 다르다.

최근 남한 학계의, 특히 젊은 세대 연구자들을 중심으로 개항 이후 우리 역사에서의 개혁주도세력을 어느 계급에다 설정할 것인가 하는 문제와 관련하여 개화파보다 농민군에게 그것을 구하려는 역사의식에서 농민전쟁을 부르주아 민족운동의 시각에서 보지 않으려는 경향이 있다. 북한 학계가 갑오농민전쟁·의병전쟁을 부르주아 혁명의 동맹군으로 보는 기본 입장을 고수하고 있는 데 반해, 남한 학계의 이런 경향은 종래 개화파의 역사적 위치를 평가하면서 그 제약성에 눈감고 지나치게 긍정적으로만 본 데 대한 반성에서 나온 경향이리라 생각되기도 하지만, 그런 정도를 넘어서 이 시기의 민족운동을 부르주아 운동이 아닌 다른 것으로 보려는 관점은 곤란하다는 생각을 가진 연구자들도 있다.

**농민전쟁 후의 부르주아 운동에 대한 관점**

지금의 남한 학계에서 갑오개혁을 보는 시각을 정리해보면, 종래 그 전체를 타율성이 강한 개혁으로 보던 경향에서 그 초기 개혁에 대한 자율성을 강조하는 경향으로 나가고 있는 점이 있고, 그것에 대한 갑오농민전쟁의 영향을 강조하면서도 주도세력이 이른바 온건개화파였기 때문에 가지는 개혁의 제약성을 지적하지만, 그 성격은 대체로 부르주아적 개혁으로 본다고 할 수 있을 것이다.

북한의 역사학도 개혁의 주체성을 강조하는 점에서는 같으나 그 주도세력 김홍집 등을 '혁신관료'로 이름 하고 그 역할을 "민비세력을 청산하고 자기의 권력을 다시 세우려는 대원군의 기도와 이에 상반되게 친일 괴뢰정권을 꾸며내어 침략의 길을 닦으려고 한 일본 침략자들의 기도를 유리하게 이용하면서 혁신정권을 세우기 위한 적극적인 활동을 벌리었다."고 했다. 김홍집 내각의 성립에 작용한 일본 측의 문제를 "일본 침략자들의 기도를 유리하게 이용하면서"로 표현하면서 이 '혁신관료'를 남한 학계보다 훨씬 긍정적으로 평가하고, 개혁이 파탄으로 가게 된 것은 일본이 "한때 갑신정변에 우연히 참가하였다가 일본에 도망간 후 친일 매국역적으로 굴러떨어진 박영효를 끌어들여 이용"하고 '20개조 개혁안'을 강요하여 군국기무처를 해체한 후부터라고 보고 있다. 이 점은 남한 학계의 관점과 유사하다.

북한 학계는 갑오개혁의 역사적 의의를 낡은 봉건제도를 청산하고 새로운 자본주의제도를 세우기 위한 투쟁, 우리나라 역사발전의 합법칙적 요구를 반영한 개혁, 부르주아 개혁운동의 투쟁목표를 뚜렷이 밝힌 개혁 등으로 지적했는데, 이것은 남한 학계의 평가보다 훨씬 적극적이다.

또 그 제약성 문제도 반봉건적 부르주아 개혁에서의 기본 문제인 토지문제를 해결하지 못한 점, 혁신정권이 반침략적 입장 특히 반일적 입장을 철저히 견지하지 못한 점, 부르주아 개혁이 자본가계급의 지원을 받지 못한 채 수행된 점, 농민군과의 연합의 길을 택하지 못한 점 등으로 정확하게 지적하고 있다. 또는 홍범 14조를 전혀 부정적으로 보고 있는 점이 눈에 띈다. "홍범 14조는 일제 침략자들이 조선에 대한 예속화 정책을 '근대화'라는 보자기로 감싸기 위한 '내정간섭안'이었으며 따라서 그것은 갑오개혁과는 아무런 인연도 없는 것"이라 했다. 그 조문의 표현만을 본 것이 아니라 그것이 반포된 때의 정치적 조건과 그것이 오히려 일본의 내정간섭을 심화하는 데 이용된 사실 등을 더 주목한 것이다.

독립협회에 대해서도 남한 학계의 관점은 그것이 가진 제약성이나 한계성은 전혀 보지 않은 채 마치 진선진미한 민권운동, 민주주의운동이었던 것같이 보기도 하고, 이런 관점에 대한 반발로 지주계급 중심 입헌군주제 지향의 친일·친미·반러시아 운동으로 보는 관점이 대립된 것 같은 인상을 주고 있다.

북한 학계는 전체적으로 "부르주아 '민권'운동"으로 보고 "강력한 지도역량의 통일적인 지도를 받지 못하고 자연발생적으로 산만하게 벌어진" 점, "극도로 반동화된 봉건통치배들이 무력으로 운동을 탄압하는 조건에서 그에 대응하여 폭력투쟁을 벌이지 못한" 점 등의 제약성을 가졌고 이 때문에 실패했지만, 우리나라 부르주아 민족운동 발전에서 일정한 의의를 가진 운동으로 보고 있다.

남한 학계에서는 독립협회 지도부의 역사성과 관련하여 만민공동회운동을 독립협회와 분리해 민중운동으로 보려는 관점도 일부 있으나 북한 학계는 만민공동회 활동을 독립협회 활동의 발전으로 봤고, 독립협회운동의 주도 인물도 남한 학계의 관점과는 차이가 있다. 북한 학계는 이 운동이 "이상재·남궁억·정교 등 애국적 지식인들에 의해 전개"되었고 윤치호는 '친일친미분자'로서 만민공동회의 반침략적 투쟁을 방해했으며, "미·일 제국주의자들은 저들의 주구 서재필·박영효 같은 자들을 '민권'운동 내부에 잠입시켜 이 운동을 친미·친일의 방향으로 끌고 나가려고 간교하게 책동한" 것으로 보고 있는 것이다.

남한 학계에서 일반적으로 애국계몽운동으로 부르고 있는 운동을 북한 학계는 애국문화운동으로 부르고 "문화 분야에서의 민족부르주아지의 제반 요구를 반영하여 전개된 반침략·반봉건 운동이었다."고 한 것과 같이 부르주아 운동으로 보는 점은 남한 학계와 같다. 그리고 이 운동이 가진 한계성으로 이 운동이 반침략과 반봉건투쟁의 주요한 고리의 하나였음에도 일제의 침략과 봉건제도를 혁명적으로 청산하는 데 이르지 못한 점, 반일운동에서 문화운동 형태를 절대화하고 적극 투쟁 형태인 의병전쟁과 합류하지 못한 점 등을 지적한 것도 남한 학계의 관점과 비슷하다.

북한 학계는 이 운동 실패의 원인으로 앞의 두 가지 점 이외에 이

운동 담당자들이 사대주의, 분파주의 잔재를 완전히 청산하지 못한 점을 들고 있는 데 비해, 남한 학계는 오히려 이 운동의 반일성이 약했던 점을 더 강조하고 있으며, 한편으로 이 운동 주도자들이 얼마나 왕당파적 입장을 청산하고 공화주의적 정치사상을 가졌는가 하는 점에 관심을 가지고 있기도 하다.

남북한 학계를 막론하고 개항부터 '합방'까지의 우리 역사 이해에서 가장 중요한 문제의 하나인 식민지로 전락하게 된 원인을 민족운동의 한계성, 치자층의 비주체성 등 정치적 부분에 더 무게를 두고 있다는 느낌이 있다. 사회경제적 원인이 더 구명되어야 할 것이다.

# 7 | 역사진행의 방향을 찾아서

**독접장獨接長에게 천자문 읽고**

사람이 제 과거를 뒤돌아볼 때가 가장 서글퍼질 때란 말을 들은 적이 있지만, 딱 잘라서 거절하지 못하는 약점 때문에 아직은 그럴 나이가 아니라고 생각하면서도 그런 서글픔을 되씹는 기회를 어쩔 수 없이 가지게 되었다.

우리의 어느 부모가 그렇지 않을까만 나는 대단히 교육열이 높은 부모님의 맏아들로 태어났다. 아버지는 자신이 많이 배우지 못한 한스러움 때문에 양반도 3대를 무식하면 상사람이 될 수밖에 없다는 생각에 철저한 분이었고, 어머니도 교육열에서는 그런 아버지보다 오히려 더한 분이었다.

두 분의 이런 교육열은 넉넉지 않은 살림에도 우리 나이로 다섯

살밖에 안 된 그들의 맏아들에게 독접장을 모셔다 천자문을 배우게 했고, 평생을 두고 글을 읽고 쓰면서 살게 될 나의 일생은 이렇게 시작되었다.

새벽에 두 눈을 비비며 지난밤에 외우다 그대로 깔고 자서 수세미처럼 구겨진 천자문 책을 찾아 들고, 선생님의 가족이 집세 없이 사셨다고 기억되는 아랫방으로 가서 양반다리를 개고 상체를 흔들며 글을 읽고, 조반을 마친 후에는 손에 먹이 묻을까 조심조심 붓글씨를 배우던 일이 아득한 옛일처럼 되살아난다.

천자문을 떼고 아마 『동몽선습』쯤을 읽었는지 더 읽었는지 기억이 분명치 않지만 여덟 살에 소학교에 들어갔다. 그때는 대개 아홉 살에 들어갔지만, 부모님의 '극성' 때문에 한 해 먼저, 그것도 적령기 이전이거나 적령기를 넘긴 아이들로 만들어진 강습회라는 비정규반에 들어가게 되었다.

조부모님까지 계시는 가정이었지만 우리 집에는 일본말을 할 수 있는 분이 아무도 없었다. 일장기를 '히노마루'라 하는 정도는 알았지만 일본인 담임 여선생님의 말을 한마디도 알아들을 수가 없었다. 수업할 때는 교과서가 있으니까 그런대로 따라갔지만 도화지 같은 준비물을 가져오라는 말이나, 특히 숙제를 주는 선생님의 일본말을 제대로 못 알아들어 상당한 기간 고통스러웠던 일이 기억에 남아 있다.

2학년인가 3학년까지 '비가 오오.', '모가 자라오.' 식으로 배우는 조선어시간이 있었고 이 시간만은 내 세상 같았다. 어머니가 즐겨 읽으시던 「춘향전」, 「장화홍련전」, 「유충렬전」, 「조웅전」 등을 어깨너머로 따라 읽으며 한글을 깨치고 있었기 때문이다. 다만 이들 고

담소설 속에 나오는 순한글로 표기된 상당히 긴 한문 문구의 뜻을 모르는 것이 많아 답답했지만.

2학년에 올라갈 때쯤에는 일본 말이나 글이 남에게 뒤지지 않을 정도는 되었고, 태평양전쟁이 한창때라 황군皇軍이라 부른 일본군에게 보내는 위문편지를 잘 썼다는 선생님의 칭찬을 들을 정도가 되었다. 그러나 처음 일본말을 배울 때 어떻게 된 건지 좌우를 가리키는 '히다리'와 '미기'를 제대로 분간하지 못해 실수할 때가 많았고, 그것이 우리말을 할 때도 그대로 혼동이 되어 애를 먹었다. 사람의 버릇이란 묘한 것이어서 지금도 깜박 왼편, 오른편을 얼른 분간하지 못할 때가 있다. 나에게는 '심각한' 식민지교육의 잔재라 하겠다.

소학교 5, 6학년 때는 일본어로 된 소설을 더러 읽은 기억이 난다. 책이름과 작가가 기억나지 않지만, 어느 중국 청년이 일본의 의과대학에 유학해서 한 일본인 급우와 깊은 우정을 맺고 그 누이와 애정관계에 있다가 중일전쟁의 발발로 귀국하여 모국의 군의관으로 종군하고 역시 군의관으로 중국전선에 간 일본인 급우와 만나는 데서 빚어지는, 적국인 사이의 우정과 애정 문제를 다룬 소설을 읽으면서 전쟁이란 것을 제법 심각하게 생각해보고 또 남녀 간의 애정묘사에 가슴이 두근거렸던 기억이 있다.

태평양전쟁이 막바지에 이르면서 학생들에게 '일본어 상용 카드'란 것을 월요일에 열 장씩인가를 나누어준 후 조선말을 사용할 때마다 그것을 들은 학생이 한 장씩 빼앗게 하고, 토요일 종회시간에는 누가 많이 빼앗기고 빼앗았는가를 조사했다. 조심을 하지만 가정에서 일본어를 상용하는 공무원이나 회사원 아이들보다 언제나 불리했고, 그것이 조행操行이라 부른 품행성적에 영향을 줌으로써 가능성은 적었지만 꼭 이루고 싶었던 중학교 진학에 지장을 줄까 봐 걱정하던 일도 생각난다.

## 해방과 전쟁의 소용돌이 속에서

8·15는 지금의 젊은이들에게는 민족분단의 시발점이란 의미가 더 크지만, 그때를 산 사람들에겐 해방이었다. 소학교 6학년생에게 해방이 가져다준 구체적 변화는 태극기라는 우리 국기를 처음 보고 집에서만 부르던 조선 이름이 학교에서도 불리게 된 일, 한글로 공부하고 '봉선화', '따오기', '오빠생각'에서 '적기가'까지 우리말 노래를 배우게 된 일, 중학교 진학이 쉬워진 일 등이었고, 이마에 뿔이 달린 것같이 들은 미국인도 눈이 푸르고 얼굴이 하얄 뿐 같은 사람임을 알게 된 일 등이었다.

일본인들이 버리고 간 많은 책들이 쏟아져 나왔고 중학교에 입학할 무렵 어떤 경로로 입수했는지 기억에 없지만, 일본어판 러시아 문학전집 한 질을 구할 수 있었다. 전깃불 사정이 좋지 않았지만 밤을 새워 읽으면서 그 문학성과 역사성에 깊은 감명을 받은 기억도 생생하다.

중학교에서 처음으로 우리 역사를 배웠다. 진단학회에서 교과서로 낸 『국사교본』이란 책을 제쳐놓고, 지금 회상해봐도 여느 국사와는 다른 자기식의 국사를 가르치던, 이름을 잊은 선崔 선생님의 강의에 매혹되었던 일이 어제 일같이 되새겨진다. 평생을 우리 역사를 공부하며 살게 될 나의 또 하나의 인생이 여기에서 시작되었다고 말하면 혹시 올냈다는 제 자랑이 될까.

소학교 6학년까지 배운 일본어 실력으로는 감당하기 어려웠지만, 일본인들이 버리고 간 문학·철학·사회과학 책들이 홍수처럼 쏟아져 나왔고, 거의 번역본이지만 우리말로 된 책들도 나오기 시작했다. 신탁통치반대, 단선단정반대의 소용돌이 속에서 상급생들에게 끌려, 혹은 자의로 동맹휴학에도 가담했지만 책도 닥치는 대로 읽었다. 중학교 고급 학년이 되면서 급우들이 읽었다고 하면 『자본론』, 『반듀링론』, 『제국주의론』 등도 욕심내어 뒤적여봤지만 무슨 말을 하고 있는지 옳게 알 수는 없었다.

그런 속에서도 인간의 역사는 머리로 만들어지는 것이 아니라 손으로 만들어진다는 말로 시작되었다고 기억되는 『세계사교정』 번역본을 읽고 상당히 감명을 받았다. 뒷날에도 감명 깊게 읽은 책을 들라 하면 곧잘 이 책을 지적하기도 했다.

러시아 문학전집도 읽었지만, 그때의 중학생들에게 한창 읽힌 김래성의 『청춘극장』은 물론 『마도의 향불』, 『승방비곡』 등도 선생님의 눈을 피해 수업시간에 읽었고, 김기림·정지용·임화·오정환의 시를 웬만한 것은 외웠다. 특히 임화의 「현해탄」이나 오장환의 「마지막 열차」나 정지용의 「향수」는 자랑삼아 외우고 다녔다. 요즈음 이들의 시집이 복간되었기에 옛일을 생각하고 사서 읽어봤지만 그때의 짜릿하던 감동은 되살릴 수 없었다. 이때쯤에는 나도 좋은 글을 써보고 싶다는 욕심이 생겨 이태준의 『문장강화』를 탐독하기도 했으나 얼마나 효과가 있었는지는 의문이다. 왜냐하면 글재주가 있는 친구들은 중학교 4, 5학년이면 시나 단편 같은 것을 써보는 사람들이 있었지만 내가 시도를 해본 기억은 없다.

중학교 5학년 때 당한 6·25전쟁은 집안 형편을 말이 아니게 만들어 대학 진학은 엄두도 못 내게 했다. 가까운 농촌에 가서 소학교 선생이나 하리라 생각하고 있었는데, 부산으로 피난 와 있는 대학들에 원서를 접수하러 갔던 담임선생님이 접수 마감 기간이 아직 남은 고려대학교 원서를 몇 장 사오셔서 시험이나 한번 쳐보라고 권하시기에 될 대로 되라는 심정으로 응시했다.

지망학과는 망설임 없이 사학과로 정하고 부산으로 가서 응시했더니 같은 고등학교의 같은 대학 응시자 20여 명 중 두 사람 합격한 속에 기적적으로 내가 끼었다. 궁하면 통한다는 말이 있지만, 전혀 마련될 길이 없을 줄 알았던 학비도 억지로나마 마련되어갔고, 학교가 수복할 때 따라와서 7년이나 걸리긴 했어도 학부를 졸업하고 대학원까지도 다닐 수 있었다. 지금도 나는 가끔 등록금을 마련하려 애쓰는 꿈을 꿀 때가 있다.

피난지 대구에서의 입학과 서울수복 과정의 그 어려운 조건에서도 전공책은 물론, 6·25를 겪고도 일부 남은 이론서적들을 꽤 열심히 읽었다. 새로 구한 헤겔의 『역사철학』을 읽고 그 관념성 짙은 논리에 무언지 모르게 불만을 느낀 것도, 문일평·백남운·전석담·김한주·이북만·이청원 등이 쓴 책을 처음 읽은 것도 이 무렵이었다.

학과는 다르지만 같은 고향에서 같은 해 같은 대학에 들어간 친구 중에 문학 지망생이 있었다. 시인이 되길 원했고 또 자질도 있었으나 일본대학 예술과를 나온 아버지의 반대로 다른 학과에 다니면서 몰래 문학공부를 하던 이 친구의 글재주에 자극되어 나도 저렇게 멋진 글을 써봤으면 하고 부러워했다. 그의 흉내로 시니 시조니 하는 것들을 끼적거려보기도 했고, 고적답사 가서 느낀 생각을 시조 형태로 표현해서 학교신문에 투고한 기억도 있다. 아마 묵은 신문의 어느 한쪽에 남아 있을 게다.

내가 쓴 이른바 논문이란 것이 처음으로 활자화된 것은 대학 3학년 때였다. 한국금석학을 수강하고 보고서로 쓴 것을 마침 처음 내게 된 학회지에 담당 강사님이 추천한 것이다. 활자화된 제 글을 읽는 기쁨도 있었지만, 어찌나 멋없고 딱딱한지 이렇게밖에 못 쓴단 말인가, 역사논문은 이럴 수밖에 없는가 하며 불만스러워했던 기억이 지금도 역력하다.

**분단시대를 알아내기까지**

역사학의 고향은 중세도 근대도 아닌 고대라는 말에 동감하면서 우리 고대사, 그것도 고대의 노비제도를 연구하리라 마음먹고 열중한 때가 있었다. 막연하게나마 서양 고대의 노예제를 생각하면서 우리의 노비생활을 밝혀보리란 생각이 들었던 것 같다. 그러나 객관적 조건이 적당하지 않다는 생각에서 졸업논문은 조선시대의 상인문제를, 석사논문은 장인匠人문제를 썼다. 그리고 다음 논문은 백정에 관한 것이었다.

제가 쓰는 논문이란 것의 수준이 어느 정도인지 알지도 못한 채 지배받는 사람들의 생활상을 밝히겠다는 막연한 생각으로 써갔지만—최근에 낸 『일제시대 빈민생활사 연구』도 그런 생각의 연장에서 쓴 것이라 할 수 있다—그것들이 언제나 문제의 본질에 접근하지 못하고 겉돌고만 있다는 불만이 떠나지 않았고, 특히 '지배받는 사람들의 생활을 밝힌다는 글이 이렇게 딱딱하고 어려워서야' 하는 생각이 떠나지 않았다.

그 무렵까지도 세종로의 신문사 게시판 앞에는 빈 지게를 진 채 신문을 읽고 있는 사람들을 흔히 볼 수 있었다. 글이란 모름지기 이 사람들도 읽어 알 수 있는 쉬운 것이어야 한다는 생각을 가지기도 했다. 이후부터 나의 논문이란 것에서는 한문 원문을 본문에 그대로 인용하는 일은 없어졌지만, 지금도 역사책을 소설처럼 쉽고 재미있게 써보고 싶은 욕심을 가지고 있다.

나의 학문생활은 그런대로 순조로웠고 운도 따라서 남보다 빨리 모교의 전임교수가 될 수 있었다. 지금도 그렇지만 강사생활과 전임생활은 하늘과 땅만큼이나 차이가 큰 것이었고, 특히 경제적인 면에서는 하루아침에 부자가 된 기분이었다. 술도 꽤 마셨지만 생활의 안정이 연구생활의 순조로움으로 연결되어 처음 쓴 『조선후기 상업자본의 발달』이란 책으로 박사학위란 것도 받게 되고, 못 할 것이 없을 것 같은 자만이 생기면서 안일에 빠진 것 같은 한때도 있었다. 건강을 들먹이며 테니스란 것을 해본 것도 이 무렵이다.

그러나 현실은 이런 시간을 누리도록 놔두지 않았다. 박정희 정권이 민족통일을 내세우면서 유신이란 것을 감행했다. 1970년대에 들어서면서 남북 간에 무엇인가 변화가 올 것이란 예감이 들었고 강의시간에 학생들에게 그 예감을 조심스럽게 말하기도 했다. 막상 7·4남북공동성명이 발표되었을 때는 그 예감이 맞은 것에 학생들이 신기해했고, 스스로도 역사 전공자로서의 자부 같은 것을 느낀 것이 사실이다.

그것이 유신을 하기 위한 명석 깔기였음을 알았을 때의 그 배신감과 순진한 학생들에게 떠벌린 그 부끄러움은 지금 생각해도 몸둘 비를 모를 지경이다. 현실이 이렇게 뒷걸음을 치는데 명색이 역사학자가 조선시대 개성상인이 어떻고 서울상인이 어떻고 하는 먼 옛일에만 빠져 있어도 좋은가. 그렇다면 식민지 시대, 민족의 현실이 백척간두에 섰을 때 어느 부족국가의 위치가 어디쯤이고 대원군과 민비가 어떻게 싸웠고 하는 일을 밝히는 데 만족한 역사학과 내가 하는 학문이란 것이 다를 것이 무엇인가 하는 고민에 빠지기 시작했다.

암담한 민족적 현실을 타개하는 데 일말의 도움이라도 줄 수 있는 역사학이란 어떤 것인가. 이렇게 눈망울이 초롱초롱한 젊은이들에게 내가 해줄 수 있는 말이란 무엇인가. 20년에 가까운 세월이 지난 지금에 와서 돌이켜보면 멋쩍은 생각도 없지 않지만, 40대로 접어들 무렵의 나는 온 세상 역사학자의 고민과 의무·사명 같은 것을 혼자 짊어진 마음이었다.

그때까지의 나는 역사학이란 현실문제를 말하면 안 되며 주註가 붙지 않은 글, 이른바 '잡문'을 써서는 안 된다고 배웠고 또 그렇게 알고 있었다. 그러나 이 엄청난 역사의 배신 앞에 선 나는 그런 기존 역사학의 울타리를 벗어나야 한다는 생각으로 가득 차 있었다. 그리고 이런 배신 앞에서 역사학은 왜 말이 없는가, 우리는 지금 어떤 시대에 살고 있는가를 골똘히 생각하지 않을 수 없었다.

해답은 의외로 쉽게 얻을 수 있었다. 지금의 우리 역사학은 철저한 민족분단주의에 빠져 있다. 이 배신을 눈감고 있는 것도 분단주의적 역사인식 때문이다. 독재정권 아래서의 어느 정도의 경제적 성장이 분단체제의 반역사성을 망각케 하고 오히려 그것을 정당화하고 있다. 옳은 의미의 평화적 민족문제 해결의 길은 이 분단주의를 극복하는 데 있다. 우리가 살고 있는 이 시대가 반드시 극복해야 할 반민족사적 분단시대임을 철저히 인식할 필요가 있다. 그것이 이 시대 우리 역사학의 최대 과제다. 이런 해답이었다.

## 역사의 뒷바퀴에 깔리기도 하고

『분단시대의 역사인식』이란 책 머리말에 쓴 말이지만, 역사학 전공자도 주註에서 해방된 글을 쓰고 싶은 욕심은 누구에게나 있게 마련이다. 내 나름대로의 해답을 일단 얻고 나니 할 말이 많아졌다. 가까운 동학 중에는 '잡문' 쓰는 '타락'과 현실문제에 접근하는 위험성을 들어 말리는 사람도 있었지만 이미 내친 걸음이었다. 더구나 그 취지와 활동에 전적으로 찬동하게 된 창작과 비평사의 요청도 겹쳐서 '잡문' 생산은 점점 늘어갔다.

그러나 글을 쓰면서 두 가지 문제는 늘 염두에 두었다. 그 하나는 가능하면 지게꾼도 읽을 수 있게 쉽게 써야 한다는 점이었고, 또 하나는 기성세대 아닌 젊은 세대 대상의 글이어야 한다는 점이었다. 글이 쉬웠다면 이 무렵 월간지나 계간지에 실리는 단편소설을 꽤 많이 읽은 덕이었고, 젊은 독자가 많았다면 글을 넘기기 전에 가능한 한 제자들에게 먼저 읽히고 그들의 의견을 들은 결과다.

말이 난 김에 소설 읽는 재미를 좀 더 말해보자. 소설을 탐독할 나이가 지난 후에도 딱딱한 역사논문을 읽거나 자료 다루기에 지치면 머리 식히는 기분으로 월간지에 실린 단편을 더러 읽었다. 그러다가 한 편의 단편 속에 작가의 사물을 보는 눈, 사회관·역사관·세계관 등이 처절하게 응축되어 있는 작품들을 더러 발견하게 되었고, 좋은 작품을 만나면—작가들에게 아부하는 말이 아니라—우리가 구하는 역사의식의 요체가 바로 여기에 있구나 하는 생각을 가질 때가 있었다.

나의 소설 읽는 재미는 장편으로 발전해서 박경리의 『토지』, 문순태의 『타오르는 강』, 김주영의 『객주』, 조정래의 『태백산맥』을 부지런히 틈을 내어 모두 읽었고, 읽고 있는 중인 박태원의 『갑오농민전쟁』이 끝나면 이기영의 『두만강』을 읽을 예정이지만, 지금도 학생들에게 좋은 소설을 많이 읽는 것이 역사공부에 도움이 된다는 충고를 자주 한다. 그리고 더 늙어서 가르치고 쓰는 일을 못 하게 되면 옛날의 내 고향과 같은 조용한 바닷가에 가서 아무 부담 없이 좋은 소설이나 읽으면서 사는 것이 내 소원 중의 하나다.

그건 그렇고, 이렇게 쓴 '잡문'들을 모아 책을 만들자는 출판사의 요청에 몇 번을 미루다가 큰맘 먹고 내놓은 것이 『분단시대의 역사인식』이다. 그때만 해도 논문집이 아닌 이런 책을 내기에는 은사님과 선배들의 눈치가 보이던 때였고, 그래서 은사님들에게는 망설이다가 죄지은 마음으로 갖다드린 일이 기억난다.

그러나 뜻밖에도 이 책의 반응은 컸다. 1970년대 후반기와 1980년대 전반기에 걸쳐 대학 신입생의 필독서 중에 들었다는 말을 자주 들었고 학교에 따라서는 도서관의 금서목록에 들었다는 말도 들었다—10여 년이 지난 지금 보면 아무것도 아닌 책인데—이 시기의 민주화운동·통일운동에 참가했다가 감옥생활을 하고 나온 젊은이들이 "선생님 책 감명 깊게 읽었습니다." 하고 인사하면 기쁘면서도 무거운 책임감을 느꼈던 일을 숨길 수 없다.

1978년에 일본에 가서 1년간 있었다. 명색이 역사학자란 사람이 『분단시대의 역사인식』에 실린 그런 글만을 계속 쓰고 있을 수만은 없었고, 전에 쓴 논문집 『조선후기 상업자본의 발달』에 뒤이어 문호개방 후의 상업관계 책을 쓰기 위한 자료를 구해올 목적이었다. 박정희 유신독재의 그늘이 일본에까지 드리워져 있어서 운신이 어려웠지만, 자료는 욕심껏 구할 수 있었고 돌아와서 쓸 책의 목차까지 정해 왔다.

그러나 오자마자 10·26사건이 터져 박 정권은 무너지고 이른바 '서울의 봄'이 왔다. 감옥에 갔던 학생들과 퇴학당했던 학생들이 돌아오고 민주화 열기가 높아지면서 마침 박물관장을 맡고 있던 나의 방은 과장해서 문전성시를 이루었다. 연구논문을 쓰리라던 나의 계획은 간데없어지고 광주 5·18항쟁이 터지면서 영문도 옳게 모른 채 경찰서 보호실 생활을 한 달이나 한 후 기어이 학교에서 쫓겨나고 말았다.

그해 5월 말에서 6월 말까지 계속된 성북경찰서 보호실 생활은 정말 따분했다. 옆방에는 학생들이 30명가량 있었고 이상신 교수와 시인 황지우 등이 우리 방 식구였다. 하는 일이라곤 밥먹고 뒤보는 일, 그리고 매일 불려나가 곤죽이 되어 오는 황 시인의 멍든 자리를 문질러주는 일이었다. 그곳에서는 아침마다 통행금지 위반자의 간이재판이 열리는데 본적도 주소도 없이 떠도는 사람들이 의외로 많다는 일에 놀라기도 했다.

그런 속에서도 세 사람이 더러 역사이야기나 문학이야기를 나누기도 했지만 그 끝은 으레 개탄과 분개로 이어질 뿐이었다. 다만 이 기간에 박경리의 『토지』를 독파한 것은 하나의 이득이었다. 이때 생각했던 문학과 역사의 관계 문제, 『토지』를 읽은 역사학도로서의 느낌 등은 뒷날 글이 되어 발표되었다.

학교에서 쫓겨난 후 실업자 생활이 만 4년이나 계속되었다. 오랜 만에 얻은 '한가한' 시간이었지만 이른바 연구논문이란 것을 쓰고 있을 수는 없었다. 이 시대를 위해 역사학이 무엇을 할 것인가 하는 예의 의문병이 다시 도진 것이다. 의식 있는 사람들의 모임에서 말을 해달라고 하면 거절하지 않았고 『조선후기 상업자본의 발달』이 아닌 『분단시대의 역사인식』에 뒤이은 글들을, 그리고 『한국근대사』, 『한국현대사』를 악에 받쳐 썼다.

평생 동안 허리띠를 조이며 산 마누라가 그 무렵에 장만한 집이 마침 2층이라 아래층에서 아침을 먹고 출근하는 마음으로 2층 서재로 가서 오늘은 여기까지 쓰리라 작업량을 미리 정해놓고 미친 듯이 써내려갔다. 어디에서 그런 힘과 악이 솟았는지 지금 생각해도 제정신이 아니었던 것 같은 느낌이다.

이 무렵에 쓴 『분단시대의 역사인식』에 뒤이은 글들이 모여 『한국민족운동사론』이 되었다. 책 이름을 '속 분단시대의 역사인식'으로 할 생각이었으나 부득이한 사정으로 출판사가 바뀌게 되어 그런 이름을 붙일 수 없었다. 나로서는 『분단시대의 역사인식』보다 이 책에 오히려 애착이 더 갔지만 그 반응은 훨씬 못했다. 처음 생각했던 책명으로 하지 못한 것이 지금도 후회스럽다.

## 서대문형무소에 고적답사 가다

1983년도 안으로 끝내기로 결심했던 『한국근대사』, 『한국현대사』의 원고를 마무리짓고 만족감에 젖어 있던 그해 12월 20일 새벽에 파출소에서 왔다는 몇 사람이 들이닥치더니 같이 좀 가자는 것이었다. 머리를 빨리 회전시키며 무슨 일 때문인가 생각해봤지만 그들에게 끌려갈 만한 이유가 전혀 떠오르지 않았다.

이유가 전혀 생각나지 않으니까 오히려 여유를 가지게 되었고 가족들을 안심시키며 순순히 따라나설 수 있었다. 몇 번의 경험이 있어서 그렇기도 했지만, 마침 탐스러운 함박눈이 펑펑 내리고 있어서 양쪽에 체구 큰 동행자만 없었다면 눈 오는 날의 멋진 드라이브가 될 뻔했다는 생각도 잠시 가질 수 있었다.

서울역을 지나 조금 가다가 머리를 숙이고 앞을 보지 말라는 말을 듣고서야 예사로운 곳이 아니구나 생각은 했지만 그곳이 뒷날 박종철 군을 탁 하고 쳐서 억 하고 죽게 한 곳일 줄은 그때는 물론 알 리 없었다. 어느 취조실로 끌려가서야 6개월 전에 기독교사회문제연구원에서 강의한 내용이 끌려온 원인임을 알 수 있었다. 이영희 교수와 조승혁 목사가 '공범'인 것도 며칠 뒤에 알았다.

유식한 사람에게는 무식한 놈을 붙여야 제격이라서 제가 맡게 되었다는 취조담당이 위협도 하고 어르기도 하면서 미주알고주알 물었지만, 나처럼 기억력이 약한 사람이 6개월 전에 한 이야기를 그들의 요구에 맞게끔 재생하기란 아예 틀린 일이었다. 혈압이 높다는 그는 우황청심환인가 하는 약을 값비싼 것이라고 강조하면서 계속 먹어 대며 취조했고, 나는 그것이 딱해서 강의료를 얼마 받았는지조차 기억해내지 못하는 형편없는 나의 기억력을 스스로 원망할 정도까지 되었다.

상세한 이야기는 다른 기회로 미루자. 진술서란 것을 쓰는데 무식해서 '유식한' 나를 담당하게 되었다고 스스로 말한 이 친구가 진술서를 쓰는 내 문장이 틀려먹었다고 계속 다시 쓰게 하는 데는 정말 미칠 지경이었다. 16절지인가 하는 종이에 볼펜으로 1000장까지는 안 돼도 500장은 훨씬 넘게 썼을 게다. 그도 조금은 미안했는지 논문 쓰는 문장과 진술서 쓰는 문장이 달라서 그렇다고 중얼거렸지만, 그것이 그들의 상투수단이란 것쯤은 알고 있던 나는 밖에서 이 정도 썼으면 원고료만도 상당할 거라는 그의 말에 정말 한 대 갈겨주고 싶은 충동을 느끼지 않을 수 없었다.

취조라는 것을 끝내고 기소가 되어 서대문형무소로 가기 전에 마포경찰서 유치장에 갔던 이야기는 꼭 해야겠다. 영하 18도가 며칠씩 계속되는 혹한 속에 혼자 수용된 넓은 마루방에서 누더기 같은 담요를 깔고 갤 때의 심정을 이영희 교수는 뒷날 마치 '시궁창에 빠진 느낌'이었다고 회상했지만 그보다도 더 못 참을 것은 추위였다.

며칠에 한 번씩 목사인지 전도사인지 하는 사람이 몇 사람의 젊은이들을 데리고 와서 회개하라고 기도하고 찬송하는 것도 사람을 미치게 했다. 게다가 하루는 이 목산지 전도산지 하는 사람이 내 방 위에 쓰인 반공법인지 보안법인지 하는 것을 보고 다가와서는 남한에 가족이나 친척이 있느냐고 묻는 데는 차라리 실소할 수밖에 없었다.

유치장에서나 그 후 옮겨진 형무소에서도 마찬가지였지만, 혼자 수용된 방 안에서는 정말 할 일이 없었다. 그곳 생활이 더 길어지고 그곳 나름의 안정을 찾으면 어떨지 모르지만, 솔직히 말해서 50이 넘은 나이로 인생이니 학문이니 민족사적 질곡이니 하는 문제나 자신이 이곳에 온 의미 같은 것을 두고 조용히 생각해본다는 것은 불가능했다. 그런 마음의 여유가 생기지 않았다는 말이다.

역시 제일 필요한 것은 책이었다. 마포경찰서 유치장에는 다행히도 꽤 괜찮은 작가들의 소설책들이 어느 정도 비치되어 있었다. 그야말로 지옥에서 부처를 만난 마음이었다. 대학에 다니다 전경인가 의경인가가 되어 유치장 경비를 맡은 젊은이의 호의로 그것을 거의 다 읽고 서대문형무소로 갔다. 서대문에서는 처음엔 옆방 친구에게서 몇 권 빌려보다가 가족이 넣어준 『사기열전史記列傳』을 손에 들고서야 어느 정도 마음의 안정을 얻을 수 있었다.

서대문형무소에서는 역사공부, 그것도 우리 근·현대사를 전공한 덕을 봤다. 책읽기에 지치거나 잠자리에 누워 잠을 이루지 못할 때는 우리 근·현대사를 통해 이곳을 다녀갔을 민족운동가들이 누구누구였을까 생각해내고 대충 짐작할 수 있는 그분들의 성격에 비추어 어떤 옥살이를 했을까 상상해보는 것이다.

성난 얼굴로 눈을 부라리며 앉아 있었을 것 같은 김구, 계속해서 만세를 불렀다는 유관순, 미친 사람으로 가장해서 석방되었다던 박헌영, 부처처럼 앉아서 명상했을 것 같은 안창호, 같이 옥살이한 은사에게서 들었지만 대단히 의연하더라던 홍명희, 나이 든 교도관이 존경할 수밖에 없었다고 말하던 조봉암, 생각보다 졸장부더라고 그 교도관이 평하던 어느 정치인 등의 옥살이 광경을 상상해보는 것이다.

그러다 보면 내가 마치 역사의 한쪽 귀퉁이라도 차지하고 있는 것 같은 착각에 빠지거나, 아니면 고적답사나 사료채방 온 것 같은 '편안한' 마음이 될 수 있었다. 제 버릇 무엇 못 준다고 이 형무소를 거쳐간 사람들을 중심으로 한 우리 근·현대사를 써도 좋겠다는 생각을 해보는 것도 한때의 위안은 되었다. 가슴에 빨간 딱지를 붙였기 때문에 세수도 다른 사람이 다 한 후 따로 하고 운동시간까지도 남이 안 쓴 모자를 쓰고 혼자 격리되어 있던 주제꼴에 말이다.

**역사의 진행 방향을 찾아서**

1984년 7월에 다시 학교로 돌아왔을 때는 긴 고행 끝에 집으로 돌아온 마음이었다. 그러나 현실은 아직도 차고 어둡기만 해서 패잔병의 귀향일 뿐이었다. 마침『한국근대사』,『한국현대사』가 출간되고 거기에 의외의 반응이 있어서 고행의 노독을 다소 풀어주는 것 같았지만 돌아온 집에서 무엇을 어떻게 할 것인가는 얼른 생각나지 않았다.

그런데도 우리 근·현대사를 옳게 알려는 학생들의 의욕과 노력은 대단했고, 1970년대와 1980년대를 통해 성장한, 아직은 강사급에 있는 소장학자들은 기성 역사학의 후계자가 아닌 마치 다른 세계에서 온 사람처럼 그 역사인식과 방법론이 달라져 있음을 발견할 수 있었다.

시대사로서는 처음으로 식민지 시대의 공산주의운동을 다루고, 건국준비위원회 활동이나 좌우합작운동, 남북협상의 역사성을 강조하는 나의 현대사 서술방법에 대해 기성 역사학은 이를 용납하지 않으려 했고 아직은 이르다고 염려해주는 동료 연구자도 있었지만, 젊은 역사학자들은 그런 정도가 아니었다. 대구10·1폭동, 제주도 4·3사태, 여순사건 등을 용감하게도 이승만 세력의 단독정부 수립 반대 민중항쟁으로 정의해간 것이다. 역사인식상의 상전벽해라고나 할까.

역사학을 전공한 지 40년에 가까운 세월이 흘렀고 옛 사람들은 생에 한 번도 겪기 어려울 역사의 실험장, 즉 식민통치의 경험, 8·15의 격동, 민족상잔의 6·25전쟁, 4·19민중혁명, 5·16군사쿠데타, 5·18

민중항쟁 등을 자기의 세대로 겪고 잠깐이나마 그 바퀴에 깔려보기도 한, 명색이 역사학자인데 역사 그것이 무엇인가를 옳게 알지 못한다면 너무 바보스럽지 않은가 하는 자책감이 쌓이고, 솔직히 말해서 역사공부 다시 해야겠다는 생각이 들기도 했다.

어느 은사님의 정년 고별강연을 듣고 저분이 평생을 두고 역사란 무엇인가를 추구하셨는데 고별강연 역시 그 추구의 연속이로구나 하는 생각을 한 적이 있지만, 그 자리에 서야 할 날이 그다지 머지않은 나도 역사가 무엇이냐는 질문을 받을까 봐 두려운 것이 사실이다.

역사가 무엇인가에 대한 해답은 아직 제대로 얻지 못했다 해도, 1980년대의 격동을 겪으면서 그 진행 방향만이라도 알아야 한다는 욕심이 생겼다. 역사는 모든 인간들이 정치적 속박에서 해방되는 길로, 경제적 빈곤과 불균등에서 해방되는 길로, 사회적 불평등을 극복해가는 길로, 사상적 부자유와 탄압을 극복해내는 길로 나아가고 있다는 확신 정도는 가질 수 있게 된 것 같다. 그리고 그것에 반하는 모든 노선과 행동은 때로는 혁명적인 방법으로, 아니면 개량적인 방법으로라도 반드시 극복되어왔다는 사실을 나름대로의 자신을 가지고 말할 수는 있을 것 같다. 그러나 겨우 그 정도라면 40년 공부 도로아미타불이 아닐까.

# 역사를 보는 눈의 이모저모

統一運動時代의 歷史認識

1. 민족분단, 그 또 하나의 원인
2. 오늘의 중국대륙은 세계사의 실험장인가
3. 서대문형무소와 우리 근·현대사
4. 일왕日王 히로히토의 죽음
5. 중국 속의 조선족
6. 일본이 식민지화를 면한 이유
7. 노예가 되기보다 죽음을
8. 대한제국과 일본 차관
9. 이완용의 매국 흥정

# 1 │ 민족분단, 그 또 하나의 원인

금년은 민족이 분단된 지 꼭 40년이 되는 해다. 식민지 시대보다 더 길어진 이 불행한 시기를 통해서 민족분단의 원인이 무엇인가 하는 문제는 여러 가지 측면에서 추구되어왔다. 그러나 하나의 역사적 사실이 나타나게 된 원인이나 배경은 대단히 복합적인 것이어서 '이것이다.' 하고 하나를 꼬집어내기는 대단히 어려우며, 특히 민족분단과 같이 역사의 큰 분기점을 이루는 사실의 원인을 분석해내기는 쉬운 일이 아니다.

지금까지 국내외의 학자들에 의해 규명된 민족분단의 원인 역시 한마디로 간추리기 어렵지만, 대체로 대외적으로는 일본의 식민지배, 제2차 세계대전 말기의 미국의 소련에 대한 양보와 소련의 태평양전쟁 참전, 미국에 의한 38도선의 제의, 미·소 냉전의 심화에 따른 미소공동위원회의 결렬 등을 들고, 대내적으로는 식민지 시대의 독립운동이 독자적으로 일본의 항복을 받을 수 없었던 점, 독립운동 과정에 나타난 좌우익의 대립이 해방이 될 때까지 제대로 아물지 못한 점, 해방 후의 좌우익 정치세력의 대립과 분쟁이 미·소의 분할점령에 편승한 점 등이 지적되고 있으며, 이 밖에도 한반도의 지정학적 위치가 대륙세와 해양세가 맞부딪쳐 분쟁이 일어나거나 아니면 두 세력의 균형에 의해 분단되기 쉬운 반도적 성격을 가지고 있다는 점 등을 들 수 있다.

이와 같은 여러 가지 원인 중에 무엇에다 더 무게를 둘 것인가 하는 문제와 관련하여 대외적인 요인에 더 치중하느냐 혹은 대내적인 요인을 더 중요시 하느냐에 따라 민족분단을 이해하는 각도 및 그것을 해소하고 재통일을 지향하는 방법론 등에 의견의 차이가 생길 수밖에 없다. 그러나 민족분단의 원인을 규명하는 가장 중요한 목적은 역시 그것이 민족의 재통일에 도움이 되어야 한다는 점에 있다. 따라서 분명히 민족분단의 원인의 하나지만 지금 그것을 규명한다 해도 민족의 재통일에 그다지 도움이 되지 않는 일이라면 구태여 밝힐 필요가 있을 것인가 하는 문제가 제기될 수 있다.

예를 들면 한반도의 지정학적 위치 문제는 분명히 민족분단의 원인 중의 하나다. 그리고 지정학적 위치 문제를 숙명론적으로 받아들이면 민족분단 역시 숙명론적으로 받아들일 수밖에 없는 일이 되어버려서 분단 원인으로서의 지정학적 위치 문제의 제기는 분단 해소에 도움이 되지 않는 것같이 생각될 수 있다. 그러나 반도적, 지정학적 위치를 대륙세와 해양세의 완충지대로서의 이점으로 살릴 수 있다면 이 지정학적 위치 문제는 분단의 원인이면서도 통일의 방법론을 위해 오히려 유리한 조건으로 활용될 수도 있다.

한편 '일본의 한반도에 대한 식민지배가 한반도 분단의 원인의 하나다.' 하는 문제는 한반도가 식민지에서 해방되면서 분단되었으므로 '일본의 식민지배가 없었다면 분단되지 않았을 것이다.' 하는 다소 일반론적인 원인밖에 말하지 못하고 있는 것 같다. 그러나 일본의 식민지배, 특히 그것이 끝나는 시기, 다시 말하면 일본이 연합국에 항복한 시기가 바로 한반도를 분단하기에 가장 적당한 시기였다는 사실을 알면 일본의 식민지배가 한반도 분단에 얼마나 직접적이고도 절실한 원인이 되었는가를 알 수 있다.

일본의 동경대학 교수 오다카尾高朝雄는 1953년에 다음과 같은 글을 썼다.

> 일본의 포츠담 선언 수락을 최종적으로 결정한 어전회의는 8월 9일 밤이었다. 만약 그것이 히로시마에 원자폭탄이 떨어진 8월 6일이었다면 소련은 참전의 기회를 잃었고 조선의 38도선 분할의 비극은 일어나지 않았을 것이다. 그 반대로 8월 9일 밤의 회의에서 초토결전焦土決戰 강경론이 승리를 얻었다면 적군赤軍의 기갑부대는 조선으로 남하하고, 미군은 인명의 손상을 피해서 상륙작전을 감행하지 않는 사이에 소련이 남사할린, 북해도 오쿠우奧羽까지 진출하여, 결국 일본은 미·소에 의해 분단되었을 것이다. 실로 8월 9일 밤의 천황의 (항복) 결정은 일본을 이 운명에서 구한 대신 조선이 일본을 대신해서 둘로 분단되는 결과를 가져왔다.

이 글을 읽고 나면 일본의 식민지배가 한반도 분단의 직접적인 원인으로 얼마나 절실하게 작용했는가를 알 수 있게 된다. 또 40년의 식민지 시대를 통해 정치·경제·사회·문화적으로 말로 다할 수 없는 갖은 피해를 입힌 일본이 그 운이 다해서 패전하는 마당에서까지 제 대신 한반도를 분단하게 했음을 알고 보면 그야말로 치를 떨지 않을 수 없다.

그러나 한반도 분단의 직접적인 원인의 하나가 일본의 항복 수락 시기 문제에 있고, 그것이 곧 일본의 한반도 식민지배에 있었다 하더라도 그것을 강조하는 일이 한반도의 분단을 해소하고 그곳을 재통일하는 일에 도움이 되겠는가, 한반도의 재통일에 도움이 될 수 없는 그 분단 원인을 강조할 필요가 있겠는가, 일본의 식민지배가 한반도 분단의 직접적인 원인이 되었다고 강조하는 일은 두 민족 사이의 민족감정만 악화해 오히려 한민족의 역사발전에, 통일문제에 방해작용을 받지 않겠는가, 분단의 원인 중에는 그것을 철저히 규명함으로써 오히려 통일에 도움이 안 되는 부분도 있지 않는가 하는 이해도 있을 수 있다.

여기에는 또 하나의 사례를 들 필요가 있다. 10여 년 전 분단된 서독과 동독이 상호불가침조약을 맺을 때 마침 잠시 일본에 가 있었다. 일본의 모든 언론들이 동서독불가침조약에 크게 관심을 보이면서 같은 패전국이면서도 일본은 분단의 불운을 피할 수 있었음을 다행스러워했다. 텔레비전 화면에 나온 어느 노년의 남자는 눈물을 흘리면서 일본은 다행이었다는 말을 되풀이하고 있었다.

일본으로서는 정말 다행한 일이었다. 그러나 다행스러워하는 전체 일본의 어느 한구석에서도 일본 대신 한반도가 분단되어 한민족 전체가 식민지 시대에 이어 분단시대의 고통을 겪고 있다고 생각하는 기색은 찾아볼 수 없었다. 앞서의 오다카 교수의 지적은 전체 일본인의 관심 속에서 완전히 사라지고 한반도 분단의 원인이 일본의 식민지배에 있었다는 말은 일본에서도, 그리고 한국에서조차도 그저 하는 말로 예사롭게 되어버리고 만 것이다.

지금도 일본은 한반도의 긴장완화에 노력할 것이다, 한반도의 평화적 통일을 위해 도움을 줄 것이다 하고 자주 말하고 있다. 그러나 이 말들에는 한반도 분단에 일본이 직접적으로 책임을 가지고 있다는 역사적 반성이 바탕이 된 것이 아니라 한반도는 미국과 소련이 분단했고, 한민족의 민족적 자각 및 역량이 부족해서 제 힘으로 통일방안을 마련하지 못하고 있으므로 일본이 이웃 민족으로서, 지난날의 식민 모국으로서, 극동지방, 나아가서 세계평화를 위해서 한반도의 평화적 통일을 도우려 한다는 생각 이상은 아닐는지도 모른다.

일본이 항복한 시기가 바로 한반도가 분단되기에 알맞은 시기였다는 사실을 아무리 강조해도 그것이 한반도의 평화적 재통일에 도움이 되지 않을 것이며, 한반도 분단의 책임을 일본이 전혀 느끼지 않는다 하여 책망하는 일도 그 평화적 통일을 위한 직접적인 도움이 되지는 않을 것이라 할 수 있다. 한반도 분단의 책임 일부가 일본에 있다 해도 그 재통일을 위한 책임은 전혀 한반도 주민 스스로에게 있기 때문이다.

다만, 한반도 분단 책임의 일단이 일본에 있음을 내세우는 것이 그 재통일을 위해 도움이 되는 면이 있다면, 그것은 재통일을 위해 일본 측이 방해하는 일이 없기를 바라는 쪽에 더 큰 뜻이 있을 것이다. 한반도의 재통일에 대한 국제적인 방해는 아직은 독일의 경우보다는 적극적이지 않다. 그리고 그것을 둘러싼 국제세력들이 아직은

'평화적 재통일을 바란다, 도울 것이다.' 하고 기회 있을 때마다 말하고 있어 다행스럽다.

그러나 남북한을 합쳐 100만이 훨씬 넘는 상비군을 유지할 수 있게끔 된 한반도의 재통일을 진심으로 원하는 주변 국가가 얼마나 있을 것인가 하는 문제도 생각하지 않을 수 없게 되었다. 그리고 한반도 분단의 책임을 지금에 와서까지도 관련 국가들에게 묻는 것은, 그리고 그것이 재통일을 위해 도움이 된다고 생각하는 것은 그들 관련 국가들이 재통일을 위한 주역들이기 때문은 결코 아니다. 재통일의 주체는 어디까지나 한반도 주민 스스로지만, 관련 국가들에 대한 분단책임의 강조가 재통일 과정에서의 방해요인을 제거하는 데 도움이 되는 일만으로도 충분한 것이다.

# 2 | 오늘의 중국대륙은 세계사의 실험장인가

**가보고 싶었던 중국**

어쩌다 보니 외국이란 데를 몇 곳 가볼 기회가 있긴 했지만 아직 못 가본 곳이 훨씬 더 많다. 중국대륙은 못 가본 곳 중에서도 가장 가보고 싶은 곳이었다. 누구나 못 가본 곳은 가보고 싶기 마련이고, 더구나 역사학을 공부하는 사람으로서 우리의 전체 역사시대를 통해 어느 곳보다도 그 관계가 밀접했던 중국에 가보고 싶은 것은 당연한 일이지만 꼭 그런 이유만은 아니었던 것 같다.

역사학을 전공하면서부터 중국이란 곳은 어떤 계통의 문화가 들어가도 그것을 모두 제 것으로 녹여버리는 거대한 용광로란 표현을 이해할 수 있을 것 같았고, 우리의 민족운동에 대한 지식이 늘어나면서 그곳은 어떤 용기와 모험으로 가득 찬 땅으로 느껴지기도 했다. 중국에 대한 이런 느낌은 그 후 우리 역사를 연구하고 가르치는 일을 업으로 하는 이른바 전문 연구자가 된 후에 더 절실해졌다.

중국 땅이 지난 40년간 갈 수 없는 땅이었기에 그곳에 대한 일종의 그리움 같은 것이 더 커졌는지 모르지만, 그곳이 제한된 조건 속에서나마 우리에게 열리게 되어 각계각층의 많은 사람들이 드나들게 되고, 이들이 본 오늘의 중국을 전해 듣게 되면서부터 그곳에 대한 관심은 또 다른 각도에서 더 커지게 되었고 그럴수록 직접 가서 보고 싶은 마음은 더욱 간절했다.

사실 중국은 우리에게 여러 가지를 생각하게 하는 곳이다. 어떤 사람들에게는 특히 그 동북지역이 옛날 우리 민족이 많이 산 곳이라 해서 엉뚱한 생각을 가지게 하는 곳일 수도 있고—실제로 중국쪽 백두산에 올라가서 태극기를 펴들고 사진을 찍는 사람들이 있어 중국 측에서 금지했다는 말도 있다—역사 이래로 6·25전쟁까지 많은 침략을 받은 사실을 상기하고, 특히 지금도 체제가 다른 곳임을 이유로 반감을 가지고 그곳의 모든 것을 부정적으로만 보려는 사람들이 있는 곳이기도 하다.

그런가 하면, 우리 국토가 일제의 완전 식민지가 되어 국토 안에 민족해방운동의 기지를 만들 수 없었을 때 중국의 동북지역에 그것을 마련할 수 있었던 사실, 민족해방운동 과정을 통해 중국 측의 물심양면의 도움을 받은 사실 등도 잊을 수 없는 일이지만 이런 일을 생각하며 중국을 보는 사람이 얼마나 될지는 의문이다.

중국이 우리에게 열린 후 다녀온 사람들이 못 가본 사람들에게 전해주는 그곳 실정은, 물론 일률적으로 말하기는 어렵지만, 대체로 다음과 같은 것이 아니었는가 한다. 첫째 중국사람들이 우리보다 못산다는 점이고, 둘째 중국의 사회주의 40년은—좀 적극적으로 표현해서—실패한 것으로 볼 수밖에 없다는 것이며, 셋째 그러므로 중국은 지금 사회주의를 포기하고 자본주의경제체제를 도입하려 한다는 것이다.

이런 중국관은 좀 더 나아가서 중국은 지금—다소 장난기가 섞인 말이긴 하지만—사회주의혁명이 아닌 자본주의혁명을 수행해야 할 단계에 있다고 말하는 사람까지 있을 정도였다. 이런 중국관이 뒷받침되어 최근에는 대학생들을 집단으로 중국에 보내 '못사는' 사회주의사회의 실상을 알게 함으로써 그들의 이른바 좌경화를 막아보자는 발상이 실천되고 있는 실정이니 역사를 공부하는 사람으로서 중국에 직접 가서 내 눈으로 보자는 마음이 간절하지 않을 수 없었다.

## 중국, 사회주의 40년간 무엇을 했는가

중국을 가서 보는 사람이 사회주의 중국과, 자본주의체제를 채택하고 있는 대만이나 우리를 평면적으로 비교하여 그곳이 우리나 대만보다 못산다는 생각을 가지게 되는 것은 일응 수긍할 만하다. 이른바 개인 국민소득이란 것을 가지고 비교하면 이쪽은 4000달러가 넘었고 그쪽은 400달러 정도로 발표되고 있다니 말이다.

더구나 여행자가 대학교수인 경우 그쪽 교수의 평균 월급 150원은 우리 돈으로 환산하면 3만 원 정도에 불과하며 아직 집에 전화를 놓지 못한 교수가 상당히 있는 형편이니 못산다는 생각이 실감 나고, 실제로 그쪽 교수들의 불평도 들을 수 있어서 중국 사회주의 40

년의 결과가 이것인가 하는 생각을 가질 수도 있는 것이 사실이다.

지난번 6·4천안문사태 때 중국에서의 몇백만 명은 소수에 지나지 않는다는 표현이 있었지만, 대학교수와 같은 지식인이나 도시인구는 중국 전체 인구의 극히 일부분에 지나지 않는다. 중국은 아직도 농촌인구가 전체 인구의 8할을 차지한다니 말이다. 그렇다면 그 사회를 옳게 알려면 아직도 11억 인구의 8할이 살고 있는 농촌 사정을 이해하지 않으면 안 된다.

제2차 세계대전이 끝난 당시의 중국 농촌을 직접 보지 못했기 때문에 정확하게 말할 수 없지만 당시의 우리 농촌 사정과 비슷했다고 보면 큰 잘못은 없지 않을까 한다. 그러나 지금 11억의 8할인 9억에 가까운 농민들의 생활은—여정이 짧아 여러 층의 농가를 직접 볼 기회가 적었고 대신 열심히 묻고 들은 것이지만—그들 모두가 일정하게 지급받은 토지를 경작하여 일단 먹고사는 걱정은 없게 된 것이 분명한 것 같았다.

아직 흑백 텔레비전이 대부분이라지만 백두산으로 가는 길 주변의 벽지 농촌에서까지 즐비한 텔레비전 안테나를 볼 수 있을 정도의 문화생활을 할 수 있게 되었고, 장춘長春에서 우리의 안내를 맡았던 교포청년 이 군의 경우와 같이 부모가 흑룡강성 탕원蕩原지방에서 농사를 지어 얻은 연간 2000원 이상의 수입으로 그를 장춘의 명문대학인 동북사범대학에 유학시킬 수 있는 정도는 되었다.

대학교수 평균 월급액이 150원, 즉 연간수입 1800원이고 한 농가의 연간수입이 2000원 이상이라면, 조선족 농민은 일반적으로 그 수입이 전체 농가의 평균치를 상회한다는 점을 감안하고도, 우리 사회의 사정 일반과는 다름을 알 수 있다. 짧은 일정 때문에 도시노동자의 생활실정을 구체적으로 알아볼 기회가 없어 유감이었지만, 지난 40년간 농민생활이 지식인층의 그것과 비교해서 상대적으로 크게 향상되었음을 알 수 있으며, 이 점이 바로 중국 사회주의체제의 성과요, 특징이 아닌가 생각되었다.

중국은 우리나 대만·일본 등과는 같은 선상에 놓고 말할 수 없을 만큼 광대한 영토와 엄청난 국민을 가진 나라다. 그 많은 인구가 일단 먹고사는 문제를 어느 정도 해결했다는 사실을, 인구가 그 20분의 1밖에 안 되는 우리의 보릿고개가 없어진 지 불과 20여 년밖에 안 된다는 사실과 비교해보면 중국사의 지난 40년을 결코 과소평가해서는 안 된다는 생각을 하지 않을 수 없었다.

대학교수를 비롯한 지식인층이 농민보다 잘사는 것이 당연하다는 생각을 가진 지식인이 중국에 가서 그곳 지식인의 생활을 보면 중국 사회주의 40년이 무엇을 했는가 하는 의문을 가질 만하다. 그러나 혁명 당시 그 인구의 대부분이 농민이었고 그 때문에 혁명의 기반을 바로 그 농민에게 두었던 중국현대사의 특징을 이해하면 이 의문은 저절로 풀리는 것이 아닌가 한다.

## 중국 경제는 어디로 가고 있는가

불과 보름 동안의 견문으로 거대한 중국사회를 얼마나 정확하게 알 수 있었을까만, 그래도 여행하는 동안 그곳 실정을 정확하게 알아내기 위해 나름대로 열심히 보고 들었다. 대체적으로 보면 지금의 중국은 문화혁명과 6·4천안문사태를 모두 극복하면서 사회주의체제를 유지한 채 생산력을 획기적으로 높이기 위한 어려운 길을 걷고 있는 것이 아닌가 하는 생각을 했다.

　비전문가로서의 생각이지만, 중국현대사는 1949년의 혁명으로 근대 이래의 반식민지적 상태를 청산하고 역사적 주체성에 입각한 사회주의체제를 정착시키는 데 일단 성공한 후, 문화혁명 직전의 시점에서 혁명 초기적 경직성을 풀고 그 사회주의 단계를 한층 더 높일 것이 요구되었다. 그것이 일부 실행 단계에 들어가게 되었을 때, 권력투쟁과 연관되어 사회주의적 단계 높임에 반대하고 혁명 단계의 분위기를 그대로 유지하려는 세력에 의해 문화혁명의 폭풍이 불었던 것이 아닌가 한다.

　그 역풍은 바깥에서 생각했던 것보다 훨씬 강했던 것 같지만 결국 극복되고 어디까지나 사회주의체제 안에서 생산성을 높이기 위한 개방정책이 실시될 수 있었다. 그러나 이번에는 그동안의 사회주의체제가 지식인의 처우를 기본계급의 그것보다 상대적으로 낮추게 된 문제와 관련하여 지금의 중국 사회주의가 감당하기 어려운 정도의 급진적 개방을 요구하는 6·4천안문사태가 일어났던 것이 아닌가 하며, 그것도 결국 진압되었다.

　흑룡강성의 성도 하얼빈에 갔을 때의 일이다. 일요일도 아닌데 거리에도 또 백화점에까지 젊은 사람들이 넘치고 있는 것을 보았다. 노동 능력을 가진 사회구성원은 모두 일정한 일자리를 가져야 한다는 사회주의에 대한 일반적 상식에서 이해할 수 없는 일이기에 그 이유가 무엇이며 실업자가 있는가를 물었더니 두 가지 대답이 나왔다.

　그 한 가지는, 국가가 일자리를 마련해주기를 기다리고 있는 상태의 실업자가 없는 것은 아니지만 그것이 곧 평일의 거리에 사람이 많은 이유는 아니고, 교대근무를 하는 직장도 있고 또 휴가 중인 사람도 있으니 평일의 거리에 사람이 많을 수 있지 않느냐는 것이었다. 또 하나의 대답은 노동력을 가진 모든 사람에게 직장을 주어야 하는 사회주의체제이기 때문에 5명이면 족한 작업장에 7명, 8명을 배치하여 그 남는 노동력이 출근만 해놓고 거리로 나온 경우가 많다는 것이었다.

어느 답이 사실에 가까운지 짧은 여정으로는 확인이 어려웠지만, 두 가지 경우가 다 있을 것이란 생각이 들었다. 농민들이 분배받은 땅이 넓어도 한 가족 먹고살 정도만 농사하는 경우가 많다는 말도 들었지만, 도시인구의 경우 모든 업체가 국영 혹은 공영이라면 이념교육이 철저하지 못한 한 사보타지가 있을 수 있으며, 그것이 생산성을 떨어뜨리는 원인이 됨으로써 중국 사회주의가 안고 있는 난문제가 된 것이 사실인 것 같았다.

그러나 중국 사회주의는 이런 문제를 해결하기 위해 지금 생산업체, 서비스업체의 경영 방법을 크게 세 가지 유형으로 분화하고 있다고 했다. 그 유형은 첫째, 완전한 국영업체로서 그 종업원은 모두 봉급 수령자다. 그러나 이 경우도 생산성을 높이기 위한 방법으로 그 업체의 경영 실적에 따라 이익을 많이 낸 만큼 보너스를 더 주고 있다. 둘째, 국영업체이면서도 어느 개인에게 운영권을 위임하고 그 운영자가 해마다 일정한 세금을 국가에 바치고 완전히 자영하게 한 것이다. 그러나 이 경우 국가가 실업자를 줄이기 위해 위임 맡은 경영자가 원하는 이상으로 종업원을 배당하는 문제점이 있다. 셋째, 개인이 자기 자금으로 경영하는 완전한 자본주의식 사기업체다.

이 세 가지 유형 중 당장에는 완전 사영업체가 가장 많은 이익을 내고 있는 것이 사실이다. 조선족이 많은 연길의 시장에서 옷가게를 사영私營하는 한 부인의 경우, 같은 상인끼리 물건값을 너무 올리지 않도록 서로 견제하고 감시하는 속에서도 한 달 순이익이 1000원 가까이 된다고 했다. 대학교수의 평균 월급액이 150원이란 사실과 비교해볼 만하다.

도시에는 국영 택시 이외에 개체個體택시라고 부르는 개인택시가 등장했고 이들의 수입이 많다는 것은 널리 알려진 일이다. 장춘에서 타본, 돈벌기에 발벗고 나선 것 같은 어느 아리따운 묘령의 여인이 운전하는 개체택시는 우리 돈 약 500만 원에 해당하는 중국 돈 2만 5000여 원에 구입한 것이라 했다.

이런 사영업이 도시지역에만 있는 것은 아니다. 장춘에서 길림으로 가는 끝이 보이지 않는 일직선 도로변의 곳곳에서 농민들이 밭에서 딴 수박·참외 등을 직접 가지고 나와 저울에 달아 파는 것을 볼 수 있었다. 일본제 승용차에 한 가족이 타고 가다 내려서 이 수박·참외들을 사는 풍경은 우리나라 농촌에서 보는 것과 전혀 다르지 않았다. 도시의 시장에도 농민들이 생산한 채소류를 직접 가져와서 파는 곳이 있었다. 도시와 농촌을 막론하고 사경제가 확대되어가고 있는 것이다.

## 중국 사회주의는 어디로 갈 것인가

중국 사회주의가 그 생산성을 높이기 위해 사경제를 확대해가고 있음을 여러 부문에서 볼 수 있었고, 현재 수준으로도 사기업 중 규모가 큰 것은 이미 종업원 1000명을 고용한 기업체가 있을 정도라 했다. 이런 개인기업의 규모가 어느 정도까지 갔을 때 더 크지 못하게 제한할 것인가, 아니면 무제한 허용할 것인가 하는 점이 몹시 궁금했지만 우리가 만날 수 있었던 사람들에게서는 책임성 있는 답을 들을 수 없었다. 다만 어느 안내원은 전체 사기업이 전체 국영기업의 규모를 넘어서게는 하지 않을 것이란 막연한 추측을 하고 있었다.

사기업을 어느 정도 인정한 지금에도 이미 일부에서는 빈부의 차가 생기고 있으며 사기업을 더 확대할 경우 그것이 더 커질 것은 말할 나위도 없다. 사회주의체제의 기초가 잡히고 난 후 사유제와 프롤레타리아 독재를 완전히 청산하고 국가조직까지 소멸되는 공산주의체제로 이행한다는 것은 고전적 이론의 기본 틀이다. 그러나 지금의 중국은 사회주의 40년이 지나고 난 후 생산력을 높이기 위한 방법의 하나로 오히려 사경영과 사유제를 일부 인정하는 방향으로 나아가고 있다.

중국의 이런 변화를 두고 사회주의의 실패 혹은 포기 등으로 말하는 경우가 있음을 알고 있지만 그렇게 속단할 것은 아니라는 생각도 들었다. 관점에 따라서는 이 일부 사경제의 허용이 오히려 지난 40년간 확립된 사회주의적 기반을 바탕으로 그것을 한 단계 더 높이기 위한 하나의 방법으로 사용되고 있다는 생각도 할 수 있을 것이기 때문이다.

고전적 이론에 얽매이지 않는다면, 어느 정도 기초가 잡힌 중국 사회주의가 지금 어느 지역도 경험하지 못한 하나의 큰 실험을 하고 있는 것으로 볼 수도 있다. 이 점은 소련의 경우도 대체로 같은 경우에 있는 것이 아닌가 하며, 이런 점에서 사회주의혁명을 스스로 이룬 이들 국가와 그것을 수입했을 뿐인 동유럽 여러 나라와의 사이에 일정한 차이가 있는 것으로 볼 수도 있을 것이다.

여하튼 짧은 기간이나마 중국 여행을 통해 느낀 것은 세계사가 20세기를 넘기는 과정에서 특히 사회주의사회를 통해 하나의 거대한 실험을 하고 있으며 이 실험의 결과는 21세기 전반기를 통해 나타날 것이라는 생각이 들었다.

중국이라는 거대한 지역이 사회주의 기본체제를 유지한 채 그 생산력을 높이는 데 성공하여 국민소득이라는 것이 2000달러, 3000달러로 나타나게 될 때 세계질서는 크게 변하게 될 것이며, 일부에서 말하는 것같이 사회주의체제를 '포기'하지 않을 수 없는 경우도 21세기의 세계질서는 또 다른 의미에서의 큰 방향전환을 할 것이기 때문이다.

# 3 | 서대문형무소와 우리 근·현대사

**영예를 잉태한 현장, 서대문형무소**

어느 민족을 막론하고 그 역사에는 영욕이 교차하기 마련이지만, 근·현대사를 식민지 시대와 분단시대로 채우다시피 한 우리의 경우 안타까운 일이지만 영예보다 치욕과 고난과 한이 더 많은 역사였음을 솔직히 시인하지 않을 수 없다.

제 민족의 역사를 되돌아보면서 영예로운 부분보다 치욕스러운 부분을 들추기란 결코 유쾌한 일이 아니지만, 치욕스러운 역사 부분이야말로 영예로운 역사를 잉태하는 모태이며, 그것에 대한 기억이야말로 영예로운 역사를 가꿀 밑거름 그것임을 또한 생각하지 않을 수 없다.

건망증이 심한 민족일수록 역사 실패를 거듭하기 마련이며 그것을 경계하기 위해 오욕과 고난의 역사도 반드시 기억해야 하지만, 제 민족의 역사, 그것도 고난과 한으로 점철된 근·현대사를 공부하면서 혹시 서대문형무소—이곳이 교도소, 구치소로 바뀌기도 했지만 형무소란 이름이 아직도 자연스럽다—의 식구가 되었던 경험이라도 가진 사람이면 그곳이야말로 치욕이 영예로 이어지는 역사의 현장으로 기억되어야 할 이유를 더 절실하게 느끼게 된다.

조선왕조시대 상국으로 섬긴 중국 사신을 맞이하던 치욕의 문 영은문迎恩門을 헐고 세운 독립문을 지나 조금 올라간 자리에 회색 담과 철문으로 둘러놓은 또 하나의 치욕의 세계 서대문형무소가 있었다.

서울시내의 각 경찰서—이 기관이 아직도 경찰서란 이름으로 되어 있다는 일 자체도 치욕스러운 역사의 연장으로 생각되지만—에서 구속이 확실하게 된 피의자들이 이 회색 담에 이어진 철문으로 들어가서 푸른 수의로 바꾸어 입고 검은 고무신을 신고 나면, 어쩔 수 없이 치욕으로 몸을 감은 별난 세계의 인간이 되었음을 실감하게 된다.

더구나 반공법이나 국가보안법 피의자가 되어 빨간 바탕에 죄수번호를 쓴 딱지를 달고—일제시대의 이른바 사상범에게도 수의번호 딱지가 다른 빛깔이었을까 궁금하다—독방에 들어앉게 되면 이 별난 세계 속의 주민들마저 남다르게 보는 존재가 되었음을 또 한 번 실감하게 된다.

출입문과 뒤창은 찢어진 비닐로 겨우 가렸고 영하 18도의 추위가 일주일씩 계속되어도 불기라고는 찾을 수 없는 감방에 빨간 딱지 피의자라 하여 혼자 넣어지고 나면 한 평 남짓한 방이 시베리아

벌판만큼이나 황량해진다.

이 벌판에 던져졌던 당초의 긴장이 어느 정도 가라앉고 사면 벽을 둘러보면 이미 이 방을 거쳐간 많은 사람들이 남긴 크고 작은 흔적들이 눈에 띈다. 시답잖은 것들이 많지만 역사라는 것에 어느 정도 관심을 가진 사람이면 이 방이야말로 우리 근·현대사의 한 부분 그것임을 실감하게 하는 흔적들도 더러 있다.

추위와 긴장을 잊기 위해, 그리고 다소 마음의 안정을 얻은 후엔 무료함을 메우기 위해 '서대문형무소를 통해 본 우리 근·현대사' 같은 것도 써볼 만하다는 생각을 해볼 수도 있지만 사람의 일이란 것이 그때만 지나고 나면 그만이기 마련이다.

이제 그 서대문형무소도 서울이란 도시의 '발전'에 밀려 옮겨가고 그 자리를 어떻게 할 것인가 하는 문제로 설왕설래가 있는 것 같지만 그곳은 민족사의 현장으로 남아야 한다는 생각이 간절하며, 그러기 위해선 서대문형무소가 우리 근·현대사 위에 어떤 곳이었던가를 되새겨볼 필요를 느끼게 된다.

### 식민지배의 족쇄, 서대문형무소

인류의 역사 위에 권력이 생겨난 국가시대로 들어오면서 사람을 가두어두는 감옥이 생기게 마련이었고 우리 역사의 경우도 예외일 수 없었다. 그러나 이른바 근대화 이전까지만 해도 감옥이란 것은 규모도 작고 시설도 엉성한 것이었다.

조선왕조시대에도 서울 안에 전옥서典獄署감옥, 의금부義禁府감옥, 포도청捕盜廳감옥 등이 있었지만, 1908년 이전까지도 그 가운데 제일 큰 감옥이라야 남감男監의 경우 1실에 20명을 수용하는 감옥 21실 정도였다.

그러나 이 무렵부터 일본의 침략에 저항하는 의병전쟁이 격렬해지면서 권력 측에게는 감옥을 늘릴 필요가 절실해졌다. 이미 조선을 보호국으로 지배하던 일본인들에 의해 서대문 밖 인왕산 밑 금계동金鷄洞, 즉 지금의 영천靈泉에 약 5만 원의 비용을 들여 480여 평의 옥사와 부속건물, 80여 평의 청사와 부속건물을 지어 1907년에 완공했다. 이때는 아직 경성감옥으로 불렸지만 서대문형무소의 역사는 이때부터 시작된다.

신식 감옥으로 지었지만 전면만을 벽돌로 쌓고 지붕은 함석으로 덮은 목조건물이었고 수용인원은 500명 정도였으며 기결수만을 수용했다고 한다. 이른바 한일합방을 준비하던 일본으로서는 의병항쟁을 탄압하는 일이 시급했고, 그것을 위해 늘려 지은 감옥이 서대문형무소였으니 이 형무소의 출발 자체가 일제의 우리 민족운동 탄압사와 직결된 것이다.

서대문형무소가 준공된 후 최초로 대규모의 민족운동세력이 수용된 것은 1911년의 이른바 '105인사건' 피의자들이다. '합방'을 강행한 일제가 주로 서북지방의 민족운동세력을 숙청하기 위해 총독 암살모의가 있었다는 핑계로 윤치호尹致昊, 양기탁梁起鐸 등 400명에 가까운 지식인 학생들을 구속했다가 그중 123명을 기소하여 제1심에서 105명을 유죄판결한 사건이다.

이 사건의 취조 과정에서 일제 경찰은 야만적인 고문을 통해 받은 허위자백을 근거로 초심에서 유죄판결을 내렸으나 경성복심원京城覆審院, 고등법원, 대구大邱복심원으로 이첩되면서 이른바 주모급 6명을 제외한 99명을 증거불충분으로 무죄판결함으로써 이 사건이 조작되었음을 스스로 폭로하고 말았다.

이 사건의 일환으로 15년형을 받고 서대문형무소에 수감되었던 김구는 『백범일지』에서 그 속에서의 생활을 이렇게 말하고 있다.

> 나도 처음 서대문감옥에 들어갔을 때는 먼저 들어온 패들이 나를 멸시했으나 소위 국사강도범이란 것이 알려지면서부터 대접이 변했다. …… 나는 처음에는 100여 일 동안 수갑을 채인 대로 있었다. …… 손목은 아프고 방은 좁아서 몹시 죄이므로 큰 죄인으로 만들뿐더러 사람의 자존심과 도덕성을 마비시키게 된다.

1912년에 마포감옥이 생기면서 서대문의 경성감옥을 서대문감옥으로 부르게 되지만, 이 감옥이 민족사의 표면에 다시 떠오르게 된 것은 역시 3·1운동 때 33인을 비롯한 많은 참가자가 수감된 일이었다. 일제강점기 최대 규모의 이 운동으로 이 형무소에 얼마나 많은 사람들이 수용되었는지 정확하게 알 수 없지만, 당시 전옥典獄이었던 일본인 가키하라柿原琢郎는 당시의 정황을 이렇게 말하고 있다.

> 교회당이나 공장에도 철조망을 둘러서 감방으로 대용하는 궁책窮策을 취했으나 흥분한 재감자 중에는 방 안에서 큰 소리로 독립운동의 연설을 하면 박수로 공명하며 그 혼잡은 도저히 비유할 수 없는 상태이며 게다가 감옥의 앞과 뒤의 고봉高峰에 독립운동가가 올라가서 낮에는 한국기를 흔들고 밤에는 봉화를 올려서 재감자를 선동하는 일이 날마다 밤마다 연속되어 한 달 이상이나 계속되었다.

당시는 개축공사 중이어서 삼면의 기와벽은 겨우 완성되어 있었으나 일면은 취약한 종래의 함석판 담이었으므로 파옥破獄이 매우 쉬워서 실로 누란의 위기인 실정이었다. 만약 약 3000여 명의 재수在囚가 일시에 밀고나오면 치안이 아직 완전히 회복되지 않은 경성시 내외는 어떻게 될 것인가 밤낮으로 걱정했다. 또한 파옥이 오늘이나 내일로 박두한 것을 기다리는 것 같았다.

3·1운동 당시 서대문형무소의 상황을 비교적 상세하게 전하고 있지만, '누란의 위기'에서 파옥을 겁내고 있던 일제 당국은 결국 수감자에 대한 무자비한 탄압으로 그 위기를 극복했다. 그 증거의 하나로 유관순의 죽음을 들 수 있다.

감방 안에서 아침저녁으로 만세를 부르고 시위를 벌인 유관순은 지하의 독방에 수감되어 야만적인 고문을 당한 끝에 결국 옥사했다. '유관순 굴'로 알려진 이 지하감방은 형리들도 무서워 접근하지 못하다가 8·15 후의 개축으로 잊혀졌으나 얼마 전에 확인되었다는 말이 있었다.

서대문감옥은 1923년에 그 이름이 서대문형무소로 바뀌었고, 3·1운동 후 활기를 띤 국내외의 독립운동전선에서 활동하다가 체포된 중요한 인물들이 이 형무소에서 옥사하거나 그 사형장에서 처형되었다.

3·1운동 후 새로 부임하는 조선총독 데라우치寺內에게 폭탄을 던졌다가 체포된 강우규가 이 형무소 감방 마루에 '姜宇奎 四二五三 一九二0 十一 二九'라고 자신의 이름과 처형된 날짜를 새겨둔 사실은 이곳이 민족운동의 역사 위에 영원히 기억되어야 할 장소의 하

나임을 일깨워주는 일이며, 1926년 4월에 금호문金虎門 앞에서 역시 데라우치 총독을 암살하려다 실패하고 체포된 송학선宋學先도 이 형무소에서 처형되었다.

이후 '만주'지역 독립운동전선의 서로군정서 참모장, 통의부 위원장 등으로 활약하다 체포된 김동삼金東三이 10년형을 받고 옥살이를 하다가 이 형무소에서 옥사하고, 통의부와 정의부 등의 군사위원장으로 활약하다 체포되어 무기형을 받은 오동진吳東振이 옥사한 것은, 독립운동전선의 중요 인물이 이 형무소에서 목숨을 잃은 대표적인 예라 할 수 있다.

서대문형무소에는 이후에도 전체 식민지 시기를 통해 민족운동사 위에 이름을 남긴 웬만한 사람은 모두 다녀갔다 해도 과언이 아니다. 임시정부의 내무총장을 지낸 안창호가 상해에서 일본경찰에 검거되어 와서 서대문형무소를 거쳤고, 다시 수양동우회사건으로 150여 명과 함께 검거되어 옥중에서 얻은 병으로 결국 목숨을 잃었다.

역시 임정의 외무차장을 지낸 여운형도 검거되어 와서 3년형을 살면서 이 형무소를 거쳤고, 8·15 후 건국준비위원회에서 그와 함께 활동한 안재홍安在鴻도 신간회 활동으로, 또 임정과의 내통으로 검거되어 이곳을 거쳤다.

한편 1920년대로 들어오면서 민족운동전선에 좌익전선이 본격적으로 부상했고 이에 대한 일제의 탄압이 극심해지면서 서대문형무소 수감자의 좌익운동가 비율이 높아져 갔다. 특히 1920년대 전반기까지의 공산당운동은 대체로 해외운동 중심이었으나 1925년에 국내에서 조선공산당이 성립된 후부터는 1차당에서 4차당까지 당의 성립과 일제검거가 반복되면서 서대문형무소는 공산주의운동가들이 제집처럼 드나드는 곳이 되었고 1930년대 이후의 당재건운동 과정도 사정은 같았다.

1925년에 20명 정도의 지식인에 의해 비밀리에 조직된 제1차 조선공산당은 이해 11월에 조직이 탄로되어 일제검거되었고, 뒤이어 조직된 2차당도 1926년의 6·10만세운동을 계기로 역시 조직이 탄로되어 100여 명의 당원이 검거되었다.

1차당, 2차당의 피검자들이 모두 서대문형무소를 거쳐갔고 1차당 사건으로 검거 투옥되었던 박헌영이 감옥에서 정신이상자로 가장하여 병보석되고 해외로 망명한 사실은 널리 알려진 일이다.

일제의 탄압이 심할수록 민족운동 측의 저항도 끈질기게 계속되어 2차당에 이어 바로 3차당이 조직되었다. 흔히 ML당으로 알려진 3차당은 민족유일당운동에 참가하면서 1년 이상 활동이 계속되었으나 역시 탄로되어 30여 명이 검거되었고, 바로 이어 성립된 4차당은 불과 4개월 만에 170여 명이 검거되면서 와해되었다.

4차당이 와해된 후 코민테른의 '12월 테제'에 의해 종래의 인텔리 중심 당 해체와 노농계급 중심 당 재건이 결정되고, 이에 따라 1930년대 이후 당재건운동이 꾸준히 계속되었다. 이 과정에서도 많은 사람이 구속되고 그들의 대부분이 역시 서대문형무소를 거쳐갔다. 또 이 형무소에서 처형된 사람도 많았다.

1930년대 초 흥남질소비료공장의 노동자로 근무하다 김호반金鎬盤 등이 주동한 1차 태평양노동조합에 참가하여 약 10년간 옥살이를 한 일본인 이소가야磯谷季次의 회고에 의하면, 그가 항소하여 옮긴 서대문형무소에는 간도공산당사건으로 체포된 박익섭朴翼燮 등이 있었다.

당시 이 형무소에는 이 사건으로 사형을 선고받아 형 집행이 확정된 사람만도 22명이나 있었는데, 같은 방에 있던 사형수 박익섭은 항상 싱글벙글 웃고 있었으며 때로는 다른 죄수들을 웃기기도 했다. 이소가야가 본 그는 '나 자신 민족적 양심이 명령하는 대로 해야 할 것을 했다. 그래서 만족스러우며 뒷일은 천명에 따른다.'고 생각하는 것 같았다.

또 박익섭의 그런 모습을 보고 이소가야는 '참된 자유인이란 자신의 혼이 최대의 양심을 위한 싸움에 직면했을 때 교수자絞首者들의 협박이 있더라도 아무런 지배도 속박도 받지 않는 굴복당하지 않는 인간인 것'이라 생각했다고 한다.

간도공산당사건으로 사형이 선고된 22명은 모두 처형되었다. 그 가운데 김응수金應洙는 사형장으로 가면서 '적기가'를 처음에는 조선어로, 다음에는 일본어로 소리 높여 불렀다. 이소가야에게 그것은 이 형무소에 수감되어 있던 당시의 경성제국대학 교수 미야케三宅鹿之助 등 일본인 수감자들에 대한 고별의 노래로 들렸다.

제국대학 교수로는 드물게 서대문형무소를 거쳐간 미야케는 독일 등지에 유학한 진보적 지식인이었고, 그의 조수였던 정태식鄭泰植을 통해 '공산당재건 경성준비 그룹'을 지도하던 이재유李載裕를 알게 되어 함께 조선공산당 재건을 토의했다. 이후 이재유가 체포되었다가 경찰서에서 탈출하자 자신의 집에 숨겨주었다가 검거되어 3년형을 받고 이 형무소에 수감된 것이다.

미야케가 검거될 때도 극적으로 탈출한 이재유는 2년 반이나 더 활동하다 결국 검거되었다. 7년형을 받은 그는 감방에서도 수인대우개선투쟁, 수인 및 형리에 대한 사상교육, 조선어 사용금지 반대투쟁 등을 벌였기 때문에 형기가 지나도 비전향자라 하여 출옥하지 못하다가 해방을 불과 10개월 앞두고 옥사했다.

서대문형무소 수감자 중에는 또 정평定平농민조합 지도자의 한 사람인 이재필李載弼이 있었다. 당시 이 형무소장 일본인 미야사키宮埼는 독일 베를린 대학 출신으로 조선의 형무소장 중에서도 가장 유능한 행형리行刑吏로 알려져 있었다.

미야사키는 이재필을 어떻게 해서라도 사상전환을 시키려고 전향만 하면 자기 딸을 주겠다고까지 했다는 소문이 있을 정도였으나 이재필은 전향을 거절했다. 뒷날 그는 격리병동에서 유리창문 밖 쇠창살에 끈을 매고 목을 매달아 자살했다.

일제 식민지 시기의 서대문형무소는 마지막까지 일제 측으로는 지배체제 유지의 큰 보루 역할을, 좌우익을 막론한 민족운동전선에는 족쇄 역할을 단단히 했다. 태평양전쟁이 한창이던, 따라서 일제의 탄압이 절정에 다다랐던 1943년에도 중국 측과 미국 측의 우리말 방송을 들은 혐의로 150여 명이 구속되어 그 가운데 6명이 옥사했다.

또한 1937년의 보천보普天堡공격 때 잡힌 박금철朴金喆 등도 서대문형무소에 수감되어 있었고, 해방 전해인 1944년에도 전국에서 사상범으로 8558명이나 검거되었다. 이런 사실들은 국내에서도 마지막까지 항일투쟁이 얼마나 끈질기게 계속되고 있었는가를 말해주고 있다.

### 민주·통일운동의 현장, 서대문형무소

일본제국주의의 패망과 함께 서대문형무소를 비롯한 전국의 옥문이 활짝 열렸다. 그러나 끈질긴 항쟁에도 민족독립운동전선 스스로가 직접 일본의 항복을 받지 못한 결과 38선이 그어지고 미·소 양국의 분할점령이 뒤따랐으며, 전쟁 후 한반도문제의 결정권은 일단 연합국에게 주어졌다. 모스크바 3상회의의 결정이 그것이다.

38선 이남에 미군정이 시작되면서 서대문형무소는 또다시 정치범, 양심범을 수감하는 곳이 되어갔다. 1946년에 벌써 박헌영을 비롯한 공산당 간부들에 대한 체포령이 내리고 이주하李舟河가 체포되었으며, 노동자·학생·시민이 참가한 대규모의 대구폭동이 일어났고, 철도파업으로 1700여 명이 검거되는 사태가 벌어진 것이다.

그뿐만 아니라 다음 해에는 식민지 시기 국내에서 일제 측과 타협하지 않고 살아온 진보적인 학자 박문규朴文圭·김오성金午星 등이 포고령 위반죄로 구검되어 재판을 받았고, 심지어는 3·1운동 후 중국에 망명하여 의열단·민족혁명당 등을 조직해 활약했고 임시정부 군무부장으로 귀국한 김원봉과 역시 의열단·민족혁명당 등에서 활약하고 임정 국무위원으로 귀국한 김성숙金星淑 등이 검거되는 사태가 벌어졌다.

미군정은 일제시대의 경찰조직과 그 요원을 그대로 잔존시켰고, 이들이 미군정 좌익 탄압의 하수인이 되어 식민지 시기 민족운동전선의 진보세력을 좌익이라 하여 다시 검거하는 상황이 되었다. 민족운동전선의 진보세력에게 서대문형무소는 여전히 제집처럼 드나드는 곳이 되어버린 것이다.

식민지 시기나 8·15 후나 같은 사람들이 이 형무소를 드나들게 되었다는 사실이 바로 이 두 시기 사이의 역사적 성격에 큰 차이가 없음을 알게 하는 증거의 하나가 되지만, 8·15 전의 서대문형무소가 민족독립운동에 헌신한 사람들의 제집처럼 되었다면 8·15 후의 이곳은 이제 민족통일운동과 민주주의운동에 몸바치는 사람들의 제집처럼 된 사실에 겉보기의 차이가 있다.

그러나 일제 식민지 시기의 좌우익전선을 막론한 항일독립운동이 민족운동의 큰 방향이었다면 8·15 후는 민주주의운동과 민족통일운동이 전체 민족운동의 방향이고, 그런 관점에서 보면 서대문형무소는 우리 근·현대사를 통해 언제나 민족운동의 핵심세력이 제집처럼 드나드는 곳이 되어버린 셈이며, 여기에 이 형무소가 단순한 형무소 이상의 역사성을 가지는 이유가 있는 것이다.

식민지 시기의 민족운동세력에겐 좌우를 막론하고 민족해방은 하나의 혁명으로 인식되고 있었다. 따라서 8·15가 혁명이 되기 위해선 그것을 기점으로 하여 서대문형무소의 수감자는 적어도 정치범에 한해서는 완전히 바뀌어야 했다. 다시 말하면 8·15를 기점으로 하여 수감된 자와 수감한 자의 위치가 완전히 바뀌어야 했을 것이다.

8·15 후의 서대문형무소에도 역사의 징벌에 의한 죄수들이 한때 수감되었다. '반민특위'에 의해 구속된 거물급 친일파들이 그들이었다. 그러나 8·15는 서대문형무소의 경우도 혁명이 아니어서 이들과 같은 시기에 이른바 국회 프락치 사건의 피의자들이 함께 수감되었다.

이후 반민특위 수감자들은 곧 풀려날 수 있었지만 '프락치 사건' 수감자들의 대부분은 6·25전쟁 때까지 풀려날 수 없었다. 앞으로 민족통일 지향의 역사가 더 진전되어 '프락치 사건'이 평화통일운동의 일환으로 해석된다면 서대문형무소가 가진 역사적 아이러니는 이 점에서 한층 더 부각될 것이다.

민족사적 진행이 순조롭지 못한 조건 아래서 형무소란 폐쇄된 일정한 장소에 여러 층의 사람들이 수감되기 때문에 특히 양심범의 경우 일종의 '신화' 같은 것이 생길 수 있었다. 수도 서울에 위치하여 민족운동가·정치가들이 수감될 기회가 많았던 서대문형무소에도 '신화'를 남긴 수감자들이 있기 마련이겠지만, 평화통일론을 주장했다가 그곳에서 파란 많은 생을 마친 진보당 당수 조봉암도 그 중의 한 사람이다.

계속 그의 감방을 찾아왔다는 한 마리 새의 이야기는 널리 알려진 일이지만, 감방생활이란 인간생활의 극한적 상황에서 범상인의 경지를 넘어선 그의 의젓한 자세가 형리들에게도 깊은 감명을 주었던 것 같다. 그가 형장의 이슬로 사라진 지 24년 후 그곳의 식구가 된 어느 범인凡人이, 그의 형 집행에 참여했다는 한 형리로부터 오랜 형리생활 중 그만큼 의젓한 감방살이를 하다가 죽어간 사람을 볼 수 없었다는 회고를 들을 수 있었으니 말이다.

그의 형이 집행된 지 1년도 못 되어 폭발한 4·19혁명은 이번에는 그를 수감한 편의 많은 사람들을 서대문형무소로 보냈다. 불과 1년이란 세월이 한 사람의 민족운동가요, 정치지도자인 그를 형장에서 구하지 못한 결과가 되었지만, 그 후 또 1년여 만에 일어난 5·16정변은 4·19의 주동세력을 서대문형무소로 보냈다.

반민특위 피검자와 이른바 국회 프락치 사건 피검자가 함께 수감된, 그리고 4·19로 인한 피검자와 5·16으로 인한 피검자가 함께 수감된 서대문형무소는 바로 우리 현대사의 격변 그것을 말해주지만, 한편으로 이 시기 우리 역사의 일진일퇴하는 모습이 이 형무소의 수감자들을 통해 그대로 나타나고 있었음을 극명하게 드러내고 있는 것이기도 하다.

그러나 5·16 후부터 서대문형무소의 양심범·정치범 수감자 상황은 달라졌다. 반역사적 수감자, 다시 말하면 반민족자·반민주주의자의 수감은 없어지고 그곳은 주로 민주주의운동가·평화통일운동가의 제집이 되어간 것이다.

체제 측의 통일론이 겉으로나마 평화통일론으로 돌아선 7·4남북공동성명 후에도 서대문형무소가 평화통일론자의 제집이긴 마찬가지였고, '유신' 후에는 빈발되는 이른바 대통령긴급조치에 의해 반유신·민주세력의 제집으로서의 자리가 확고해져 간 점에는 변화가 없었다.

이 점은 10·26 후에도 마찬가지였을 뿐만 아니라 오히려 더 확대되어갔다. 역사는 정직해서 탄압이 심해질수록 평화통일세력과 민주세력은 급격히 확대되어갔고, 서대문형무소의 식구도 늘어갔다. 이들 식구들에게 그곳은 이제 형무소가 아닌 이론 연마의 교실이 되었고 그들에 의해 평화통일론·민주화론은 날카롭게 다듬어져 갔으며 그 결과는 운동 자체의 단계를 계속 높여갔다.

마침내 6·29의 승리가 있었고, 이후 대단히 느린 속도이긴 하지만 서대문형무소의 양심범 식구는 일단 줄어가고 있다. 그리고 양심범 식구가 줄어든 자리에 그들을 이곳 식구로 만든 사람들이 대신 채워질 것인가, 채워진다면 얼마나 될 것인가를 두고 이 시대의 역사가 어디만큼 와 있는가를 가늠할 수도 있을 것이다.

## 서대문형무소 자리를 어떻게 할 것인가

파란 많은 우리 근·현대사의 한가운데 서 있던 서대문형무소는 이제 옮겨가고 그 자리만 남았다. 그러나 지금도 잘 놓인 고가도로로 차를 타고 지나면 저절로 고개가 그쪽을 향하게 되고 그곳에서의 많은 일들을, 그리고 그곳에 밴 우리 역사를 생각하게 된다.

직접 보지 못했던 옛일은 그만두고라도 '집시법' 위반으로 노란 딱지를 붙이고 오랏줄에 묶여 끌려 나가면서도 괴로운 빛이라곤 어디에서도 찾을 수 없이 당당했던 젊은이들, 같은 빨간 딱지를 보고 친근감이라도 느낀 듯 서투른 모국어로 "나는 간첩이 아닙니다." 하고 강조하던 어느 재일교포 유학생, 취침시간이 오면 딴 방의 동료에게 안부를 알리는 고함소리, 이런 것들이 지금도 보이고 들리는 것 같다.

서대문형무소에 양심수만 있는 것은 물론 아니다. 옥살이의 예비지식이 없는 초입자에게 얼굴을 싸매 귀 동상을 막으라고 세면장 가는 길에 수건을 넣어주던 옆방의 살인 사형수, 무슨 죄로 들어왔느냐는 물음에 "가난이 죕니다." 하고 서슴없이 답하던 밥 심부름하던 앳된 죄수, 이들도 넓은 의미의 역사가 만들어놓은 수감자들이었다.

역사는 남아야 한다. 더구나 이 진한 역사의 현장은 반드시 그 의미를 지닌 채 남아야 한다. 어떻게 남을 것인가. 공원이나 독립운동을 기념하는 곳으로 남을 수도 있겠지만, 그런 것이라면 다른 곳도 있을 수 있고 또 남는 의미 그것도 너무 약하다는 생각이다.

제국주의와 독재권력의 잔학상을 그대로 보전하여 후세의 경계가 되게 하기 위해, 민족과 자유를 사랑하다가 이곳의 식구가 되고 고혼孤魂이 된 사람들의 고통을 영원히 기억하기 위해, 제국주의자와 독재자들이 사용한 형구刑具를 수집, 보관하는 형정刑政박물관 같은 것을 만들어 나치의 잔학상을 기억하게 하는 아우슈비츠의 역할을 하게 할 필요가 있다.

제국주의자와 독재자들의 잔학상을 남겨 뒷사람들이 그것을 기억하게 하는 일이야말로 그들로 하여금 평화와 자유를 사랑하는 인간이 되게 하는 길이며, 또 그것이야말로 치욕의 현장이 바로 영예를 잉태하는 현장이 되게 하는 길일 것이다.

# 4 | 일왕日王 히로히토의 죽음

일본 국왕 히로히토의 죽음이 세계적인 뉴스가 되었지만 우리 민족에겐 뉴스 이상의 의미가 있다. 그 생애의 전반부는 제국주의 일본의 살아 있는 신으로서의 지배자였고 그 지배가 우리 민족에게도 미쳤다. 말하자면 우리 민족의 지배자였던 것이다.

그 생애의 후반부는 인간으로 격하되어 일본국의 이른바 상징으로 되었지만 우리 기성세대에게는 식민지 시대의 기억 때문에 또 젊은 세대에게는 여러 가지로 관계 깊은 이웃나라의 왕으로서 일정한 관심의 대상이 된 것이 사실이다.

그의 아버지가 왕위에 있던 일본의 다이쇼大正 시대는 민주주의적 문화가 일정하게 발달하고 정치적으로도 어느 정도 자유 분위기가 일어나고 있던 때였다. 이런 상황을 달가워하지 않은 일본의 군부와 재벌은 다이쇼의 죽음과 히로히토의 즉위를 그들의 지배권을 강화하는 계기로 삼았다. 그의 즉위 자체가 이후의 세계가 불행한 길로 가게 되는 계기가 된 셈이다.

그가 국왕이 된 후 일본의 군부와 재벌이 결합된 세력은 곧 침략전쟁의 길로 나서서 '만주사변'을 도발했고 뒤이어 중일전쟁, 태평양전쟁을 도발함으로써 결국 제2차 세계대전에 뛰어들게 되었다.

히로히토의 재가裁可에 의해 감행된 이 침략전쟁은 우리 민족에게 견디기 어려운 고통과 희생을 강요했다. 흔히 식민지 파쇼 통치 시기로 불리는 이 시기에 우리 민족은 3·1운동으로 빼앗아낸 약간의 자유를 도로 박탈당했고, 전쟁협력의 강요로 민족적 자산을 탕진당했으며, 심지어는 우리의 말과 글을 빼앗기고 많은 젊은이들이 귀중한 목숨을 잃어야 했다.

그뿐만이 아니다. 그의 '결단'에 의해 항복을 결정한 시기가 소련이 참전한 후 그리고 한반도 전체를 점령하기 이전, 즉 한반도가 분단되기 적절한 시기여서 우리 민족은 일제의 식민지배에서 벗어나면서 바로 민족분단의 불행에 빠지게 되었다.

일본이 패전한 후 그가 전쟁범죄자로 처벌되어야 한다는 국제여론이 높았지만 미국의 도움으로 모면할 수 있었고, 전쟁책임에 대한 한마디 사죄도 없이 이른바 평화헌법 아래 일본국의 상징으로서 자리를 유지할 수 있었다. 침략전쟁의 도발을 재가한 그 손으로 다시 국제친선, 세계평화를 들먹이면서 외국사절들과 악수하게 되었으니 기구한 운명이기도 했다.

전쟁 후에도 그가 국왕의 자리를 유지할 수 있는 일 자체가 우리로서는 납득하기 어려운 일이지만, 그것은 그 나라의 사정으로 친다 해도 그 밖에도 전쟁 후 일본의 움직임에는 이해하기 어려운 부분이 많다.

일본제국주의의 침략으로 엄청난 희생을 당한 우리 민족과 다른 나라들이 그 침략행위를 잊지는 말되 용서하자는 높은 금도를 보인 데 반해, 일본은 어느새 이른바 평화헌법 아래서 지난날의 침략전쟁을 합리화하는 방향으로 나아간 것이다.

미래의 일본을 담당할 2세 국민 교육이 과거의 침략전쟁을 합리화하는 한편 평화헌법 아래서 군사비가 급증해갔지만, 국민들 속에 아직도 크게 남아 있었다는 그의 권위가 그 일들을 저지하기 위해 발휘되었다는 말은, 과문인지 모르지만 듣지 못했다.

일본의 교과서가 과거의 침략을 합리화하는 일은 일본 자체의 문제로 보아넘길 수 없는 너무도 중대한 일이다. 그것은 자의건 타의건, 직접이건 간접이건 침략전쟁에 가담했던 일본의 기성세대가 제가 한 일을 합리화하는 데만 그치지 않고 그들의 2세들을 호전적이고 침략적인 인간으로 만드는 일이기 때문이다.

인류사회의 궁극적 교육 목적은, 특히 역사교육의 목적은 평화주의적 인간을 양성하여 세계평화에 이바지하는 데 있다. 유독 일본만이 평화헌법을 폐기하자는 여론이 높아가고 침략을 합리화하는 호전적인 2세 국민을 양성하려는 움직임을 보인다면 잊지는 말되 용서하자는 이웃들의 금도는 어디로 가겠는가.

일본에서만 보았다고 기억되지만 대문에 '세계가 평화롭기를' 하고 쓴 패를 붙여놓고 있는 가정들이 상당수 있었다. 원자탄이 투하된 히로시마를 세계평화의 성지로 만들어야 한다고 열을 올리는 지식인을 만난 적이 있다. 평화기원의 패나 세계평화의 성지와 침략합리화 교과서와는 무관한 것으로 봐야 할 것인지, 우리로서는 참으로 이해하기 어려운 일이다.

국왕을 두든 안 두든, 그를 존경하건 말건 남의 일이라 왈가왈부할 것 없지만 몇 번씩이나 침략전쟁을 재가한 왕이 죽고 그의 전쟁책임을 거론하는 국제여론이 있자 수상까지 나서서 변호했다는 사실이 바로 침략을 합리화한 교과서와 같은 맥락 속에 있고 이것이 일본의 속마음이 아닌가 하는 의구가 생기는 것도 사실이다. 그렇다면 일본이 세계를 향해 평화애호국이다 하고 자신 있게 말할 수 있겠는가.

침략전쟁을 재가한 손으로 친선사절의 손을 잡던 기구한 운명의 그는 갔다. 그의 죽음을 애도 조문하기 위해 운집한 일본인이 모두 평화를 '다테마에'(겉으로 내세운 명분을 뜻하는 일본말)로 하고 침략을 '혼네'(본심을 가리키는 일본말)로 하는 사람들이라 말할 수는 없다.

따라서 일본의 침략을 받고도 용서하는 금도를 보였던 민족들은 히로히토의 죽음이 일본을 명실상부한 평화애호국이 되게 하는 또 하나의 계기가 되기를 믿고 싶은 것이다. 다음 국왕의 연호를 헤이세이平成로 정했다는 소식은 이런 믿음을 더하게 할 수도 있겠다.

다이쇼의 죽음과 히로히토의 즉위가 일본군국주의의 강화로, 파쇼 체제화로 가게 하는 계기가 되었던 역사를 알고 있는 우리는 히로히토의 죽음과 아키히토의 즉위가 일본의 다테마에나 혼네가 모두 평화주의로 가는 계기가 되기를 바라는 것이며, 그것을 구체적으로 보여주는 일이 침략합리화 교과서의 폐기 등으로 나타나기를 기대하는 것이다.

# 5 | 중국 속의 조선족

세계에서 가장 많은 인구를 가진 중국에는 한족漢族 이외의 많은 이민족이 있고 그 가운데 200만 명 가량의 조선족이 있어서 자치주를 가지고 있다는 사실을 우리는 잘 알고 있다. 더구나 중국이 우리에게 열리면서부터 그쪽과의 내왕이 잦아져서 중국에 사는 조선족에 관한 이야기는 이제 새로울 것이 별로 없는 정도가 되었지만, 그러나 보는 각도에 따라서는 역시 하고 싶은 말이 있기 마련이다.

중국에 있는 조선족이 다른 소수민족들과 다른 점을 많이 가지고 있지만, 다른 소수민족은 원래 그들이 사는 땅이 바로 중국 영토가 되어 그대로 중국국민이 된 데 비해 조선족은 제 땅을 따로 두고 중국 땅에 이주해와서 그 국민이 되었다는 점이 특히 다르다고 할 수 있다.

그렇기 때문에 다른 소수민족은 중국땅 이외에 제 민족의 나라를 가지고 있지 않지만—몽골민족이 내외로 나누어졌고 내몽골인에게 외몽골이란 제 민족의 국가가 있는 것이지만 조선족의 경우와는 사정이 좀 다르다—조선족은 그들이 국민으로서 사는 중국 이외의 땅에 제 민족국가를, 그것도 하나가 아닌 둘씩이나 가졌다는 점이 그들의 중국생활에 많은 불편을 주고 있는 것 같아 안타까웠다.

조선족이 중국땅으로 이주한 것은 대개 제 땅에서 못살아서 새로운 땅을 개척해 살기 위해 갔거나 제 땅이 완전 식민지가 됨으로써 나라를 도로 찾기 위해 독립운동을 하러 갔거나 식민지배 아래서 모든 것을 다 빼앗긴 빈농들이 일제의 이민정책에 의해 억지로 옮겨진 경우가 대부분이었다.

지금도 우리가 예사롭게 만주라고 부르는 중국의 동북 3성 지방을 일본이 침략한 후 많은 일본인들도 그곳으로 옮겨가 살았지만 패전과 함께 모두 귀국했고 그때 미처 데려가지 못한 채 맡겨두었던 어린아이들도 그 후 모두 데려갔다고 한다.

하얼빈 근교의 농촌에 가서 만났던 경북 의성이 고향이라는 어느 농부에게 8·15 후 왜 고국으로 돌아갈 생각을 하지 않고 그대로 이 땅에 눌러 살기로 했느냐고 물어봤더니 그때는 고향에 돌아가서 사는 것보다 중국에서 그대로 사는 것이 더 낫다고 생각되어 눌러앉았다는 답이었다.

중국이란 땅은 우리 민족에겐 근대 이후에도 특별한 의미를 가진 땅이다. 제 나라를 도로 찾겠다는 사람들에게는 독립운동의 기지를 마련해주었고 제 땅에서 못 살고 옮겨간 사람들에게는 삶의 터전을 마련해주었다. 그리고 제 땅을 도로 찾은 후에도 돌아가지 않는 사람들을 위해 자치주를 만들어 그대로 눌러 살 수 있게 해준 것이다. 지금 중국땅의 조선족은 제 민족의 나라를 하나도 아닌 둘이나 가졌으면서도 그 어느 쪽에도 돌아가지 않고 그대로 남아 모두 중국국민이 된 사람들이다. 즉 그들은 8·15 이전의 그냥 중국 속에 사는 조선사람이 아니라 중국국민 속의 조선족이 된 것이다. 이 점을 잘 모르는 조선에서 간 사람들이 가끔 그들을 당황하게 하는 경우가 있다. 중국국민이 아니라 한국민족이기를 바라거나 심하게는 요구하는 경우가 있는 것이다.

요즈음 남한사람들의 중국 출입이 많아지면서 외국에 사는 어느 민족보다 제 민족의 말을 잘 간직하고 있는 중국의 조선족 젊은이들이 그 안내를 맡느라 바빠졌고, 그들의 입에서 조선·조선사람만이 아닌 한국·한국사람이란 말도 비교적 자연스럽게 나오게 되었다. 어느 대학졸업생 안내자에게 한국·한국인이란 말을 언제부터 그렇게 쓰게 되었느냐고 물었더니 좀 쑥스러워하면서 몇 년 안 된다고 했다. 중국의 조선족들에게 북한 쪽에서도 중국국민이기보다 조선민족이기를 요구하는지는 잘 모르지만, 그들은 조선민족일 수도 한국민족일 수도 없는 중국국민 속의 조선족일 수밖에 없다. 그들이 중국을 반드시 우리나라라고 부르는 것을 들은 어느 한국인이 섭섭해하는 것을 본 적이 있지만 역시 그들은 한국인일 수도 조선인일 수도 없는 중국국민 속의 조선족일 수밖에 없는 것이 아닌가.

그들과의 대화에서 자주 들을 수 있는 문제로 특히 두 가지를 지적할 수 있다. 그 하나는 중국의 소수민족정책이 잘 되어 있고 그런 속에서도 조선족이 특히 우수하여 어느 소수민족보다 생활수준과 교육수준이 높다는 자랑이며, 또 하나는 조국이 빨리 평화적으로 통일이 되어야 한다는 염원이다.

중화주의적 전통을 가진 중국의 소수민족정책이 어느 다민족국가의 그것보다 너그럽고 잘 되어 있음은 사실이다. 그러나 중국땅 밖에 제 땅을 가졌으면서도 그곳에서 살 수 없어 중국으로 옮겨와 살게 되었고 세상이 바뀌어도 돌아가지 못한 채 그 나라의 국민이 되어 그 너그러운 소수민족정책에 고마워하며 살고 있는 그들을 분단된 조국이 제가끔 제 편이 되기를 요구한다면 조국은 그들에게 또 한 번 감당하기 어려운 고통을 주는 일이 아닐까 하는 생각도 가지지 않을 수 없었다.

분단된 두 개의 조국을 두고 어느 쪽에도 편들지 않음으로써 오히려 그 화해와 평화적 통일에 도움이 되어야 한다고 생각하는 중국 속의 조선족을 보면서 제 땅에서 못 살고 이국異國으로 떠나지 않을 수 없게 했던 조국이, 식민지배가 끝난 후에도 기꺼이 돌아오게 하거나 데려오지 못했던 조국이 둘로 나누어져서 그들에게 계속 고통을 주어서야 되겠는가 하는 생각을 떨쳐버릴 수 없었다.

인류의 역사가 발전하면 할수록 민족과 민족 사이의 벽, 국가와 국가 사이의 벽이 낮아지고 사람들이 살고 싶은 곳에 가서 자유롭게 살 수 있게 되겠지만 중국의 조선족이 조국에 와서 살려고 할 경우, 또 와서 살지는 않는다 해도 조국을 방문하려 할 경우 아무 눈치도 보지 않고 자유롭게 드나들 수 있도록 하는 것이 조국이라는 것이 그들에게 해줄 수 있는 최소한의 일이 아닐까 생각하며, 그것은 두 조각 조국이 화해하고 평화적으로 통일해 가는 길밖에 없으리란 생각이 절실했다.

# 6 일본이 식민지화를 면한 이유

**머리말**

19세기 후반기와 20세기 전반기에 걸치는 이른바 근대화 이후의 시기에 같은 동북아시아 지역에 있는 한국·중국·일본은 각각 다른 길을 걸었다. 즉 하나는 완전 식민지화하고, 다른 하나는 반半식민지화했으며, 나머지 하나는 식민지화를 면하고 제국주의 국가가 된 것이다.

흔히 동양 3국으로 불리고 중세시대까지 하나의 문화권 속에 있었다고 생각되는 이들 3국이 왜 근대 이후로 들어오면서 크게 다른 세 길을 걷게 되었는가를 해명하는 일은 이들 3국의 근·현대사를 이해하는 데 대단히 중요한 일이다. 그뿐만 아니라 그것이 만약 제2차 세계대전 후 한 지역이 자본주의체제와 공산주의체제로 분단되고 다른 하나의 지역이 공산주의화했으며 나머지 한 지역이 자본주의화한 사실과 연결된다면 그 중요성은 훨씬 더해질 것이다.

근대 이후 3국이 각각 그 길을 달리하게 된 원인을 해명하는 연구는 한국이나 중국에서는 거의 이루어지지 않았고 일본의 학계에서만 어느 정도 성과가 쌓여 있다. 중국 측 사정은 차치하고 한국 학계에서 이에 대한 연구가 거의 나타나지 않은 것은 그 역사학이 아직 식민지화의 원인을 심층적으로 분석하는 단계에까지 나아가지 못했기 때문이라 할 수 있을 것이다.

그러나 우리 근·현대사에서 식민지화의 원인과 민족분단의 원인을 밝히는 일은 어느 분야의 연구보다 앞서야 한다고 생각되며, 특히 그 밝혀진 원인은 학자들만의 전유물이 아니라 지식인과 일반에게 널리 알려져서 역사적 교훈으로 되살아나야 한다고 생각된다.

식민지화의 원인을 규명하는 문제가 우리 근대사 연구에서 중심 과제의 하나가 되어야 하는데 이를 위해서도 먼저 일본 학계가 지금까지 들어놓은 3국의 차이에 대한 학설들을 우리 나름대로 소화하고 또 비판할 필요가 있다.

### 개항 이전 사회가 앞섰다는 설

근대 이후 한국과 중국 그리고 일본의 처지가 각각 달라지게 된 이유는 개항 이전 일본사회의 조건, 특히 그 경제적인 조건이 한국이나 중국의 그것과 달랐다는 점을 강조하는 학설이 있다.

일본의 유물사관 경제사학자들 중에서 흔히 말하는 강좌파 학자, 특히 핫토리服部之總를 중심으로 하여 주장된 이 설은 일본은 한국 및 중국과 달리 문호개방 이전에 이미 이른바 내재적 발전이 있었다는 주장이다. 구체적으로 말하면 핫토리는 일본은 도쿠가와 막부 말기에 '엄밀한 의미에서의 매뉴팩처 시대의 단초적 단계'에 있었고 이와 같은 조건이 미국의 압력으로 문호를 개방한 후에도 자율적인 산업혁명으로 연결될 수 있었으며, 그 결과 식민지화를 면할 수 있었다는 것이다.

다시 말하면 일본은 문호개방 이전부터의 이와 같은 내재적 발전과 문호개방 후의 외국 자본주의와의 접촉이 합해져서 명치유신을 이루고 식민지화를 면하면서 근대 자본주의국가로 발전해갔지만, 이에 반해 한국과 중국은 문호개방 전에 아직 매뉴팩처 시대에 들어가지 못했고 상업자본의 활동만이 지배적이었다가 문호개방으로 외국자본주의의 침입을 받아 그 자본은 매판화하고 자율적 산업혁명을 이루지 못한 채 식민지 혹은 반식민지로 떨어졌다는 논리다.

제2차 세계대전 전에 세워진 이 논리는 동양 3국이 다 같이 외국 자본주의 세력의 침략을 받았지만 그 이전의 내부적 조건이 달랐기 때문에 그 후의 역사 전개가 달라졌다는 주장이었지만, 제2차 세계대전 후 각국의 역사학 발전으로 이 학설은 깨어져 갔다. 우선 문호개방 이전 일본사회의 '엄밀한 매뉴팩처 단계' 설의 실증성에 상당한 문제점이 있음이 지적되는 한편 문호개방 이전의 한국 및 중국 사회에 대한 연구가 심화됨에 따라 이 지역에도 일정한 매뉴팩처 발달을 통한 이른바 자본주의적 맹아가 나타나고 내재적 발전이 있었음이 논증된 것이다.

문호개방 전 일본의 '엄밀한 매뉴팩처 시대'에 상당한 회의가 나타나고 한국과 중국의 중세사에 씌워졌던 이른바 '정체·후진성론'

이 벗겨져 감으로써 결국 문호개방 이전의 3국은 역사적 발전 단계 면에서 본질적인 차이가 없었다는 결론에 도달하게 된 셈이며, 그것은 제2차 세계대전 후의 동양 3국사, 특히 한국사와 중국사 연구의 발전이 가져온 결과였다.

## 외부의 압력이 느슨했다는 설

한국이 완전 식민지화하고 중국이 반식민지화한 데 반해 일본이 식민지화를 면하고 오히려 제국주의화하게 된 원인을 개항 전의 사회·경제적 조건의 차이에서 구했던 일본의 역사학계는 제2차 세계대전 후 '엄밀한 매뉴팩처 시대'의 존재 자체가 의문시되고 한국 및 중국사에 대한 정체·후진성론이 비판되자 역사 전개 과정에서 나타난 3국 간 차이의 근거를 다른 데서 찾기 시작했다.

일본의 대표적 역사이론가의 한 사람인 도야마遠山茂樹는 1960년대 전반기에 발표한 일련의 연구업적들을 통해서 일본이 식민지화를 면한 것은 문호개방 전의 내적 경제구조 때문이 아니고, 첫째는 문호개방 무렵인 1860년대에 외국의 압력이 적었던 데 있으며, 둘째는 청일전쟁의 결과였다고 주장한 것이다.

그에 의하면 1868년의 명치유신으로 시작되는 일본의 정치변혁이 어쨌든 성공할 수 있었던 것은 그것이 극복하기 곤란한 정도의 외부적 압박에 부딪히지 않고 완료되었기 때문이며 결코 아시아 여러 민족 가운데서 일본 민족이 뛰어나게 우수하기 때문이 아니라는 것이다.

명치유신부터 청일전쟁 전까지의 기간은 서구 자본주의 여러 나라가 경제적으로 산업자본 단계에서 독점자본 단계로 접어드는 과도기에 있었고 정치적으로는 그 국내 민중과 이미 획득한 식민지 민중의 항쟁이 높아져서 이에 대응하기에 여념이 없었기 때문에 동북아시아 지역에서의 새로운 식민지 개척을 위한 본격적인 활동을 펼 만한 여유가 없었고, 이 시기에 일본이 명치유신을 하고 독자적인 국내개혁을 할 수 있었다는 것이다.

일본이 명치유신으로 정치적 개혁을 단행하던 시기에 중국에서는 양무파洋務派 정권이 명치유신과 기본적으로 같은 위로부터의 부국강병과 식산흥업정책을 펴고 있었다. 1860년대부터 1894년까지의 일본과 중국은 그 군비강화와 자본주의적 발달에 있어서 어느 정도의 차이가 있었고 이 차이가 곧 청일전쟁에서 일본을 이기게 했지만 그것은 양적인 차이일 뿐 질적인 차이는 아니라는 주장이다.

그의 글은 1860년대부터 1894년까지의 중·일 두 나라를 비교했을 뿐 한국에 관해서는 논급이 없지만 한국에서도 이 시기에 위로부터의 정치적 개혁을 기도한 개화파가 형성되었고 정치개혁도 시도되었다. 그러나 그것은 외세, 특히 청국의 압력으로 실패했다. 도야마의 글이 한국문제에까지 미쳤다면, 일본 측의 정한론, 운요호사건, 강화도조약의 강요, 그리고 청국 측의 임오군란 후의 정치간섭, 갑신정변의 탄압 등은 두 나라가 서구 자본주의 열강의 압력이 느슨한 틈을 이용하여 한반도를 식민지화하기 위해 감행한 일들이었고 청일전쟁은 그것을 위한 두 나라의 결전장이었으며, 여기에서 이긴 일본은 식민지화를 면하고 제국주의국가로 되어갔고, 패배한 청국은 반식민지화의 길을 걷게 되었으며, 두 나라의 속죄양처럼 되었던 한국은 완전 식민지화의 길을 걷게 되었다고 주장했을지도 모른다.

## 외부 압력에 차이가 있었다는 설

일본은 1860년대의 외부 압력이 느슨했기 때문에 내부의 정치개혁이 가능했고 청일전쟁에 이김으로써 이전까지 같은 조건 아래 있었던 청국이 걸은 반식민지화의 길을 피할 수 있었다는 도야마의 설을 보완하면서 가지무라梶村秀樹는 후진국의 자본주의화·자율적 근대화의 형태를 몇 가지로 나누면서 그 가장 중요한 열쇠는 문호개방 후의 정치변혁 과정에서의 외부 압력에 어떤 차이가 있으며, 또 그것을 어떻게 견디어내느냐에 달려 있었다고 보았다.

그는 비자본주의국이 문호를 개방하여 자본주의화하는 과정을 세 단계로 나누었다. 첫째는 비자본주의적인 체제의 태내에서 서서히 상품경제가 발달해가다가 자본주의세계와 접촉하여 문호를 개방하는 단계, 둘째는 문호개방 후 자본주의 상품의 유입 등으로 국내의 재래상품 생산력이 가속적으로 발전되고 개편되어가는 한편 권력 측의 외압에 대한 대응책의 불충분, 국내 자원의 유출 등으로 위기감이 높아지는 속에서 정치적 변혁이 단행되는 단계, 셋째는 이 정치적 개혁으로 성립된 정권은 세계사적 조건에 의해 규제되면서도 미약한 국내산업을 최대한으로 보호, 육성하여 후진 자본주의 발전에로의 길을 열고 그것이 궤도에 오르는 단계다.

그리고 그는 이 세 단계 속에서 외부의 압력이 가장 중요하게 가해지는 것은 첫째 단계와 둘째 단계인데, 이 과정에서 외부의 압력을 피하고 셋째 단계에까지 도달할 수 있느냐 그렇지 않느냐에 따라 후진 자본주의 발전의 성패가 가려지는 것이라 했다. 그리고 외부의 압력이란 결정적 정치변혁의 시점에 작용하는 정치적·군사적 압력이며 경제적 압력은 결정적 요소는 아니라 했고 문호개방이 늦어질수록 외부의 압력이 강해져서 둘째 단계에서 셋째 단계로 순조롭게 가기가 어렵다고 보았다.

그의 이와 같은 분석에 의하면 한국은 문호개방이 가장 늦어 결정적 정치변혁단계에서의 외부 압력이 가장 높았다. 즉 선진 자본주의 열강의 압력과 그것을 등에 업은 중·일 양국의 압력이 작용한 이중의 압력을 받았으며, 첫째 단계에서 둘째 단계로 넘어가는 과정에서 개화파의 변혁 주체가 성립되었다 해도 강력한 외부의 압력이 개입하여 그 주체를 교란함으로써 내부적 조건이 미숙한 단계에서 변혁이 시도되다가 실패했다는 것이다.

한편 중국과 일본은 다 같이 산업자본 단계에 있던 구미 자본주의국가들의 압력을 받았고, 그 압력이 변혁 주체를 모두 파괴하지는 않았기 때문에 양무파 정권과 명치 정부가 성립될 수 있었다. 그러나 중국은 서구 산업자본주의의 대단히 광대한 시장이었기 때문에 그 외압은 일본보다 컸으며, 이와 같은 큰 외압 때문에 명치 정권보다 정책 선택의 폭이 좁은 양무파 정권밖에 성립시키지 못했고 그 제약의 결과가 청일전쟁의 결과로 연결된다고 보았다.

그리고 중국의 경우는 불철저하긴 하지만 양무파 정권을 통해서 두 번째 단계의 정치적 전환점을 거쳐서 위로부터의 발전궤도에 올랐으나 결국 제국주의체제하에서 식민지·종속국의 위치로 편입되어버린 세계적으로 희귀한 사례지만, 그렇다 해도 완전 식민지화는 면할 수 있었으며, 반식민지는 민족자본의 축적이나 민중운동에 있어서 완전 식민지보다는 유리한 조건이었다고 말하고 있다.

여기에서 한국이 완전 식민지화하고 중국이 반식민지화한 이유가 설명되었고, 일본이 식민지화를 면한 이유는 구체적으로 논급하지 않았으나 앞에서 말한 후진국 자본주의화의 세 단계 중 첫째 단계와 둘째 단계에서 외압을 견디고 무난히 셋째 단계에까지 갈 수 있었기 때문에 식민지화를 면할 수 있었던 것이라 본 것 같다.

### 그 밖에 생각해야 할 문제들

일본이 식민지화를 면한 원인들을 한국 및 중국과 비교하면서 입론한 이들 학자들은 비교적 역사를 과학적으로 이해하려고 노력한 연구자들이다. 그럼에도 제2차 세계대전 전에 입론한 핫토리의 경우는 일본이 문호개방 이전부터 이미 한국이나 중국보다 사회발전 단계가 한걸음 앞서가고 있었기 때문에 식민지화를 면할 수 있었다고 주장했다.

그러나 이에 비해서 제2차 세계대전 이후에 이 문제를 다룬 도야마와 가지무라는 일본이 식민지화를 면한 이유가 결코 아시아 여러 민족 가운데서 뛰어나게 우수했기 때문이 아니라, 서구 자본주의에 의한 외압이 한국이나 중국보다 느슨했고 또 그 문호개방의 시기가 중국보다는 늦었지만 한국보다는 앞선 점 등에 있었다고 말하고 있다. 전쟁 전 일본 학계와 전쟁 후 그것의 차이점 가운데 하나를 나타내는 것이라 할 수 있다.

앞으로의 일본 학계가 일본만이 식민지화를 면한 이유로서 문호개방 전 사회발전 단계의 차이, 외압 강도의 차이, 문호개방 시기의 차이 이외에 어떤 문제를 더 제시할 수 있을지 두고보아야겠지만, 이 문제에 관한 한 빠뜨릴 수 없는 또 하나의 문제가 있는 것 같다.

즉 근대 이후의 일본이 식민지화를 면할 수 있었던 중요한 요인의 하나는 일찍부터 침략주의를 채택한 점이며 그것을 서구 열강, 특히 영국과 미국이 도왔다는 점이다. 외압이 느슨한 정도가 아니라 외세의 도움으로 그 앞잡이로 침략주의를 수행해 나갔다는 점을 더 중요하게 보아야 할 것이 아닌가 하는 것이다. 일본이 문호개방 후 14년 만에 명치유신에 성공하여 가지무라가 말한 첫째 단계에서 둘째 단계로 들어서는 데 성공했지만, 청일전쟁 직전까지 서구 열강과는 불평등조약 관계에 있었으며, 이 시기 일본의 중요 외교정책은 특히 영국의 승인과 지지 없이는 결정될 수 없을 정도였고 또한 미국에의 종속도 심했다. 일본은 이와 같은 영·미 제국과의 종속관계를 벗는 방법의 하나로 스스로 아시아 지역을 상대로 하는 침략주의를 채택했으며 한편으로 영·미 제국의 세계정책에 규제되어 그 침략주의의 하수인적 역할을 함으로써 그 대가로 식민지화를 면하고 제국주의국가로 변한 사실을 간과할 수 없는 것이다.

이른바 정한론은 일본 스스로가 열강과의 종속관계를 벗기 위한 방법의 하나로 빚어진 것이라 해도 운요호사건과 강화도조약은 영·미 등의 세계정책에 구제된 침략행위로서의 성격이 짙다. 이를 통해 일본은 자신의 국제적 위치를 유리하게 함으로써 열강과의 종속관계를 벗고 식민지화의 위험을 더는 데 도움이 된 것이 확실하다.

1874년 대만 침략의 사후처리를 위해 북경에 간 일본 대표에게 그때의 청국 주재 영국 공사는 일본이 대만으로 나가지 않고 조선으로 나간다면 영국은 일본을 원조하겠다는 언질을 주었다. 그것은 러시아의 남하정책을 막는 데 일본을 쓸 수 있다면 일본의 한반도 침략을 도울 수 있다는 영국의 세계정책에서 나온 것이었고 이에 힘입어 일본은 다음 해에 운요호사건을 일으킨 것이다.

도야마가 종래 비슷한 조건에 있던 중국과 일본이 반식민지와 제국주의국가로 갈라지게 되는 결정적 계기가 되었다고 본 청일전쟁 때도 영국은 계속 거부해오던 영일불평등조약의 개정을 단행해줌으로써 일본을 아시아에서 처음으로 대등국으로 인정해주었고 이에 힘입어 일본은 한반도문제에 강경한 태도를 취하고 나아가서 전쟁을 도발했다. 조약 개정 때 영국 외상이 "이 조약의 성격은 일본에게는 청국의 대병을 패주시키는 것보다 훨씬 나은 것이다."라 한 것은 전쟁 직전에 영국이 불평등조약을 폐기한 사실이 일본에 얼마나 도움이 되었는가를 말해준다.

다음, 일본이 본격적으로 제국주의국가로 변모해가고 한반도를 실질적인 식민지로 만드는 데 결정적 계기가 된 러일전쟁 역시 일본으로서는 영국과 미국의 도움 없이는 감당하지 못할 전쟁이었음은 더 말할 나위가 없다. 이 전쟁에서 러시아의 남하정책을 저지하기 위해 영국과 미국이 일본을 음으로 양으로 도와준 사실은 일일이 다 들 수 없지만, 그 전쟁비용의 약 절반이 영국과 미국에서 조달되었다는 사실만으로도 이 전쟁이 영·미 제국주의의 세계전략에 의한 일본의 대리전쟁적 성격이 큼을 알 수 있다. 러일전쟁의 일본측 전쟁비용은 총 17억 엔이었다. 이 금액은 전쟁 직전인 1903년의 일본 일반회계 세입 2억 6000만 엔의 7배, 같은 해 조세수입 1억 4600만 엔의 12배나 되었다. 이 때문에 전쟁비용의 대부분인 15억 엔을 일본정부는 국채로 충당할 수밖에 없었는데 국내에서 모두 조달할 수는 없었고 결국 영국과 미국에서 8억 엔을 조달했다. 영국과 미국의 경제적 원조 없이 일본 단독으로는 이 전쟁을 치를 수 없었던 것이다.

　동양 3국 중 일본만이 식민지화를 면한 원인은 여러 측면에서 구할 수 있으며 아직은 어느 것이 그 주된 원인이라 꼬집어 말하기 어렵다. 그러나 개항 전의 사회발전 단계, 개항의 시기, 외압의 정도 등과 함께 일본이 이웃 민족을 침략하면서 선진국과의 불평등관계를 벗어나간 과정, 그리고 그 침략을 영·미 제국이 도와주었으며, 그것은 또 그들 제국주의국가의 침략전쟁의 일환이었다는 사실은 간과될 수 없다. 선진 자본주의국가의 세계정책으로 표현되는 침략정책의 앞잡이가 되어 이웃 민족을 침략한 사실이 곧 일본이 식민지화를 면한 중요한 이유의 하나라 하면 지나친 표현일까.

# 7 | 노예가 되기보다 죽음을

1905년에 일본이 강제로 '을사보호조약'을 체결한 것은 대한제국의 외교권을 빼앗아 국제적으로 고립시키고 또 그것을 보호국으로 만들어 장차 완전한 식민지로 하기 위한 하나의 발판을 만든 것이다.

대한제국은 국제적 고립에서 벗어나기 위해 밀사를 파견하는 등 몸부림을 쳤지만 강대국들의 냉대로 아무 효과도 얻을 수 없었다. 대한제국의 멸망 과정에서 강대국들의 국가적 원조나 동정은 전혀 받을 수 없었지만, 몇 사람들의 외국인들은 개인적으로 일본의 침략상을 폭로하고 한국인들의 자주능력을 세계에 알리기 위해 헌신했다.

『대한매일신보』를 발행한 영국인 베델Bethell은 우리가 잘 알고 있는 그런 외국인이지만, 대한제국 말기에 전국 각지에서 격렬한 항일전쟁을 벌이고 있던 의병부대를 직접 방문하고 취재함으로써 뒷날 간행한 『한국의 독립운동 Korea's Fight for Freedom』을 통해 이 시기의 의병활동을 생생하게 세상에 알린 영국인 신문기자 매킨지 Mckenzie도 잊을 수 없는 외국인의 한 사람이다.

매킨지는 런던의 『데일리 메일』지 기자로 러일전쟁을 취재하기 위해 1904년 처음으로 한국에 왔다. 일본군에 종군하여 러일전쟁을 취재하고 돌아간 그는 1906년에도 역시 『데일리 메일』의 기자로 일본과 한국, 중국을 여행했는데 이때 일본의 보호국화에 반대하면서 전투를 벌이고 있는 의병부대를 직접 방문해 취재했다.

우리가 지금도 교과서 등에서 볼 수 있는 검은 군복을 입고 서 있는 군인 출신 의병장 옆에 15~16세로밖에 보이지 않는 소년 의병을 포함한 바지저고리 입은 병사 8~9명이 날카로운 눈으로 총을 들고 서 있는 사진은 바로 그가 찍은 것이다. 그는 말을 타고 제천, 원주를 돌아 양근 땅에 와서 이들 의병부대를 만나 취재할 수 있었다.

이때 그의 취재에 응한 중년의 양반 의병장 '총사령'은 "내 부하들에게는 무기가 필요합니다. 그들은 더할 나위 없이 용감하지만, 무기는 당신이 아시는 바와 같으며 탄약도 거의 없습니다. 우리는 구입할 수가 없지만 당신은 어디든지 자유롭게 가서 살 수 있지 않소. 자, 우리를 위해 일 좀 해주시오. 돈은 얼마든지 요구해도 좋습니다. 5000불이건 1만 불이건 당신이 원하는 대로 드리리다. 오직 무기만 가져다주시오." 하고 사정했다.

대한제국의 군대가 해산하고 그 일부가 합세하기 전에 의병부대는 신식 총은 거의 가지지 못했고, 1907년 8월에 한국군을 해산한 일본은 그 다음 달에 즉시 이른바 '총포 및 화약단속법'을 제정하여 의병들에게 신식 총이 공급될 수 있는 길을 철저히 막았다.

의병들이 가진 무기의 대부분은 화승총이라 불리는 구식 총이었다. 일본군의 38식 소총은 사정거리가 800미터나 되고 1분에 8발 내지 10발이나 사격할 수 있었는 데 비해, 화승총은 사정거리가 불과 20보 내외였고 그 사격방법도 먼저 도화선에 불을 붙여 들고, 다른 한 손으로 탄약과 화약을 비벼 넣어 사격하는 방법이었다. 화승총과 38식 소총의 싸움은 중세 무기와 근대 무기의 싸움이었다.

의병부대에서 가장 필요한 것은 신식 무기였지만, 그 공급방법은 밀수입하는 길밖에 없었고, 그것은 또 일본군의 철저한 감시로 불가능했다. 매킨지가 만난 의병장이 신문기자인 그에게 무기매입의 길을 열어주기를 간청하고 있는 것은 이와 같은 무기 사정을 잘 말해주고 있는 것이다.

임진왜란 때부터 사용해오던 구식 무기 화승총으로 신식 무기를 갖춘, 청일전쟁과 러일전쟁을 이긴 일본의 정규군대와 싸우지 않으면 안 되었던 의병들은 그들 스스로도 그 전도가 밝지 않음을 알고 있었다. 매킨지가 만난, 흰 두루마기를 입고 전투를 직접 지휘한 젊은 '장교'는 "우리는 죽을 수밖에 없겠지요. 글쎄올시다. 그렇게 되라지요. 일본의 노예로 살기보다는 자유로운 몸으로 죽는 것이 훨씬 더 낫습니다." 하고 말했다.

일본의 노예로 살기보다 자유로운 몸으로 죽는 것이 훨씬 더 낫다고 생각하며 의병전쟁에 참가한 젊은이들이 1906년부터 1911년까지 6년 사이에 연 인원수 약 14만 명이나 되었다. 일본이 강제로 해산한 대한제국의 군인 수가 총 8800명에 불과했던 사실과 비교해 보면 이만한 수의 의병활동을 민간에서 뒷받침했다는 사실도 주목하지 않을 수 없다. 매킨지가 젊은 의병 '장교'에게 일본군의 기습에 대비해서 전초前哨를 배치하고 있는가 하고 물었을 때 "전초는 필요 없습니다. 우리 주위에 있는 한국 사람은 누구든지 우리를 위해 파수를 봐줍니다."라고 한 '장교'의 대답이 그것을 말해주고 있다.

그러나 죽음을 각오한 병사들의 용감성과 국민들의 뒷받침에도 의병부대와 일본 정규군의 전쟁은 처음부터 그 승부가 결정나 있었다. 대한제국의 집권세력은 경찰권·사법권을 차례로 넘겨줌으로써 일본에 의한 탄압을 도와주었고, 반면 제 나라 정부의 보호도 못 받는 의병부대들의 설 땅은 남지 않았다.

매킨지가 만난 의병들이 일본의 노예가 되기보다 죽음을 택하는 것이 낫다고 말했지만, 1907년부터 1909년 사이에 일본군과의 전투에서 전사했거나 체포되어 처형된 의병의 수는 5만 명이나 되었으며, 살아남은 병사들의 대부분도 식민지지배 아래서 일본의 노예가 되어 살기보다 '만주' 지방으로 망명하는 길을 택했다.

독립운동전선에 참가해서 『한국독립운동지혈사』를 쓴 박은식은 그의 저서에서 '만주'와 연해주 지방으로 망명한 의병전사들의 생활사를 다음과 같이 상세히 전하고 있다.

> 내가 근래 만주와 연해주 지방을 돌아다니면서 각처의 동료들을 방문했더니 산에서 사냥을 하거나, 장터에서 나무장사를 하거나, 감자를 심어 식량으로 하거나, 엿장수로 입에 풀칠을 하는 사람들이 모두 의병장이거나 그 병사들이었다. 그들은 집도 없고, 굶주림에 시달리면서도 슬퍼하는 빛이 없고 조국을 생각하여 잊지 못한다. 술을 마시면 서로 노래하거나 통곡하며 세속적인 명예나 명리를 외면하고 열

혈에 불타고 충분忠憤이 넘쳐 죽음을 결심할 뿐이니 이들은 정말로 의사다. 나는 이들을 깊이 존경하고 사랑한다.

매킨지가 양근에서 만난 의병들이 이들 망명 의병 속에 들어 있는지는 확인할 길이 없지만, 의병들은 누구나 식민지지배 아래서 노예가 되지 않기 위해 의병전쟁에 참가했고 목숨을 부지한 의병들은 대륙으로 망명하여 나무장수, 엿장수로 연명하면서도 조국을 위해 비분강개하고 때가 오면 언제나 목숨을 바칠 결심으로 기다리고 있었음을 박은식의 저작물은 역력히 전해주고 있는 것이다.

식민지화하기 이전의 의병전쟁도 이미 충군주의忠君主義에서 어느 정도 탈피해가고 있었지만, 대한제국이 망하고 식민지화한 후에는 이제 이들 의병 출신 전사들이 충성과 목숨을 바쳐야 할 대상은 왕도 황제도 아닌 조국이었다.

식민지화한 지 10년 만에 일어난 3·1운동을 계기로 하여 '만주', 연해주 지방에서 독립전쟁이 다시 일어났을 때는 이들 의병 출신 전사들이 그 중요한 병력이 되었다. 홍범도, 김좌진 등이 이긴 청산리·봉오동전투에 참가한 병사들 중에는 40~50대의 늙은 병사들이 많이 섞여 있었다는 기록이 있다. 이들은 대부분 식민지화 이전의 갑오농민전쟁이나 의병전쟁에 참가했다가 '만주', 연해주 지방으로 망명해가서 박은식이 목격한 엿장수를 하면서도 조국에 대한 열정을 불태우고 있던 전사들이었다.

평소 한사람 한사람의 농민으로 살면서 나라로부터 이렇다 할 혜택을 받아본 일 없이 오히려 세금과 부역에 시달리기만 했던 사람들이지만, 그 나라가 일단 위기에 빠지면 스스로 민병이 되어 기꺼이 목숨을 바치고, 설령 살아남았다 해도 나라를 도로 찾는 일에는 언제나 목숨을 던질 수 있는 사람들이 바로 의병들이었다.

  왕조시대를 통해서 나라의 주인으로 행세했던 치자계급들이 나라가 망한 후에는 적국의 귀족이 되어 거드럭거린 것과 비교하면 나라의 주인이 누구인가를 구분하기는 어렵지 않다. 나라의 옳은 주인을 가려내는 일이야말로 역사학이 해야 할 가장 중요한 일의 하나다.

# 8 | 대한제국과 일본 차관

**얼마나 빌려썼는가**

외채가 위험수위에 올랐다는 말이 자주 나오고 대한제국 때의 국채보상운동이 심심찮게 거론되는 세상이 되었다. 역사가 평면적으로 순환한다고 믿는 사람은 거의 없어졌지만, 이른바 나선형적 순환을 한다는 이론은 그 설득력이 상당히 높다. 또한 근대 이후의 역사학에서도 교훈성을 완전히 배제할 수 없다고 믿는 학자들이 많다. 지금에 와서 국채보상운동의 역사가 그대로 되풀이되어야 한다고는 말할 수 없지만, 이 시점에서 대한제국시기에 외채가 얼마나 들어와서 어떻게 쓰였으며 어떻게 갚아졌는가, 또 빚을 준 쪽에서는 왜 주었는가 하는 문제들을 전문가가 아닌 일반 국민들도 좀 더 자세히 알 필요가 있다는 생각이 든다. 그리고 이러한 생각이 들게 된 일부터가 불유쾌한 일임도 확실하다.

　일본의 차관이 처음 들어온 것은 1882년이었다. 이해는 문호개방과 개화정책에 반대하는 임오군란이 일어난 해이며 조선정부는 군란 때의 일본 측 피해에 대한 유감 표시와 군란 후 맺은 제물포조약의 비준서 교환을 위해 박영효 등의 사절을 일본에 파견했는데 일본이 이들에게 17만 원의 차관을 제공한 것이다. 박영효 일행이 차관을 얻기 위한 왕의 신임장을 가져가지는 않았지만 일본정부는 요코하마 정금은행으로 하여금 비교적 쉽게 빌려주게 했다. 그러나 은행 측이 일본 재무부에 대해 "이번에 조선정부로부터 17만 원을 본 은행으로부터 차용코자 의뢰가 있었기에 이에 응해서 조속히 조달하고자 하지만 목하 금융사정의 핍박으로 본 은행에도 현재 남은 자금이 결핍하여 대단히 곤란한 중이니 이 금액을 특별 고려로 귀부貴部에서 본 은행에 대하해주기 바랍니다."라고 한 것을 보면 결국 일본정부의 돈이 정금은행을 통해 조선 측에 대출되었음을 알 수 있다.

　이후 개화파의 김옥균이 일본 측에 대해 300만 원의 차관을 교섭했으나 일본 측이 응하지 않아 실패한 일은 널리 알려져 있다. 그러나 청일전쟁 후에는 일본 측이 오히려 적극적인 차관공세를 펴왔다. 청일전쟁이 한창이던 1895년 2월에 조선정부는 인천의 일본제일은행을 통해서 30만 원의 차관을 들여왔고 같은 해 3월에는 일본은행으로부터 300만 원을 빌려왔다. 1894년 말 현재로 조선정부의 미상환 외채액은 총 68만 7000여 원이었고 그중 일본 이외 외국 상인으로부터의 빚이 50만 6000원이어서 일본 빚이 그다지 많지 않았다. 그러나 1895년에 들어 30만 원, 300만 원을 계속 들여옴으로써 일본 차관액이 갑자기 높아졌고 따라서 전체 외채액도 크게 증가했다.

다음 해 1896년에도 조선정부와 일본정부 사이에는 다시 500만 원 차관교섭이 진행되었으나 '아관파천'으로 일본이 정치적으로 불리해짐으로써 실현되지 않았다. 아관파천 시에는 러시아 측의 차관 공세가 높아져 아청我淸은행으로부터의 300만 원 차관설이 떠돌기도 했으나 러시아 차관으로 일본이 제공한 차관을 갚을 것을 겁낸 일본 측의 방해로 저지되었고, 이후 일본이 러일전쟁을 도발하고 대한제국을 보호국화함으로써 대한제국은 일본의 독점적인 차관공세장이 되었다.

보호국체제 아래서 이른바 고문顧問정치를 강행하게 된 일본은 대한제국의 재정을 정리한다는 명목으로 1905년에 그들의 제일은행으로부터 300만 원의 차관을 들여온 것을 비롯하여 이후 각종 명목으로 일본 차관을 계속 가져와서 일본에 의해 강제로 '합방'되던 1910년 8월 29일 현재로 대한제국정부의 공채금 총액은 4559만 원이었으며, 그것은 모두 일본 측으로부터의 차관이었다. 이 시기의 일본화 1엔은 미국의 1달러와 비슷한 가치를 가지고 있었으므로 결국 대한제국 말기의 외채 총액은 약 4500만 달러가량이었다 할 수 있다. 애국계몽운동의 일환으로 금가락지·금비녀 뽑고 담배 끊으면서 벌인 국채보상운동은 바로 이 외채를 갚으려 한 국민운동이었던 것이다.

**왜 빌려주었는가**

일본이 조선에 빚을 주기 시작한 것은 개화파가 정계의 표면으로 떠오르기 시작한 때부터여서 개화파의 정치자금이 되게 하려는 데 빛 준 목적이 있었다고 할 수 있다. 그러나 대체로 청일전쟁 이전, 즉 일본의 한반도 침략 전망이 그다지 밝지 않았을 때는 빛 주기에 대단히 소극적이었다가 청일전쟁의 결과로 침략의 전망이 어느 정도 밝아진 후에는 차관공세라는 말을 쓸 만큼 적극화했고 러일전쟁의 결과로 한반도를 보호국으로 만들고 난 뒤에는 그 완전 식민지화를 위한 자금을 모두 차관으로 충당했다.

1882년에 최초로 들여온 17만 원은 일본 측으로서는 대체로 개화파의 세력 확대를 위해 제공한 것이었지만, 그 원금과 이자가 약속대로 갚아지지 않을 경우 부산세관의 수입금으로 갚거나 함경도 단천端川의 금광을 조선정부와 일본의 정금은행이 함께 채굴하여 그 수입금으로 갚게 되어 있었다. 차관제공을 통해 금광채굴에 개입하려는 속셈이 이미 드러난 것이다.

김옥균의 300만 원 차관교섭은 개화파 정권의 성립 전망이 그다지 밝지 못한 위에 일본의 재정사정이 그만한 돈을 제공할 만한 여건에 있지 않아서 성립되지 않았지만, 청일전쟁 후에는 일본 측이 "조선에 대해서 충분히 기반을 굳히고 내정간섭의 구실을 만들려 하면 철도나 금전 대여 등 조선에 대해서 심리적으로 우리의 기반을 공고히 하고 재정상 관계에서 다른 관계로 범위를 넓혀 간섭의 구실을 만들어내는 것이 긴요하다." 하며 1895년에 30만 원과 300만 원을 제공했다. 30만 원 차관은 인천·부산·원산 세 개 항구의 해관세海關稅를 담보로 하면서 이 해관세는 다른 나라에서 다시 저당하지 못하도록 약정했고, 300만 원 차관은 해관세 수입을 우선적으로 이에 충당하며 만일 그것으로 부족하면 내국세를 담보로 하도록 했다. 차관제공의 목적은 조선에 대한 내정간섭의 구실을 만드는 데 있었고 내국세까지를 담보로 함으로써 받아낼 방법을 확고히 한 것이다.

조선정부와 일본정부 사이에 교섭이 진행되다가 '아관파천'으로 폐기된 500만 원 차관은 그 가운데 200만 원이 경인철도 부설자금으로 사용될 예정이었다. 이 차관을 알선한 당시의 조선 주재 일본공사 고무라小村는 일본 정부에 대해 "근래 서재필이란 자가 미국에서 돌아와서 급히 계획하는 바 있다고 들리기에 탐정해보니 그는 어느 미국 회사의 촉탁을 받고 조선에서의 철도건설의 권리를 그 회사에 넘겨주고자 하는 계획을 가지고 운동하여 내각은 김굉집을 비롯하여 많은 사람이 그 상담에 응할 모양이라고 알게 되었다. 본관은…… 오늘날까지의 관계상 조선정부는 반드시 일단 우리 정부에 상담할 의무가 있음을 설명하였던 바 드디어 우리나라로부터 자본을 빌려 정부사업으로서 우선 경인 간에 철도를 창설키로 결정하고 일본 기술자의 견적산출에 따라 200만 원의 금액을 이번의 차입금 중에 더해서 신청키로 된 것"이라 하고 차관제공이 실현되기를 희망하고 있다.

일본이 차관을 제공한 이유가 한반도에서의 정치적·경제적 지위를 유리하게 하려는 데 있었음을 쉽게 이해할 수 있지만, '아관파천'으로 일본의 위치가 불리해지고 영국·미국 등의 차관이 들어올 가능성이 높아지자 당시의 일본공사 하야시林는 그 본국에 대해 "우리가 비밀히 가지고 있는 목적은 한국의 재정 및 광업 등의 실권을 전적으로 우리의 손에 넣어야 하는 것인즉, 영국·미국 등이 이에 개입하는 것은 우리 계획의 '존재 이유'를 타파하는 것이 된다." 하고 다른 나라의 차관이 들어오는 것을 저지하면서 "한국의 장래에 관해서 가장 유력한 발언의 권리를 가지는 것은 필경 한국에 대해 많은 자본을 투입하는 것이다." 하여 일본자본의 한국침투를 적극 추진했다.

그러나 러일전쟁 이후에는 다른 나라와 경쟁 없이 일본이 독점적으로 차관을 투입하여 완전 식민지화의 기초를 닦는 작업을 제 마음대로 추진할 수 있었다. 일본이 조선에 차관을 제공한 목적은 청일전쟁 이전까지는 조선에서의 친일적인 정치세력을 넓히려는 데 있었고, 청일전쟁 이후에는 한반도를 둘러싼 열국과의 경쟁에서 이기기 위해서였으며, 러일전쟁 이후에는 조선을 완전 식민지로 만들기 위한 데 있었던 것이다.

### 무엇에다 썼는가

조선왕조사회는 문호개방으로 급격한 변화를 일으키고 있었지만 국민들의 생활용품이 자본주의 제품화해간 일도 큰 변화의 하나였다. 무명을 입던 사람들이 광목을 입게 되었고 엽초를 피우던 사람들이 궐련을 피우게 된 것이다. 조선왕조정부는 강력한 보호무역주의를 펴면서 선진기술을 도입하여 국내의 생산구조를 시급히 기계화해야 했지만 그만한 정책도 자본도 뒷받침되지 못한 채 식민지화의 길을 치닫고 있었다. 외채의 도입은 정치적 주체성을 무너뜨릴 뿐 민족자본의 형성과는 연결되지 못한 것이다.

1882년에 박영효 등이 빌린 17만 원 중 5만 원은 임오군란의 결과로 일본에 물게 된 배상금 50만 원 중 그 제1회분으로 충당되었고 나머지 12만 원은 대부분 일본에의 유학생 파견비로 사용되었다. 김옥균·박영효 등이 개화파의 세력을 넓히고 그 군사력을 확보하기 위해 서재필 등 청년 40여 명을 1883년에 일본의 각종 실업학교와 군사학교에 파견하는 데 사용한 것이다. 이들은 1884년에 귀국하여 갑신정변에 참가했다가 정변이 실패함으로써 일부는 죽고 나머지는 일본으로 망명했다. 목숨을 건져 망명한 사람의 대부분은 친일파가 되어 뒷날 일본의 한국침략 과정에서 일본정부의 대변자 내지 협력자가 되거나 일본문화의 우수성을 선전하는 역할을 다했다. 최초의 일본차관 17만 원은 결국 뒷날의 친일파 양성 자금으로 대부분 사용된 셈이며 조선정부의 재정 및 개혁사업에는 도움이 되지 못했던 것이다.

　이후 김옥균이 교섭한 300만 원의 일본차관은 이 시기에 극히 악화된 조선정부의 재정자금으로 충당될 예정이었으나 그 도입 자체가 실패했고 1895년 초에 빌려온 30만 원은 청일전쟁으로 인한 세수稅收 감소를 보충하는 데 사용되었다. 일본이 도발한 청일전쟁으로 조선이 재정상의 타격을 받았고 그것을 보충하기 위해 일본으로부터 차관을 도입한 것이다. 30만 원 차관에 뒤이어 같은 해에 들여온 300만 원의 차관 역시 청일전쟁 때의 피해와 세수 감소로 빚어진 재정적 곤란을 메우는 데 쓰이는 한편, 갑오농민전쟁 후의 갑오개혁 실시에 필요한 막대한 비용의 일부로 충당되었고, 또 이 시기까지 일본을 제외한 외국 상사商社로부터 빌려쓴 빚을 갚는 데 그 일부가 사용되었다. 이때의 300만 원이란 큰돈 역시 재생산을 위한 산업시설자금으로 사용된 것이 아니라 정부의 재정에 보충하거나 또 다른 차관을 갚는 데 사용되었을 뿐이었다. 다음, 1896년에 조선정부가 일본정부에게 교섭한 500만 원 차관은 본래 갑오개혁 이후 계속된 이른바 내정개혁의 비용으로 사용하고 나머지 200만 원은 경인선 철도부설에 사용할 계획이어서 처음으로 재정보충 이외의 건설사업에 외채가 쓰일 전망이었으나 아관파천으로 차관도입 계획 자체가 폐기되고 말았던 것이다.

이후 러일전쟁을 도발하여 대한제국을 보호국으로 만든 일본은 제 나라의 차관을 제멋대로 가져와서 대한제국을 완전 식민지로 만들기 위한 준비를 착착 진행해갔다. 우선 1905년에 이른바 화폐정리자금으로 일본제일은행으로부터 들여온 300만 원은 재정고문으로 왔던 메가다目賀田의 주관 아래 대한제국의 조폐창인 전환국을 폐쇄하고 일본의 조폐국에서 새 돈을 만들어 종래 쓰고 있던 백동화白銅貨와 바꾸는 데 사용되었다. 백동화의 유통이 많은 문제점을 가지고 있는 것은 사실이지만, 이른바 '화폐정리'가 침략 목적을 가진 일본 측에 의해 실시됨으로써 "백동화 정리방법의 불미한 결과로 실업계에 공황이 크게 일어나 상인들이 상점 문을 닫고 도망하거나 음독자살한다."는 신문 보도가 나올 만큼 당시의 한국경제에 큰 타격을 주었다.

뒷날의 역사학은 이 '화폐정리사업'이 대한제국의 민간자본을 파탄으로 몰아넣음으로써 식민지화에 저항할 경제력을 미리 뿌리뽑은 '사업'이라 설명했다. 제 나라의 민간자본을 고갈시키고 식민지로 가는 길의 기초를 닦는 자금을 식민지화의 야심을 가진 나라로부터 차관으로 들여와서 또 그들이 마음대로 쓰게 한 것이다.

'화폐정리사업' 이후에도, 통감부를 두어 대한제국을 실제로 지배한 일본은 한반도를 완전 식민지화하기 위한 기초작업을 진행하면서 그 자금을 모두 제 나라의 차관으로 충당했다. 식민지화의 기초를 잡기 위한 도로 및 항만시설의 확충, 궁장토宮庄土의 조사, 중앙은행 설치, 일본인 관리의 고용 등에 필요한 자금을 계속 일본에서 빌려옴으로써 1907년에는 일본차관액이 1500만 원이 되었고 '합방' 당시에는 4500여 만 원으로 급증했다.

1907년부터 '합방'된 1910년까지 도입한 일본차관이 3000만 원이나 되어 1907년까지 도입액의 두 배나 된 것은 이 시기에 식민지화를 위한 기초작업이 집중적으로 단행되었고 그 소요자금을 모두 일본으로부터 들여왔기 때문이었다. 일본에서 들여온 외채가 일본인들에 의해 그 식민지로 만들기 위한 준비공작에 모두 쓰인 것이다.

### 어떻게 갚았는가

문호개방 이후 한일 '합방' 때까지 조선정부가 일본에서 들여온 차관은 다른 나라에서 들여온 경우보다 그 조건은 더 나쁘면서도 해관세와 광산채굴권 그리고 내국세까지를 담보로 하고 있었다. 1882년에 들여온 17만 원은 연리 8퍼센트에 2년 거치 후 10개년에 걸쳐 매년 원금 1만 7000원씩 갚는 조건이었다. 이 시기 조선정부가 청국상인 동순태同順泰로부터 빌린 돈이 단기채였음에도 월 0.6퍼센트였음과 비교해보면 이때의 일본차관은 해관세와 광산채굴권을 담보로 했으면서도 더 나쁜 조건이었음을 알 수 있다.

다음 1895년에 빌린 30만 원 역시 연리 8퍼센트에 해관세를 담보로 하여 갚았으며, 같은 해에 빌려온 300만 원은 이자가 연 6퍼센트로 낮아지고 상환기간은 5년으로 하되 처음 3년에는 이자만 갚고 나머지 2년에 원금 150만 원씩을 갚는 조건이었으며 역시 해관세와 내국세를 담보로 했다. 이 300만 원은 조선정부가 5년 안에 다 갚지 못할 사정이어서 5년을 거치한 후 15년간 연부상환하는 조건으로 계약을 갱신할 것을 일본 측에 제의하면서 다시 500만 원의 기채를 교섭했으나 '아관파천'으로 모두 폐기되었다. 300만 원 차관은 원계약대로 모두 갚은 것 같아서 '합방' 때의 외채로는 기재되어 있지 않다.

'합방' 때까지 남았던 외채 중 1905년에 일본제일은행에서 '화폐정리' 자금으로 빌린 300만 원과 그 차월금借越金은 '합방' 다음 해인 1911년에 갚았고, 1905년에 국고증권國庫證券으로 제일은행에서 빌린 200만 원은 '합방'되던 해 5월에 갚았다. 또한 1905년에 금융자금채로 일본정부에서 빌린 150만 원은 '합방'으로 갚지 않아도 되게 되었으며, 1907년 이후 일본정부로부터 빌린 1600만 원 역시 '합방'으로 갚지 않아도 되었다. 그러나 1906년에 기업자금채起業資金債란 이유로 일본흥업은행에서 빌린 500만 원은 식민지 시대인 1912년에서 1925년 사이에 갚았고, 역시 같은 이름으로 같은 은행에서 1908년에 빌린 1290여 만 원도 식민지 시대에 들어와서 1933년에 갚았으며, '합방' 직전에 빌린 도장사금공채導掌賜金公債 17만여 원은 1913년에 갚았다.

'합방' 당시의 일본차관 총액 4500여만 원 중 '합방'으로 갚지 않아도 된 것은 일본정부에서 빌린 것으로 되어 있던 1400여 만 원이었고 나머지는 모두 식민지 시대에 들어와서까지 조선총독부가 조선사람에게서 거둔 세금으로 갚은 것이다. 1905년 이후의 일본차관은 모두 일본이 한반도를 식민지로 만들기 위한 자금으로 들여다

쓴 빚이지만, 일본은 3000리 국토와 2000만 국민을 송두리째 차지하고 그 빚의 대부분을 식민지 백성 조선사람들이 갚아내게 한 것이다.

# 9 | 이완용의 매국 흥정

## 3000리 국토와 2000만 국민의 시가時價

러일전쟁 이후 대한제국을 보호국으로 만든 일본이 그것을 '합방'하여 완전 식민지로 만들기 위한 구체적인 책략을 세운 것은 대체로 1909년 초부터인 것 같다. 이해 2월에 내무대신을 사임한 친일파 송병준이 일본에 가서 당시의 일본 수상 가쓰라 다로桂太郎와 만나 '합방'을 건의하고 그 비용으로 일본 돈 1억 엔이 필요하다 했는데, 가쓰라는 "너무 비싸니 그 절반이면 어떤가." 하고 흥정했다. 송병준은 이에 대해 "비싸지 않다. 생각해보라, 3000리에 이르는 땅덩이와 2000만의 인구가 있고 몇십억 몇백억인지 모를 부원富源을 가지고 있는 한국을 사들이는 값이 아닌가." 하고 제멋대로 흥정했지만, 다음 해 일본이 한반도를 실제로 '병합'할 때 투입한 돈은 3000

만 엔밖에 되지 않았다.

같은 해 4월에 한국통감으로 있던 이토 히로부미가 일시 저희 나라로 가서 가쓰라와 만나 한국을 '병합'할 것을 확정해놓고 6월에 통감을 사임하면서 "일·한이 한집안이 되어야 한다." 하고 병합을 예고한 후 10월에 안중근의 총에 맞아 죽었다. 뒷날 일부 일본인들 가운데는 문관정치가인 이토는 한국을 보호국으로 둘 생각이었으나 그가 죽음으로써 급진파 무관들에 의해 병합이 단행되었다고 말하는 경우가 있었지만 이토는 죽기 전에 이미 한국통감으로서의 일본 수상과 병합을 결정해놓고 있었던 것이다.

이와 같은 병합의 경위에 관해서는 이 시기 한국통감부의 외사국장으로 있으면서 병합 과정의 일본 측 실무를 맡았던 외교관 고마쓰小松綠의 회고록『명치외교비화』에 비교적 소상히 쓰여 있다.

이토의 죽음은 일본으로서는 이미 결정해놓은 한일합방을 강행하기 위해 대한제국정부를 압박하기에 좋은 구실이 되었고, 이에 호응해서 친일단체 일진회로 하여금 이른바 '합방건의문'을 한국정부와 통감부에 제의하게 하는 한편, 이른바 '병합준비위원회'를 만들어 합방을 위한 구체적인 준비를 진행했다. 이 위원회는 한국의 칭호를 조선으로 할 것, 한국의 황제 일가의 1년 세비로 150만 엔을 지불할 것, 현재의 수상은 백작 칭호와 15만 엔, 대신들은 자작 칭호와 10만 엔, 기타 '공로자'는 남작 칭호와 5만 엔을 주되 병합을 위한 소요경비는 공채 3000만 엔을 발행하여 충당할 것 등을 결정했다. 결국 3000리 국토와 2000만 국민의 값은 가쓰라가 앞서 흥정한 5000만 엔에서 더 깎인 3000만 엔이 된 셈이다.

일본이 대한제국을 사들이는 값은 구체적으로 정해졌지만, 언제

병합을 단행하느냐 하는 시기 문제에 대해서는 저들 사이에도 의견이 엇갈렸다. 점진론자들은 병합을 몇 년간 유예하여 통감정치 아래서 각종 제도를 '개선'하고 민심을 '수렴'하는 한편 외국이 한국에서의 영사재판권을 포기하게 한 후 단행하면 한국민의 반항을 피하고 또 외국이 병합에 반대하여 이의를 제기할 여지를 주지 않게 되리라는 의견이었다.

반면 고마쓰와 같은 급진론자들은 "금후 선정을 베풀어서 한국민을 회유할 수 있는 가능성이 있다면 수년뿐만 아니라 수십 년이라도 유예하는 것이 옳을 것이다. 그러나 성심성의를 다해서 문명의 시설을 실행한 4년여의 통감정치 아래서도 한국의 관민은 조금도 열복悅服하는 기미가 없을 뿐만 아니라 오히려 면종복배面從腹背하거나 끊임없이 음모를 꾸며 일본에 반항하는 태도로 나온다. 하물며 병합의 정책이 확립된 사실이 숨길 수 없게 된 지금 수년은 고사하고 하루라도 연기하면 그만큼 인심이 혼란해질 뿐만 아니라 결코 안정될 리 없다. 오히려 손발이 잘린 이상 몸뚱이만이 온전할 리 없다는 생각으로 죽을 힘을 다해서 반항하려 할 것이다." 하고 합방 단행을 재촉했다.

고마쓰와 같이 한국에서 통감부 관리 노릇을 하면서, 1909년 전반기에만도 연 3만 8000여 명이 참가하여 총 1900여 회의 전투를 벌인 의병전쟁을 직접 본 일본인으로서는 앞서와 같은 합방재촉론을 펴고 "주권이 우리에게 있으면 분요紛擾의 진정이 쉬울 것이다."라고 전망하지 않을 수 없었을 것이다.

## 매국의 실무자 이인직

외교권을 빼앗아 대한제국을 국제적으로 고립시키고 사법권을 빼앗아 의병항쟁을 무참히 탄압하면서 병합의 원칙을 세워놓았지만 의병전쟁을 비롯한 한국민의 저항 때문에 그것을 차마 결행하지 못하고 있던 일본 측이 병합 단행의 실마리를 잡게 된 것은, 고마쓰의 회고록에 의하면 이인직李人稙의 주선에서 시작되었다.

『혈의 누』, 『은세계』 등의 신소설 작가로 우리들에게 알려진 이인직은 1900년에 한국정부 유학생으로 일본에 갔다가 러일전쟁 때 일본군의 통역관으로 종군했고 신문 『만세보』의 주필을 거쳐 이완용의 심복으로 그 비서 역을 맡고 있었다. 또한 그는 일본 유학 당시 도쿄 정치학교에서 고마쓰의 국제법 강의를 들은 적이 있었고 이런 인연으로 고마쓰가 통감부 관리로 온 후에는 서로 자주 만나는 사이가 되었다. 이런 관계로 고마쓰로서는 병합을 위한 담판 시에는 이완용이 일본말을 모르므로 그의 심복 이인직을 말상대로 삼으리라 마음먹고 있었다.

고마쓰의 회고록에 의하면, 새로 온 통감 데라우치가 1910년 7월에 부임한 후 합방문제는 무더운 여름을 넘기고 가을에나 단행하리라 생각했지만, 한편으로 일본 측은 현 이완용 내각 대신 송병준 내각을 만들 것이라는 소문을 퍼뜨리고 있었다. 같은 친일파면서도 이완용과 송병준은 사이가 나빠서 송병준 내각이 서는 경우 이완용은 박해를 받을 상황이었던 것이다.

일본이 이완용 내각을 무너뜨릴 것이라는 소문이 돌고 있던 어느 무더운 날 밤 이인직은 고마쓰를 찾아갔다. 고마쓰는 그의 방문을

"그물을 치기도 전에 고기가 뛰어들었다."고 표현했지만, 고마쓰를 방문한 이인직은 이토 히로부미가 한국인에 의해 죽었고 일진회가 합방론을 내놓았으며 일본에서도 합방을 주장하는 사람이 많다고 들었기에 반드시 큰 변혁이 일어날 것이라 생각되어 이완용에게 "오늘에 처한 길은 2000만의 한인들과 함께 넘어지거나 6000만의 일본인과 함께 나아가는 길밖에 없다. 수상의 힘이 시국타개를 감당할 수 없다면 부끄러움을 고국에 끼치지 말고 한국을 떠나 일본과 한국 어느 쪽의 법권도 미치지 않는 상해로 가서 은둔하는 것이 좋을 것이다." 하고 권고했다고 털어놓았다.

이에 긴장한 고마쓰가 이완용의 반응을 물었는데 이인직은 다시 이완용이 이재명에게 칼 맞은 자리가 완치되지 않아 조용하게 정양을 하고자 수상 자리를 내무대신 박제순, 농상공부대신 조중응 등에게 물려주려 했으나 모두 사양했고, 그대로 물러나면 내각은 무너지는데 현 내각이 무너지면 그보다 더한 친일내각이 나올 리 없으므로 일본과의 관계는 점점 악화되어 큰 혼란이 일어날 것이며 이 때문에 진퇴유곡에 빠져 있다 하고 데라우치 통감이 앞으로 어떤 수단을 취할 것인가 하고 일본 측의 속셈을 물었다. 일본 측이 퍼뜨린 이완용 내각을 무너뜨리고 송병준 내각을 세울 것이라는 소문에 초조해진 이완용이 이인직을 고마쓰에게 보내어 자신보다 더한 친일내각이 나올 수 없으며 자신을 무너뜨릴 경우 합방에 협조하지 않고 청국으로 빠져나갈 것이라 비치면서 스스로 합방을 담당할 뜻을 정한 것이다.

이완용과 송병준 간의 불화와 친일경쟁을 잘 알고 있던 고마쓰는 이에 이렇게 응답했다.

현 내각이 무너져도 더 친일적인 내각이 나오지 않는다고 이 수상이 말한 것을 보면 그는 근래 떠돌고 있는 소문과 같이 데라우치 통감이 송병준 내각이라도 만들 속셈을 가진 것이 아닌가 의심하고 있는 것 같지만 그런 걱정은 할 것 없다. 송병준은 몹시 서울로 돌아오고 싶어 하지만 통감은 시기가 나쁘다고 허락지 않고 있을 정도다. 생각해 보라, 일·한 합방론의 주창자로서 이미 일본의 조롱 속에 들어가 있는 자로 생각되는 송병준에게 내각을 조직시키고 이를 교섭담판의 상대로 하는 그런 궁색한 일을 할 만큼 통이 작은 통감이 아니다. 통감은 어디까지나 현 내각에 신임을 두고 그와 정정당당히 담판하려 생각하고 있음을 나는 주저 없이 보증할 수 있다.

요컨대 송병준 내각을 만들지 않을 것이니 이완용 내각이 합방조약 체결에 나서라고 요구한 것이다.

그러나 이인직은 "만약 데라우치 통감이 끝까지 현 내각을 신임해준다면 이 수상도 책임을 회피하려고 하지는 않을 것이다. 병구病軀를 무릅쓰고라도 선후책을 정하고 싶다고 말했다." 하여 이완용이 합방조약을 스스로 감당할 의사가 있음을 고마쓰에게 거듭 알려줌으로써 합방조약 체결 문제는 실제로 합의를 보게 되었다.

또한 이인직이 합방 후의 한국 황제 및 대신들의 대우문제를 이완용이 걱정하고 있음을 전하자 이에 대해 고마쓰는 "병합 후에도 한국의 황실에 대해서 종전과 같은 세비를 지급하는 위에 일본 황족의 대우를 해주어 그 지위를 일본 황태자 아래, 각 친왕親王들의 위에 둘 것이다. 한국 황제는 종전에 허위공권虛位空權에 지나지 않았던 정치상의 지위를 떠나게 되는 것뿐이며 그렇게 되면 오히려 속진俗塵의 번거로움을 벗고 안태安泰의 경지에 서게 되는 것이다. 또 내각대신은 물론 다른 원로 고관들에게도 일생을 안락하게 보내기에 충분한 공채를 내리고 병합에 힘쓴 자 및 옛 대관과 원로들에게도 은사금과 작위가 주어질 것이며, 유력한 자에게는 중추원 고문직을 주어 총독부의 정무에 참여시킬 것이다." 하고 병합준비위원회가 미리 짜놓았던 계획을 말해주었다.

무더운 여름날 밤, 남산 밑 고마쓰의 관사에서 맥주를 마시면서 진행된 이인직과 고마쓰의 이 밀담이야말로 바로 3000리 국토와 2000만 국민을 팔고 사는 구체적인 음모요, 흥정이었다. 이 밀담을 통해 매국의 흥정은 구체화되었고 또 실제로 매듭지어졌던 것이다.

### 이완용의 매국 흥정

합방을 위한 정치·외교적 준비를 모두 갖추어놓고도 막상 그 구체적 실마리를 찾기 위해 부심하던 일본이 이완용과 송병준 사이의 불화와 그 친일경쟁을 이용하여 송병준 내각설을 퍼뜨렸고, 이에 불안해진 이완용이 합방의 공로를 자신이 차지하고자 심복 이인직을 보내어 합방의 주역을 담당할 것을 제의했으니 고마쓰가 이인직의 방문을 그물도 치기 전에 고기가 제발로 뛰어들었다고 표현했지만 이는 곧 이완용을 두고 한 말이기도 했다.

이완용이 합방의 주역을 자청하면서 자기 나름대로 그것을 합리화하거나 변명하는 논설문을 남겨놓은 것은 없다. 그의 문집이라고 할 수 있을 『일당기사一堂紀事』에는 그 부분을 일진회의 이른바 「합방상주문」을 싣는 것으로 대신하고 있다. 다만 뒷날 3·1운동이 일어났을 때 이완용이 이 운동을 반대하는 이른바 '경고문'을 세 번이나 발표했는데 거기에서 그는 조선의 독립을 주장하는 일은 허망한 일이라 하고 "냉정한 두뇌로써 우리 조선민족의 장래와 동양평화의 영원한 대계를 심사숙고하여 지금의 우리들의 경우와 실력 및 세계의 진운進運을 몰각하는 일이 없어야 할 것이다. 만약 앞뒤의 이해문제를 명백히 하지 않고 경거망동하는 무리가 있으면 이것은 조선민족을 멸망하고 동양평화를 파괴하려 하는 우리의 적으로 보아야 할 것이다." 하고 '경고'하고 있다.

그는 또 이 경고문에서 지난날의 한국이 스스로의 힘으로 스스로를 보전하지 못하고 동양평화를 교란하기만 했다 하고 일본 식민지배 10년의 업적을 찬양하면서 지방자치, 참정권, 병역, 교육, 집회, 언론 등에 관한 문제는 생활과 지식 정도에 따라 정당한 방법으로 요구해야 할 것이라고 주장했다.

이 경고문을 통해서 그의 '합방론'을 요약해보면 자력으로 국가를 보전할 수 없는 한반도지역이 일본의 지배를 받아야만 동양평화가 이루어질 수 있으며 한국인은 일본의 지배 아래서 문명인이 될 수 있다는 논리였다고 할 수 있다. 이러한 논리 자체가 패배주의적·반민족적 궤변인 것은 말할 필요도 없지만, 그것마저도 자신이 합방의 주역을 장담한 이유는 되지 못한다. 그 이유는 송병준 내각이 출현함으로써 그에게 돌아올 여러 가지 불이익과 상해로 도망해야 할 사태를 미리 막고 일본 측으로부터 제1급 합방 공로자로서 우대를 받으면서, 앞서 고마쓰가 말한 것과 같이 여생을 편안히 보내려는 데 있었던 것이다.

일본 측이 그물도 치기 전에 뛰어들어 제1급 합방 공로자의 자리를 차지할 수 있었던 이완용은 합방 후 일본의 백작 작위를 받았고 앞서 일본 측 병합준비위원회의 계획대로라면 15만 엔의 매국의 값을 받았다. 이에 비해 이완용에게 선수를 빼앗긴 송병준은 합방 후 자작 작위와 10만 엔밖에는 받지 못했으니 이완용으로서는 그물도 치기 전에 뛰어든 만큼의 보상이 있었던 셈이다.

민족의 역사를 그르친 자들에게도 흔히 자기 행동을 합리화하거나 변명하는 어설픈 논리는 있게 마련이며 이완용의 경우도 그 매국의 변설은 있었다. 대한제국의 군사력·경제력이 이웃 나라들에 비해 크게 떨어져서 스스로를 보전하기 어려우며, 그곳이 또 지정학적으로 국제분쟁의 요충지가 되어 이른바 동양평화를 해치는 원인 지역이 되므로 주변국 중 최강국이라 생각된 일본에게 합방되는 것이 백성들을 살리고 동양평화에 이바지하는 길이라고 자신의 행동을 합리화했던 것이다.

그러나 합방 후의 식민지 시대를 통해 대부분의 한반도 주민들은 계속 도탄 속으로만 빠져들어갔고 일본의 한반도 병탄은 동양평화를 깨뜨리는 시발점이 되었을 뿐만 아니라 마침내 세계대전을 도발하는 출발점이 되었음은 더 말할 나위가 없다. 그가 역사를 그르치면서 내세운 자기변명의 논리는 모두 거짓이었음이 저절로 드러나고 송병준이 1억 엔을 호가한 진의가 자기 자신의 안위와 이익추구에 있었다는 사실만 영원히 남게 된 것이다. 이와 같은 역사의 진실이 어찌 이완용의 매국논리에만 한정되겠는가.

# 통일로 가는 길

統 一 運 動 時 代 의   歷 史 認 識

1. 20세기 동북아·한반도 역사의 반성과 21세기 전망
2. 6·15남북공동선언이란 무엇인가
3. 6·15정상회담 이후 민간통일운동의 과제와 전망
4. 냉전세력의 정체와 그 극복의 길

1 | 20세기 동북아·한반도 역사의 반성과
　  21세기 전망

**머리말**

한반도문제를 중심으로 한 20세기 동북아시아의 역사를 반성하는 경우 그 시기를 크게 전반기와 후반기로 양분할 수 있다. 그리고 20세기 전반기 동북아시아사의 불행은 바로 한반도 역사의 불행에서 시작되었다 해도 과언이 아니다. 20세기 동북아시아의 역사가 평화스럽지 못한 불행한 역사가 되게 한 최초의 사건은 러일전쟁이었다고 할 수 있겠는데 그 전쟁은 한반도와 만주 문제가 원인이었다. 전쟁의 결과 한반도가 일본에 의해 강제지배되고, 일본은 그것으로 장차 중국을 침략할 발판을 마련하게 되었다.

　그렇다면 지금에 와서 20세기 전반기 한반도를 중심으로 한 동북아시아의 역사를 반성하는 길은 러일전쟁은 왜 일어났으며 어떤 전쟁이었는가, 한반도는 왜 일본에게 강점되었는가 하는 문제를 객관적으로 밝히는 데서 시작되어야 할 것이다. 그리고 일본의 한반도 강점이 어떻게 '만주사변'·중일전쟁·태평양전쟁으로 이어졌는가 하는 문제를 살펴봄으로써 불행했던 역사의 줄기를 잡을 수 있을 것이다.

다음 20세기 후반기 한반도를 중심으로 한 동북아시아의 역사가 그 전반기에 이어서 역시 평화스럽지 못하게 된 가장 요긴한 원인은 한반도의 분단에서 찾을 수 있다. 한반도 분단의 원인은 흔히 제2차 세계대전 후의 동서냉전체제의 성립에서 찾는다. 그러나 그 이전에 한반도의 분단은 제2차 세계대전의 양대 전승국인 미국과 소련의 동아시아에서의 세력균형의 필요성에서 더 찾을 수 있다.

그리고 한반도의 분단이 동서냉전을 강화하는 요인이 되었을 뿐만 아니라, 그것이 곧 동아시아 전체의 분단으로 연결되었다는 점에서 20세기 후반기 동북아시아 역사에서 한반도의 역사가 차지하는 비중이나 위치는 그 전반기보다 오히려 더 중요했다고 할 수 있다.

다음 21세기 한반도를 중심으로 한 동북아시아사의 전개에 대한 전망은 크게 말해서 두 가지 요인, 즉 냉전체제의 해소와 한반도의 통일 문제에서 구할 수 있다. 그중 냉전체제의 해소 문제가 상당히 진전되었다 해도 한반도의 통일 문제가 해결되지 않는 이상 옳은 의미의 한반도 평화뿐만 아니라 동북아시아 전체의 평화정착도 불안해지게 마련이다.

그리고 이데올로기 문제를 기저로 한 20세기적 냉전체제는 어느 정도 해소되어간다 해도, 냉전체제 이전에도 있었던 한반도를 둘러싼 동북아시아의 지정학적 조건에 의한 대립요인, 즉 한반도를 중간에 둔 해양 쪽 일본·미국과 대륙 쪽 중국·러시아의 이해관계가 특히 한반도의 통일 가능성을 두고 어떻게 타결될 것인가 하는 문제를 제쳐놓고는 21세기 동북아시아의 역사 전개 방향을 제대로 전망하지 못할 것이다.

21세기 동북아시아의 전개 과정을 제대로 전망하기 위해서는 이 지역의 지난 20세기 역사, 그 가운데서도 특히 대륙세와 해양세가 충돌하는 지점에 놓인 한반도의 역사를 냉철히 그리고 객관적으로 조망하는 일이 무엇보다도 중요하다고 하겠다.

## 20세기 전반기의 역사 실패에 대한 반성

20세기 전반기에 한반도의 역사가 실패한 사실을 한마디로 요약하면 그 역사 운영권 자체를 송두리째 일본에게 강탈당한 일이다. 20세기 초엽에 한반도 정도의 문화 수준에 있었던 독립국가가 유럽과 같은 다른 문화권 국가에 의해서가 아니고, 일본과 같은 동일 문화권의 국가에 의해 식민지가 된 예는 없었다.

다시 말하면 인도가 영국의, 그리고 베트남이 프랑스의 식민지가 된 것과 한반도가 일본에 의해 지배된 것은 그 조건이 전혀 다르다는 말이다. 구태여 예를 찾는다면 제2차 세계대전 때 나치 독일이 같은 문화권의 프랑스를 점령한 일에 비유할 수 있을 것이다. 그래서 일본의 한반도 지배는 다른 문화권에서의 지배를 말하는 일반적 의미의 식민지배와는 다른 특수한 지배, 즉 강제지배였다고 할 수 있을 것이다.

한반도지역이 20세기 초엽에 와서 일본에게 강제지배된 일차적 원인은 물론 영국·미국 등 제국주의 열강의 도움을 받은 일본제국주의의 군사력을 앞세운 강압에 있었다. 그리고 이 일차적 원인이 실현되게 한 조건은 크게 나누어서 두 가지가 있었다고 볼 수 있다. 그 하나는 한반도의 지정학적 위치 문제이며, 또 하나는 20세기 초엽 한반도의 역사적 조건이라 할 수 있다.

한반도는 중국대륙과 일본열도 사이에 다리처럼 길게 걸쳐 있는 반도다. 이 같은 한반도는 중세시대까지는 동북아시아 지역의 절대강자였던 중국과 육지로 연결되어 있음으로써 정치·문화적으로 그 영향을 크게 받을 수밖에 없었다. 임진왜란 같은 해양 쪽으로부터의 침략도 있었지만, 대부분의 외침은 대륙으로부터의 것이었고, 그 결과 정치적으로 대륙 쪽에 예속된 경우가 많았다.

문화적으로도 근대 이전까지의 중국은 동북아시아에서 가장 선진문화 지역이었고, 한반도는 중국 쪽이 아니고는 달리 선진문화를 받아들일 곳이 전혀 없었다. 따라서 고대·중세시대까지의 한반도는 오직 중국의 선진문화를 받아들여 제 문화의 수준을 높이는 한편 바다 건너 일본에 그것을 전해주기도 했다. 그런 한편 그 지정학적 위치 때문에 중국이나 일본에 비해 유럽 지역의 문화와 자연스럽게 또 자율적으로 접촉할 수 있는 기회가 훨씬 적었다.

근대사회로 오면서 한반도의 주변 상황은 갑자기 크게 달라졌다. 동아시아의 절대 강국이었던 중국이 쇠퇴하는 한편 일본이 급격히 근대국가로 발전했다. 한편 북방의 강대국 러시아가 동방으로 침략해옴으로써 한반도와 경계를 맞닿게 되었고, 미국·영국·프랑스 등 유럽 강대국들의 아시아 침략으로 한반도도 국제분쟁의 한가운데 놓이게 되었다.

탈脫아시아주의를 표방하면서 한걸음 앞서 유럽 문화를 수용한 일본이 유럽의 제국주의를 배워 청일전쟁을 도발하여 이김으로써 한반도 침략의 길이 열렸다. 그러나 러시아 제국이 한반도를 통해 적극적으로 남하정책을 폄으로써 일본의 한반도 침략은 한때 막히게 되었다. 결국 일본이 미국과 영국의 적극적 후원을 받아 러일전쟁을 도발하고 승리함으로써 한반도는 그 강제지배를 받게 되고 말았다.

동아시아의 대륙과 해양 사이에 다리처럼 걸친 지정학적 위치 때문에 한반도는 19세기 말엽과 20세기 초엽의 제국주의시대를 통해 국제분쟁의 중심지가 되었다. 분쟁해결책으로 대륙세력과 해양세력 사이의 세력균형을 위한 한반도분단론이 나오기도 했고, 영세국외중립론이 나오기도 했다. 그러나 해양세력 일본이 청일전쟁에서 대륙세력 청국을 이기고, 또 러일전쟁에서 같은 대륙세력 러시아 제국을 이김으로써 한반도는 결국 해양세력 일본의 지배 아래 들어가게 되었다.

일본의 역사학계는 그 아시아 지역에 대한 침략전쟁을 '15년 전쟁'이라 하여 '만주사변'에서 태평양전쟁 종전까지로 잡지만, 일본의 침략전쟁은 분명 한반도에 대한 침략전쟁인 청일전쟁에서 시작되었다. 청일전쟁 후 청국을 대신해서 한반도에 진출한 제정 러시아는 '만주'를 그 세력권에 넣는 한편 한반도를 일본과의 사이의 중립지대로 삼으려 했다. 그러나 식민지개척에 혈안이던 일본은 영국과 미국의 도움을 받아 러일전쟁을 도발함으로써 결국 한반도를 강제지배하게 되었다.

한반도가 일본에 강제지배당하게 된 또 하나의 조건, 즉 그 내적 조건은 동양 중세 지배 이데올로기와 지배체제로서의 성리학체제가 강인하게 남아 있었던 점과 그것을 극복하지 못한 지배층의 무능과 부패를, 그리고 그 부패한 지배체제를 자력으로 극복하지 못한 피지배층 세계의 역량의 한계 등을 들 수 있다.

성리학은 물론 중국에서 성립된 동양 중세의 지배 이데올로기다. 그러면서도 그것은 발생지인 중국보다, 그리고 일본과는 비교도 안 될 만큼 한반도에서 훨씬 더 강하게 작용했다. 17세기 말경부터 그것을 극복하려는 움직임이 실학자라 불리는 일부 사상가들에 의해 일어났으나 19세기로 들어서면서 크게 위축되었다. 그 결과 19세기 말엽까지 성리학체제, 즉 정치적으로는 전제군주제, 경제적으로는 중세적 지주전호제, 사회적으로는 엄격한 신분제, 문화적으로는 성리학 유일사상체제가 강인하게 남아 있었다.

지정학적 위치상 유럽 문명과 접촉할 기회가 적은데다 동양 3국 중에서 19세기 무렵까지 성리학체제가 가장 강하게 남아 있던 한반도지역은 유럽 제국주의국가들의 직접 압박으로 문호개방 되지 않고 유럽 국가들의 압박을 받고 있는 중국·일본 등 아시아 국가들의 이른바 이중 외압을 받게 됨으로써 결국 동양 3국 중 유일하게 동일문화권 국가에 의한 완전 식민지로 전락하게 되었으니 최악의 역사 실패였다.

## 20세기 후반기의 역사 실패에 대한 반성

20세기 후반기 한반도 역사의 최대 실패는 역시 민족분단이다. 한반도를 식민지로 만든 해양세력 일본은 그것을 발판으로 하여 중국

대륙을 침략하게 되었고, 결국 같은 제국주의국가인 미국·영국 등과도 이해가 상충됨으로써 태평양전쟁을 도발하기에 이르렀다. 그리고 일본이 태평양전쟁에서 패망함으로써 35년간 그 강제지배를 받았던 한반도가 해방되었다. 미국·소련 등 연합국들은 제2차 세계대전 중에는 해방 후의 한반도를 분단할 계획을 가지고 있지 않았던 것 같으며, 한반도 전체를 일정 기간 신탁통치한 후 독립시키기로 결정했다.

소련이 태평양전쟁에 참전하기 전에 일본이 항복했으면 한반도 전체는 미국의 점령 아래 들어갔을 것이며, 분단되지 않고 신탁통치를 받은 후 독립되었을 것이다. 반대로 태평양전쟁에 뒤늦게 참전한 소련이 한반도 전체를 점령할 때까지 일본이 항복하지 않았다면, 전체 한반도는 결국 소련의 점령 아래 들어가게 되고 따라서 분단되지 않았을 것이다.

소련이 참전하고도 한반도 전체를 점령하기 전에 일본이 항복함으로써 한반도에는 미국군과 소련군이 일본군의 무장을 해제하기 위한 경계선이 필요하게 되었고, 미국이 경계선을 정해 제시하고 소련이 이를 수락함으로써 38도선이 생겼다. 그러나 군사적 무장해제 선으로 그어진 38도선은 이후의 상황 변화에 따라 점점 정치적 경계선이 되어갔고, 마침내 국경선이 되고 말았다.

제2차 세계대전이 끝날 무렵 전승국의 하나인 미국은 동아시아에서 일본을 완전히 그 세력권 안에 넣으려 했고, 또 하나의 전승국 소련은 러일전쟁으로 잃었던 '만주'에서의 이권 회복을 기도했다. 일본과 '만주' 사이에 걸쳐 있는 한반도 전체가 미국의 세력권에 들어갈 것인가 아니면 소련의 세력권에 들어갈 것인가에 따라 제2차 세계대전 후 동아시아의 형세가 크게 달라질 상황이었다.

지나간 역사를 가정하는 것은 금물이지만 이해를 돕기 위해 잠깐 가정해보자. 제2차 세계대전이 끝나면서 한반도 전체가 소련의 세력권에 들어간 경우 군국주의가 붕괴한 후의 일본에서 좌익혁명이 일어날 수 있었을 것이라는 가정도 있지만, 어떻든 일본의 좌익세력이 힘을 크게 받게 되었을 것은 사실이었다. 반대로 한반도 전체가 미국의 세력권 안에 들어간 경우 중국대륙에서 사회주의혁명이 가능했겠느냐 하는 데까지는 가지 않는다 해도, 장개석 정권이 힘을 더 받게 되었을 가능성은 높았을 것이다.

제2차 세계대전이 끝나는 시점에서 한반도 전체가 미국과 소련의 어느 세력권에 들어가느냐에 따라 동아시아 전체의 형세가 좌우될 가능성이 컸다 해도 제2차 세계대전 직후의 미국과 소련이 한반도 전체를 제 세력권에 넣기 위해 다시 전쟁을 할 상황은 아니었다고 할 수 있다. 결국 일본군의 무장해제 선으로 그어진 38도선이 동아시아에서 미국·소련 두 전승국 사이의 세력균형 선으로 되었다. 그리고 미국과 소련 사이의 냉전이 심화함에 따라 그 최일선이 되고 말았으며, 그 때문에 한반도의 분단은 고착하고 말았다.

한편 한반도의 분단이 미·소 양대 전승국 사이의 세력균형을 위한 결과라고만 보기 어려운 면도 있다. 제2차 세계대전의 전쟁 후 문제를 처리하기 위해 1945년 12월에 열린 모스크바 3상회의의 한반도문제 결정에서는 38도선을 그냥 둔다는 내용은 전혀 없었다. 남북을 통한 단일 임시정부를 수립하고 그 정부를 통해 최장 5년간 신탁통치를 한 후 총선거를 실시하여 역시 남북한을 통한 독립국가를 수립한다는 결정이었다.

38도선을 경계로 하여 그 남쪽은 자본주의국가 미국이 점령하고 그 북쪽은 사회주의국가 소련이 점령한 상태였으며, 한민족사회 내부에도 자본주의 지향 정치세력과 사회주의 지향 정치세력이 있었다. 이런 조건 아래서 남북을 통한 하나의 임시정부를 수립하려면 좌우익 연립정부나 아니면 극좌와 극우를 배제한 온건우익과 온건좌익세력, 이른바 중도파세력으로 임시정부를 수립하는 길이 있었다. 대외적으로는 친소·반미도 친미·반소도 아닌, 그리고 대내적으로는 순수자본주의도 순수사회주의도 아닌 그런 체제가 요구되었다.

　실제로 한때는 극좌와 극우를 배제한 중도파 정권 수립이 기도되기도 했다. 그러나 좌익정치세력의 극좌화와 우익정치세력의 극우화, 신탁통치문제를 둘러싼 좌우익 정치세력 사이의 극한적 대립, 그리고 미국의 트루먼 독트린 발표 후의 미·소 냉전의 심화 등으로 중도파세력에 의한 남북을 통한 단일 임시정부 수립은 실패하고 결국 남북에 각각 자본주의체제와 사회주의체제의 두 국가가 성립되고 말았다.

　그리고 남북에 두 개의 국가가 성립된 지 2년 만에 처음에는 북에서 다음에는 남에서 각각 전쟁통일이 기도되었고 한때는 가능할 뻔했다. 그러나 미국군을 중심으로 하는 유엔군과 중국군의 참전으로 어느 쪽으로도 통일되지 않고 한반도의 분단상태는 20세기 후반기 내내 지속되었으며, 21세기에 들어선 현재도 분단은 계속되고 있다.

　21세기 한반도의 전망을 말하기 전에 한반도가 왜 분단되었는가를 다시 한 번 되돌아보는 것은, 그 분단의 원인이 첫째 한반도가 가지고 있는 지정학적 위치 문제와 둘째 제2차 세계대전 후 미·소 냉전체제의 성립과 셋째 한민족사회 내부 좌우익 정치세력의 대립 등의 문제가 있었음을 확인하기 위해서였다고 할 수 있다.

한반도가 가진 지정학적 위치 문제와 미·소 냉전체제와 민족 내부의 좌우익 대립 등이 분단의 주된 원인이었다면, 지금과 같이 미·소 냉전체제가 해소된 시점에서 남은 두 가지 문제, 즉 한반도의 지정학적 위치문제와 민족사회 내부의 좌우익 대립 문제를 풀어 나가는 데서 21세기 한반도문제, 나아가서 동아시아 문제의 향방을 전망할 수 있을 것이다.

다시 말하면 20세기 후반기에 들어서면서 한반도가 왜 분단되었는가를 정확하게 되돌아봄으로써 21세기의 한반도에 어떤 통일방법이 있을 수 있을 것인가 하는 문제에 대한 답을 얻을 수 있다고 생각하는 것이다.

## 21세기의 시작과 한반도의 통일 기운

20세기 후반기를 통한 한반도의 분단은 곧 동아시아의 분단이었다고 할 수 있다. 한반도에 서로 대립하는 두 개의 국가가 성립되고 중국대륙에서 사회주의혁명이 성공하게 되자 동아시아는 한·미·일 공조체제와 조·중·소 공조체제의 대립 양상으로 나아가게 되었다. 한반도가 분단됨으로써 그 남반부는 해양세력권에 들어가고 그 북반부는 대륙세력권에 들어가게 되었다.

제2차 세계대전 후의 동아시아 지역은 대륙세력권은 사회주의권이 되고 해양세력권은 자본주의권이 됨으로써 두 세력권 사이의 대립은, 그리고 한반도 남북 사이의 대립은 더욱 심해졌다. 대륙과 해양 사이에 위치한 반도로서의 한반도의 분단이 곧 동아시아 전체의 분단으로 이어진, 다시 말하면 한반도의 지정학적 위치가 가진 '특징'이 극명하게 나타난 결과라 할 것이다.

중·소 분쟁으로 한 때 조·중·소 공조체제가 흔들리기도 했고, 소련의 와해로 대륙 쪽 사회주의세력권의 공조체제는 완전히 무너지는 듯했다. 특히 소련의 후신 러시아가 사회주의체제를 포기하고 중국이 시장경제체제를 도입하는 한편, 소련 및 그 후신 러시아와 중국이 한반도 남쪽 정부와 국교를 열게 됨으로써 동아시아에서 냉전체제는 완전히 무너지는 듯했다. 따라서 조·중·소 공조체제를 대신해서 성립될 법한 조·중·러 공조체제와 한·미·일 공조체제의 대립도 해소될 것으로 전망되기도 한다.

그러나 러시아가 사회주의체제를 포기했다고 해서, 중국이 시장경제체제를 도입했다고 해서, 다시 말하면 자본주의권과 사회주의권 사이의 이데올로기적 대립이 해소되거나 약화되었다고 해서, 동아시아에서 대륙세력과 해양세력 사이의 이해관계가 함께 해소되는 것은 아니다. 그리고 냉전체제를 두고 말해도 그것이 완전히 해소되려면 한·중, 한·러 국교정상화가 이루어진 것과 같이 조·일, 조·미 국교가 정상화되어야 할 것이다. 그리고 나아가서 한반도에서 한·미·일 공조체제와 조·중·러 공조체제를 넘어서 남북공조체제가 이루어져 가야 할 것이다.

21세기에 들어서서도 동아시아에서 미국과 일본을 중심으로 하는 해양세력과 중국 및 러시아를 중심으로 하는 대륙세력 사이의 대립관계, 특히 미국과 중국 사이의 긴장관계는 계속되고 있다. 그리고 한·미·일 공조체제는 아직도 굳건하며, 조·중·러 공조체제가 다시 구성될 조짐도 어느 정도 보이고 있다. 한국과 소련의 국교가 열리면서 소원해졌던 조선과 소련의 관계가, 이제 조선과 러시아의 관계로 되면서 다시 회복되어가고 있으며, 중국과 러시아의 관계도 과거의 중·소 분쟁관계를 해소해가고 있는 것이다.

그럼에도 21세기 한반도의 향방을 전망할 때 20세기와는 다른 뚜렷한 하나의 변화가 일어나고 있음을 알 수 있다. 그것은 한반도의 남북 정부 사이에 통일문제를 두고 일정한 합의가 이루어지고 있는 점이라 할 수 있다. 지난 세기 한반도의 남북관계는 대부분 주변 4강의 이해관계에 의해 좌우되다시피 했고, 때에 따라서는 남북 당국자들이 독자적으로 통일문제 해결을 위해 합의하기도 했으나 1972년의 7·4남북공동성명이나 1992년의 남북합의서의 경우와 같이 그 합의가 현실화되기는 어려웠다.

그런데 2000년 6월에 분단 반세기 만에 한·미·일 공조체제와 조·중 공조체제를 유지하면서 남북공조체제의 길로 들어서는 계기가 마련되었으니, 제1차 남북정상회담의 성사가 그것이다. 6·25전쟁의 결과로 한반도에서는 베트남과 같은 전쟁통일이 불가능함을 알게 되었고, 그 후의 남북 정부가 모두 독일과 같은 흡수통일도 부인하고 있는 상황이다.

전쟁통일과 흡수통일이 불가능한 것도 한반도가 가진 지정학적 위치가 주된 원인이라 할 수 있으며, 결국 남북 두 정부 사이의 협상에 의해 통일이 이루어질 수밖에 없게 된 것이다. 그리고 '협상통일'을 위해서는 반드시 그 앞 단계로서 평화공존 과정이 필요하며, 남북정상회담과 그것에 이은 장관급회담을 통해 한반도가 이제 남북 평화공존 과정에 들어서게 된 것이라 할 수 있다.

한반도의 남북 두 정권이 평화공존 과정에 들어서게 된 근원적인 원인은 물론 미·소 냉전체제가 무너진 데서 찾을 수 있다. 그러나 그보다 더 중요한 것은 한반도의 남북 두 정권이 이제 과거와 같은 분쟁과 대립의 시대를 청산하고 민족문제를 자율적으로 또 화해적으로 해결해가려는 쪽으로 방향을 바꾸어가고 있다는 점이라 할 수 있다.

한반도 주민들은 지난 20세기를 통해 두 번의 역사 실패를 경험했다. 그 하나는 일본의 식민지로 전락한 일이며, 다른 하나는 민족이 분단되어 서로 싸운 일이다. 한반도가 식민지가 된 때는 세계사적으로도 제국주의가 횡포를 부리던 시기이며, 남북으로 분단되어 서로 싸운 때는 냉전체제가 세계사를 지배하고 있던 시대였다.

그러나 21세기에 들어서는 시점에서 세계사는 제국주의의 산물이었던 식민지를 모두 해방했고, 동서 냉전체제를 무너뜨리면서 앞으로 평화주의를 정착하기 위한 노력을 보이고 있다. 이 같은 세계사적 조류를 배경으로 하여 한반도지역도 분단체제를 청산하고 평화통일을 이루려는 민족적 자각이 일어나고 있다. 21세기에 들어선 지금 한반도 주민들이 20세기의 역사 실패를 교훈 삼아 평화통일을 이룸으로써 안으로 민족사회의 평화적 발전을 기하고 밖으로 동아시아의 평화에 이바지하려는 자각이 일어나고 있는 것이라 하겠다.

**한반도 통일의 구체적 방법에 대하여**

21세기로 들어서면서 한반도가 통일될 기운이 일어나고 있다면, 지난 20세기를 통해서 전쟁통일도 흡수통일도 안 된 이 지역이 21세기에는 어떤 통일이 될 수 있을 것인가. 지정학적으로 동아시아의 대륙과 해양 사이에 다리처럼 놓인 한반도가, 민족사회 내부가 자본주의체제와 사회주의체제로 대립되어 있는 한반도가, 어떻게 평화적으로 통일될 수 있을 것인가 하는 것이 21세기 동아시아사, 나아가서 세계사의 중요한 관심사의 하나가 될 것이다.

20세기에 전쟁통일된 베트남은 전쟁에 이긴 쪽의 체제가 전체 베트남에 적용되었고, 흡수통일 된 독일은 흡수한 쪽 체제가 전체 독일에 적용됨으로써 통일 후의 체제문제는 일단 해결되었다. 그러나 한반도의 경우 남북이 모두 전쟁통일은 말할 것 없고 흡수통일도 부인하면서 협상통일의 길로 나아가고 있다. 20세기적 역사인식을 바탕으로 하는 경우 통일 후의 한반도는 자본주의체제가 될 것인가 사회주의체제가 될 것인가 하는 문제가 의문으로 남는다. 이 점에 대한 해답은 두 가지가 있을 수 있다고 생각한다.

그 첫째는 20세기적 통일과 21세기적 통일이 반드시 같은 방법이어야 하는가 하는 점이다. 20세기의 역사 경험에서는 베트남도 독일도 1국 1정부 1체제로 통일되었다. 일반적으로 그것만이 통일방법이라고 생각되기도 했다. 그러나 한편 한반도의 북쪽 정부는 20세기에도 이미 1국 2정부 2체제 통일도 있을 수 있다는 주장을 해왔다. 연방제통일안이 그것이다. 그리고 남쪽 정부가 제시한 연합제통일안도 잠정적이지만 일정한 기간의 1국 2체제를 인정하고 있다. 2000년 6월에 남북정상회담이 성사된 것도 '낮은 단계의 연방제'가 '국가연합제'와 공통점이 있다는 점에 동의했기 때문이라 할 수 있다.

내치권만을 가지는 남북의 현 2정부 위에 군사권과 외교권을 가지는 1국가를 건설하는 방법으로 통일하자는 연방제안과, 현재의 남북 2국가가 군사권과 외교권과 내치권을 모두 가진 채 쌍방 간의 신뢰를 구축하자는 연합제안이 오랫동안 대립해 있었다. 그러나 그 대립상태를 극복하고 외교와 군사 부문에서 협력하면서 정상회담·장관급회담·경제협력 등을 통해 통일방안을 강구해 가자는 데 합의한 것이 2000년에 발표된 6·15남북공동선언이다. 일단 평화정착이 이루어진 후 1국 2체제건 1국 1체제건 그 통일방안을 강구하자는 것이라 하겠다.

통일의 체제문제에 대한 둘째 해답은 21세기의 세계체제와 연관되어 있다. 20세기적 세계체제는 물론 자본주의와 국가사회주의가 대립해 있던 체제였다. 그러다가 국가사회주의체제가 대부분 붕괴하고 혼자 남다시피 한 자본주의체제가 거침없이 신자유주의로 나아가고 있다. 그렇다고 해서 21세기의 세계체제가 신자유주의 단독체제로 유지된다고 보는 경우는 드물다. 신자유주의적 자본주의체제가 50년을 못 간다고 단정하는 학자도 있지만, 어떻든 신자유주의를 넘어 21세기적 세계체제가 다시 형성된다고 볼 수 있다.

한반도의 경우 1국 2정부 2체제 통일이 아니고 1국 1정부 1체제 통일로 간다 해도, 평화공존이 정착하는 기간이 반드시 필요한 협상통일 방법으로는 완전통일까지 20년, 30년이 걸린다고 봐야 할 것이다. 그리고 한반도의 통일 후 체제는 그때의 세계체제와 함께 간다고 봐도 무방할 것이다.

자본주의체제와 사회주의체제로 대립해 있는 분단국가가 협상에 의해 통일되는 경우 자본주의체제가 될 것이냐 사회주의체제가 될 것이냐 하는 문제는 분명 20세기적 문제의식에 한정된 경우라 할 수 있다. 21세기의 20년대나 30년대에 완전히 이루어진다고 봐야 할 한반도의 통일문제가 그것에 미리 얽매일 이유는 없는 것이라 하겠다.

한편 한반도는 그 지정학적 위치 때문에 6·25전쟁 때도 대륙 쪽에 치우치는 통일도, 또 해양 쪽에 치우치는 통일도 불가능했다고 앞에서 지적했다. 따라서 지금도 한반도의 통일이 영세중립으로 되어야 한다는 생각과 주장이 있는 것이 사실이다. 그러나 강대국 사이에 끼인 약소국이 영세중립으로 독립을 유지하는 것은 제국주의 시대의 산물이라 할 수 있다. 다음 장에서 상세히 말하겠지만, 앞으로 유럽 공동체와 같이 동아시아 공동체 같은 것이 성립되려면 통일된 한반도가 반드시 참가해야 하겠는데, 영세중립지대로 통일하는 경우 지역공동체에 참여할 수 없는 문제들이 있다.

한반도가 중립화통일이 아니면서 전쟁통일이나 흡수통일이 아닌 협상통일을 할 경우 역시 반도이기 때문에 대륙 쪽에 치우치는 통일이 될 것인가 해양 쪽에 치우치는 통일이 될 것인가 하는 문제가 있게 마련이다. 그러나 21세기에도 한반도지역이 어느 한쪽에 치우치는 통일은 불가능하며 어느 쪽에도 치우치지 않는 통일을 할 수 있을 것이다. 한반도에 살고 있는 7000만 인구의 정치훈련 정도나 경제적·문화적 수준이 해양세력 일본에게 강제 점령되던 때나 강대국들의 세력균형정책에 의해 분단되던 때와는 많이 다르다고 할 수 있다.

21세기의 한반도는 이제 대륙 쪽에 예속되거나 해양 쪽에 강제 지배되거나 분단되어 한쪽은 대륙세력권에, 다른 한쪽은 해양세력권에 들어가 있던 그런 불행했던 20세기적 시대상황을 청산하고 대륙세력과 해양세력 사이에서 분명한 독자적 제3의 위치를 유지하면서 통일될 수 있어야 할 것이다.

소극적으로 영세중립화를 지향할 것이 아니라 적극적으로 대륙세와 해양세의 충돌을 중간에서 중화하면서 동아시아의 평화를 담보하는 지렛대 역할을 다할 수 있어야 할 것이다. 한반도의 분단이 동아시아 전체를 분단하여 대립과 분쟁을 낳았다면, 한반도의 평화적 통일은 이제 전체 동아시아의 평화와 안정으로 연결될 수 있을 것이다.

## 21세기 한반도의 향방과 동아시아

20세기를 넘기고 새로운 21세기를 맞는 시점의 세계사는, 소련이 해체된 뒷자리에 발칸 반도 문제 및 체첸 문제와 같은 민족문제가 다시 되살아나서 분쟁을 일으키는 한 면이 있는가 하면, 지난 3~4세기 동안 높아지기만 했던 민족국가 사이의 벽을 조금씩 낮추면서 지역공동체를 이루어 가는 일면이 나타나고 있다. EU(유럽연합)와 ASEAN(동남아시아국가연합), NAFTA(북미자유무역협정) 등이 성립되어가고 있는 것이다.

21세기의 세계사가 민족주의가 강화되면서 지역분쟁을 일으키는 쪽으로 더 많이 갈 것인가, 아니면 민족국가의 울타리를 낮추고 지역공동체를 형성하여 협력하는 쪽으로 더 많이 갈 것인가 속단하기 어렵다. 그러나 평화주의의 길에 한층 더 가까운 후자의 길이 더 바람직한 것은 말할 나위가 없다.

21세기에도 동아시아에서 민족국가끼리의 대립이 심화한다면,

미국을 배경으로 한 일본과 중국의 대립이 심해질 가능성이 높으며, 경우에 따라서는 러시아가 중국과 연합할 가능성도 배제할 수 없다. 그럴 경우 미국을 배후로 한 일본과 러시아를 연합 가능 지역으로 둔 중국 사이에 있는 한반도의 위치가 또다시 중요해질 것은 당연하다.

한반도가 통일되지 않는 경우 그 북반부는 여전히 중국·러시아 등의 대륙세력권에 포함되고 그 남반부는 일본·미국 등의 해양세력권에 포함되어 두 세력이 맞부딪치는 최일선으로 남게 될 것이며, 그 경우 동아시아는 평화롭지 못하게 될 것이다.

21세기의 세계사가 불행하게도 민족국가끼리의 대립이 심화되는 쪽으로 더 많이 가는 경우라 해도, 한반도가 통일되어 그 주민들 스스로의 평화의지에 의해 중국·일본 등 두 세력 사이의 완충지대로 위치하는 것이 동아시아 전체의 평화를 위해 바람직한 것이다.

지난날 대륙세력권에 포함되어 해양 쪽에 위협을 주거나, 반대로 해양세력권에 포함되어 대륙침략의 발판이 되었거나, 남북으로 분단되어 대륙세와 해양세가 대립하는 최전초지역이 되었던 한반도가, 비로소 동아시아 지역의 평화를 위해 이바지하는 길이 될 수 있을 것이다.

다행하게도 21세기의 세계사가 지역공동체를 이루는 쪽으로 더 많이 가고, 그에 따라 동아시아에도 EU와 같은 정치공동체로까지는 가지 못한다 해도 경제공동체 같은 것이 성립될 수 있으려면, 한반도의 평화적 통일은 더욱 절실한 선결문제가 된다. 중국대륙과 일본열도의 중간에 위치하여 양쪽을 연결하는 형세인 한반도가 평화적으로 통일되지 않고 남북으로 분단되어 대립하는 한 동아시아 공동체의 성립은 실제로 불가능할 것이기 때문이다.

한반도가 통일된다 해도 영세중립지대로 통일되는 경우 동아시아 공동체에는 가입할 수 없을 것이다. 그리고 분단상태에 있는 한반도나 영세중립지대가 된 한반도를 제외한 채 중국과 일본을 중심으로 동아시아 공동체가 성립되기는 그 지정학적 조건상 어려울 것이다. 이렇게 보면 21세기의 동아시아가 민족국가끼리의 대립이 심해지는 경우건, 또 동아시아 공동체와 같은 지역공동체를 이루는 경우건, 한반도의 평화적 통일이 이 지역 전체의 평화를 담보하는 중요한 전제조건이 된다고 말할 수 있다.

21세기 한반도문제의 향방은 곧 한반도문제에만 한정되지 않고 동아시아 전체 문제와 연결되어 있다. 즉 21세기 한반도의 향방은 곧 동아시아의 향방 그것이라 할 수도 있다. 21세기에도 한반도가 20세기 후반기와 같이 분단되어 있는 한 사실상 동아시아 전체가 대륙세력권과 해양세력권으로 분단되어 대립될 가능성이 크다고 할 수 있으며, 그 결과 동아시아 전체가 평화롭지 못할 가능성이 크다. 반대로 한반도가 평화롭게 통일되는 경우, 그리고 일본이 탈아시아주의를 버리고 동아시아 국가로 돌아오는 경우 동아시아 전체가 지역공동체를 이루면서 평화로운 지역으로 될 가능성이 크다고 할 수 있다.

한반도와 동아시아의 20세기 역사를 다시 한 번 되돌아보면, 한반도가 일본에게 강제 지배됨으로써 그곳을 발판으로 한 일본이 중국대륙을 침략했다. 한반도가 해방되면서 남북으로 분단됨으로써 동아시아 전체가 한반도의 북반부를 포함한 대륙의 사회주의권과 그 남반부를 포함한 해양 쪽의 자본주의권으로 분단되었다. 통일전쟁으로서의 6·25전쟁으로도 한반도는 통일되지 않고 남북대립은 계속되었다. 21세기로 들어선 시점에서도 동아시아에서는 해양세력 미국 및 그 동맹국 일본과 대륙세력 중국 및 아직은 다소 소극적이지만 러시아가 대립 양상을 보이고 있다.

 20세기 후반기를 통해 그 북쪽은 대륙의 사회주의권에, 그 남쪽은 해양 쪽의 자본주의권에 포함되어 있음으로써 분단되었던 한반도가 이제 평화적으로 통일될 가능성을 보이고 있다. 한반도 통일의 관건은 이 지역 전체가 이데올로기 문제와 상관없이도 얼마나 대륙권과 해양권에서 벗어나 독자적 위치를 확보할 수 있느냐에 달려 있다고 하겠다. 그리고 그 길이 바로 동아시아 전체의 평화를 담보하는 길임을 좁게는 한반도의 남북 주민들이, 넓게는 동아시아 전체 주민들이 얼마나 절실히 이해할 수 있느냐에 달렸다고 할 수 있다.

**맺음말**

이상에서 20세기 한반도의 역사가 실패한 원인을 생각해보고 21세기 한반도의 전망을 그 통일문제에 초점을 맞추어 살펴봤다. 왜냐하면 반세기 이상 분단되어 있는 한반도의 통일문제야말로 그 민족사회 외적 문제, 즉 동아시아 전체의 문제와 민족사회 내적 문제, 곧 남북문제를 모두 포함하고 있기 때문이다. 일본에 강제 점령되었다가 남북으로 분단된 20세기의 한반도는 그 주민을 위해서도 또 전체 동아시아를 위해서도 불행한 지역이었다.

 이 지역이 21세기에 와서 분단된 상태로 그냥 남아 있는 경우 한반도의 남북 사이에 대립과 항쟁과 마찰이 계속될 것이며, 그것은 자연히 일본·미국과 중국·러시아의 대립으로 확대될 수 있을 것이다. 물론 21세기는 20세기와 달라서 한반도 주변의 해양세력과 대륙세력이 반드시 대립, 항쟁한다고 볼 수만은 없다. 그러나 한반도 주변의 해양세력과 대륙세력이 대립, 항쟁하지 않을 만큼 이 지역의 역사가 평화적으로 나아간다면, 한반도의 평화적 통일이 불가능할 리 없을 것이기도 하다.

20세기의 제국주의시대와 냉전시대를 넘기고 세계사가 평화주의시대를 지향하고 있는 21세기를 맞아서 한반도지역이 동아시아의 평화, 나아가서 세계평화에 기여할 수 있기 위해서는 무엇보다도 그 지역이 평화롭게 통일되어야 한다. 20세기 후반기를 통해 남북으로 분단되어 대립하고 있던 한반도지역이 21세기에 들어서면서 다행하게도 평화통일의 길로 접어들 조짐을 보이고 있다.

그러나 한반도의 역사를 되돌아보면 오랫동안 중국대륙으로부터 침략과 위협을 받았고, 20세기 전반기의 제국주의시대에는 영국·미국 등의 후원을 받은 일본의 식민지가 되었다. 20세기 후반기의 동서냉전시대에는 남북으로 분단되어 그 남반부는 미국·일본 등과 하나의 세력권을 이루었고 그 북반부는 중국·소련 등과 또 하나의 세력권을 이루어 서로 싸우거나 대립했다. 한반도의 불不평화는 곧 동아시아의 불평화로 확대되었던 것이다.

21세기로 들어서면서 한반도에 평화통일 기운이 일어나고 있다는 것은, 이제 한반도가 그 지역을 둘러싼 국제세력 사이의 분쟁에서 어느 정도 자유롭게 될 수 있을 만큼, 국제정치적 위상이 확립되어가고 있음을 나타내는 것이라 말할 수 있다. 20세기의 한반도는 그 지역을 둘러싼 국제세력 사이의 이해관계와 분쟁에 희생되어 식민지가 되거나 분단되었다. 그러나 21세기에는 한반도 주민들이 국제세력의 이해관계를 극복하고 평화롭게 통일되어, 오히려 동아시아 국제세력 사이의 분쟁과 충돌을 완화하는 역할을 담당함으로써 21세기적 한반도의 위상과 역할을 확실히 할 수 있어야 할 것이다.

그리고 민족 내부의 이데올로기적 대립 역시 21세기 세계사의 흐름에 맞추어 해결해 나갈 수 있을 것이다. 그것은 가령 1국 2체제가 정착되는 길도 있을 수 있을 것이며, 아니면 21세기적 세계체제의 성립과 함께 가는 방향에서 해결될 수도 있을 것이다. 21세기 한반도의 전망은 결국 평화통일의 길에서 찾을 수 있을 것이다.

# 2 | 6·15남북공동선언이란 무엇인가

**통일문제의 자주적 해결이란 무엇을 말하는가**

지난 6월 15일 평양에서 김대중 대통령과 김정일 국방위원장에 의해 서명 발표된 6·15남북공동선언은 7·4공동성명과 남북합의서에 이은 또 하나의 통일헌장이라 할 수 있다. 따라서 6·15남북공동선언은 7·4공동성명이나 남북합의서와 함께 후세 사가들의 중요 연구대상이 되어 그것이 가지는 역사적 의의가 세밀하게 분석될 것이다. 그러나 이 시대를 사는 역사학 연구자로서도 이들 '성명', '합의서', '선언'들에 대한 동시대인으로서의 의미 분석이 요구되며 동시대인에 의한 분석 그것 역시 후세 사가들에게 하나의 참고거리가 될 수 있을 것이다. 특히 남북을 통해 유일하게 정상회담에 수행한 역사학 연구자로서 이 역사의 현장에서 본 공동선언의 의미가 무엇인가를 생각해보지 않을 수 없다.

  6·15남북공동선언의 제1항에서 "남과 북은 나라의 통일문제를 그 주인인 우리 민족끼리 서로 힘을 합쳐 자주적으로 해결해 나가기로 하였다."고 했다. 반세기 전 한반도가 분단되는 과정에서는 물론 외세의 작용이 컸다. 그러나 그 통일 과정에는 외세가 주체가 되지 못하는 것은 더 말할 것 없고 거들어주는 일조차 기대하기 어려울 수도 있다. 그렇게 보면 통일을 우리 민족이 자주적으로 해야 한다는 것은 너무도 당연한 일인데 왜 그 문제가 공동선언의 제1항으로 올라 있는가, 여기에는 역사적 관점에서의 설명이 필요하다.

  일본제국주의의 강제지배로부터 해방된 한반도가 남북으로 분단되는 최초의 계기는 38도선이 그어진 일이었고, 그 두 번째 계기는 한반도문제가 모스크바 3상회의의 결정을 떠나서 유엔으로 이관되고 유엔에 의해 남쪽만의 국가가 성립된 데 있었다. 그 2년 후에 일어난 6·25전쟁으로 어느 쪽으로도 통일이 되지 않게 되자 전쟁통일은 더 기도되지 않게 되었으며, 이후의 통일방안은 남쪽의 경우 대체로 유엔에 맡기는 방법이었다. 유엔 감시하의 남북선거안 혹은 유엔 감시하의 북한만의 선거안 등이 그것이다. 그러나 북쪽이 이에 응하지 않는 한 유엔 감시하의 선거안은 현실적으로 통일방안이 될 수 없었다.

  유엔감시하의 선거안이 실질적 통일방안이 될 수 없게 되었을 때 나온 것이 7·4남북공동성명이었고 거기에서는 유엔 감시하 선거안은 없어지고 주체적·평화적 통일안이 합의되었다. 그러나 7·4공동성명은 실천되지 않았고 1990년대에 와서야 남북합의서를 통해 화해와 불가침 및 교류협력이 합의되었다. 그러다가 한때 남북정상회담이 합의되었으나 한쪽 정상이 갑자기 사망함으로써 성사되지 못했고, 그 후에는 다시 외세 개입의 4자회담 등이 거론되다가 남북에 정권이 바뀌면서 남북정상회담이 성사되고 여기에서 통일문제의 자주적 해결이 합의된 것이다.

어느 분단된 민족의 통일문제를 그 민족이 자주적으로 해결한다는 일은 너무도 당연한 일일 것 같지만, 한반도의 경우 외세로서의 유엔의 감시하 통일을 당연한 것처럼 생각한 때도 있었다. 또 4자회담이니 6자회담이니 하여 통일문제에 외세가 개입하는 것을 당연한 것처럼 여기다가, 결국 남북정상회담이 실현되었고 거기서 나온 선언에서 "통일문제를 그 주인인 우리 민족끼리 서로 힘을 합쳐 자주적으로 해결"한다 했다. 어떤 의미에서는 통일문제를 두고 오랫동안 방황하다가 이제야 겨우 "우리 민족끼리 서로 힘을 합쳐 자주적으로 해결해 나가기로" 합의한 것이다. 그런 의미에서 6·15남북공동선언의 역사적 의미는 대단히 크다고 할 수 있다.

### '낮은 단계의 연방제'란 무엇인가

한반도의 남북 두 정권이 각기 무력통일과 혁명통일을 실질적으로 포기한 것이 언제부터인가 하는 문제는 앞으로 쌍방의 문서들이 완전히 공개될 때 역사가들이 증명해낼 것이다. 7·4공동성명에서 자주적으로, 평화적으로 통일한다 했지만 현존하는 두 개의 국가와 권력을 전쟁도 아니고 혁명도 아닌 방법으로 어떻게 하나로 할 것인가 하는 현실적 방안은 물론 당시로서는 있을 수 없었다. 그런데 1980년대로 들어오면서 외교·군사권을 가지는 하나의 중앙정부와 나머지 통치권을 가지는 두 개의 지방정부를 두자는 연방제안과, 그것은 아직은 시기상조이니 각기 외교·군사·내치권을 가지는 두 개의 국가를 연합해 나가자는 연합제안이 나왔다. 물론 당장 통일이 되는 것은 아니라 해도 통일방안 자체로서는 크게 진전한 것이라 할 수 있었다.

그러나 이 두 개의 안은 쉽게 합치될 수 없었다. 외교·군사권을 가지는 한 개의 중앙정부를 두자는 안과 그 단계는 아직은 이르니 두 개의 지방정부가 당분간 외교·군사권을 가지면서 다른 방법으로 연합해가자는 두 안은 사실 시간적인 차이가 있을 뿐이지 1국가 1정부 1체제의 완전 통일로 가는 과정이라는 점에서는 본질적으로 같은 것이었다. 그럼에도 남쪽에서는 1970년대와 1980년대를 통해 6·15남북공동성명에서 말하는 '낮은 단계의 연방제', '느슨한 연방제' 비슷한 통일방안을 주장하다가 많은 사람들이 곤욕을 치러야 했다. 그 정도의 높고 낮음과 강하고 느슨함을 막론하고 연방제안을 거론하기만 하면 무조건 이적행위로 간주되었던 암울했던 시기의 역사를 우리는 알고 있다.

그러나 이번 6·15공동선언에서는 "남측의 연합제안과 북측의 낮은 단계의 연방제안이 서로 공통성이 있다고 인정하고 앞으로 이 방향에서 통일을 지향해 나가기로" 하였다. 지금까지 북쪽에서 주장하던 연방제안, 즉 1국가 2정부 2체제안 중 외교·군사권을 가지는 중앙정부, 즉 1국가를 당장 수립하는 것이 지금으로서는 현실적이지 못하다는 인식 아래 남북 두 지방정부가 외교·군사·내치권을 그대로 가지면서 앞으로 정상회담·각료회담·의회의원회담 등을 계속해 나가면서 통일을 지향해가자는 데 합의한 것이다.

언뜻 보면 종래 북쪽에서 주장하던 연방제안이 후퇴하고 남에서

주장하던 연합제안이 채택된 것으로 볼 수도 있다. 그러나 북쪽에서
도 1990년대 말경부터 외교·군사권을 가지는 하나의 중앙정부를
곧바로 두는 것이, 즉 1국가로 하는 것이 현실적으로 불가능하며 앞
으로 그런 쪽으로 지향해가야 한다는 수준으로 물러서 있었으므로
이번 선언에서 말한 "남측의 연합제안과 북측의 낮은 단계의 연방
제안이 공통성이 있다고 인정"하게 된 것이라 할 수 있다. 어떻든
종래는 연합제안과 연방제안이 서로 대립하여 평행선상을 달리고
있었다고 할 수 있는데 이번 6·15공동선언을 통해 두 안이 서로 방
향을 안쪽으로 바꾸어 접합점을 향해 나아가게 되었다는 점에 큰
의미가 있다고 할 수 있다.

　연합제안과 연방제안의 공통성을 인정하고 정상회담·각료회
담·의회의원회담 등을 통해 1국가 1정부 1체제 통일을 지향해가기
로 했다는 것은, 한반도의 통일은 베트남식 전쟁통일도 아니고 독일
식 흡수통일도 아닌 협상을 통한 통일을 지향할 것임을 뜻하는 것
이다. 이렇게 보면 6·15남북공동선언은 남북 쌍방이 한반도식 통일
방안을 마련해가는 데 합의한 선언이라 할 수 있다. 겉으로만 통일
을 말하고 속으로는 통일을 거부하는 경우 연합제안과 연방제안의
공통성이 보이지 않지만, 겉과 속이 모두 통일을 지향하면 전혀 보
이지 않을 것 같던 그 공통점이 보이게 마련이다.

　협상통일이 전쟁통일이나 흡수통일과 다른 점은 완전통일까지
의 과정이 길고, 그 때문에 통일사업을 변함없이 지속해가기 위해
서는 애정과 신뢰와 인내와 양보와 협력이 불가결하다는 점이다. 그
렇게 보면 6·15공동선언은 남북 사이의 쌓이고 쌓였던 적개심과 불
신이 일단 걷어지고 애정과 신뢰를 회복해가는 출발점이 되었다고

할 수 있다.

## 비전향장기수문제가 나온 의미가 무엇인가

38도선이 그어지고 그 남북에 두 분단국가가 세워지고 또 6·25전쟁을 겪는 과정에서 남북 사이에는 많은 인구이동이 있었다. 북쪽의 사회주의체제가 수립되는 과정에서 기독교 신자·지주와 자산계급·과거의 친일파 등이 남쪽으로 옮겨왔고, 남쪽에 자본주의체제가 재편되는 과정에서 많은 사회주의자와 친일파 기반의 이승만 정권에 반대하는 양심세력들이 북으로 갔다. 뒤이어 일어난 6·25전쟁 과정에서도 또 자의 혹은 타의로 많은 북쪽 사람들이 남으로 오고 남쪽 사람들이 북으로 갔다. 그뿐만이 아니다. 이후 분단시대 반세기를 통해 여러 가지 전략적 목적으로 북쪽 사람들이 남쪽에 투입되었고 남쪽 사람들이 북쪽에 투입되었다. 북쪽에서 남쪽에 공작원으로 투입된, 남쪽에서 말하는 간첩의 수가 얼마나 되는지 통계를 구할 수 없지만, 반대로 남쪽에서 북쪽에 투입된 공작원이 7600여 명이라는 통계가 있을 정도다.

그동안 남북 사이에 평화적 교섭이 있을 때마다 이산가족 재회문제가 반드시 거론되었고 그것이 또 남북관계를 호전시키는 데 걸림돌의 하나가 되기도 했다. 이 경우 이산가족은 주로 자기 뜻으로 북쪽에서 남쪽으로 온 사람들의 문제에 한정되었다. 이 경우 이산가족의 개념을 어떻게 설정하느냐 하는 문제가 있지만, 우선 가족의 일부를 북에 두고 온 이산가족과 가족은 모두 함께 왔으나 고향을 잃은 실향민은 구분되어야 한다. 남쪽에서는 그동안 이산가족 재회를 인도적인 문제라 말해왔으나 북쪽에서 보면 그 체제를 반대하여 남쪽으로 간 사람들에 대한 문제는 바로 정치적 문제 그것이었다. 그들의 가족면회나 고향방문을 허용한다는 것은 정치적 '반역자'의 입국을 허용하여 제 국민과 재회하게 하는 일이었으며 그것은 명백히 정치적 문제였다. 그러나 남북관계가 화해 쪽으로 갈 때는 1985년의 경우와 같이 재회를 허용하기도 했다.

'해방공간'에서나 6·25전쟁통에 북에서 남으로 온 사람들의 이산가족 재회가 이루어진다면 동시에 그 무렵 남에서 북으로 간 사람들의 가족 재회도 당연히 함께 거론되고 함께 해결되어야 할 것이다. 그런데도 이산가족문제는 계속 북에서 남으로 온 사람의 경우만 거론되고 남에서 북으로 간 사람의 가족 재회는 불공평하게도 아직도 제외되고 있다. 그런데 이번 6·15공동선언에서는 북에서 온 이산가족문제 이외에 처음으로 남쪽에 있는 비전향장기수문제가 거론되었다. 남쪽에 있는 비전향장기수의 대부분은 북쪽에서 공작 차원으로 남쪽에 투입되었다가 잡혀 오랫동안 징역을 산 사람들이며 이들은 대부분 또 북으로 돌아가기를 원하고 있다. 그렇다면 남쪽에서 북쪽에 공작 차원으로 투입된 7000명이 넘는다는 사람들의 문제도 장기수문제와 함께 다루어지는 것이 바람직하다.

6·15남북공동선언에서 북에서 남으로 온 이산가족문제 이외에 비전향장기수문제가 거론된 것은 흔히 말해오던 인도적 문제의 폭이 넓어진 것이라 할 수 있다. 이른바 납북어부문제와 국군포로문제 등도 차차 해결되면서 차츰차츰 남북 사이의 인적 교류가 확대됨으로써 50년 이상 쌓인 한이 풀어져야 할 것이다. 그리고 어느 시기에 남북 간의 내왕이 자유로워질 수 있다고 생각해보면 이번 공동선언

이 그 점에서도 또 하나의 출발점을 이루는 것이다.

## 남북교류협력은 어떤 역사적 의미를 가지는가

임진왜란 같은 전란이 있기는 했으나 한반도와 중국과 일본을 중심으로 하는 동아시아는 중세시대까지는 그 자체가 하나의 평온한 세계였다. 근대로 오면서 일본이 서유럽의 제국주의를 배워 한반도와 중국을 침략함으로써 이 세계는 전란에 휩싸이게 되었고 일본제국주의가 패망한 후에는 한반도가 분단되면서 동아시아 전체가 대략적으로 말해서 한·미·일 공조체제와 조·중·소 공조체제로 대립되었고 동아시아는 한반도의 북반부와 중국 및 소련을 포함하는 하나의 세력권과 한반도의 남반부와 일본·미국을 포함한 또 하나의 세력권으로 대립되었다.

특히 동아시아권에 한정해서 보면 한반도의 휴전선을 경계로 하여 그 북반부 및 중국을 포함한 세력권과 그 남반부 및 일본을 포함한 세력권으로 나누어져 정치·경제·사회·문화적으로도 크게 양분되어 있었다고 할 수 있다. 21세기에는 세계사적 변화에 조응하여 동아시아 전체가 하나의 정치·경제·문화 공동체를 이룰 필요가 있으며 그것을 위해서는 한반도의 남북이 공조체제를 이루는 일이 선결조건이다. 6·15남북공동선언에서 남과 북이 경제협력을 통해 민족경제를 균형적으로 발전시킨다 한 것은 물론 한반도경제의 균형발전에 1차적 목적을 두고 있다. 그러나 한반도의 남북이 경제적으로 협력한다는 것은 결코 한반도문제에만 한정되는 것이 아니다.

공동선언 발표 후 많이 지적되었지만 남북 사이에 끊어졌던 철도가 연결된다는 사실은 부산에서 출발한 열차가 동남아시아는 물론 중앙아시아와 유럽 지역까지 바로 연결될 수 있게 된다는 말이다. 신新실크로드란 말이 나오는 것도 결코 무리가 아닐 것이다. 현해탄에 해저 터널이라도 뚫으면 일본을 포함한 아시아 지역 전체가 유럽과 직결될 수 있으며, 한반도의 남북이 열리면 일부 거론되는 시베리아 가스가 한반도를 통과하여 일본까지 연결될 수 있다. 과거 제국주의시대의 한반도는 그 지정학적 위치상 대륙세력과 해양세력이 맞부딪치는 전초기지였지만, 21세기에는 동아시아 전체를 연결하는 평화의 가교가 될 수 있을 것이다.

특히 21세기에 동아시아가 경제공동체를 형성할 경우 한반도는 그 중심지역이 될 수 있을 것이다. 과거 약육강식의 제국주의시대에 한반도는 식민지가 되었고 냉전체제 아래서는 분단되었다. 한반도 자체의 평화를 이루지 못했음은 물론 동아시아 전체의 평화와 발전에도 이바지하지 못한 것이다. 그러나 20세기를 보내면서 식민지가 모두 해방된 사실을 바탕으로 하여 21세기는 제국주의가 극복되고 지역공동체를 중심으로 하는 평화주의시대가 전망되고 있다. 그 경우 한반도는 동아시아의 경제력과 문화력을 응집하는 핵심지역이 될 수 있을 것이다. 그 역할은 남북의 경제협력과 문화교류에서 시작될 것이며 6·15남북공동선언이 그 계기를 만든 것이라 할 수 있다.

이번 공동성명은 한반도뿐만 아니라 동아시아 전체를 남북으로 분단했던 20세기를 마감하고 동아시아에 평화와 협력의 시대를 열어갈 21세기를 여는 역사적 사실이 되었다고 할 수 있다. 이 성명을 계기로 하여 21세기는 한반도 7000만 주민들이 동아시아의 평화와 발전에 이바지하는 역할을 다하는 세기가 될 수 있을 것이다.

## 3 | 6·15정상회담 이후 민간통일운동의 과제와 전망

**머리말**

우리의 통일정책이 평화통일방법으로 돌아서고 오랫동안 지속된 남북대결구도가 화해·협력 구도로 돌아서게 하는 데는 민간통일운동의 역할이 컸음은 더 말할 나위가 없다. 이승만 정권의 평화통일론에 대한 이적론적 인식을 깨뜨리는 데 결정적 계기가 된 4·19 후의 폭발적 평화통일운동 그리고 군사독재체제 아래서의 치열했던 평화통일투쟁, 문익환 목사의 방북 등 목숨을 걸다시피 한 민간 차원의 통일운동 등이 쌓이고 쌓여서 결국 6·15남북공동선언이 나오게 되었고, 따라서 정부의 평화통일정책이 정착하게 된 것이다.

그러나 정부의 통일정책이 평화통일정책으로 전환되고 난 후에는 이제 민간운동이 무엇을 어떻게 해야 할 것인가 하는 방법론 자체를 찾지 못하고 있는 것이 아닌가 하는 우려가 있다. 정부의 정책이 평화통일정책으로 전환된 후라 해도 민간통일운동이 필요하지 않은 것은 물론 아니다. 다만 지금은 금강산이나 평양에서 연간 몇 차례 이루어지는 그야말로 행사 위주의 방법에 한정되어 있는 것이 아닌가 하는데, 좀 더 구체적이고 효과적인 민간통일운동의 방법을 찾아야 할 때가 아닌가 한다.

남북 두 정부 사이의 통일정책이 속도를 더할 수 있게 뒷받침하는 일, 정부 사이의 통일정책이 그 폭을 넓힐 수 있게 새로운 분야를 개발하여 제시하는 일, 정부 사이의 통일정책이 차원을 높일 수 있게 통일론을 정립해가는 일 등이 평화통일정책 아래서의 민간운동의 과제라 할 수 있을 것이다. 민간통일운동이 단발적 행사의 공동개최 단계를 넘어 정부 사이의 평화통일정책을 선도하는 단계로 나아갈 수 있어야 할 것이다.

### 통일방법론의 정립과 통일교육문제

6·15남북공동선언으로 남북 당국의 합의 아래 우리 민족의 통일방법론 자체가 크게 바뀌게 되었다고 할 수 있다. 그것은 우리의 통일이 베트남과 같은 전쟁통일도 아니고 독일과 같은 흡수통일도 아니며 우리식의 통일, 필자가 말하는 '협상통일'임을 남북 당국이 합의하고 천명하는 계기가 되었다고 할 수 있다. 오랫동안 평행선을 달리기만 하던 연합제통일안과 연방제통일안이 일정하게 접합점을 찾으려는 단계로 들어서게 되었다고 할 것이다.

그런데도 북녘은 잘 모르지만, 남녘의 경우 6·15남북공동선언정신에 입각한 통일방법론이 다만 남북화해·협력사업의 추진 단계에 한정되어 있을 뿐, 앞으로 그 화해·협력 단계를 넘어 어떻게 통일해갈 것인가 하는 통일의 구체적 방법론 자체는 제대로 정립되어 있지 않다. 따라서 우리식 '협상통일'에 대한 교육도 그 방향이 제대로 서 있지 않은 것이 아닌가 한다. 남녘의 경우 각급 학교에서의 평화통일교육의 비중이 훨씬 더 높아져야 할 것이다.

구체적인 통일방법론의 수립을 정부기관에만 맡겨둘 것이 아니라―현 단계에서 정부 차원의 협상통일방법론도 제대로 서 있지 않은 것 같지만―어떻든 민간 차원 통일운동에서도 협상통일방법론을 적극적으로 개발하고 교육해야 한다. 현 단계 민간통일운동의 중요한 과제의 하나가 우리식 협상통일의 방법론을 정립하고 교육하는 일이라 할 수 있다.

6·15남북공동선언은 종래 남녘에서 제시한 연합제통일안과 북녘에서 제시한 연방제통일안의 단계를 낮추면 공통성이 있다고 했을 뿐 더 구체적인 설명이 없다 해도 과언이 아니다. 1국 1체제 연합제통일안과 1국 2체제 연방제통일안이 어떻게 공통성을 가질 수 있으며 어떤 과정을 통해 합치될 수 있을 것인지 그 방법론을 민간통일운동도 밝혀낼 수 있어야 하며 또 적극적으로 교육하고 홍보해 나가야 한다.

6·15공동선언의 구체적 성과라 할 수 있을 철도연결과 육로관광길 개통과 개성공단 조성사업 등은 평화정착사업이지 그것이 직접적인 통일방법론 그 자체는 아니다. 이 같은 평화정착사업을 근거로 하여 구체적인 평화통일방법론이 강구되어야 하며 민간 차원의 통일운동도 이에 참여할 수 있어야 할 것이다. 정권 차원을 넘어선

민간 차원의 방법론 개발이 더 객관성을 담보할 수도 있을 것이다.

**화해·협력 단계에서 공조 단계로의 전환 문제**

6·15남북공동선언은 남녘의 경우 종래 오랫동안 계속되어오던 남북대결구도를 하루 아침에 화해·협력구도로 바꾸어놓는 역사적 계기가 되었다. 6·15남북공동선언 후 3년여 동안 크게 활성화한 인적 교류와 경제교류에 따라 화해·협력구도가 되돌릴 수 없을 만큼 정착해가고 있는 것도 또한 사실이다. 그렇다고 해서 화해·협력 단계가 곧 통일 과정 그 자체는 아니다.

이같이 정착화해가는 화해·협력 단계를 한층 더 넘어서 남북공조 단계로 들어가야 하며, 정부 차원의 그 구체적 성과가 철도연결과 육로관광길 개통과 개성공단 조성으로 나타나고 있다. 그러나 이들 공조사업도 민간운동이 좀 더 적극적으로 뒷받침했더라면 그 속도를 훨씬 더해갈 수 있지 않았을까 하는 것이다. 개성공단 조성사업의 경우 현대 쪽이 한때 추진력을 잃게 되자 민간운동 쪽에서 국민주운동을 일으켜야 한다는 말이 나왔으나 민간운동이 이를 뒷받침하지 못했고 따라서 성과가 크지 않았던 것이 아닌가 한다.

남북관계가 화해·협력 단계를 넘어 공조 단계로 들어가야 할 부분은 많다. 일부 추진되다가 중단되었지만 관광사업 개발, 특히 청소년층의 고적답사사업 같은 것은 여러 가지로 그 효과가 클 것이다. 이런 공조사업의 추진 문제도 정부나 업자에게만 맡겨둘 것이 아니라 빨리 또 적극적으로 추진될 수 있게 민간통일운동이 뒷받침할 수 있어야 할 것이다. 예를 들면 금강산관광사업의 경우 정부나

업자에게만 맡겨둘 것이 아니라 민간운동이 조직적, 적극적으로 이를 뒷받침했더라면 아마 성과가 훨씬 클 수 있었을 것이다.

이미 방향은 잡고도 잘 추진되고 있지 않는 것으로 알지만, 남녘의 '평통' 같은 기구도 이제는 그 성격 자체가 바뀌어야 할 때가 되었다고 할 수 있다. 종래에는 주로 정치적 목적에 이용되었지만, 앞으로는 협력 및 공조를 위한 추진기구로 전환되어야 할 것이며, 이런 문제도 정부의 처분에만 맡겨둘 것이 아니라 민간운동이 적극적으로 여론화하고 선도해야 한다.

통일문제가 화해·협력 단계를 넘어서 공조 단계로 들어가게 되면, 정부 차원과 민간 차원의 구분이 엄격할 이유는 없다고 생각한다. 정부의 공조사업을 민간운동이 뒷받침하기도 하겠지만, 민간운동 자체가 정부의 도움으로 공조사업을 추진하는 단계로 나아가야 할 것이다.

### 통일을 위한 구체적 실천사업 개발 문제

민간의 통일운동이 단계를 높이고 적극화하기 위해서는 스스로 통일정책 개발을 위한 두뇌집단을 가져야 한다. 정부가 가진 관료주의적 특성 때문에 평화통일정책 개발 자체가 대단히 제한적인 경우가 많다. 따라서 민간운동이 자체적으로 정책개발기구를 가지고 평화통일정책을 적극적으로 개발해가야 할 필요성이 높아져 가고 있다.

예를 들면 남북 사이의 신뢰구축과 평화통일정책의 단계를 높이기 위해서는 빨리 군비축소 과정으로 들어가야 하는데, 이 문제를 정부 측에만 맡겨두어서는 그 추진속도가 늦어질 가능성이 크다. 민간통일운동기구의 두뇌집단이 있다면 이 문제를 정부 차원이기보다 전체 민족적 차원에서 연구하고 방법론을 개발하여 제시할 수 있어야 할 것이다.

또 예를 들면 지금 남북은 국어 문법이 다르고 따라서 국어사전의 어휘 배열 순서도 다르다. 지금 남북관계가 화해·협력 단계에서 공조 단계로 들어서고 있어도 이런 문제가 뒷전으로 돌려져 있다. 민간통일운동도 이제는 단순한 인적 교류나 형식적 공동행사 추진 단계를 넘어 학문공조 및 문화사업공조 단계로 들어가야 할 것이다.

지난 2월 남북역사학자협의회가 구성되었다. 앞으로 남북 역사학자들이 토론회를 거듭하면서 민족사 인식의 공동의 마당을 구축해가리라 전망된다. 희망하기로는 완전통일이 되기 전이라도 남북이 공동의 국어 및 국사 교과서를 마련하여 사용할 수 있다면 통일을 앞당기는 중요한 과정이 될 수 있을 것이다. 이런 문제도 학계 차원의 민간운동으로 시작되어 정부 차원 사업으로 옮겨질 수 있을 것이다.

### 맺음말

남녘의 경우 민간통일운동단체가 너무 많으면서도 그 구체적인 효과는 미약하다는 생각이다. 각 단체들이 경쟁적으로 현시적인 행사를 간헐적으로 개최하고 있는 상황이다. 그리고 민간의 통일운동과 정부 차원의 통일사업 사이에 연결성이 약해서 서로 유리되어 있는 실정이며, 민간업자들의 경제협력사업도 민간통일운동과의 연결성이 결여되어 있다.

남녘의 경우 민간통일운동단체의 협의기구를 만들고 민간 차원의 통일문제연구소를 두어 민간통일운동이 무엇을 어떻게 해야 할 것인가, 그 방법론을 찾게 해야 한다. 지금도 민간 차원 통일문제연구소가 없는 것은 아니지만 실질적인 성과를 내지 못하고 있으며, 정부 차원의 연구소는 정책개발에 한정되어 있다.

남녘의 민간통일운동단체가 난립되어 있는 한편, 북녘은 정부부문과 민간부문의 구분이 불확실한 면이 있는 것이 아닌가 한다. 이 때문에 북녘은 효과적인 통일사업을 추진하기 위한 적절한 남녘의 상대방을 찾기가 어려운 점이 있고, 남녘으로서는 북녘의 정부부문 통일사업과 민간부문 통일사업을 구분하기 어려운 면이 있었던 것 같다. 민간통일운동의 실효성이 높지 못한 원인의 하나가 이런 점에 있었던 것이 아닌가 한다.

앞으로는 화해·협력사업과 공조사업의 추진 과정에서 민간부문과 정부부문을 엄격히 구분할 이유는 없다고 말했지만, 민간과 정부 차원의 구분 없이 남북의 각 지방자치단체가 자매결연을 하여 여러 가지 협력사업을 펼쳐 나갈 수 있어야 할 것이다. 예를 들면 지금 남북 강원도가 몇 가지 협력사업을 하고 있는데, 좀 더 활성화되어야 할 것이며 앞으로는 시 단위, 군 단위 협력사업이 확산되는 것이 바람직하다.

# 4 | 냉전세력의 정체와 그 극복의 길

**냉전세력의 뿌리는 무엇인가**

우리의 현실에서 냉전세력을 극복하기 위해서는 우선 그들 냉전세력이 우리 역사 위에 자리 잡게 된 조건을 알고 그것을 해소해가는 일이 중요하다. 일제 강제지배에서 해방되면서 38도선이 그어짐으로써 민족분단의 위험이 높아져 갔을 때, 분단위험을 극복하고 통일국가를 건설하려는 정치세력도 있었고, 통일국가가 수립되는 경우 권력을 획득할 가능성이 없을 것을 알고 분단국가 수립을 획책하는 정치세력도 있었다. 38도선 이남의 경우 분단국가 수립을 획책하는 세력 중에는 일제 강점시대의 민족해방운동에 종사한 세력도 일부 있었던 것은 사실이나 그렇지 않은 세력들이 대부분이었다. 특히 일제의 강점지배에 부역하여 그 행정관·경찰관·사법관·직업군인 등으로 있었던 세력, 즉 친일세력이 거의 그대로 분단국가의 통치세력으로 자리 잡았다.

이들 친일세력이 왜 냉전세력이 되었는가 하는 문제를 말하기 전에 친일세력이 어떻게 형성되어 무엇을 했는가를 알아봐야 한다. 일제시대의 친일세력은 크게 봐서 세 단계에 걸쳐 형성되고 확대되었다. 그 첫째 단계에 형성된 친일파는 한일병합 당시 그것에 찬성하고 부역한 조선왕조의 왕족들과 고급관료들로서 일제 당국으로부터 귀족 대우를 받았던 자들이 대부분이다. 8·15 당시 그 당사자들은 대개 죽었거나 연로해졌지만, 그 후손들은 1세 친일파들이 부역해서 마련한 정치적·경제적 기반을 바탕으로 하여 해방 후에도 계속 정치·경제·사회적 위치를 유지할 수 있었다. 38도선 이남의 경우 그중의 많은 사람들이 미군정에 의해 재등용되었고 이승만 정권 성립 이후에도 국무총리도 되고 장관도 되고 대법원장, 군 참모총장, 은행총재 등이 되어 지배층의 위치를 유지할 수 있었다.

일제시대 친일파가 확대된 두 번째 단계는 3·1운동 후의 문화정치로 불린 민족분열정책 때였다. 3·1운동이 폭발했을 때 조선총독부는 이완용과 같은 '합방' 때의 친일파를 동원하여 만세시위 군중을 회유도 하고 협박도 했으나 효과가 없었고, 이에 따라 새로운 친일파를 광범위하게 양성할 필요성이 절실해졌다. 그리하여 신지식인·유생·자산계급·지주·종교가 등을 광범위하게 포섭했다. 대단히 제한적인 것이었지만 이른바 지방자치제의 실시도 친일파를 확대하는 방법의 하나가 되었다.

조선총독부의 이 같은 민족분열정책 때문에 3·1운동 후 민족주의세력의 일부가 타협주의노선으로 돌아서게 되고 따라서 민족해방운동전선이 크게 타격 받게 되었음은 다 아는 일이다. 한일 '합방' 때 만들어진 친일파가 조선왕조의 왕족과 대신 및 고급관료에 한정되어 하나의 세력이라 할 정도로 그 수가 많은 것은 아니었다고 하면, 3·1운동 후의 민족분열정책의 결과 각계각층에 만들어진 친일파는 세력이라 할 수 있을 만큼 확산되었다고 할 수 있다.

일제시대 친일파가 확대 재생산된 세 번째 단계는 중일전쟁 이후부터라 할 수 있다. 본격적으로 대륙침략에 나서게 된 일본제국주의는 이제 당시의 조선사람들에게 전쟁 협력을 요구하지 않을 수 없게 되었고, 일반 지식인·중소기업인·중소지주 등에까지 적극적으로 친일세력을 확대해갔다. 특히 교육자와 행정관료 및 경찰관료 등에 조선인을 확대 채용하는가 하면, 일본군과 괴뢰만주군 장교 등에서도 조선인 수를 늘려갔으며, 이 시기에는 조선인을 대량 침략전쟁에 동원하기 위해 선전하는 문인·교육자 등 '직업적'인 친일파의 수도 크게 증가했다. 일제시대에 태어나서 일제의 교육밖에 받지 못한 학병들이 목숨을 걸고 민족해방운동전선으로 탈출하는 한편에서 친일파들은 그들을 침략전쟁으로 보내기 위한 학병 권유 연설을 하고 다녔다.

민족해방운동전선은 좌우익을 막론하고 민족해방을 혁명으로 규정하고 친일파 숙청을 그 가장 중요한 정강정책의 하나로 정하고 있었다. 좌우익 전선을 막론하고 분단이 되면서 해방되리라고는 꿈에도 생각할 수 없었고, 따라서 민족국가 재건 과정에서 지난날의 친일세력이 하나의 정치세력으로 재등장하리라고는 전혀 예상할 수 없었다. 설령 연합국에 의해 일본군의 항복을 받는 경계선으로서의 38도선이 그어진 뒤라 해도 일제시대의 민족해방운동전선에서 그러했던 것처럼, 또 1940년대 전반기의 임시정부가 그러했던 것처럼, 비타협적 우익과 좌익이 민족통일전선을 이루어 통일민족국가를 수립하는 길이 있었던 것이다.

그러나 반일 민족통일전선체 인민위원회가 각 지방에 성립했던 행정권이 미군 당국에 의해 회수되고 미군정이 실시되면서 해방 후 한때 도망갔던 지난날의 친일 행정관료·경찰관료들이 행정 일선에 복귀했으며, 여기에 친일세력의 정치세력화가 이루어지게 되었다고 할 수 있다. 좌우익을 막론하고 민족해방운동세력이 해방 후의 치안 담당 혹은 국가건설을 주도할 수 있었다면 반드시 숙청 대상이 되었을 친일세력이, 미군정이 성립됨으로써 그대로 정치계·경제계를 장악하게 되었고, 이들이 고스란히 냉전세력으로 바뀌게 된 것이다.

### 친일세력이 왜 냉전세력으로 되었는가

냉전세력의 원뿌리가 해방 후에도 미군정의 그늘 아래서 숙청되지 않은 친일파라는 것을 알았다면, 다음에는 친일세력이 왜 냉전세력으로 전환되었는가를 알아야 한다. 남북통일민족국가 건설에 실패하고 38도선 이남에서 우익이 정권을 장악하는 단독정부가 성립될 수밖에 없었다 해도, 친일파가 많이 숨어들어 있던 이승만과 한민당 세력이 반드시 정권을 잡아야 한다는 것은 아니었고, 김구·김규식 등 민족해방운동전선의 우익세력이 정권을 잡을 가능성이 없는 것도 아니었다.

그런 경우 친일파가 정치세력화하여 해방 후의 정국에 영향을 미치거나 심지어 정국을 장악할 수 있는 그런 계제는 전혀 아니었다고 할 수 있다. 그러나 김구·김규식 등을 중심으로 하는 임시정부 세력은 통일민족국가 건설을 목표로 평양의 남북협상에 갔다 온 후 남한만의 단독정부 수립에 참가하지 않았다. 임시정부세력을 중심으로 하는 민족해방운동전선의 우익세력이 남한 단독정부 수립에 참가하지 않음으로써 남한 단독정부 정권은 이승만과 한민당 세력에게 돌아갈 수밖에 없었다.

어느 민족사회를 막론하고 해방된 후 처음으로 성립되는 정권은 대체로 민족해방운동세력이 중심되게 마련이며, 그럴 때 그 정권은 역사적 정당성과 정통성을 가지게 마련이다. 그러나 남한 단독정권으로 성립된 이승만 정권은 그런 점에서 정통성이 약했다. 반대로 북에 성립된 정권은 동북항일연군에서 일본군과 직접 싸웠고 또 민족해방운동단체 조국광복회를 성립시켰던 세력과, 조선의용군을 결성하여 역시 일본군과 전투를 했고 화북조선독립동맹을 결성해서 조국해방에 대비했던 세력들이 연합하여 세운 정권이었다.

이승만 정권은 역사적 정통성을 수립하기 위해 스스로 대한민국 임시정부의 정통성을 이어받는다고 했지만, 임시정부 주석 김구는 분단국가 정권의 경우 어느 정권도 임시정부의 정통성을 이어받을 수 없다는 사실을 분명히 했다. 정권의 실질적 기반 대부분을 친일세력에 둠으로써 남쪽 정권에 참가하지 않은 임시정부 세력보다도, 또 북쪽에 성립된 정권보다도 그 정통성 문제에서 취약성을 면할 수 없었던 이승만 정권은, 그 약점을 메우기 위해 반공주의를 강하게 내세우지 않을 수 없었다. 상대적으로 정통성이 앞서는 북쪽 정권에 대항하기 위해 반공주의를 강화했고, 남쪽에서도 정통성에서 앞서는 임시정부 여당 한독당 세력을 역시 제 정권의 약점을 감추기 위해 공산주의자로 몰았다.

일제 강점시대의 경찰이 민족해방운동의 좌익전선을 탄압하기 위해 치안유지법 등을 만들어 강력한 반공주의를 펴 나갔고, 일제시대의 조선인 경찰관 및 헌병들을 예로 들면 민족해방운동의 우익전선보다 좌익전선을 상대적으로 더 가혹하게 탄압하는 하수인이 되었다. 앞에서도 말했지만 해방 후 각 지방에 성립된 인민위원회는 사실 비타협적 우익과 좌익이 결합한 반일통일전선체였다고 할 수 있다. 그러나 미군정의 성립과 함께 그 지위를 그대로 유지하게 된 일제시대의 행정관료나 경찰요원들이 인민위원회 전체를 좌익집단으로 몰아 탄압하게 되었고, 이승만 정권 성립 후에도 그들이 그대로 정권의 역사적 정통성 취약을 호도하기 위해 편 강력한 반공정책의 추진세력이 되었다.

미군정이나 이승만 정권 아래서 그 자리를 유지하게 된 친일세력으로서는 일제시대부터 그들의 탄압 대상이었던 민족해방운동세력을 해방 후에도 전같이 탄압하는 것만이 자신들의 정치적 위치를 그대로 유지할 수 있는 길이었다. 친일세력이 이승만 정권 아래서 과거 그들의 적이었던 민족해방운동세력을 탄압할 수 있는 명분은 그들을 모두 좌익세력이나 용공세력으로 모는 길이었다.

일제시대의 경찰요원이 그대로 온존했던 이승만 정권 아래서는 민족해방운동세력의 좌우익을 막론하고 일단 좌익세력으로 몰기만 하면 당연히 탄압 대상이 될 수 있었다. 민족해방운동전선의 우익 중의 우익이라 할 수 있을 김구도 남북협상에 갔다 온 후에는 이승만 정권이 "남북협상을 주장해서 공산분자와 합작을 구실 삼으며 소련 지지를 표시하여 민국 정부를 백방으로 반대한다." 했고, '여

순군란'은 "공산주의자가 극우 정객들과 결탁해서 일으킨 것"이라 발표했으며, 그런 끝에 결국 김구가 암살되었다.

임정세력과 연합하지 못함으로써 지주세력 중심의 한민당과 친일세력을 기반으로 할 수밖에 없었던 이승만 정권은 그 역사적 정통성에서 임정세력이나 북쪽 정권에 비해 상대적으로 취약했으며, 그것을 메우기 위해서는 반공정책을 내세울 수밖에 없었다. 그리고 이승만 정권의 중요한 구성요소가 된 친일세력은 일제 강점시기를 통해 그들의 탄압 대상이었던 민족해방운동세력을 해방 후에도 계속 탄압하고 정권의 정통성 취약성을 얼버무리기 위해 강력한 반공정책을 폈다.

한편 세계정세 면에서도 제2차 세계대전 후 유럽과 아시아 등지에서 급격히 확산되어가는 사회주의권을 봉쇄하기 위해 미국과 영국 등 자본주의 제국이 냉전체제를 강화해갔다. 이 같은 민족사 내외적 경위에 의해 한반도 남쪽에서는 해방 전의 친일세력이 해방 후의 냉전세력으로 전환해간 것이다.

## 냉전세력은 어떻게 강화되어 왔는가

미군정과 이승만 정권 아래서의 냉전세력은 당초 38도선 이남에 있는 일제 강점시대의 친일세력을 중심으로 이루어졌다고 앞에서 말했다. 그러나 이후에도 냉전세력이 증가하고 강화될 요인들이 있었다. 38도선 이북에서는 소련군 점령 초기부터 38도선 이남과는 비교가 안 될 만큼 침략자 일본인들에 대한 처우가 가혹했고, 민족해방운동전선의 사회주의세력이 정권을 쥐게 된 후에는 이제 민족 내부의 친일파와 지주를 포함한 자산계급 등을 탄압하기 시작했으며, 종교적 자유도 제한해갔다. 이 때문에 친일파와 지주를 포함한 자산계급과 기독교 신자 등을 중심으로 하는 많은 인구가 38도선 이남으로 월남했다.

이들 월남인들이 만든 조직체 중 특히 이름난 것은 서북청년회였으며, 그 요원들은 남쪽 반공단체들과 연합하여 강력한 반북세력·반공세력이 되었다. 서북청년회와 같은 월남한 반공세력·반북세력이 가세함으로써 남한에서의 반공주의·반북주의 세력은 가속도로 강화되어갔으며, 그들은 이승만 정권이 사회주의세력과 통일민족국가건설세력, 즉 단독정부반대세력을 탄압하는 전위대로 활동했다. 그 처절한 반공활동·반북활동 과정은 곧 북에서 탈출하거나 쫓겨난 그들이 남한 땅에서 그 위치를 확보해가는 과정이었으며, 그 때문에 남북 사이의 반목은 심화되었고 냉전체제도 강화되어갔다.

그러나 1950년에 6·25전쟁이 발발하기 이전까지는 이같이 냉전세력이 강화되는 와중에서도 평화통일 지향 세력이 아직은 어느 정도 남아 있었다. 그 구체적인 증거로는 6·25전쟁 직전인 1950년 5월에 실시된 제2대 민의원선거에서 중도파로 불린 단독정부반대세력이 상당수 의회에 진출했고 이승만 지지 세력은 소수로 전락했던 사실을 들 수 있다.

그러나 곧 6·25전쟁이 발발하면서 이제 남한에서 중도파세력, 평화통일세력은 전멸하다시피 하고, 약간 남았다 해도 모두 활동을 중지하고 잠복함으로써 냉전체제가 급격히 강화되었다. 이제 남한의 경우 북진통일세력, 냉전세력—이때는 사실상 열전熱戰세력이지만—만이 남는 상황이 되었다. 전쟁이 끝나면서 다시 평화통일세력이 고개를 들기 시작했고 그것이 진보당 결성으로 나타났으나 엄청난 냉전체제 앞에서 그 세력은 희생될 수밖에 없었다.

4·19운동이 폭발하면서 잠복해 있던 종전의 평화통일세력과 4·19 주체세력으로서의 새로운 평화통일세력이 급부상했으나 5·16군사쿠데타로 모두 탄압되었다. 5·16군사쿠데타 세력은 평화통일론을 '간접침략론'이라 단정하고 '4·19 공간'을 통해 표면에 나타난 모든 평화통일세력을 숙청하면서 냉전체제를 다시 강화해갔다. '4·19 공간'에서 4·19 주체들은 대체로 외세개입을 배제하고 남북직접회담에 의한 평화통일을 주장했다. 4·19 주체의 이 같은 평화통일론은 크게 보아 세 종류의 세력에게 큰 위협이 되지 않을 수 없었다.

그 하나는 남한의 군부세력이다. 7년 전까지 북쪽 군대와 총부리를 맞대고 전투를 했으며, 아직도 북쪽 군대가 주적인 남한 군부는 평화통일론 앞에서는 그 존재 이유를 상실할 것 같은 상황이었다고 할 수 있다. 더구나 그때는 지금과 달라서 평화통일론이 일반화되어 있지 않았을 뿐만 아니라, 평화통일론 주창자들이 정부 당국자가 아니라, 이승만 정권은 무너뜨렸으면서도 후계 정권을 쥐지 못한 4·19 주체세력이었다.

평화통일론에 위협을 느낀 또 하나의 세력은 두말할 것 없이 냉전체제, 즉 대북 대결 체제가 유지되어야만 그 존재 이유가 뚜렷해질 수 있는 친일세력을 뿌리로 하는 냉전세력이었다. 5·16군사쿠데타의 주모자 박정희는 일본제국주의의 괴뢰만주국 장교 출신이었으므로 4·19 공간에 폭발한 평화통일론에 위협을 느낀 두 세력을 한데 묶은 상징적인 존재라 할 수 있다.

4·19 주체세력의 평화통일론에 위협을 느낀 또 다른 하나의 세

력은 미국이었다. 한반도의 평화통일은 미군의 한반도 주둔 이유가 없게 되는 일이었다. 미국이 5·16군사쿠데타를 직접 지시했거나 원조했음을 말해주는 자료는 아직 발견되지 않았다 해도, 적어도 그것을 묵인, 방조한 자료는 이미 일부 공개되었다.

5·16군사쿠데타 이후 군사독재정권이 30년간 계속됨으로써 냉전세력이 크게 확대되었다. 남쪽의 냉전세력들은 1960년대까지 한반도통일방안으로서 유엔 감시하 남북총선거안을 가지고 버텨왔으나 북쪽이 응하지 않는 한 그것은 옳은 의미의 통일안이 될 수 없었다. 제3세계의 대량 진출로 유엔이 미국 마음대로 되지 않게 되고 미·소 화해, 미·중 화해가 이루어진 조건에서 평화통일론·주체통일론·민족화해통일론으로서 7·4공동성명이 발표되었지만 그것은 아무 실효가 없었고, 군사정권을 중심으로 하는 냉전세력의 확대와 전횡과 횡포는 여전했다. 사실 남북대결구도 및 냉전구도 아래서만 그 존재 이유가 뚜렷해지는 속성을 가진 군부 중심 정권으로서는 옳은 의미의 평화·주체·화해 통일을 이루어 나가기 어려운 일이었다.

세계사적으로 냉전체제가 무너지고 한반도의 남쪽에서도 군부정권 후 김영삼 문민정권이 성립되어 한때 남북정상회담이 약속되기도 했다. 그러나 한쪽 정상의 사망과 군사정권의 태내에서 나온 문민정권의 한계성 등이 원인이 되어 냉전체제가 그대로 지속되었다. 그러다가 해방 후 최초의 선거에 의한 정권교체로 김대중 정부가 성립됨으로써 비로소 남북정상회담이 이루어지고 평화통일체제를 정착하기 위한 남북공동선언이 발표되고 그 후속 조처가 계속되게 되었다. 이 때문에 냉전세력들의 위기의식이 다시 높아지게 된 것이다.

친일파가 뿌리인 냉전세력이 처음으로 맞았던 '해방공간'의 위기는 미군정과 이승만 정권의 성립과 뒤이은 6·25전쟁으로 해소되었고, 4·19 후의 엄청났던 위기는 5·16군사쿠데타로 해소되었을 뿐만 아니라 오히려 냉전세력이 크게 강화되었다. 세계사적으로 냉전체제가 해소되고, 선거에 의한 최초의 정권교체로 민주정권이 성립되고, 남북정상회담에서 공동선언이 발표되고, 그 합의사항이 착착 현실화함으로써 다시 닥치게 된 냉전세력의 위기는 어떻게 될 것인가. 다시 벗어날 수 있을 것인가, 아니면 냉전세력 자체가 해체되고 말 것인가, 역사는 평면선상을 순환하는 것이 아니다. 순환한다 해도 나선형으로 상승하면서 순환하게 마련이다.

## 냉전세력의 역사적 속성은 무엇인가

냉전세력을 극복하고 청산하기 위해서는 그들이 가진 역사적 속성을 정확하게 이해할 필요가 있다. 첫째 그들은 민주주의 발전을 달가워하지 않는다는 점이 두드러진다. 일제강점시대를 통해 정치·경제·사회·문화적 민주주의의 발전이 극히 제약되었던 우리 민족사회는 그 때문에 민족해방이야말로 민주주의 발전 면에서 혁명적 계기가 되어야 했으며, 그렇게 되었다면 사회 각 부문에서 친일세력도 혁명적으로 숙청되고 남아 있지 못했을 것이다.

역사적으로, 현실적으로 청산되어야 할 세력이 청산되지 않고 정치·경제·사회·문화적 현장에 그대로 남아 있기 위해서는 그 정치체제가 민주체제가 되어서는 안 되며 독재체제가 알맞기 마련이다. 이승만 독재체제나 박정희 독재체제가 청산되었어야 할 친일세력과 그 재판으로서의 냉전세력의 은신처 내지 보호처가 되었음은 너무도 당연한 일이었다. 그렇게 보면 친일세력·냉전세력의 속성은 민주주의 발전, 나아가서 역사발전 자체를 싫어하게 마련이다.

세계사적으로 20세기의 제국주의시대 및 동서냉전체제가 청산되고 평화주의시대·문화주의시대가 전망되고 있는 21세기에는, 한반도에서도 정치·경제·사회·문화적 민주주의가 더 전진하고 남북이 화해하면서 평화통일을 지향해가는 길이 역사의 옳은 방향임이 틀림없다. 그러나 독재체제를 주도했거나 그 그늘에서 서식하던 냉전세력으로서는 민주주의가 발달하고 남북이 화해하고 평화통일로 나아가는 경우 발붙일 공간이 없어질 것은 자명한 일이다. 특히 민주주의 발달과 평화통일 지향의 강도가 높아질수록 그들에게는 타격이 치명적이기 마련이며, 그래서 냉전세력으로서는 온갖 수단을 다해 남북화해주의와 평화통일론을 막으려 하게 마련이다. 그러나 구시대는 가고 새 시대가 오게 마련이며 역사는 발전하게 마련이다.

제 처지를 정당화하기 위해 가당찮게도 반민족세력이면서도 민족주의세력으로 탈바꿈하고, 민족의 다른 한쪽을 적으로 간주하는 것을 냉전세력이 가진 두 번째 속성으로 들 수 있을 것이다. 일제강점시대의 친일세력을 모체로 하는 냉전세력이 해방 후에도 살아남기 위해서는 일제시대를 통해 그들과 적대관계에 있었던 좌우익을 막론한 민족해방운동세력을 계속 적대할 수밖에 없었다고 앞에서 말했다.

친일세력을 모체로 하는 냉전세력이 해방 후에도 숙청되지 않고 정치·경제·사회적 위치를 유지하기 위해서는 그들이 살아남은 일의 정당성을 내세워야 했다. 그러기 위해서는 과거 자신의 반민족적 행적을 감추기 위해서도 제 노선, 즉 반공주의 및 반북주의 노선을 민족주의노선으로 꾸밀 수밖에 없었다. 그리고 친일세력이 민족세력으로 변신하기 위해서는 과거의 민족해방운동노선을 부인 혹은 묵살하거나 나아가서 반민족적 노선으로 꾸밀 수밖에 없었다. 그럴 때 반공주의를 강조하여 일제시대 민족해방운동세력을 좌우익을 막론하고 공산주의세력 및 용공세력으로 모는 일이 대단히 효과적이었다.

남한 단독정부 수립에 참가하지 않은 임시정부세력을 공산주의자 혹은 용공주의자로 몰아 숙청하기도 했지만, 민족해방운동전선에서 해방 후 시대로 이어지는 사회주의세력에 대해서는 적극적으로 적대하지 않을 수 없었으며, 또 그래야만 현실적으로 제 세력의 정당성이 성립된다고 생각하는 것이었다. 이 경우 반反단정세력, 즉 남한 단독정부수립 반대세력 전체에 대해서는 좌우익을 막론하고 민족의 일부라는 의식보다 적대의식이 더 앞설 수밖에 없었으며, 그들과 타협하여 함께 살아야 한다는 생각보다 쳐서 없애야 할 대상으로 보는 생각이 앞설 수밖에 없었다고 하겠다.

냉전시대나 군사독재시대에는 이 같은 냉전의식이 별 문제될 것이 없었다. 6·25전쟁 때와 마찬가지로 북은 민족의 일부이기에 앞서 적이었고 미국은 타국이 아니라 혈맹의 우방이었기 때문이다. 그러나 제국주의시대와 냉전시대로 이어졌던 20세기가 지나면서 세계사적으로 냉전체제가 해소되고 민족사적으로도 남북화해의 시대가 오고 있다. 민족의 다른 한쪽을 동족으로 생각하지 못하고 적으로만 생각하던 냉전세력은 선택의 기로에 서는 것 같다. 적으로만 보아왔던 민족의 한쪽을 이제부터라도 동족으로 바꾸어보고 화해하고 협력해 나갈 대상으로 삼을 것인가, 아니면 시대의 변화와 민족문제의 진전에 함께하지 못하고 냉전세력으로 그냥 남을 것인가, 선택은 그들에게 달려 있다고 하겠다.

정치·경제·사회적 제 위치를 유지하기 위해 외세와 쉽게 결탁하는 것을 냉전세력의 세 번째 속성으로 들 수 있을 것이다. 지난 반세기를 통해서 남한의 냉전세력이 의지한 것은 '혈맹의 우방' 미국이었고, 특히 주한미군은 그들의 든든한 배경이었다. 따라서 주한미군 철수론을 그들은 망국적·반국가적·반민족적 논의라 매도해 마지않았다. 남쪽이 북쪽보다 국력이 몇십 배가 넘어도, 남쪽 군대 무기의 성능이 북쪽보다 아무리 우수해도 그들은 항상 북쪽의 남쪽에 대한 공격 위험성을 강조하고 과장하면서 미군철수가 곧 전쟁으로 이어질 것처럼 말해왔다.

그러나 세계사에서 동서냉전시대가 가고 한반도에서 남북화해시대가 오면서 주한미군무용론이 천천히나마 고개를 들기 시작하고 있다. 미군이 물러가야 동아시아 지역이 평화로워질 것인가, 동아시아 지역이 평화로워져야 미군이 물러갈 것인가 하는 논의는 닭 먼저 달걀 먼저 식의 논란과 같은 것이라 할 수도 있겠다. 그렇지만 전체 인류사회가 21세기는 20세기보다 평화로운 세기가 되도록 희망하고 있는 한, 권외(圈外) 군사력 미군이 동아시아권에 주둔해야 할 이유는 약화되어갈 것이다. 이 점에도 냉전세력이 앞으로 그 처지와 거취를 스스로 선택하지 않을 수 없는 중요한 이유가 있다.

냉전세력이 가진 네 번째 속성은 평화통일 자체를 싫어한다는 점이라 할 수 있을 것이다. 분단시대 반세기를 통해서 냉전세력이 추구해온 통일은 북진통일·멸공통일이었고, 그것이 불가능해졌을 때 마지막으로 추구해온 방법이 독일식 흡수통일이었다고 할 수 있다.

따라서 남북 협상통일이나 대등통일은 전혀 그들의 생각 밖이었다. 해방 후 북에서 온 월남민들이 북에 두고 온 토지를 되찾기 위해 토지문서를 고이 간직하고 있다는 말들이 들리고 있는 것으로 짐작할 수 있다.

그런데 그 지정학적 위치가 중요한 원인의 하나라 생각되고 있지만, 한반도에서는 6·25전쟁으로 실증된 것과 같이 북진통일과 같은 전쟁통일은 불가능했고, 김일성 주석 사망 후 곧 이루어질 것으로 논평되고 또 기대되었던 흡수통일도 불가능함이 실증되어가고 있다. 결국 협상통일 방법밖에 남지 않았다고 할 수 있겠는데, 냉전세력·반북세력이 그대로 유지되기 위해서는 남북이 통일되지 않고 계속 대립상태를 유지하거나 아니면 전쟁통일이나 최소한 흡수통일이라도 되어야 하기 때문에 이것도 저것도 아닌 평화통일은 싫어할 수밖에 없는 것이다. 20세기를 넘기면서 세계사적, 민족사적 추세는 평화통일·화해통일·협상통일 쪽으로 가고 있으니 냉전세력이 남아날 길은 점점 좁아지고 있으며, 위기를 느낄수록 생존을 위한 몸부림은 더 심해지게 마련이다.

### 냉전세력 극복의 길은 무엇인가

냉전세력 극복의 길은 첫째 그들이 성립된 요건, 즉 뿌리를 제거하고, 둘째 그들이 의지했거나 그 세력이 강화되어온 배경을 청산하며, 셋째 그들의 생존 근거와 속성을 정확하게 집어내어 없애는 길이라 할 수 있다. 냉전세력의 뿌리는 친일세력이었다고 했다. 제2차 세계대전이 끝난 후 불과 5년간 나치의 지배를 받았던 프랑스에서는 나치에 협력한 프랑스인 약 13만 명을 재판하여 사형집행 약 800명, 종신강제노동형 2700여 명 등 총 약 5만여 명을 처벌했다. 일본제국주의 침략을 15년간 받았던 중국 장개석 정부는 일본제국주의가 패전한 1945년부터 1947년까지 2년 사이에 친일반민족세력, 즉 한간漢奸 3만 8000여 명을 기소하여 사형을 포함한 1만 5000여 명을 처벌했다.

그러나 잘 알다시피 35년간 일본제국주의의 침략을 받았던 우리 민족사회의 경우 미군정은 말할 것 없고, 이승만 정권도 '반민법'을 만들었으면서도 친일파에 대한 처벌은 흐지부지하고 말았다. 그런 상황에서 반세기가 지남으로써 직접 친일행위를 한 자들은 대부분 죽었고, 일부 잔명을 부지하고 있다 해도 처벌할 필요가 없을 만큼 퇴물이 되었다. 냉전세력을 극복하기 위해 그 뿌리인 친일세력을 극복해야 할 필요성이 높다 해도 소급법을 제정하기는 어려우며, 설령 제정한다 해도 친일행위를 한 당사자는 이미 대부분 죽었고, 그 후예들이 가령 지금의 냉전세력을 형성하는 중요한 부분이 되었다 해도 연좌법을 적용할 수는 물론 없다.

그러나 민족사회가 냉전시대를 넘기고 새로운 세기를 맞아 민족문제를 화해와 협상을 통해 평화적으로 풀어가려 하는데, 친일 후속세력이 냉전세력으로 되어 그것을 저해하는 반역사적 요소가 되어 있다면 문제는 심각하지 않을 수 없다. 냉전세력의 뿌리인 친일세력을 지금 실정법으로 다스리지는 못한다 해도 역사적 청산을 철저히 하는 것이 냉전세력 극복의 중요한 방법의 하나임을 강조하지 않을 수 없다. 특히 앞으로 친일세력 숙청을 비교적 철저히 한 북쪽과 평화통일을 해가는 과정에서 친일세력에 대한 역사적 청산은 필수적 요건이 될 것이다.

　다음, 과거 친일세력과 냉전세력이 서식해온 온상은 독재정권이었다. 따라서 냉전세력을 극복하는 길은 독재정권의 잔재를 철저히 청산하고 민주주의를 적극적으로 발전시키는 길이라 할 수 있다. 1990년대로 들어오면서 김영삼 정부, 김대중 정부 등이 들어섬으로써 정치적 민주주의는 어느 정도 진전되었다고 할 수 있다. 그러나 김영삼 정부는 노태우 군사정부와 3당 통합을 통한 야합에 의해 성립되었고, 김대중 정부는 김종필 구군사정부 세력과의 연합에 의해서만 성립될 수 있었다.

　해방 후 처음으로 여·야 사이의 정권교체가 이루어졌다고 하지만, 김대중 정부가 민주세력 단독으로 성립되지 못했고, 그 때문에 아직도 냉전세력의 상당한 부분이 보수세력이란 이름으로 탈바꿈하여 행세하면서 기세를 떨치고 있다. 김대중 정부가 민주세력만으로 성립되지 못하게 한 것은 그 책임이 국민에게 있으며, 앞으로 김대중 정부 이후의 정부가 철저하게 민주세력만으로 성립될 수 있게 하는 일이 냉전세력을 극복하는 중요한 당면 과제의 하나라 할 수 있다.

　민주세력만으로 성립되지 못한 김대중 정부 아래서는 정치적 민주주의도 기대만큼 진전되지 못한 위에, 경제개혁으로 불리는 경제적 민주주의도 큰 난관에 부딪혀 있다. 30년 동안의 군사독재정권 시기를 통해 형성된 비민주적 경제구조와 독재군부와 유착되었던 경제세력이 제대로 제거되지 않는 한 냉전세력 극복은 어려운 일이다. 사실 친일세력이나 그 변형으로서의 냉전세력에는 정치세력만 있는 것은 아니며 경제세력도 그 중요한 부분을 차지하고 있다. 경제적 민주주의의 발달이 냉전세력의 온상 자체를 제거하는 중요한 길의 하나다.

앞에서도 말했지만, 냉전세력은 더 설명할 필요 없이 통일문제가 평화적으로 추진되는 것을 싫어하며 남북 사이의 냉전체제가 지속되기를 원하게 마련이다. 따라서 남북 사이의 평화통일정책을 적극적으로 추진해가는 일이야말로 냉전세력을 극복 혹은 해체하는 지름길이라 하지 않을 수 없다. 과거 냉전세력은 6·25전쟁 후 설령 전쟁통일을 겉으로 주장하지는 않았다 해도, 북쪽에서 전혀 수용할 수 없는 유엔 감시하의 남북한 총선거안이나 혹은 북한만의 총선거안을 주장하면서 냉전체제를 유지해왔다. 다시 말하면 옳은 의미의 평화통일안을 거부한 것이다.

그러다가 독일에서 서독에 의한 동독의 흡수통일이 이루어지자 이제 한반도의 냉전세력들도 그들 중심의 흡수통일을 강력히 희망했다. 김영삼 정권의 남북정상회담 합의가 흡수통일노선의 일시적 정략에서 나온 것이 아니라면, 한쪽 정상이 사망했을 때 그 후계 권력과의 회담 기도를 위해서도 조문파동 같은 것이 일어나지 않았을 것이다. 그러나 설령 정상회담에는 합의했다 해도 그것은 냉전세력의 일시적 정략일 뿐 옳은 의미의 화해통일·협상통일·평화통일 정책에서 우러난 것이 아니었기 때문에 한쪽 정상이 죽고 나자 조문파동이 일어나고 곧다시 냉전체제를 유지하는 쪽으로 가고 말았던 것이다.

뒷날의 일이지만 그 후임 김대중 대통령이 평양에서 제1회 남북정상회담을 성사시키고 제2회 정상회담을 위해 김정일 위원장이 서울로 온다고 하자 지난날 재임 때 정상회담에 합의한 바 있었던 김영삼 전 대통령이 김정일 위원장의 서울 방문을 반대하는 국민운동을 펴겠다 하고 나선 사실로도 그 재임 때의 정상회담 합의가 화해·협상·대등·평화 통일정책에서 우러난 것이라기보다 냉전세력의 일시적 정략에 지나지 않았음을 증명하고도 남는다고 하겠다.

앞에서도 말했지만 김대중 정부는 평화통일세력만으로 성립된 정권이 아니라, 냉전세력·반북세력의 일부와 연합하여 성립될 수밖에 없었기 때문에 정권 성립 후 얼마 동안은 적극적 화해정책이 실현되기 어려웠다. 그러면서도 옳은 의미의 평화통일을 위한 포용정책, 즉 우리가 말하는 적극적 화해정책이 꾸준히 계속됨으로써 최초의 남북정상회담이 성사되고 6·15공동선언이 나왔으며, 그것이 냉전세력에게 큰 위기의식을 가져다주게 되었다. 그러나 대북 화해정책 및 협력정책의 진전에 위협을 느끼고 몸부림치는 냉전세력을 극복하는 길은 그 화해정책·협력정책을 계속 적극적으로 펴 나가는 일이라 할 수 있다. 그리고 앞에서도 말했지만 김대중 정부 이후에는 민주세력·평화통일세력만으로 새 정부가 성립될 수 있게 하는 일이 중요하다.

요컨대 지금 시점에서 냉전세력 극복의 길은 우선 냉전세력의 뿌리라 할 수 있는 친일세력에 대한 역사적 청산을 철저히 하는 일이 중요하다. 특히 남북 사이에 화해·평화통일 정책이 추진되고 있는 시점에서 상대적으로 친일파 숙청이 불철저했던 남쪽의 경우 북쪽과의 균형을 유지하기 위해서도 친일파에 대한 철저한 역사적 숙청이 요구되고 있다.

해방 후 친일세력이 정치·경제·문화계 등에 그대로 남아 있을 수 있었던 가장 중요한 원인은 이승만 독재체제와 박정희 정권을 비롯한 후속 군사독재정권의 계속이었다고 앞에서 말했다. 이승만 정권과 군사정권을 포함하여 40년이 넘는 독재기간은 해방 후 우리 역사의 대부분을 차지했고, 그 기간을 통해 정치·경제·사회·문화 등에 걸치는 우리 역사 전체가 왜곡되었으며 그것이 곧 냉전세력이 서식하는 온상이 되었다. 독재체제의 뿌리를 제거하고 냉전세력의 서식처를 제거하기 위해 정치·경제·사회·문화적 민주주의를 확립해가는 일이 곧 냉전세력을 극복하는 길이 되는 것이다.

  친일세력에서 냉전세력으로 이어지는 일련의 세력들은 당연히 반북세력이기 마련이며, 따라서 북쪽과의 사이에 냉전기류가 계속되어야만 그 서식공간이 유지되기 마련이다. 그들이 남쪽 중심의 무력통일이나 흡수통일을 염원하는 것도 그 때문이며, 무력통일이나 흡수통일의 가능성이 희박해지고 남북 협상통일·화해통일·대등통일의 전망이나 가능성이 높아짐에 따라 초조해하는 것도 그 때문이다. 따라서 냉전세력을 극복해가는 길은 평화통일·협상통일·화해통일의 길을 계속 넓혀가는 길이라 할 수밖에 없다.

# 주註

### 한반도중립화안과 평화

1 이병도, 「광해군의 대후금정책」, 『국사상의 제문제』 pp.135~173, 1959.
2 박용옥, 「丙子亂被虜人贖還考」, 『史叢』 9호, 1964.
3 亞細亞問題研究所編, 『舊韓國外交文書』, 「德案」, 高宗 22년 2월 2일.
4 俞吉濬, 『俞吉濬全書』 政治經濟篇, 「中立論」.
5 亞細亞文化社編, 『金玉均全書』.
6 崔文衡著, 『列强의 東아시아政策』, p.69, 一潮閣, 1979.
7 市川正明編, 『日韓外交史料』, pp.305~306, 東京 原書房, 1981.
8 같은 자료, p.313.
9 같은 자료, p.314.
10 『日本外交文書』, 제36권 1책, 「韓國中立保障要請一件」.
11 같은 자료, 제37권, 「韓國中立宣言一件」.
12 공보부 발행, 『한국의 중립화통일은 이래서 불가능하다』, 1964.
13 黃仁寬著 洪停柏譯, 『中立化 統一論』 附錄 12, 「국가안전보장회의 계획위원회에 제출한 초안서」, p.232, 新丘文化社, 1988.
14 공보부 발행, 앞의 책, p.22.
15 黃仁寬著, 앞의 책, 부록 7, p.202.
16 盧重善編, 『민족과 통일』 1, pp.372~373.
17 같은 자료, p.378.
18 黃仁寬著, 앞의 책, 부록 9, pp.211~212.
19 같은 책, p.123.

### 김구·김규식의 남북협상을 다시 본다

1 상해 임시정부의 성립은 우익계의 이승만·안창호 측과 좌익계의 이동휘 측이 연합한 것이라 할 수 있고, 신간회운동을 보는 눈은 이제 민족통일전선운동으로 확정되어가고 있다.
2 1930년대 후반기의 민족연합전선운동에 대해서는 拙著 『韓國民族運動史論』, 한길사, 1985 중의 「獨立運動過程의 民族國家建設論」 참조.
3 여운형의 이와 같은 활동에 대해서는 李萬珪著 『呂運亨先生鬪爭史』, 民主文化社, 1946 참조.
4 국제공동관리론과 임정의 관계에 대해서는 이 책의 3. 대한민국임시정부와 신탁통치문제를 참조할 것.
5 『조선일보』 1946년 1월 4일자, 『趙素昻先生文集』 下篇, pp.62~63.
6 『자료대한민국사』 6권, pp.74~75.
7 이것은 김구의 「建國實踐員養成所 1週年紀念辭」의 일부다. 宋建鎬編, 『金九』, pp.304~305, 한길사, 1980.
8 위와 같은 책, p.288, 이 글은 김구가 유엔조선위원단에 제출한 통일정부수립방안의 일부다.
9 위와 같은 책, p.309, 『신민일보』와의 회견에서 이승만과의 관계를 밝히면서.
10 위와 같은 책, p.315, 1948년 3월 재남한이북인대회를 위한 특별성명에서.
11 위와 같은 책, p.292, 1948년 2월의 「3000만 동포에게 읍고함」에서.
12 위와 같은 책, p.292.
13 『자료대한민국사』 6권, p.715.
14 앞의 宋建鎬編, 『金九』, pp.317~318.
15 『자료대한민국사』 6권, pp.712~713.
16 앞의 宋建鎬編, 『金九』, pp.311~312.
17 위와 같은 책, p.309.

18 위와 같은 책, p.295, 김두봉이 김구에게 보낸 電文 내용 참조.
19 위와 같은 책, p.289, 김구가 유엔 위원단에 제출한 통일정부수립안.
20 남북협상을 위한 김구·김규식의 송신 내용과 김일성·김두봉의 회신 내용은 宋南憲著, 『解放三十年史』 1, 成文閣, 1976, pp.444~451 참조.
21 이 협의회의 결성과 선언문 및 김구·김규식의 담화에 대해서는 『자료대한민국사』 6권, p.648, p.712 참조.
22 남한에서 남북협상에 참가한 단체와 인원수를 정확하게 밝히기는 어렵다. 1948년 4월 18일자 『조선일보』는 남한에서 참석하는 대표는 약 200명 내외로 추산된다고 보도했다가 4월 21일자 신문에서는 56개 단체 234명으로 발표했다.
23 회합의 날짜는 남북협상에 참가했던 宋南憲의 기억에 의함.
24 宋南憲, 앞의 책, p. 464.
25 위와 같은 책, p.467.
26 『자료대한민국사』 7권, pp.30~31.
27 위와 같은 책, p.19.
28 위와 같은 책, p.22~25.
29 위와 같은 책, p.55~57.
30 위와 같은 책, p.35, 『조선일보』 1948년 5월 6일자.
31 제2차 남북협의회가 북측에 의해서 제의된 시기에 대해서 宋南憲의 앞의 책 p.470에서는 '6월 초순'이라 했고, 김구가 이 문제에 대한 기자회담에서 언급한 것은 7월 10일자(『자료대한민국사』 7권, p.507)다.
32 이 경위에 대해서는 宋南憲, 앞의 책, p.470 참조.
33 『자료대한민국사』 7권, pp.529~530.
34 宋南憲, 앞의 책, p.471.
35 예를 들면 大韓獨立促成國民會는 1948년 7월 1일 이른바 중간파를 '紛紅色푸락치'라 하고 그 출마를 경계하는 담화를 발표했다. 『자료대한민국사』 7권, p.735 참조.
36 『자료대한민국사』 7권, p.304.

37 위와 같은 책, pp.308~309.
38 위와 같은 책, pp.597~598.
39 『조선일보』 1948년 6월 8일자.
40 『자료대한민국사』 7권, pp.431~432.
41 위와 같은 책 7권, p.335.
42 위와 같은 책 7권, p.695.
43 위와 같은 책 7권, p.775.
44 『조선일보』 1948년 9월 29일자.
45 『조선일보』 1948년 9월 30일자.
46 『조선일보』 1949년 1월 15일자.
47 『조선일보』 1949년 2월 19일자.
48 宋建鎬編, 『金九』, pp.310~311, 『신민일보』와의 기자회견 중에서.

## 신채호의 영웅·국민·민중주의

1 단재신채호선생기념사업회, 『단재 신채호 전집』(이하 『전집』이라 칭함) 別集, p.111.
2 위와 같음.
3 『改全集』下, p.111.
4 위와 같은 책, p.112.
5 위와 같은 책, pp.112~113.
6 위와 같은 책, p.113.
7 위와 같은 책, pp.114~115.
8 위와 같은 책, pp.115~116.
9 위와 같은 책, p.116.
10 「身·家·國 삼관념의 변천」, 『전집』別集, p.155.
11 위와 같은 책, pp.115~156.
12 위와 같은 책, p.180.

13 『改全集』下, p.93.
14 『전집』別集, p.211.
15 위와 같음.
16 위와 같은 책, p.215.
17 계급-이 경우의 계급은 차별로 이해해야 할 것 같다.
18 위와 같은 책, 「국민과 무력」 p.219, 「국민과 교육」 pp.226~227.
19 위와 같은 책, 「국민과 종교」 pp.227~228 참조.
20 위와 같은 책, pp.223~224.
21 위와 같은 책, p.224.
22 위와 같은 책, p.223.
23 위와 같은 책 pp.221~222.
24 위와 같은 책, p.225.
25 위와 같은 책, p.224.
26 위와 같은 책, p.226.
27 『改全集』下, p.63.
28 위와 같은 책, p.78.
29 위와 같은 책, pp.40~41.
30 위와 같은 책, p.41.
31 위와 같은 책, p.42.
32 위와 같은 책, p.37.
33 위와 같은 책, p.38.
34 위와 같은 책, p.39.
35 위와 같음.
36 위와 같은 책, p.40.
37 위와 같은 책, p.42.
38 위와 같은 책, p.47.
39 위와 같은 책, pp.28~29.
40 위와 같은 책 pp.41~42.

41 위와 같은 책, pp.48~49.
42 위와 같은 책, p.503.
43 강만길, 『한국민족운동사론』 한길사, 1985, p.125.


## 연변 조선족 자치주의 우익독립운동 인식

1 현룡순·리정문·허룡구 편저, 『조선족백년사화』 제1집, 료녕인민출판사, 1985, pp.159~160.
2 같은 책, p.160.
3 같은 책, p.161.
4 같은 책, p.178.
5 이규성 책임편집, 『朝鮮族簡史』, 연변인민출판사, 1986, p.35.
6 같은 책 p.34에서는 "一九一九年 五月 朝鮮族人民獲悉北京 '五四' 運動的消息後 同各族人民團結一致共同展開反日鬪爭"이라 하여 5·4운동에 조선족이 참가했음을 강조하고 있다.
7 김광수 「淺談三一運動的幾個問題」, 『조선문제연구총서』 1, 연변대학조선문제연구소 편, 1983, p.18.
8 위와 같은 논문, pp.20~22.
9 위와 같은 논문, pp.35~36.
10 『조선문제연구총서』 1, p.36.
11 王建, 「1919~1945年 朝鮮資産階級民族獨立運動特點初探」, 『朝鮮問題研究叢書』 제2집, pp.45~51.
12 『조선족백년사화』 제1집, pp.198~199.
13 왕건, 앞의 논문, pp.52~53; 『조선족백년사화』 1집, pp.202~212; 『조선족간사』 pp.35~41.
14 『조선족백년사화』 제1집, pp.216~217.
15 같은 책, pp.223~224.
16 같은 책, pp.212~213.

17 같은 책, p.231.
18 같은 책, p.324.
19 같은 책, pp.325~326.
20 왕건, 앞의 논문, p. 54.
21 김준엽·김창순 저, 『한국공산주의운동사』 4권, pp.216~217.
22 『조선족백년사화』 1집, p.332.
23 같은 책, p.333.
24 김준엽·김창순 저, 앞의 책, p.222.
25 『조선족백년사화』, p.241.
26 같은 책, p.278.
27 같은 책, p.281.
28 같은 책, p.288.
29 같은 책, p.297.
30 같은 책, p.307.
31 왕건, 앞의 논문, pp.55~57.
32 같은 논문, p.57.
33 김정명 편, 『조선독립운동』 제5권, 「화북조선청년연합선언」, pp.995~996.
34 이정석·한홍구 엮음, 『조선독립동맹자료』 1, 「항전별곡」, 기획출판 거름, 1986, p.83.
35 『조선족백년사화』 제1집, p.97.
36 위의 책, pp.105~115.
37 같은 책, pp.249~250.
38 같은 책, p.285.
39 왕건, 앞의 논문, p.60.
40 같은 논문, p.61.
41 같은 논문, p.62.